商務印書館語言學出版基金
《中國語言學文庫》第三輯

# 敦煌書儀語言研究

張小豔 著

商務印書館
2007年·北京

**圖書在版編目(CIP)數據**

敦煌書儀語言研究/張小艷著.—北京:商務印書館,2007
(中國語言學文庫.第三輯)
ISBN 7-100-04917-2

Ⅰ.敦… Ⅱ.張… Ⅲ.書信-寫作-研究-中國-古代
Ⅳ.H152.3

中國版本圖書館CIP數據核字(2006)第014452號

所有權利保留。
未經許可,不得以任何方式使用。

**2005年度浙江省社科基金資助項目成果**
**項目編號:NQ05YY02**

DŪNHUÁNG SHŪYÍ YǓYÁN YÁNJIŪ
**敦煌書儀語言研究**

張小艷 著

商 務 印 書 館 出 版
(北京王府井大街36號 郵政編碼100710)
商 務 印 書 館 發 行
北 京 龍 興 印 刷 廠 印 刷
ISBN 7-100-04917-2/H·1203

2007年6月第1版　　開本 880×1230 1/32
2007年6月北京第1次印刷　印張 14
定價:25.00圓

# 目　　録

序 ……………………………………………………………… 王　鍈　1
凡　例 ………………………………………………………………… 4

第一章　緒　論 …………………………………………………… 6
　第一節　"書儀"概述 …………………………………………… 6
　　一　"書儀"的性質——兼有"書""儀"的著作品目 ………… 8
　　二　"書儀"的內容——"範本""儀注"兩者兼具 …………… 11
　　三　"書儀"的形式——書面、口頭兼具的參考文字 ……… 16
　第二節　敦煌書儀及其研究概況 ……………………………… 18
　　一　敦煌書儀寫卷簡介 ……………………………………… 18
　　二　敦煌書儀研究概況 ……………………………………… 39
　第三節　敦煌書儀語言研究的方法 …………………………… 44
　　一　審形辨音 ………………………………………………… 45
　　二　同義類聚 ………………………………………………… 48
　　三　語境還原 ………………………………………………… 53
　　四　縱橫考探 ………………………………………………… 59
　　五　背景考察 ………………………………………………… 66
第二章　敦煌書儀語言研究的價值 ……………………………… 70
　第一節　書儀的語料價值 ……………………………………… 70
　　一　語料時代的可靠性 ……………………………………… 70
　　二　語料內容的真實性 ……………………………………… 71

三　書儀用語的特殊性 …………………………………… 96
　　　四　儀注說明的準確性 …………………………………… 97
　第二節　書儀語言研究與書儀整理 ………………………… 99
　　　一　袪除疑惑 …………………………………………… 100
　　　二　匡正謬誤 …………………………………………… 103
　　　三　補充漏校 …………………………………………… 117
　第三節　書儀語言研究與辭書編纂 ………………………… 124
　　　一　增補失收的詞目 …………………………………… 125
　　　二　添加遺漏的義項 …………………………………… 141
　　　三　糾正錯誤的釋義 …………………………………… 149
　　　四　提供恰當的例證 …………………………………… 166
第三章　敦煌書儀的文本特徵 ………………………………… 187
　第一節　紛繁的俗寫訛字 …………………………………… 187
　　　一　俗字 ………………………………………………… 191
　　　二　訛字 ………………………………………………… 212
　第二節　特殊的抄寫符號 …………………………………… 223
　　　一　敬空符 ……………………………………………… 224
　　　二　刪除符 ……………………………………………… 226
　　　三　重文符 ……………………………………………… 229
　　　四　乙字符 ……………………………………………… 231
　　　五　章節符 ……………………………………………… 232
　　　六　點讀符 ……………………………………………… 233
　第三節　衆多的別本異文 …………………………………… 233
　　　一　異文的類型 ………………………………………… 234
　　　二　異文的價值 ………………………………………… 238
第四章　敦煌書儀的內容特色 ………………………………… 247
　第一節　書儀的文體特色 …………………………………… 247

一　序例説明,正文夾注 …………………………………… 247
　　二　駢散兼行,以駢爲主 …………………………………… 248
　　三　格式謹嚴,自成一體 …………………………………… 255
　第二節　書儀的用語特色 …………………………………………… 257
　　一　構成豐富,雅俗並重 …………………………………… 258
　　二　格式套語,減省縮略 …………………………………… 278
　　三　尊卑差異,等級森嚴 …………………………………… 279
　第三節　書儀的時代特色 …………………………………………… 281
　　一　反映唐五代時期現實生活的語彙 ………………………… 281
　　二　反映唐五代時期特有的用字習慣 ………………………… 285
第五章　敦煌書儀新詞新義研究 ……………………………………… 290
　第一節　書儀新詞新義的概貌 …………………………………… 290
　　一　語體風格的典雅性 …………………………………… 291
　　二　語彙構成的系統性 …………………………………… 293
　　三　語義表達的形象性 …………………………………… 296
　　四　語詞運用的地域性 …………………………………… 298
　第二節　書儀新詞的産生途徑 …………………………………… 300
　　一　同義複合 ……………………………………………… 300
　　二　語用構詞 ……………………………………………… 309
　　三　隱喻構詞 ……………………………………………… 313
　　四　化用古語 ……………………………………………… 317
　　五　縮略成詞 ……………………………………………… 322
　　六　類比構詞 ……………………………………………… 326
　第三節　書儀新義的衍生機制 …………………………………… 330
　　一　聯想生義 ……………………………………………… 330
　　二　相因生義 ……………………………………………… 338
　　三　歧解生義 ……………………………………………… 340

四　轉換生義 ………………………………………… 343
第六章　敦煌書儀同義詞研究 ……………………………… 353
　第一節　同義詞產生的語境——書儀的固定格式 ………… 353
　　一　吉書儀格式 …………………………………………… 353
　　二　凶書儀格式 …………………………………………… 354
　第二節　書儀同義詞例釋 …………………………………… 356
　　一　"書信"類同義詞 ……………………………………… 357
　　二　"禮物"類同義詞 ……………………………………… 365
　第三節　書儀同義詞的"級差" ……………………………… 373
　　一　問候用語 ……………………………………………… 373
　　二　結尾套語 ……………………………………………… 379
第七章　敦煌書儀語彙的形成與流變 ……………………… 384
　第一節　敦煌書儀語彙的形成 ……………………………… 384
　　一　書儀語彙對魏晉書帖用語的繼承 …………………… 385
　　二　書儀語彙對魏晉書帖用語的革新 …………………… 391
　第二節　敦煌書儀語彙的流變 ……………………………… 399
　　一　書儀語彙對宋元尺牘用語的影響 …………………… 399
　　二　宋元尺牘用語對書儀語彙的改造 …………………… 401
結　語 ………………………………………………………… 407
徵引文獻 ……………………………………………………… 410
主要參考文獻 ………………………………………………… 423
語詞索引 ……………………………………………………… 427

後　記 ………………………………………………………… 433

專家評審意見 …………………………………… 項　楚 437
專家評審意見 …………………………………… 吳福祥 439

# 序

　　小豔同志的博士論文《敦煌書儀語言研究》即將問世，而且是由全國一流的出版社商務印書館出版。這是一件令人高興、值得慶賀的事。

　　書儀是敦煌文獻中比較特殊的部分，是古人關於典禮儀注和書札體式的範本，口語程度較高，遣詞造句有鮮明的時代特色，具有很高的文獻價值和語言研究價值。從文獻學的角度，探索書儀的歷史文化內涵，學界前輩周一良先生已導夫先路，趙和平等中年學者繼踵而上，取得了可喜的成績。但迄今爲止，這部分珍貴資料尚未引起語言學界尤其是近代漢語研究者的足夠重視，相關論著罕見。小豔的論文《敦煌書儀語言研究》以現存一百餘件敦煌書儀寫本爲主要材料，從語言的角度對這部分珍貴文獻作了全方位的系統深入的研究，選題具有填補空白的學術意義。作者詳細論述了這種特殊文體的語言研究價值、文本特徵、內容特色，并著重探討了其中的俗別字和新詞新義，以及某些具有特色的同義聚合。分析與結論大都翔實可信，往往能發前人之所未發，糾正語文辭書和古籍整理著作的未盡未確之處。作者對書儀中俗別字的辨認和詞語的考釋，都很見功力，不少被誤認的俗別字和被誤解的俗語詞，都經過作者的研究而獲得正確的解讀。這樣的解讀並不是憑空臆測，或只從單例孤證出發的以偏概全，而是有理有據，從敦煌文書和其他傳世文獻中找到大量佐證，因而可信度很高。能做到這一點，首先要肯下死功夫，熟悉敦煌文書和其他古籍；其次要細心，在浩如煙海的資料中能發現有用的材料并加以匯集；另外還要有科學的頭腦和正確的方法，才能透過表面看本質，得到正確的答案。作者把自己研究敦煌書儀所採用的方法加以歸納，提出"審音辨形""同義類聚""語境還原""縱橫考探""背景考察"幾條，其中後四條特別適宜於敦煌書儀語言的研究。這些方法既繼承和借鑒了前人的經驗，又有作者自己的獨創性，對於其他古籍的字詞考釋也非常有用。

俗別字和俗語詞的考釋是本書的精華所在，但本書的價值不止於此。其中"書儀新詞的產生途徑""書儀新義的衍生機制""書儀同義詞的級差"等部分也研究得比較深入，富有新意。這說明作者不僅有訓詁學的功底，而且能從理論層面考慮詞彙問題，這也是值得肯定的。因此，本書的公開出版，不僅對古籍整理和辭書修訂具有較大的參考價值，而且對近代漢字和漢語詞彙史的研究也很有啓發。

本書初稿作爲作者的博士論文，在答辯時曾獲得與會同行專家的熱情肯定。蔣紹愚先生稱之爲"敦煌文獻語言研究的優秀之作"。項楚先生則認爲，"由語言角度（對書儀）進行全面系統研究的，當首推本文"。別的專家也認爲"多所創獲""有很高的學術水平"。在答辯之後，作者又根據與會同行專家提出的意見，作了進一步的打磨修改。雖然尚存在一些不足，如對書儀語言歷時變化的研究還有待深入等，但這不是短期內能夠解決的，只能俟之異日。

本書之所以能取得以上成績，主要有兩方面的原因：一是導師張涌泉教授指導有方；二是靠作者自身的努力。作爲作者碩士階段的指導教師，我在這裏不妨對作者攻讀碩士學位前後的一些情況略加介紹。作者出生在貴州邊遠山區農村，原就讀于遵義師範專科學校中文系，畢業時以前三名的優異成績保送到貴州師範大學中文系讀插班生，完成本科學業。隨即考入貴州大學中文系漢語言文字學碩士點，繼續攻讀碩士學位，入學考試成績爲歷屆省內考生之最。入學後學習一貫踏實刻苦，各科成績優良。尤其值得稱道的是，由於出身農村，家境貧寒，她每逢假期都要回家幫助父母幹農活，有時還要挑菜到縣城出售。這是現在一般女孩子難於做到的。古人說：文如其人。又説:爲學即爲人。這種爲人與爲學爲文的辯證關係在作者身上得到再一次的生動體現。

王 鍈

2005 年 7 月 6 日

於花溪河畔

# 凡　　例

　　一、文中所引敦煌文獻資料，一般據《英藏敦煌文獻》（漢文佛經以外部分）、《法藏敦煌西域文獻》、《俄藏敦煌文獻》、《敦煌寶藏》、《上海圖書館藏敦煌吐魯番文獻》（簡稱"上圖"）、《上海博物館藏敦煌吐魯番文獻》（簡稱"上博"）、《天津藝術博物館藏敦煌文獻》（簡稱"津藝"）、《北京大學藏敦煌文獻》（簡稱"北大"）。文中"北"指國家圖書館所藏敦煌卷子；"伯"指巴黎國家圖書館藏敦煌卷子伯希和（P. Pelliot）編號；"斯"指倫敦不列顛博物館藏敦煌卷子斯坦因（M. A. Stein）編號；"俄敦"則指俄羅斯科學院東方研究所聖彼得堡分所藏敦煌卷子編號，而"俄弗"爲俄藏敦煌文獻中的弗魯格編號。

　　二、引錄敦煌文獻時，缺字用"□"號表示，缺幾字用幾個"□"，不能確定者用"⌀"號表示，缺字據上下文、文意或異本補出時在缺字標記後用圓括號注明。模糊不清無法錄出者用"⌀"號表示，缺幾字用幾個"⌀"。如原卷本身有脱字，則加"[□]"號表示之，脱字據上下文或文意補出時外加"[　]"號。文中引用前人整理過的敦煌文獻，其中校錄符號與此有異者，也一律依原卷實際情況改用上揭符號。假借字、訛字在原字後用"（　）"注出本字或正字。

　　三、若同一寫卷上抄有不同内容的文書，則在卷號後注明其在卷中次序。如：斯4571號背/2《某年三月隨使宅案孔目官孫延滔謝僧弔儀狀》，"/"後的"2"表明其在該卷文書中居於第"2"的次序。

　　四、引用敦煌文獻資料標明卷號，引用其他文獻資料在引文後用方括弧[　]標注文獻序號及具體頁碼（用上標），以便稽核。如《龍龕手鏡》在徵引文獻中的序號爲"154"，而所引例句在該書45頁，則在引文後標注:[154][頁45]。

五、引文中除與本文説明内容相關的俗字別體,以及爲了不影響行文意義而酌情使用的簡體字外,其餘均改作通行的繁體字。

六、爲凸顯文中論及的字、詞、句,引例中皆以下劃綫標示之;若同句中有與之詞義相同、相關或相反的語詞,則以波紋綫標注,以相互參證。

七、文中常用書名使用簡稱者,則於徵引文獻相應書名下以波紋綫標示之,如《漢語大詞典》,表示文中《漢語大詞典》簡稱作《詞典》。

八、爲求行文簡潔,文中稱引前修時賢之説,皆直書其名,不贅先生字樣,敬請諒解。

# 第一章 緒論

什麼是"書儀"？對此學術界有不同的認識。本章主要探究"書儀"的内涵，確定"敦煌書儀語言研究"的對象；分類闡述現存敦煌書儀寫卷的概貌及其研究狀况，從而提出進行敦煌書儀語言研究的主要方法。

## 第一節 "書儀"概述

研究敦煌書儀的語言，首先面臨的問題就是語料範圍的確定，即敦煌文書中哪些屬於書儀，哪些不屬於書儀。要解決這個問題，還得弄清什麼是書儀。關於"書儀"的界定，學術界存有諸多不同的看法：

1. 蓋書儀者，古私家儀注之通名。①
2. 舊時士大夫私家關於書札體式、典禮儀注的著作，通名書儀。②
3. 所謂書儀，是寫信的程式和範本，供人模仿和套用。③
4. 《書儀》者原爲儀注之流亞，隨時移易，成爲古代士庶等知識分子日常生活中應對進退之書信格式及儀節制度。④
5. 書儀内涵的界定應該是以公私往來信札爲主體，兼有吉凶禮儀儀注的專名，而"放良文""放妻文""結社文""祭文""臨壙文"一類供人們寫某一類應用文的文範則不應歸入書儀類，即使是"廣義"和寬泛

---

① 司馬光《書儀》前所附《四庫全書提要》，頁458。
② 《漢語大詞典》"書儀"條，頁3042。
③ 周一良《書儀源流考》，《唐五代書儀研究》，頁94。
④ 黄亮文《敦煌寫本張敖書儀研究》，頁2。

的書儀概念也不應包括這些"文範"。①

6. 從目前所見存的"書儀"來看,不外兩種類型,有包函萬象内容的綜合"書儀"和按月令編纂而較爲單純的朋友"書儀",就内容及性質而論,都是屬於個人使用的吉凶禮儀的書面範本或言語應對之參考文字。至於表狀箋啓類書儀,以其爲公文書啓及官方往來的信函,非屬私人應用參考的"書儀"類,不是狹義的"書儀"定義。……今日見存的書儀寫本都是服務世俗的著作,雖然也曾存錄僧道等與世人來往的信函,畢竟還是爲一般大衆服務的作品,我們仍然看不到釋門自己的界定,可惜曇瑗寫定的《僧家書儀》五卷已遺失,否則對於這類齋會中的文字是否可以被視爲書儀也就更加清楚。……不過,從狹義的書信定義去看這類齋願文,當然不是書儀;如果從比較廣泛的定義來説,都可以把它視作法會儀式過程中的參考記録,説它是書儀也不會背離定義太遠,就源流而論,更無問題。②

7. 書儀即書翰儀體,書翰指書牘規範,儀體指禮儀作法。而單純地認爲書儀只是書札體式,是不符合實際的。全面的説法應該是:書儀是舊時關於書札體式、典禮儀注的著作,或爲士大夫私家著述,或爲奉詔製撰。③

8. 書儀從一般的意義理解,是書信的程式與範本。④

9. 書儀,顧名思義,即書的儀則。然而這裏所謂的書,並非一般意義上對一切文字著作的泛名,而係指"箸文簡牘,以通語也"之"書",是爲書信一類告語文字的通稱。換言之,書儀也就是對於此類文字寫作

---

① 趙和平《〈敦煌寫本書儀研究〉訂補》,《敦煌吐魯番研究》第三卷,北京大學出版社,1998,頁231。
② 王三慶《北京大學圖書館藏本〈諸文要集〉一卷研究》,《慶祝吳其昱先生八秩華誕敦煌學特刊》,文津出版社,2000,頁162-163。
③ 陳靜《書儀研究》,頁4。
④ 吳麗娛《唐禮摭遺》,頁1。

的格式辭樣具有典制規範性能的一種著述品目。①

綜觀以上諸家對"書儀"的定義,其分歧的焦點主要在於:1.是"文範"還是兼有"書""儀"的著作品目? 即書儀定義的廣狹問題。2.僅是"書札範本",還是"書札""儀注"兼具? 此爲狹義書儀内部存在的分歧。3.是書面範本還是書面、口頭兼具的參考文字? 這是對書儀表現形式的不同意見。對以上疑問與分歧,我們有必要逐一地加以辨正和澄清,以便求得對"書儀"的確解,明確研究對象。

## 一 "書儀"的性質
### ——兼有"書""儀"的著作品目

"書儀"究竟是廣義的各種應用文範的統稱,還是狹義的指兼有"書札體式和典禮儀注"的專名? 要回答這一問題,還得從"書儀"的來源及其詞義説起。就目前所見文獻看,"書儀"一詞最早見於北齊顔之推的《顔氏家訓》,該書《風操》云:"江南輕重,各有謂號,具諸書儀。"[292][頁78]當時"書儀"似已成爲某種著作的專名。然它究竟屬於什麼性質的著作呢? 這可從隋代書目的著録與歸屬中找到答案。《隋書·經籍志》史部儀注類記載"書儀"類著作有十二種之多:《内外書儀》四卷,謝元撰;《書儀》二卷,蔡超撰;《書筆儀》二十一卷,謝朏撰;《宋長沙檀太妃薨弔答書》十二卷;《弔答儀》十卷,王儉撰;《書儀》十卷,王弘撰;《皇室儀》十三卷,鮑行卿撰;《吉書儀》二卷,王儉撰;《書儀疏》一卷,周捨撰;《書儀》十卷,唐謹撰;《婦人書儀》八卷;《僧家書儀》五卷,釋曇瑗撰[206][頁971]。以上撰著多以"書""儀"命名,僅就題目難以窺知其具體内容,由其歸屬却可推知其性質。《隋書·經籍志》中,這十二家書儀全歸於"史部儀注類",而該類所收多是歷朝各代所修官私禮書儀注,將書儀列入其中,似亦被看作"禮書儀注"類。就

---

① 杜琪《書儀緣起蠡測及敦煌書儀概説》,《社科縱横》2002年第6期,頁69。

著者看,除唐謹爲北周人外,其餘皆屬南朝人。時代先後上,最早的是王弘。"他主要生活在晋宋之際,曾官至太保,《宋書·王弘傳》稱其"凡動止施爲,及書翰儀體,後人皆依仿之,謂爲王太保家法"[206][頁1322]。傳中所云"書翰儀體",殆即時人對"書儀"的理解和認識。六朝史書中每謂"書札"爲"書翰",《南齊書·張敬兒傳》:"攸之得太祖書翰,論選用方伯密事。……元徽末,襄陽大水,平地數丈。太祖與攸之書,令賑貸之,攸之竟不歷意。"[164][頁466]例中"書翰"與"書"並現,其義相同。《梁書·昭明太子傳》:"舊事,以東宮禮絶傍親,書翰並依常儀。"[144][頁166]《陳書·孔奐傳》:"奐博物强識,甄明故實,問無不知,儀注體式,箋表書翰,皆出於奐。"[12][頁284]此二例中"書翰"亦指"書札"。同時,在六朝前後的文獻中,又習見"儀體"一詞。《南史·劉師知傳》:"(師知)好學,有當務才,博涉書傳,工文筆,善儀體,臺閣故事,多所詳悉。……時兵亂後,朝儀多闕,武帝爲丞相及加九錫并受禪,其儀注多師知所定。"[165][頁1667]言師知善"儀體",故"朝儀多闕"之時,"儀注"每爲師知所定。此"儀體"或即《孔奐傳》中所云"儀注體式"。且文獻中表書札義的"書翰""書疏"常與"儀體"並列連用,如《晋書·薛兼傳》:"朕見四君及書疏儀體,一如東宮故事。"[118][頁1832]其中"書疏儀體"與上揭《王弘傳》中"書翰儀體"義同。由此可見:"書儀"是由"書""儀"兩個語素並列而成的雙音複詞,其中"書"指書翰、書疏,即尺牘書札;"儀"指儀注體式、禮儀作法。也就是說,"書儀"不是"文範",而是一種兼有書札體式和典禮儀注的著作品目。

由《昭明太子傳》中"書翰並依常儀"可知:"書翰"到齊梁時代,已形成一定的標準和範式。"書疏之興,其來自久,上皇之世,鄰國相聞,人至老死不相往來,則無不貴於斯矣。降及三五,迄於漢魏,憲章道廣,箋記鬱興,莫不以書代詞,因辭見意。《易》曰:書不盡言,言[不]盡意。蓋書之濫觴也。春秋之時,子産、叔向已有往復,爰自李斯、樂毅、少卿、子長,殆不可勝紀,並直陳其旨。至於稱謂輕重,闕而不聞。暨齊梁通賢,頗立標統。"①言齊梁時書翰的製作已具有一定的體式規範。其實,這種範式早在西晉時就已初露端倪,書法家索靖所書《月儀帖》,即是以法帖形式流傳下來的最早的書札範式,錢鍾書稱之爲後世的"書柬活套"②。此種"月儀"魏晉時較爲習見,《初學記》卷四"歲時部"元日條引王羲之《月儀書》:"日往月來,元正首祚,太蔟告辰,微陽始布,馨無不宜,和神養素。"[13][頁63]言辭字句與索靖《月儀帖》極爲相似,"月儀"當時似已成爲一種書札範式流行於世。《隋書·經籍志》中,這種屬於書札範式的"月儀"被歸於經部"小學類",孫吳郎中項峻《始學》後,即注有"《月儀》十二卷,亡"[206][頁942]。由此看來,"月儀"作爲書札範式流傳於世,殆因其被當作童蒙教材,供兒童抄寫習誦而使然。這與敦煌書儀得以廣泛流傳并留存下來的原因極爲相似③。在"月儀"影響下,接連出現了一些按月編排的書札範本,如昭明太子的《錦帶書十二月啓》以及吐魯番出土的高昌書儀。這些"月儀"類書札在社會上廣爲傳布,後來便成了敦煌書儀中"書札範本"的雛形。在"月儀"類書札體式流行的同時,魏晉六朝的高門貴族爲了維護其閥閱制度,規範其門風禮教,尤熱衷於"禮制"。因爲"人之有禮則安,無禮則危,此識材通明於儀禮,士大夫之家,吉凶之重用"④。於是各種典禮儀注、家儀接踵而現。如:《漢舊儀》四卷,衛敬仲撰;《晉新定儀注》四十卷,晉安成太守傅瑗撰;《晉雜儀注》十一卷;《宋儀注》十卷;《徐爰家儀》一卷;《梁吉禮儀注》十卷,明山賓撰;《梁賓禮儀注》九卷,賀綏撰。然而各種禮經儀注繁綜浩大,難於檢尋,而日常生活中,人們的言語施爲都關涉禮儀,皆須依一定的儀節制度而行,即"自君臣父子,六親九族,各有上下親疏之別。養生送

---

① 伯3849號《黃門侍郎盧藏用儀例》。
② 錢鍾書《管錐編》,頁1401。
③ 趙和平《敦煌寫本書儀略論》,《唐五代書儀研究》,頁35—36。
④ 斯6537號背/14《大唐新定吉凶書儀》。

死,弔恤賀慶,則有進止威儀之數"①。與此相應,遊宦在外、客居他鄉的員僚、旅人與親友別居兩地,相見無期,唯是書疏,可以當面;即使安居在家的人們,其彼此交往謝賀、弔哀候疾、敍暌離、通訊問也大都憑靠"書札"。"書札"成了維繫士大夫們送往迎來的紐帶,成了人們生活中不可或缺的一部分。於是遂有賢士撰集"書儀",將錯綜複雜的禮儀規範寄寓在通俗常用的書札體式中,以爲世用。這樣,"書儀"就應運而生了。

然則"書儀"是在書札體式的基礎上加注一些有關禮儀制度的規定或說明,即:是兼有書札範本和典禮儀注的專名,而不是泛指各種實用文樣的統稱。值得注意的是,《隋書·經籍志》著録的鮑行卿《皇室儀》十三卷、王儉《弔答儀》十卷,在《舊唐書·經籍志》《新唐書·藝文志》中都録作《皇室書儀》十三卷、《弔答書儀》十卷。或許時人看來,"儀"與"書儀"並無嚴格區分,書儀即儀,儀即儀注,因爲就書儀的編纂目的"濟世實用"而言,它只是"繁綜浩大"的禮經的簡化形式,"實際是《儀禮》通俗形式的延續,所以唐以後書儀成爲居家日用的百科全書。"②正因爲如此,歷代文獻書目著録"書儀"類文獻時,或將其置於史部儀注之下,或將其歸在經部禮類當中③,即在目録著者看來,書儀不過是禮經的通俗讀物罷了。

## 二 "書儀"的內容——"範本""儀注"兩者兼具

如上所論,書儀作爲禮經的通俗形式,是以書札體式爲主,兼有典禮儀注的著作。那麽關於其內容的分歧就不言自明了。然須要說明的是,在具體的書儀作品中,"書札""儀注"內容的輕重及所占篇幅的多少各不相同。最初的書儀中,往往有"書"無"儀",即"書札"本身以一種範

---

① 《隋書·經籍志》,頁 971。
② 周一良《〈敦煌寫本書儀研究〉序言》,《敦煌寫本書儀研究》,頁 2。
③ 陳静《書儀研究》,頁 1-3。

式而存在。索靖《月儀帖》中便只有九封按月編排的書札範本（缺四、五、六月），而無儀注①。稍後的高昌書儀也如是，其中僅存"與伯書""與叔書""與姑書"等幾封給親人的書信，亦無儀注說明②。這種情況在《唐人月儀帖》中也有反映，其中僅存九封按月編排的書札範本（缺一、二、五月），亦無相關的儀節規範③。即使在非"月儀"類的《杜家立成雜書要略》中④，也只匯編了三十六組朋友往返的書札，如"雪寒喚知故飲書""喚知故遊獵書""因使過知故不在留書"等及其答書。這些書札雖涉及士人日常交往的各個方面，却無一句有關禮儀規範的文字說明，僅因其內容的駁雜及編排的無次序而得名"雜書"。上世紀初在敦煌藏經洞發現的百餘件書儀寫本中，既有書札範本，又有典禮儀注。其中儀注的內容及分布因書儀的類型而各有不同，趙和平曾將敦煌書儀分作三種類型：一是朋友書儀，前面部分是年敍凡例、節候用語，後面部分是按月編排、每月往復各一通的書札，專敍友朋思渴之情；二是綜合性書儀，亦稱吉凶書儀，包括序言、年敍凡例、吉凶往來、公私表疏、婚喪儀禮、門風禮教等內容；三是專用於官場應酬的表、狀、箋、啟類書儀⑤。下面以此爲據來分析書儀中書札範本與儀注說明的具體內容及分布情況。

（一）朋友書儀

朋友書儀主要由三部分構成：一是"十二月相辯（辨）文"，即臚列年、月、日、四季、十二月等節候的不同用語，告訴人們在什麼時節選用什麼語詞，這或許正是其"辨"的由來。如伯 2505 號《朋友書儀》"辯（辨）秋夏年月日"中辨"日"的部分：

---

① 索靖《月儀帖》，載《全晉文》卷八四，頁 899-901。
② 《高昌書儀》，載《吐魯番出土文書》（壹），頁 233-235。
③ 《唐人月儀帖》，載《書法》1985 年第 4 期，頁 2-11。
④ 《杜家立成雜書要略》，載《杜家立成雜書要略注釈と研究》，頁 245-278。
⑤ 趙和平《敦煌寫本書儀略論》，《唐五代書儀研究》，頁 2-7。

日。一日云經日,亦云改日;一日不見云累日,亦云信宿;三日已上云數日、積日;十日已上云經旬,亦云改旬,並可通用。

"日"後語句原爲雙行小注,是關於"語詞選用"的規定和注解,主要用以指導人們正確使用節候語詞,故不妨視爲一種言語行爲的禮儀規範;"朋友書儀"的第二部分是按月編排的往返書札,每月由往復兩封書札組成,前一封爲塞外遊子寫給内地朋友的,後一封則是内地朋友的答書。其用語中往往涉及一些典故,對這些典故的來源及具體内容,書儀編者往往在整齊的四六駢句間夾以雙行小注説明。如"六月季夏"一通中"隴水悲鳴,恥三荆之貞切"下注云:

田真兄弟義絶,情欲分財,訖。唯有庭前一紫荆樹,三枝,其夜有一鳥悲鳴,荆枯而死。兄弟不忍分别去也,荆樹又生。

由注解可知,上句所用爲田真兄弟欲分别異居、感荆樹枯萎而又合的典故。正是這精當的注釋,傳達了友朋間真摯的感情,加深了人們對書儀的理解。因此,也不妨視之爲一種"言語儀注"。此外,在信首點明節候時,編者還對月份的律吕名及相關語詞的選用作了説明,如"六月季夏,上旬云盛熱,中旬云毒熱,中伏[云]尤熱,下旬云極熱;林鍾"。然則朋友書儀第二部分中也有一些"儀注"。第三部分是按十二月序編排的往返書札,其内容有兩部分,前一部分點明時節,描摹景狀;後一部分彼此寒暄問候,敍寫别後的愁悶與相思。信中多是書信套語,没有任何言辭涉及"儀注"。總的説來,朋友書儀是以書札範本爲主,間以儀注説明,且其中儀注多是關於"語詞選用"及"典故説明"的。

(二)吉凶書儀

這是敦煌文獻中存留最多、内容最豐富的書儀。然其中以"吉凶書儀"命名而内容又得以完整保存下來的,却幾乎没有。幸而在斯6537號背/14《大唐新定吉凶書儀》的敍言中,列有吉凶書儀包涵的主要内容,借此可了解唐代吉凶書儀的概貌。其篇目爲:

年敍凡例第一、節候賞物第二、公移(私)平關第三、祠部新式第四、諸色箋表第五、寮屬起居第六、典吏起居啓第七、吉凶凡例第八、四海吉書第九、内族吉書第十,外族吉書第十一,婦人吉書第十二,僧道吉書第十三,婚禮儀注第十四,凶禮儀注第十五,門風禮教第十六,起復爲外官第十七,四海弔答第十八,内族吉(告)喪書第十九,僧道凶書第二十,國哀奉制第廿一,官遭憂遣使赴闕第廿二,敕使弔慰儀第廿三,口弔儀禮第廿四,諸色祭文第廿五,衰服制度[第]廿六,凶儀凡例第廿七,五服制度第廿八,婦人出嫁爲本家父母服式圖第廿九,公卿士庶内外族殤服式圖第卅。

從这三十篇内容可看出:吉凶書儀是最典型的"書儀",既有書札範本,又有關於婚喪禮儀的儀注,其中明確標有"儀注"的篇名有"婚禮儀注""凶禮儀注"等。那麼"儀注"表達的究竟是什麼内容呢?這可從伯2646號《新集吉凶書儀》的婚禮儀注中窺知一二。

女家受函儀:函[使]未來間,先須於堂前鋪一張床,床上著桉(案)一,須著郡(裙)辱(褥);桉(案)上置香爐一,水桅(椀)及刀子,兼令二小婢於案兩頭立,婚主於東階側立待函,依[儀]排備。所送物列於中庭,各於賓主位立,押函婢向罩中取函箱過與函使,[函使]接得,跪過與主人,云"某氏禮函"。主人亦跪接。堂前二婢即舁案下階接函,却舁上堂同床上安訖。函使即(却)於西階,主人昇堂,桉(案)上取刀子開函取書讀。讀了,如無父母則微泣三聲,函使出,待女家受諸色罷説(訖)。婚主即出與使相見,參慰賀之禮,即留函使已下設酒飯。函使去,各送上衣服及匹段,隨豐(豐)獫(儉)與之。

上揭語段乃婚禮中男方遣使送函至女家,女家受函的禮儀規範。由此可見,儀注其實是關於婚、喪等重大典禮中相關禮儀規範的注解和説明。吉凶書儀的書札分爲吉書儀和凶書儀兩種,前者謂非凶喪場合所通書信,後者指凶喪場合往來的信札。書札中,編者亦往往根據受書對象的不同,規定選詞用語的標準,即將"禮儀規範"體現在書札用語中。如伯3442號《書儀》:

與夫之伯叔父母姑姨姊書:大新婦言夫之姊之(云白);違遠經久,馳係惟深。奉月日誨夫之姊之(云)問,伏慰馳悚。孟春猶寒,不審尊體何如?即日新婦蒙恩。未由拜奉,伏增馳結,伏願珍重。謹言疏不宣夫云(之)姊云白記不具。大新婦姓再拜。

這封書札中,編者以雙行小注的形式對其中語詞的選用作了"禮儀"上的規範,如在"大新婦言""奉月日誨""謹言疏不宣"後分别夾注"夫之姊云白""夫之姊云問""夫之姊云白記不具",意謂"夫之伯叔父母姑姨"較"夫之姊"尊,故前者用"言""誨""言疏不宣",而後者用"白""問""白記不具"。以"言辭"的不同表示尊卑等級的差異,書儀編者往往了然於心。"凡與人書,所以爲尊敬者,在於禮數辭語。"①此外,吉凶書儀的序例説明亦多爲"儀注"。如伯3637號《新定書儀鏡》:

> 凡題弔書,父亡書題云"出前",母亡云"苦前"。凡周親稱"服前",婦人居喪亦稱"服前",承重者准男子稱。

這是對凶書題語的規範,類似的典禮儀注在吉凶書儀中極爲習見。可以説"吉凶書儀"纔是真正名副其實的"書儀"。

### (三)表狀箋啓書儀

表狀箋啓書儀或爲實用書狀,或爲虛擬範本。其内容多爲起居、謝賀等官場儀節,因而行文過程中也偶爾涉及一些"典禮儀注"。如斯1725號背/3《諸起居啓》:

> 蒙與物謝啓:名啓<sup>至萬福</sup><sub>與前啓同</sub>,某至,伏蒙示問,兼賜及<sup>無書則云</sup><sub>伏蒙賜及</sub>某物若干。感戴恩造<sup>亦云感戴丘山,亦云自顧細[微]</sup><sub>忽蒙恩造,小物亦云捧對</sub>,下情無任戰懼<sup>上無感戴字</sup><sub>此云戰荷</sub>。名卑守有限,不獲拜謝,謹因<sup>已下[與]</sup><sub>初啓同</sub>。

由書啓中雙行小注可知:這類儀注其實也只是對書札行文格式及用語的説明。表狀箋啓書儀中更多的是一封封具體的書狀,有明確的收信人。如伯4093號《甘棠集》中收載的88首書狀大都有明確的受書對象,如《賀鄭相公狀》《賀淮南崔相公狀》等,其内容多敍寫現實情景,或表達謝意,或陳述慶賀,很少涉及"儀注"。

由上面分析可知,真正的"書儀"應是"吉凶書儀",其中既有範本,也有"典禮"儀注;而"朋友書儀"和"表狀箋啓書儀"則是以"書札"爲主體,間或在書札用語或行文格式上以"儀注"的形式進行"言語"運用的規範。

---

① 司馬光《書儀》卷一"私書"《上尊官時候啓狀》下的注語,頁463。

## 三 "書儀"的形式——書面、口頭兼具的參考文字

如前所論，敦煌書儀中除"儀注"外，絕大多數是"書札範本"，無論朋友書儀、吉凶書儀，還是表狀箋啓書儀，皆是如此。然而須知，見信如面，信札其實只是遠隔兩地的人們致意、敍話的一種書面形式。對於近在咫尺的人們，所謂弔哀候疾、互致謝賀主要還是通過面對面的口頭致意來完成的。因而敦煌書儀中除了爲時人提供各種場合使用的書札範本外，還記録了許多唐人見面致意的口頭參考文字[①]。

具體而言，敦煌書儀中用於指導人們如何進行口頭致意的寫卷和內容有：斯 6537 號背/14《大唐新定吉凶書儀》敍言中論及主要內容時，提到了"口弔儀禮第廿四"，惜已殘缺；斯 329 號《書儀鏡》中撰集有"參謁法官貴求身名語""謝衣服語"；斯 2200 號《新集吉凶書儀》中有"賀使長加官語""賀四海朋友加官語"；斯 3399 號《雜相賀》中有"賜物謝語""參天使語""賀破賊語"等；伯 2622 號《吉凶書儀》中專列有"口弔儀"的口頭用語；伯 2885 號背有《謝諸宰相語》；伯 3637 號《新定書儀鏡》中有婚禮結束後的"相慰語"，也有親人喪亡後的"弔答辭"；伯 2646 號《新集吉凶書儀》中有"賀慰兒家父母語""賀慰女家父母語"；伯 2652 號背《諸雜謝賀》中有"謝初許親語""謝迴財禮語"等；伯 3625 號《書儀》有"或差出迎天使辭語"等；伯 3906 號/4《書儀》有"謝端午語"等；伯 2729 號《歸義軍僧官書儀》有"兄弟加官有人相賀却答云""郎君加官有來相賀却答云"；伯 3449 號《刺史書儀》有"得官後謝、辭散語"等；伯 3691 號《新集書儀》中收有大量弔喪賀婚以及見面問候的口頭用語。今略舉幾例以窺豹一斑：

參謁法官貴求身名語：某乙薄有膂力，請效一年，得捧鞭轡，即小人願畢。
（斯 329 號《書儀鏡》）

---

[①] 趙和平《敦煌表狀箋啓書儀略論》，《唐五代書儀研究》，頁 49-50。

賀使長加官語:伏承天恩,特加榮命,某乙等忝事旌麾,無任抃躍。(斯2200號《新集吉凶書儀》)
　　參天使語:時候,伏惟常侍□□(尊體)起居萬福。(斯3399號《雜相賀》)
　　成禮畢相慰語:賢郎與某氏禮式備,奉助感慰。答云:敬從吉日,不勝感慰。(伯3637號《新定書儀鏡》)
　　弔人妻亡云:不圖凶禍,賢閣夫人傾逝,惟哀悼傷切。答:私門積釁,室人喪逝,不勝哀悼摧慟。(伯2622號《吉凶書儀》)

總的看來,敦煌書儀的口頭"語""辭",大多用在彼此謝、賀、弔、慰的正規禮節場合,用語極爲典雅,與敦煌文獻中完全口語化的變文等俗語不同,它屬於"近似書面的正式口頭致詞"①。

同時,從具體運用看,敦煌書儀中的習用語,或有與當時見面的口頭致辭相一致者。圓仁《入唐求法巡禮行記》開成三年(838)十一月二十七日云:"冬至之節,道俗各致禮賀。住俗者拜官,賀冬至節。見相公,即道:'晷運推移,日南長至,伏惟相公尊體萬福。'貴賤官品并百姓,皆相見拜賀。出家者相見拜賀,口敍冬至之辭,互相禮拜。"[191][頁22]又開成五年(840)十一月二十六日云:"冬至節。僧中拜賀云:'伏惟和尚永住世間,廣和衆生。'臘下及沙彌對上座説,一依書儀之制。沙彌對僧,右膝著地,説賀節之詞。"[191][頁146]其中"一依書儀之制"謂當時人們冬至拜賀用語完全依照書儀規範使用,如參見相公所云"晷運推移,日南長至,伏惟相公尊體萬福",與伯3637號《新定書儀鏡·賀冬啓》中"晷運推移,日南長至"的用語完全相同。由"口敍""説""道"等字樣看,圓仁書中所記當爲正規禮節場合使用的口頭用語。

敦煌書儀中用於正規場合的口頭用語,一方面反映了唐代書儀在現實生活中的具體運用,另一方面也表現了它的實質:乃書札習語在口頭場合的直接運用。斯3399號《雜相賀·參天使語》致辭"時候,伏惟常侍□□(尊體)起居萬福"與伯3906號/4《書儀·與未相識狀》問候語"孟

---

① 趙和平《敦煌表狀箋啓書儀略論》,《唐五代書儀研究》,頁51。

春猶寒,伏惟某官尊體起居萬福"幾乎完全相同,唯一的不同便是前者用於口頭致辭,後者用於書面問候。

綜上所述,書儀其實是一種公私往來的應用文書,兼有書札範本和典禮儀注的内容,或爲書面形式,或爲口頭言語。敦煌書儀則指上世紀初在敦煌石室發現的書儀類文獻,主要包括兩大類:一是兼有書札體式和典禮儀注的書儀,二是具體實用的一封封書札。前者多是虛擬的書札範本,後者則是實用的書信。無論形式和内容,後者往往是前者最直接、最完美的體現,具有更大的參考價值。如:

謝所到州供給:某乙等庸賤,奉本使驅馳,幸過貴土,伏蒙沿路管界州鎮特賜供備(給)倍常。某乙等下情無任感恩惶懼。(伯 3691 號《新集書儀》)

謝外客到軍州供給:惠廣等庸賤,奉本使驅馳,幸過貴土,伏蒙沿路管界州鎮特賜供給倍常。惠廣等下情無任感恩惶懼。(斯 5713 號《惠廣雜謝狀抄》)

這兩首書狀的格式幾乎完全相同,唯一的差別就是將"某乙"換成了"惠廣",由此可見書儀在當時的實際運用。鑒於此,我們將敦煌文獻中具體實用的書狀也納入研究範圍,本書即對這兩類書儀中反映的語言現象進行研究。

## 第二節 敦煌書儀及其研究概況

在敦煌書儀寫卷的搜集、分類上,前修時賢已取得令人矚目的成就。兹將其爬梳所獲及筆者閲讀偶得的書儀寫卷分類闡述如下。

### 一 敦煌書儀寫卷簡介

趙和平曾以内容爲據,將敦煌書儀分作朋友書儀、吉凶書儀、表狀箋啓書儀三類,現參酌其説綜述如下:

(一)朋友書儀

敦煌文獻中屬於這類書儀的寫卷共 15 件:伯 2505 號、伯 2679

號、伯 3375 號、伯 3420 號、伯 3466 號①、伯 4989 號背、斯 361 號背、斯 5472 號、斯 5660 號背、斯 6180 號、斯 6246 號背、俄敦 5409 號、俄敦 10465 號、《貞松堂西陲秘籍叢殘》(下簡稱《貞松堂》)本和上海圖書館編號。這些寫卷大多殘缺不齊，僅 4 件有書題：伯 2505 號、伯 3375 號首題皆作"書儀一卷"，斯 6246 號背作"☐(書)議(儀)一卷"，斯 6180 號作"朋友書儀一卷"，《貞松堂》本作"書議(儀)一卷"。綜合各寫卷看，其内容多是敍寫朋友間相互思慕、渴仰的情懷，故以"朋友書儀"爲其全稱。另俄敦 5409 號殘存 15 行，上半截殘去，起"結恨。且蘭山四月，由(猶)結冷而霜飛"，止於"一別，關河"。内容屬於《朋友書儀》第二部分"二月、三月"的往還書。俄敦 10465 號殘存 18 行，内容爲《朋友書儀》的第一部分"辨春夏秋冬年月日"；此外，還存有第二部分"一月"去信的右下角。

(二)吉凶書儀

這類書儀約有 18 種 82 個卷號，是敦煌文獻中保存最多的書儀品類。

1. 伯 3900 號《書儀》

伯 3900 號正面存 79 行，首行爲"母至風土記曰七月初七夜灑(下殘)"，其後是八、九、十、十一、十二等五個月的節候用語及其典故來源。第 54 行爲"箋表第二"，第 78 行中部起爲"慶赦表"。這個寫本以十一月爲歲首，稱洛陽爲神都，據此可判定其編撰於武則天時期，是敦煌書儀寫本中可以定年的最早的一種②。

2. 伯 3681 號《書儀》

伯 3681 號寫卷殘存 11 行，前 5 行似爲序言，論及凶書儀的用語及格式，首行起"洩，倍增號絕。孤子名頓首頓首言。……"第 6 行爲"凡

---

① 伯 3420、伯 3466 號可綴合。
② 趙和平《敦煌寫本書儀研究》，頁 161-165。

例";第 7 行爲"年序第一",論及"年"的各種名稱,"唐虞曰載,夏曰祀,周曰年,亦曰齡。"從内容看,這個卷子顯然屬於吉凶書儀。

### 3. 杜友晉《書儀》

敦煌文獻中屬於杜友晉《書儀》的寫卷有伯 3442 號、俄敦 1307 號、俄敦 1441 號等三個卷號,後一寫卷文字與伯 3442 號略有差異。伯 3442 號是現存各種書儀中最長的寫卷,約 600 行,中部題有書名及撰者"書儀卷下 京兆杜友晉撰"。據學者研究,杜氏《書儀》撰於開元末①。

### 4. 杜友晉《書儀鏡》

這類書儀共有斯 9713 號、斯 329 號、斯 361 號、斯 6111 號、斯 10595 號、伯 4784 號等 6 個寫卷。其中斯 9713 號、斯 329 號和斯 361 號,斯 6111 號和斯 10595 號可以綴合。伯 4784 號共 37 行,殘存上半截。第 1 至 29 行中部的文字與斯 329 號相同,此後的文字與之迥異,是底本不同,還是斯 329 號脫漏?不可得知。趙和平以爲:《書儀鏡》是《書儀》的簡本,成書在開元、天寶年間②。另斯 9713 號寫卷殘存 8 行,從書狀用語"闕敍稍久,延佇成勞,不奉得(德)音,何以□□"看,與斯 329 號《書儀鏡》非常接近。語句上,斯 9713 號末尾的"尚寒,惟"與斯 329 號起首的"履珍[適]"恰好綴合,即"尚寒,惟履珍適"。可見,斯 9713 號可與斯 329 號綴合。

### 5. 杜友晉《新定書儀鏡》

這類書儀共有伯 2616 號背、伯 2619 號背、伯 3637 號、伯 3688 號(前一頁)、伯 3849 號、伯 4002 號、伯 4036 號、伯 5020 號、伯 5035 號、斯 5630 號背、散 0676 號(《貞松堂》本)、上圖 18 號等 12 個卷子。伯 4036 號寫卷題有"新定書儀鏡吉上凶下 京兆杜友晉撰"。上圖本分

---

① 趙和平《敦煌寫本書儀研究》,頁 223-233。
② 同上,頁 295。

上下兩欄抄寫，上欄存 10 行，起於《三月小殮祭》的"維年月朔日孤子……"，止於《七日大殮祭》的"牢之奠，伏惟"。下欄存 8 行，起於"弔後至□□□□□（祥禫已來經）節辭"，止於"奄及經祥制除禫云奄經"。

6. 伯 5550 號＋伯 5547 號《文儀集》

伯 5550 號《文儀集》原題"忻州刺史□□撰"。趙和平指出："這是一種包含有公事表啓、內外族吉凶的綜合性書儀。……這個寫卷目前只發現有此一種，殘闕不可意補，依原樣過錄。"①該卷殘存 15 行半，13 行以後的殘缺部分可與伯 5547 號綴合。伯 5547 號寫卷，現存各家敦煌文獻目錄皆定名作"相陰宅書"，不確。其內容實爲伯 5550 號第 13 行後殘缺的"年序凡例"部分，伯 5547 號卷首的"四海"與伯 5550 號第 13 行的"尊卑弔答第九"恰好相綴。此後的字句亦都可彼此聯綴。

7. 斯 1725 號《書儀》

斯 1725 號正面書儀 168 行，按先後順序，其內容依次是：喪服制度、婦人書疏、婚禮儀注、冥婚儀、婦人書題等五部分。其中論述婚禮的內容十分詳細，多不見於傳世史籍，實可寶貴。

8. 伯 4024 號《書儀》

此殘卷存 88 行，無書題，有子目"喪服儀""服衣儀十九"。從殘存內容看，亦屬吉凶書儀。

9. 斯 1438 號背《吐蕃占領敦煌初期漢族書儀》

此卷首尾皆殘，現存 177 行。在衆多的書儀寫卷中，斯 1438 號背書儀是中外學者研究最多的，因爲其中某些內容反映了瓜沙地區被吐蕃占領不久後的情況，故有學者將其定名爲《吐蕃占領敦煌初期漢族書儀》②。

10. 鄭餘慶《大唐新定吉凶書儀》

鄭氏書儀，見於正史著錄。《新唐書·藝文志》："鄭氏《書儀》二卷，

---

① 趙和平《敦煌寫本書儀研究》，頁 393-394。
② 同上，頁 443。

鄭餘慶。"[284][頁1493]司馬光《書儀》中也曾引用鄭氏書儀，然世無傳本。敦煌文獻中保存的斯6537號背/14《大唐新定吉凶書儀》，正好印證了史籍的記載。該卷雖僅存179行，然其序中所列30部類，完整地反映了"吉凶書儀"的內容。據寫卷透露信息，可推知鄭氏書儀成於元和年間。

11. 張敖《新集吉凶書儀》

據學者考訂，張敖書儀的成書年代在大中初年。敦煌文獻中屬於張敖《新集吉凶書儀》的寫卷共有：伯2646號、伯2556號、伯3246號、伯3249號、伯4019號、伯3284號、斯2200號、斯4761號、斯10735A號、有鄰館第8號、北圖能字8號等11個卷子，其中伯4019號與有鄰館第8號、斯4761號與斯10735A號可綴合①。另伯3044號背抄有一首《醉後謝書》，與張敖《新集吉凶書儀》中的《醉後失禮謝書》字句基本相同。

12. 張敖《吉凶書儀》

張敖《吉凶書儀》共有：伯2622號、伯3886號、伯3688號（後二頁）、斯1040號、斯8699號、俄敦1256號等六個寫卷。

13. 張敖《新集諸家九族尊卑書儀》

這件書儀共有伯3502號背/2、俄敦1256號背、《貞松堂》本三個寫卷。黃亮文認為：《新集諸家九族尊卑書儀》內容簡省，為目前所見敦煌書儀內容至簡者，故當依《新集吉凶書儀》刪改而來，年代應在大中初年以後②。《貞松堂》本殘存7行，內容為《嫁女祭文》後部分及與修書相關的說明文字，茲按行迻錄於下③：

□（別）親，赴就嘉筵之户。是以同牢□

---

① 黃亮文《敦煌寫本張敖書儀研究》，頁26、48-49。
② 同上，頁26。
③ 參《敦煌石室遺書百廿種·貞松堂西陲秘籍叢殘》，載《敦煌叢刊初集》第七冊，臺北新文豐出版公司，1985，頁391。

終始，厶乙不敢專擅，謹廌（薦）先靈，伏☐
　　　再拜。
　　　　　右古人修書唯只八行，今☐
　　　　　説閑詳（辭），用事不當，取笑☐
　　　　　頭輕，或則頭尾俱重，心中☐
　　　　　俱重，此則不可行也。今乃☐
以上文字與伯3502號背/2結尾部分大致相當，可參互校正。

　　14. 伯4050號＋斯5613號《書儀》
　　這是一件藏於不同地點且又排序混亂的書儀寫本。形式上，均爲册葉，内容屬吉凶書儀，主要保存了兩部分内容：四海吉書儀和婦人書題。同一内容的還有：俄敦1458號、俄敦3875號、俄敦3870號、俄敦1467號、俄敦3902號、俄敦3849號、俄敦3905號、俄敦3814號、俄敦3917號，此九件屬於同一内容的書儀殘葉。經比勘，它們與伯4050號、斯5613號屬同一人抄録的同一件書儀寫本①。

　　15. 五代佚名《新集書儀》
　　敦煌文獻中屬於《新集書儀》的寫卷共有18個編號：伯3691號、伯3425號背、伯3581號、伯3716號背、伯4699號、斯681號、斯766號、斯5593號、斯5636號、斯8516號、斯8680號、斯9937號、斯10010號、斯10531號、斯10614號背、俄敦1454＋俄敦2418號、俄敦5623＋俄敦5644號、北圖有字76號（從中拆出殘片編爲 L.4425.2）。其中斯681號與俄敦1454＋俄敦2418號，斯9937號與斯8516號、斯10531號可綴合。黄亮文以爲：《新集書儀》深受張敖《新集吉凶書儀》及《新集諸家九族尊卑書儀》的影響，是晚唐五代時期的邊地書儀，極有可能爲敦煌産物②。另俄敦5623＋俄敦5644號寫本殘存31行，起"洗軟相屈"，止"謝廻賜物"，卷中殘損

---

① 趙和平《〈敦煌寫本書儀研究〉訂補》，《敦煌吐魯番研究》第三卷，北京大學出版社，1998，頁246。
② 黄亮文《敦煌寫本張敖書儀研究》，頁30。

較多。

16. 伯 2042 號/1《新集兩親家接客隨月時景儀》

伯 2042 號題爲"新集兩親家接客隨月時景儀一卷并序",殘 25 行,存序及正月至七月(未完)。序云:"若夫立身之道,以禮爲先,敬愛其親,謙恭是本,故《禮記》云:禮經三百,威儀三千;道德二儀,非禮不威;教訓正俗,非禮不備。若夫長幼婚姻,豈無褒譽,臨時愴悴(倉卒),目不知所措。今撰編次,以明節候寒溫,對答往來,具陳於後。"正文採用主人先敍、客人後答的形式,結合時節景候進行寒暄問候。如此看來,這應是一種用於口頭應答的書儀。

17. 伯 3909 號/2《今時禮書本》

伯 3909 號寫卷爲册葉,首頁題有"論通婚書法第一""今時禮書本"字樣,文中有"男家通婚書本、女家通婚書本",其内容多與婚禮儀注相關。

18. 俄敦 1055 號《吉凶書儀》

這件書儀殘存 7 行,中部題有"婚書儀第三"字樣,卷首作:

　　□□□□爲高門,□
　　伯叔者云某兄弟門中,言□
　　稱,已前斟酌諸儀,兼採□
　　吉書之要,無渝(逾)此矣。

這與伯 2616 背《删定儀諸家略集》中的語句極爲相近,即:"凡言高祖爲高問(門)⋯⋯言伯極(及)叔者云某兄弟門中,言兄弟云某侄房中,此皆是亡者之稱。已前皆勘(斟)酌諸儀,兼採士流稱謂,詳量輕重,爲綱紀吉凶之要,無踰此矣。"

(三)表狀箋啓書儀

表狀箋啓書儀較之朋友書儀、吉凶書儀,其品種更爲豐富,然複本較少,長篇的不多。據筆者調查,敦煌文獻中表狀箋啓類書儀共有 35 種 40 個卷號。

1. 伯 4093 號《甘棠集》

## 第二節 敦煌書儀及其研究概況

寫本《甘棠集》今存88首表狀書啓(內一首有目無文),幾乎每首書狀都有具體的收信人。成書時間大約在咸通初年①。

2. 伯3723號《記室備要》

這件寫本有明確的書題和撰者"記室備要一部 并序 計二百八十六首 鄉貢進士郁知言撰"。序中論及作者的身世及編撰《記室備要》的起因和目的:"知言謬學彫(雕)蟲,曾親射鵠,知難而退,適意所從。時以咸通七年偶遊於魯,遇護軍常侍太原王公,好習儒墨,常以文字飾於緘章,染翰抽毫,皆成四六。至於氍酒娛樂之際,雖有掌筆之吏,亦未嘗委焉。因命愚懷,備述所要,以防其闕。時之愚深沐知眷,誠難固辭,偶率荒蕪,撰成三卷,分其事類,合二百八十六首。"除伯3723號外,敦煌文獻中屬於《記室備要》的寫卷還有:伯3451號背、斯5888號。

3. 伯4092號《新集雜別紙》

屬於這類書儀的還有斯5623號,其形式與伯4092號一致,均為冊葉。伯4092號共有47頁,第3頁為正文,首行為"新集雜別紙 月旦賀官玖拾貳首";第二行為"知聞往來別紙八十八首",共存正文283行。前部以月為別,每月一至二通書狀,共16通。中部則是有具體收信人的狀、啓、牒、書等,共88通。此卷内容非常廣泛,涉及賀官賀節、送往迎來、弔死問疾、請託照拂、屈客請僧等吉凶、公私往來的各個方面。

4. 伯3449號+伯3864號《刺史書儀》

敦煌文獻中《刺史書儀》有伯3449號和伯3864號兩個寫卷,排序混亂。卷中内容涉及當時習用的各種文書,如表、狀、書、牓子、別紙、記事、笏記、門狀等,還有一些用於具體場合的儀式用語。這些文

---

① 關於《甘棠集》,前人研究已非常深入,此不贅言。參趙和平《敦煌本〈甘棠集〉研究》"導論",頁1-49。

範和用語表現出一個共同的特徵：專供刺史用的，故名之曰"刺史書儀"。

5. 斯 78 號背《縣令書儀》

這件書儀現存 91 行，共收書狀 22 通，其内容有"賀冬""賀官"及知聞往來書狀。趙和平以爲這個寫卷爲後唐明宗時期文獻，作者可能是太原府所屬某縣縣令①。

6. 斯 1725 號背/3《諸起居啓》

斯 1725 號背面有兩部分内容，一是祭文程式及張智剛牒文，另一種是與祭文程式倒書的啓狀，現存 8 首，共 35 行。

7. 伯 3931 號《靈武節度使表狀集》

這件寫本爲册葉，内容有四類：一是兩道上後唐朝庭的表本；二是僧牒及普化大師遊五臺山記；三是十二個月"賀官"書；四是各種往來的書狀、別紙。

8. 伯 2539 號背《後唐朔方節度使書啓底稿》

這件寫本前後均殘，存書、狀 26 通。趙和平認爲這件文書成於公元 932-933 年間②。

9. 斯 5566 號《雜謝賀表狀》

這件書儀首題《雜謝賀表狀》，存子目《上中書門下狀》《上魏相公狀》《又上魏相公狀》等 6 首，内容、格式與《甘棠集》中"謝狀"很接近。

10. 伯 3101 號/1《歸義軍書狀集》

伯 3101 號寫卷殘存三件賀狀：前件失題；次件爲"賀侄加官"，後件爲"賀天使平善過路"。

11. 伯 3715 號＋伯 2729 號《歸義軍僧官書儀》

這件文書拼合後，共存 56 行，計有書狀、答語十九種。内容多爲

---

① 趙和平《敦煌表狀箋啓書儀輯校》，頁 223-225。
② 同上，頁 279。

表達謝賀的書狀或口頭用語。如"兄弟加官有人相賀却答云"。以"云"稱之,顯爲口頭表達的參考文字。

12. 伯 3151 號《沙州書狀稿》

這件寫本存 15 行,有兩首書啓稿件。或以爲是曹議金寫給朔方節度使張希崇的兩封狀稿①。

13. 伯 2968 號《沙州歸義軍致甘州狀》

這件寫本僅一紙,存一首書狀,狀中平闕之式甚嚴。

14. 伯 2621 號背《書儀》

這件書儀存四首書狀,第一首爲"賀正獻物狀",其餘三首爲"起居狀"。

15. 斯 3399 號《雜相賀》

斯 3399 號寫卷共存 39 行,前有殘缺,現存十九首。內容多是表達謝賀的口頭用語,如《賀本使語》《賀天公主語》。從卷中透露信息看,這件書儀似成於曹氏歸義軍前期。

16. 伯 2652 號背《諸雜謝賀》

這件寫本後有書題"諸雜謝賀",存 54 行,共有諸雜謝賀口頭用語的參考文字 26 首。其內容的確很"雜",既有《參天使語》,又有《謝賜藥》《謝初許親語》《謝迴財禮語》等。

17. 伯 3800 號背/4《雜謝賀》

這也是一件表達謝賀的口頭參考文字或狀牒,作書者似僧官,狀中云"某乙奉牒補充釋門法律"。

18. 斯 5643 號/3《諸雜謝賀》

斯 5643 號書儀殘存 16 行文字,近 11 首謝賀文字,亦多爲口頭用語,如《謝奴婢偷盜放罪語》。

19. 伯 3041 號《謝語》

---

① 趙和平《敦煌表狀箋啓書儀輯校》,頁 298。

此件書儀僅存兩首謝賀的參考文字:《謝賜駝(鞍)馬》《謝賜弓箭》。

20. 伯3625號《雜謝賀》

伯3625號寫本爲册葉,現存14頁,共11首,多是用於表達謝賀的口頭參考文字,如《賀雪》《謝宅》《或差出迎天使辭語》《謝天使留坐茶酒》等。

21.《國立中央圖書館所藏敦煌卷子》119號背《謝語》

這件寫本正面爲《妙法蓮華經》,背面先抄《君子小人》文,然後是《書儀》①。共有《謝得馬》《謝銀器》《謝人口》《謝莊園》《謝襆頭》《謝帽子》《謝要(腰)帶》。信中作書者自稱"員住",稱贈物者爲"尚書",當爲具體實用的書儀。

22. 伯2945號《權知歸義軍節度留後使曹元德狀稿》

伯2945號書儀共存8首書狀,趙和平以爲這八件書狀大致在清泰二年二月以後至天福初年寫成,其中致"相公"的七通書狀的受件人很可能是朔方節度使張希崇②。

23. 伯4065號《表狀集》

這件寫本第1至17行爲歸義軍節度使曹元深上後晉朝庭的"表文";第18行爲題記;第19至32行是歸義軍節度使曹元忠寫給于闐王李聖天的書狀。

24. 伯3627號/2《狀啓集》

伯3627號寫本爲册葉,屬書儀類文字的有32行,存6首書狀,似爲地方使府僚佐專用。

25. 斯5606號《會稽鎮上使衙狀》

---

① 《國立中央圖書館所藏敦煌卷子》,頁1124-1125。這件書儀,筆者從榮新江《人海遺編照眼明——潘重規〈國立中央圖書館所藏敦煌卷子題記〉讀後》一文(載《新世紀敦煌學論集》,巴蜀書社,2003,頁14-24)中看到相關介紹後,承蒙業師託人從北京複製得來。謹致謝忱。

② 趙和平《敦煌表狀箋啓書儀輯校》,頁349。

這件寫本共 25 行,存 4 首書狀,前三首有書題:《賊來輸失狀》《無賊錯接大驚動狀》《鎮使不在鎮內百姓保平安狀》。後一首據內容看,似爲《書手請替狀》。

26. 伯 2996 號《書儀》

伯 2996 號寫卷殘存 20 行,共有 6 首"起居狀"。

27. 伯 3906 號/4《書儀》

伯 3906 號寫卷爲冊葉,書儀部分共 50 行,存有 17 首書狀,內容簡便實用,如《賀正別紙》《寄信別紙》《與父母受業師父等別紙》《屈知聞吃飯狀》等。另伯 3552 號《與未相識書》與本件《書儀》中《與未相識狀》的字句有些相似。

28. 伯 3100 號背《書儀》

這件書儀存表狀四首,內容多是賀狀,如《賀端午獻物狀》《賀正獻物狀》《賀破賊狀》等。

29. 斯 4374 號/4《書儀》

斯 4374 號書儀存有四項內容:封題樣,賀冬至上大官別紙本,賀正,[賀]端午等。

30. 伯 4984 號背/4《書儀》

這件書儀存 11 行,有兩首書狀:《端午送酒扇》《歲送物》。

31. 伯 3173 號背《書儀》

這件寫本殘存 13 行,有兩首啓狀:一爲起居狀,一爲獻珍果狀。狀中言"愁煞微僧",作者似僧人。

32. 斯 5575 號《僧徒書儀》

這件書儀存 38 行,內容多爲僧徒來往書狀,共 4 首,中間嵌有一首七律詩。

33. 伯 4997 號《書儀》

伯 4997 號寫本殘存 20 行,首尾皆殘,存有 3 首書狀,前首殘,其餘一首爲《樞蜜(密)安太保孔太保迴書》,另一首是寫給"別駕"的。

### 34. 俄敦1698號《書儀》

這件書儀殘存32行，正、反面抄寫，下部稍殘。內容有《賀冬》《謝酒飯狀》等三首。

### 35. 俄敦2800＋俄敦3183號《殘書狀三件》

上件寫本，殘存10行，共3首書狀。第一、三首殘損較多，第二首較爲完整。三首書狀的作書人似有不同，前首無法判定，次首爲"文練"，末首稱"納兒"。由此看來，這件寫本當爲具體實用的書狀集成。《俄藏敦煌文獻》定作"公文底稿"，不確。

上面我們簡要介紹了敦煌文獻中朋友書儀、吉凶書儀及表狀箋啓書儀寫卷的情況。茲將其匯集起來，列表如下：

表一：敦煌書儀寫卷目錄①

| 類 | 種 | 卷 | 原名稱或擬名 | 寫卷編號 | 備注 |
|---|---|---|---|---|---|
| 朋友書儀 | 1 | 1 | 朋友書儀 | 伯2505號 | 開元、天寶時期 |
| | | 2 | 同上 | 伯2679號 | |
| | | 3 | 同上 | 伯3375號 | |
| | | 4 | 同上 | 伯3420號 | |
| | | 5 | 同上 | 伯3466號 | |
| | | 6 | 同上 | 伯4989號背 | |
| | | 7 | 同上 | 斯361號背 | |
| | | 8 | 同上 | 斯5472號 | 册葉形式 |
| | | 9 | 同上 | 斯5660號背 | |
| | | 10 | 同上 | 斯6180號 | |
| | | 11 | 同上 | 斯6246號背 | |
| | | 12 | §同上 | 俄敦5409號 | |
| | | 13 | §同上 | 俄敦10465號 | |
| | | 14 | 同上 | 貞松堂本 | |
| | | 15 | 同上 | 上圖本 | |

---

① 此表仿吳麗娛《唐禮摭遺》（頁640-646）所附"敦煌書儀寫卷目錄"製成，內容略有刪減。關於書題，原卷有書題者，照錄原題；依文書內容擬者，則於書題括號中注一"擬"字。表中標注"§"者，以前未見他人收錄或綴合。

第二節 敦煌書儀及其研究概況

續表

| | | | | |
|---|---|---|---|---|
| 1 | 1 | 書儀（擬） | 伯 3900 號 | 武則天時期 |
| 2 | 2 | 書儀（擬） | 伯 3681 號 | |
| 3 | 3 | 書儀 | 伯 3442 號 | 開元末；杜友晉撰 |
| | 4 | 同上 | 俄敦 1307 號 | |
| | 5 | 同上 | 俄敦 1441 號 | 文字與伯 3442 號略異 |
| 4 | 6 | 書儀鏡 | 斯 329 號 | 開元、天寶時期；杜友晉撰 |
| | 7 | 同上 | 斯 361 號 | 可與斯 329 號綴合 |
| | 8 | 同上 | 斯 6111 號 | 碎片 |
| | 9 | 同上 | 斯 10595 號 | 可與斯 6111 號綴合 |
| | 10 | §同上 | 斯 9713 號 | 可與斯 329 號綴合 |
| | 11 | 同上 | 伯 4784 號 | |
| 5 | 12 | 新定書儀鏡 | 伯 2616 號背 | 天寶時期；杜友晉撰 |
| | 13 | 同上 | 伯 2619 號背 | |
| | 14 | 同上 | 伯 3637 號 | 分上中下三欄 |
| | 15 | 同上 | 伯 3688 號 | 前一頁 |
| | 16 | 同上 | 伯 3849 號 | 分上下兩欄 |
| | 17 | 同上 | 伯 4002 號 | |
| | 18 | 同上 | 伯 4036 號 | 新定書儀鏡，京兆杜友晉撰 |
| | 19 | 同上 | 伯 5020 號 | 分上下兩欄 |
| | 20 | 同上 | 伯 5035 號 | 分上中下三欄 |
| | 21 | 同上 | 斯 5630 號背 | |
| | 22 | 同上 | 散 0676 號 | 《貞松堂》本 |
| | 23 | §同上 | 上圖本 18 號 | 分上下兩欄 |
| 6 | 24 | 文儀集（擬） | 伯 5550 號 | 忻州刺史某撰 |
| | 25 | §同上 | 伯 5547 號 | 可與伯 5550 號綴合 |
| 7 | 26 | 書儀（擬） | 斯 1725 號 | |
| 8 | 27 | 書儀（擬） | 伯 4024 號 | |
| 9 | 28 | 土蕃占領敦煌初期漢族書儀（擬） | 斯 1438 號背 | |
| 10 | 29 | 大唐新定吉凶書儀 | 斯 6537 號背 | 元和時期；鄭餘慶撰 |
| 11 | 30 | 新集吉凶書儀 | 伯 2646 號 | 吉儀；大中時代；張敖撰 |
| | 31 | 同上 | 伯 2556 號 | |
| | 32 | 同上 | 伯 3246 號 | |

（吉凶書儀）

32　第一章　緒論

續表

| | | | | |
|---|---|---|---|---|
| | 33 | 同上 | 伯 3249 號 | |
| | 34 | 同上 | 伯 4019 號 | 可與有鄰館第 8 號綴合 |
| | 35 | 同上 | 伯 3284 號 | |
| 11 | 36 | 同上 | 斯 2200 號 | |
| | 37 | 同上 | 斯 4761 號 | 可與斯 10735A 號綴合 |
| | 38 | 同上 | 斯 10735A 號 | |
| | 39 | 同上 | 有鄰館 8 號 | |
| | 40 | 同上 | 北圖能字 8 號 | |
| | 41 | 吉凶書儀 | 伯 2622 號 | 存凶儀部分；張敖撰 |
| | 42 | 同上 | 伯 3886 號 | |
| 12 | 43 | 同上 | 伯 3688 號 | 後二頁 |
| | 44 | 同上 | 斯 1040 號 | |
| | 45 | 同上 | 斯 8699 號背 | |
| | 46 | 同上 | 俄敦 1256 號 | |
| | 47 | 新集諸家九族尊卑書儀 | 伯 3502 號背/2 | 大中時期；張敖撰 |
| 13 | 48 | 同上 | 俄敦 1256 號背 | |
| | 49 | §同上 | 《貞松堂》本 | |
| | 50 | 書儀(擬) | 伯 4050 號 | 册葉,次序散亂 |
| | 51 | 同上 | 斯 5613 號 | |
| | 52 | 同上 | 俄敦 1458 號 | |
| | 53 | 同上 | 俄敦 1467 號 | |
| | 54 | 同上 | 俄敦 3814 號 | |
| | 55 | 同上 | 俄敦 3849 號 | |
| 14 | 56 | 同上 | 俄敦 3870 號 | |
| | 57 | 同上 | 俄敦 3875 號 | |
| | 58 | 同上 | 俄敦 3902 號 | |
| | 59 | 同上 | 俄敦 3905 號 | |
| | 60 | 同上 | 俄敦 3917 號 | |
| | 61 | 同上 | 俄敦 5247 號 | 正、反兩面皆抄有 |
| | 62 | 新集書儀 | 伯 3691 號 | 末有書題,五代時期 |
| 15 | 63 | 同上 | 伯 3425 號背 | 分兩欄抄寫 |
| | 64 | 同上 | 伯 3581 號 | |
| | 65 | 同上 | 伯 3716 號背 | 末有書題 |

第二節 敦煌書儀及其研究概況 33

續表

| | | | | |
|---|---|---|---|---|
| 吉凶書儀 | 15 | 66 同上 | 伯 4699 號 | 首行有書題 |
| | | 67 同上 | 斯 681 號 | |
| | | 68 同上 | 斯 766 號 | |
| | | 69 同上 | 斯 5593 號 | 册葉,存四頁 |
| | | 70 同上 | 斯 5636 號 | 册葉,八行箋書 |
| | | 71 同上 | 斯 8516 號 | 與斯 8680、斯 9937 號綴合 |
| | | 72 同上 | 斯 8680 號 | |
| | | 73 同上 | 斯 9937 號 | |
| | | 74 同上 | 斯 10010 號 | |
| | | 75 同上 | 斯 10531 號 | |
| | | 76 同上 | 斯 10614 號背 | |
| | | 77 同上 | 俄敦 1454 + 俄敦 2418 號 | |
| | | 78 同上 | 北圖有字 76 號 | |
| | | 79 §同上 | 俄敦 5623 + 俄敦 5644 號 | |
| | 16 | 80 新集兩親家接客隨月時景儀 | 伯 2042 號/1 | |
| | 17 | 81 今時禮書本 | 伯 3909 號/2 | |
| | 18 | 82 吉凶書儀(擬) | 俄敦 1055 號 | 有"婚書儀第三"字樣 |
| 表狀箋啓書儀 | 1 | 1 甘棠集 | 伯 4093 號 | 劉鄴撰;成書於咸通初年 |
| | 2 | 2 記室備要 | 伯 3723 號 | 郁知言撰;成書於咸通七年 |
| | | 3 同上 | 伯 3451 號背 | 册葉形式 |
| | | 4 同上 | 斯 5888 號 | 同上 |
| | 3 | 5 新集雜別紙 | 伯 4092 號 | 後唐時代;相州馬判官撰 |
| | | 6 同上 | 斯 5623 號 | |
| | 4 | 7 刺史書儀(擬) | 伯 3449 號 | 册葉,散亂;後唐明宗時 |
| | | 8 同上 | 伯 3864 號 | |
| | 5 | 9 縣令書儀(擬) | 斯 78 號背 | 後唐明宗時 |
| | 6 | 10 諸起居啓 | 斯 1725 號背/3 | 倒書 |
| | 7 | 11 靈武節度使表狀集(擬) | 伯 3931 號 | 册葉,後唐時期 |

續表

| | | | | |
|---|---|---|---|---|
| 8 | 12 | 後唐朔方節度使書啓底稿（擬） | 伯 2539 號背 | 後唐明宗時 |
| 9 | 13 | 雜謝賀表狀 | 斯 5566 號 | 卷首有書題 |
| 10 | 14 | 歸義軍書狀集（擬） | 伯 3101 號/1 | 晚唐 |
| 11 | 15 | 歸義軍僧官書儀（擬） | 伯 3715 號 | 與伯 2729 號可拼合 |
| | 16 | 同上 | 伯 2729 號 | |
| 12 | 17 | 沙州書狀稿（擬） | 伯 3151 號 | 後唐時期 |
| 13 | 18 | 沙州歸義軍致甘州狀（擬） | 伯 2968 號 | 曹氏歸義軍時期 |
| 14 | 19 | 書儀（擬） | 伯 2621 號背 | 曹氏歸義軍時期 |
| 15 | 20 | 雜相賀 | 斯 3399 號 | 曹議金時期 |
| 16 | 21 | 諸雜謝賀 | 伯 2652 號背 | 曹元深時期 |
| 17 | 22 | 雜謝賀（擬） | 伯 3800 號背/4 | 歸義軍時期 |
| 18 | 23 | 諸雜謝賀（擬） | 斯 5643 號/3 | 曹氏歸義軍時期 |
| 19 | 24 | 謝語（擬） | 伯 3041 號 | 曹氏歸義軍時期 |
| 20 | 25 | 雜謝賀（擬） | 伯 3625 號 | 曹議金時期 |
| 21 | 26 | §謝語（擬） | 臺北 119 號背 | |
| 22 | 27 | 曹元德狀稿（擬） | 伯 2945 號 | 曹氏歸義軍時期 |
| 23 | 28 | 表狀集（擬） | 伯 4065 號 | 曹氏歸義軍時期 |
| 24 | 29 | 狀啓集（擬） | 伯 3627 號/2 | |
| 25 | 30 | 會稽鎮上使衙狀（擬） | 斯 5606 號 | 曹氏歸義軍時期 |
| 26 | 31 | 書儀（擬） | 伯 2996 號 | |
| 27 | 32 | 書儀（擬） | 伯 3906 號/4 | |
| 28 | 33 | 書儀（擬） | 伯 3100 號背 | |
| 29 | 34 | 書儀（擬） | 斯 4374 號/4 | |
| 30 | 35 | 書儀（擬） | 伯 4984 號背/2 | |
| 31 | 36 | §書儀（擬） | 伯 3173 號背 | |
| 32 | 37 | §僧徒書儀（擬） | 斯 5575 號 | |
| 33 | 38 | 書儀（擬） | 伯 4997 號 | |
| 34 | 39 | §書儀（擬） | 俄敦 1698 號 | |
| 35 | 40 | §殘書狀三件（擬） | 俄敦 2800 + 俄敦 3183 號 | |

表狀箋啓書儀

不難看出：三類書儀中，表狀箋啓書儀種類最多（35 種），但複本最少(40個);吉凶書儀不僅品種豐富(18種),而且抄本眾多(82個),是敦煌書儀中適用面最廣的書儀;朋友書儀雖只有一種,然其複本較多(15個),可想見其在當時的流行程度。以上書儀寫卷總計54種137個寫本。

除這三類書儀外,敦煌文獻中還保留有許多一封封具體實用的書狀。這些文書大都有明確的受書對象,充滿著濃郁的生活氣息,是我們了解唐五代社會生活的一面鏡子。通檢所能見到的敦煌寫卷,筆者共撿得126件書狀。茲將其列表如下:

表二:敦煌實用書狀寫卷目錄

| 序號 | 寫卷編號 | 寫卷原有名稱或擬名 |
| --- | --- | --- |
| 1 | 斯76號背/1 | 長興五年(934)行首陳魯佾門狀(擬) |
| 2 | 同上/2 | 攝茶陵縣令譚☐狀二通(擬) |
| 3 | 同上/4 | 某年十二月廿四日潘☐致秀才十三兄狀(擬) |
| 4 | 同上/5 | 宗緒與從兄狀二通(擬) |
| 5 | 同上/6 | 鄉貢進士劉某門狀(擬) |
| 6 | 斯196號 | 顯德五年(958)二月洪範大師狀(擬) |
| 7 | 斯376號 | 某年正月廿四日尚書與鄧法律書(擬) |
| 8 | 斯389號 | 肅州防戍都狀 |
| 9 | 斯526號 | 武威郡夫人陰氏上某和尚書(擬) |
| 10 | 斯529號 | 同光二年(924)定州開元寺僧歸文狀五通(擬) |
| 11 | 斯619號背/1 | 懸泉鎮遏使行玉門軍使曹子盈狀 |
| 12 | 斯811號 | ☐永書札(擬) |
| 13 | 斯1156號 | 光啟三年(887)沙州進奏院狀 |
| 14 | 斯1284號 | 西州釋昌富上靈圖寺陳和尚狀(擬) |
| 15 | 斯1976號 | 張良涓與某闍梨論說欠負書狀(擬) |
| 16 | 斯2241號/2 | 公主君者上北宅夫人狀(擬) |
| 17 | 斯2578號/1 | 某年十一月十九日押衙薛九安謝張索二都頭狀(擬) |
| 18 | 斯2589號 | 中和四年(884)十一月一日肅州防戍都營田康使君等狀 |
| 19 | 斯2973號 | 開寶三年(970)八月節度押衙知司書手馬文斌呈詩狀(擬) |
| 20 | 斯3880號 | 起居狀(擬) |

續表

| | | |
|---|---|---|
| 21 | 斯 4220 號 | 願學起居狀（擬） |
| 22 | 斯 4274 號 | 管內兩廂馬步軍都校揀使陰某起居狀（擬） |
| 23 | 斯 4362 號 | 肅州都頭宋富忪家書（擬） |
| 24 | 斯 4398 號 | 天福十四年（949）五月歸義軍節度觀察留後曹元忠獻硇砂狀（擬） |
| 25 | 斯 4473 號背/1 | 散都頭張進遇上三傅狀（擬） |
| 26 | 同上/2 | 將仕郎前守滄州南皮縣令王謙上侍郎啓（擬） |
| 27 | 同上/3 | 鄉貢進士譚蒙上諫議啓（擬） |
| 28 | 斯 4571 號背/1 | 某年十月衙內都部署使馮某謝僧狀（擬） |
| 29 | 同上/2 | 某年三月隨使宅案孔目官孫延滔謝僧弔儀狀（擬） |
| 30 | 斯 4609 號 | 鄧家財禮目 |
| 31 | 斯 4639 號 | 與法師書（擬） |
| 32 | 斯 4654 號背 | 起居狀（擬） |
| 33 | 斯 4667 號 | 僧智杲上僧錄狀（擬） |
| 34 | 斯 4677 號 | 某年六月廿七日楊法律與僧戒滿書（擬） |
| 35 | 斯 4685 號 | 沙州李丑兒與弟李奴子家書（擬） |
| 36 | 斯 4920 號背 | 長興二年（931）與都頭書（擬） |
| 37 | 斯 5139 號背/1 | 乙酉年（925）六月涼州節院使押衙劉少晏狀（擬） |
| 38 | 斯 5394 號 | 某年六月宰相兼御史大夫張文徹上啓 |
| 39 | 斯 5713 號 | 惠廣雜謝狀抄（擬） |
| 40 | 斯 5778 號 | 與師兄書（擬） |
| 41 | 斯 5803 號 | 僧統謝太保狀（擬） |
| 42 | 斯 5804 號 | 僧智弁請賜美柰狀（擬） |
| 43 | 斯 5804 號背 | 僧智弁遣堂子卿送赴弔儀狀（擬） |
| 44 | 斯 5953 號 | 奉唐寺僧依願上令公阿郎狀（擬） |
| 45 | 斯 6058 號 | 問阿婆等起居狀（擬） |
| 46 | 斯 6234 號背 | 河西都禦判官將士（仕）郎何成狀二通（擬） |
| 47 | 第 6405 號背 | 僧恒安謝司空寄縑綑（擬） |
| 48 | 斯 6537 號/6 | 某慈父與子書（擬） |
| 49 | 斯 6981 號 | 太子上法獎和尚啓（擬） |
| 50 | 斯 8451 號 | 戒惠書狀（擬） |
| 51 | 伯 2066 號 | 僧福威狀（擬） |

第二節　敦煌書儀及其研究概況

續表

| | | |
|---|---|---|
| 52 | 伯2155號背/1 | 曹元忠與回鶻可汗書（擬） |
| 53 | 伯2529號背 | 書信（擬） |
| 54 | 伯2555號 | 肅州長史檢校國子祭酒御史中丞上柱國周弘直狀（擬） |
| 55 | 伯2690號背/7 | 僧保福書狀（擬） |
| 56 | 伯2700號背 | 法真狀（擬） |
| 57 | 伯2703號背/2 | 曹元忠狀二通（擬） |
| 58 | 伯2770號 | 僧人狀（擬） |
| 59 | 伯2804號背 | 開寶六年（973）三月右衙都知兵馬使丁守勳狀兩件（擬） |
| 60 | 伯2807號 | 法虛上僧錄和尚狀（擬） |
| 61 | 伯2814號 | 天成三年（928）二月都頭知懸泉鎮遏使安進通狀七件（擬） |
| 62 | 伯2826號 | 于闐王賜沙州節度使白玉一團札（擬） |
| 63 | 伯2943號 | 開寶四年（973）五月一日內親從都頭知瓜州衙推汜願長等狀（擬） |
| 64 | 伯2985號背 | 開寶五年（972）十二月右衙都知兵馬使丁守勳狀（擬） |
| 65 | 伯2992號背/1 | 歸義軍節度兵馬留後使檢校司徒兼御史大夫曹上回鶻衆宰相狀（擬） |
| 66 | 同上/2 | 朔方軍節度使檢校太傅兼御史大夫張狀（擬） |
| 67 | 同上/3 | 歸義軍節度使致甘州回鶻順化可汗狀（擬） |
| 68 | 伯3016號背/1 | 天興柒年（956）于闐迴禮使壽昌縣令索子全狀（擬） |
| 69 | 同上/2 | 天興玖年（958）西朝走馬使□富住狀（擬） |
| 70 | 伯3126號背 | 信札（擬） |
| 71 | 伯3197號背/1 | 書函一通（擬） |
| 72 | 伯3197號背/7 | 文□等上司空啓兩通（擬） |
| 73 | 伯3272號背 | 丁卯年（967）正月廿四日甘州使頭閻物成去時書本 |
| 74 | 伯3277號背/2 | 陽願進狀（擬） |
| 75 | 伯3281號背/3 | 押衙馬通達狀三件（擬） |
| 76 | 伯3438號背 | 沙州官告國信判官將仕郎試大理評事王鼎狀四件（擬） |
| 77 | 伯3502號背/1 | 大中六年（852）書狀（擬） |
| 78 | 伯3547號 | 上都進奏院狀 |
| 79 | 伯3553號 | 太平興國三年（978）四月都僧統鋼惠等上太保狀（擬） |
| 80 | 伯3555號 | 書信（擬） |
| 81 | 伯3555號背/2 | 弘約與闍梨書啓（擬） |

38  第一章  緒論

續表

| | | |
|---|---|---|
| 82 | 伯3591號背/1 | 韓屋等狀牒四件(擬) |
| 83 | 同上/2 | 天福八年(943)都頭張立狀(擬) |
| 84 | 伯3632號 | 侄周某信函并和來韻(擬) |
| 85 | 伯3633號 | 辛未年(911)七月沙州百姓等一萬人狀上回鶻大聖天可汗狀(擬) |
| 86 | 伯3672號背 | 都統大德致沙州宋僧政等書(擬) |
| 87 | 伯3687號/2 | 永隆等家書(擬) |
| 88 | 伯3715號背 | 信函殘件(擬) |
| 88 | 伯3727號/2 | 内親從都頭知常樂縣令羅員定狀(擬) |
| 90 | 同上/4 | 乙卯年二月廿日通報(擬) |
| 91 | 同上/5 | 國清與軍使吕都知陰都知狀、國清與男住奴書(擬) |
| 92 | 同上/6 | 正月廿日沙門道會上軍事都知等狀(擬) |
| 93 | 伯3750號 | 書信(擬) |
| 94 | 伯3863號 | 河西都防禦招撫押蕃落等使牒(擬) |
| 95 | 伯3871號背 | 殘書狀(擬) |
| 96 | 伯3936號 | 致女壻女兒書(擬) |
| 97 | 伯3945號 | 從心與兄嫂書(擬) |
| 98 | 伯4002號背 | 殘狀一件(擬) |
| 99 | 伯4005號 | 智藏狀一件(擬) |
| 100 | 伯4019號/3 | 福衆狀一件(擬) |
| 101 | 伯4525號 | 曹節度使委曲(擬) |
| 102 | 伯4610號 | 書函一通(擬) |
| 103 | 伯4638號/3 | 曹仁貴狀(擬) |
| 104 | 同上/4 | 龍辯等端午獻物狀(擬) |
| 105 | 伯4766號 | 使頭與官健往復書(擬) |
| 106 | 伯4990號 | 歸義軍討擊使武文進狀(擬) |
| 107 | 伯5036號背 | 殘書狀(擬) |
| 108 | 俄敦1265+俄敦1457號 | 沙州某人上于闐押衙張郎等狀(擬) |
| 109 | 俄敦1271號背 | 智福家書(擬) |
| 110 | 俄敦1280號 | 殘書狀一件(擬) |

續表

| | | |
|---|---|---|
| 111 | 俄敦 1291 + 俄敦 1298 號 | 某甲奉牒補充節度押衙兼龍勒鄉物上大王謝恩啓(擬) |
| 112 | 俄敦 1380 號 | 上大王書(擬) |
| 113 | 俄敦 1384 號 | 押牙李文繼書狀(擬) |
| 114 | 俄敦 1385 號 | 信力律師借炭啓(擬) |
| 115 | 俄敦 1386 號 | 張住盈上張僧統書(擬) |
| 116 | 俄敦 1400 + 俄敦 2148 + 俄敦 6069 號/1 | 某年九月新婦小娘子陰氏上某公主狀(擬) |
| 117 | 同上/2 | 天壽二年(619)九月弱婢員娘祐定狀(擬) |
| 118 | 同上/3 | 天壽二年(619)九月右馬步都押衙張保勳狀(擬) |
| 119 | 俄敦 4355 號背 | 送物狀(擬) |
| 120 | 俄敦 12012 號 | 慈父與子書(擬) |
| 121 | 北 6774 號背 | 道獻等僧奉宣往西天取經詣衙狀(擬) |
| 122 | 北 6984 號背 | 書信一封(擬) |
| 123 | 北大 D185 號 | 靈圖寺寄住僧道獻狀(擬) |
| 124 | 上圖 17 號/1 | 家書(擬) |
| 125 | 上圖 17 號/3 | 僧正致都督狀(擬) |
| 126 | 上博 20 號 | 節度使經略副使知左一將忠武將軍左武衛□僉致孫士曹狀(擬) |

以上兩表的內容即本書語料的來源,亦即我們研究的對象。

## 二 敦煌書儀研究概況

自 1900 年敦煌文獻被發現後,東西方學者紛紛從中探尋政治、經濟、文化、民族、宗教、語言、文學、科技等衆多方面的問題,各類文獻大多得到了充分的研究。敦煌書儀作爲其中的重要組成部分,同樣引起了學界的重視與研究。一個多世紀以來,人們對"書儀"的認識越來越深,理解越來越透,研究的面也越來越寬。

20 世紀 70 年代以前,在"敦煌學"的研究中,有關書儀類文獻的整理研究是很少的。20世紀80年代以後,周一良在整理書儀的同時,對其源流、分類及其中所見婚喪禮俗,以及書儀對日本的影響等問題進行了深入的研究,發表了一系列高質量的論文。在他的影響下,一大批學者積極投身於書儀的研究,開創了對敦煌書儀系統研究的新局面。總的說來,學界對敦煌書儀的研究主要表現在以下兩方面:

(一)對寫本書儀本身的整理研究

敦煌書儀作爲寫本文獻,內容上大多殘缺不齊,文字上錯訛衍脱,欲對其進行深入研究,必須有一個完好的整理本供學界參閲。趙和平自1984年初便開始對敦煌書儀進行整理研究。他將當時所能見到的書儀寫卷一一抄寫録校、拼接綴合、定名分類;在此基礎上又對寫卷的抄寫年代、書儀的著者以及各類書儀間的相互聯繫進行了深入、詳實的考證,整理出版了《敦煌寫本書儀研究》《敦煌表狀箋啓書儀輯校》《敦煌本〈甘棠集〉研究》等專著。後一著作除對伯4093號《甘棠集》中88首表狀進行詳盡的考證、校注外,還對該書的流傳沿革、內容性質、得名之由,著者劉鄴的仕宦經歷以及每首表狀中涉及的人物事迹等諸多問題進行了深入探研,創獲實多。此外,唐耕耦、陸宏基編的《敦煌社會經濟文獻真迹釋録》、郝春文編的《英藏敦煌社會歷史文獻釋録》中也收輯校録了不少書儀寫卷。

除對書儀的綜合整理外,也有學者對其中某一著者的書儀進行個體研究。黃亮文在其碩士論文《敦煌寫本張敖書儀研究》中,對晚唐時期流行於敦煌地區的三種張敖書儀進行了整理研究。文中不僅考證了張敖其人及書儀的成書年代,還對張敖書儀寫本的內容作了紋録。值得一提的是,作者在趙和平已有成果上,又新發現并綴合了許多書儀殘片,并給予了準確的定名①。

吳麗娛在前賢整理研究的基礎上,更深入地探討了敦煌書儀三大

―――――――――――
① 黃亮文《敦煌寫本張敖書儀研究》,頁48-50。

類型——朋友書儀、吉凶書儀、表狀箋啓書儀的形成與流變,論述了不同類型書儀興盛發展的時代性,也發掘了其彼此間的相互聯繫與更替。她在《唐禮摭遺》中重新勾勒了唐代"書儀"形成、發展、演變的整個歷程。其中既有宏觀的"史"的把握,更有微觀的"實"的鈎稽,如對伯2539號背書狀主人公的辨證①。

(二)以敦煌書儀爲材料,對其中反映的歷史、禮俗、文學、語言等現象進行研究

陳寅恪在《〈敦煌劫餘録〉序》中説:"一時代之學術,必有其新材料與新問題。取用此材料,以研求問題,則爲此時代學術之新潮流。"②書儀作爲唐代士大夫的生活指南,其内容涉及當時社會生活的方方面面,早已爲學界關注。不少學者即以敦煌書儀爲材料,對其中反映的歷史、禮俗、文學、語言等現象進行了深入的探研。

1. 歷史方面

許多重大歷史事件及相關的典章制度都在書儀中有所反映。斯1438號背書儀,反映了沙州玉關驛户起義的事實,受到各位學者的關注與研究。以此書儀爲基礎,前賢們探討了瓜州一帶"陷蕃"的年代、瓜州驛户起義的時間以及沙州陷蕃後摩訶衍在瓜沙一帶的地位等問題③。斯329號《書儀鏡》"四海平蕃破國書"中涉及一些具體的事件和人名地名,關係到唐與吐蕃等外族在西域的戰事。其中提到與吐蕃作戰及"勃律小蕃,滅亡在即"事,榮新江認爲此或指天寶六年(747)高仙芝滅小勃律,或指天寶十二年封常清平大勃律。然不甚肯定。吴麗娛則根據其中行第稱謂"二郎",結合史實,論證統兵主持戰事的高級軍政長官爲封常清④。此外,書儀中的官職名稱也往往反映出當時的典章

---

① 吴麗娛《唐禮摭遺》上編"書儀編",頁179-195。
② 陳寅恪《〈敦煌劫餘録〉序》,《敦煌劫餘録》,頁5。
③ 具體詳盡的研究情況,參趙和平《敦煌寫本書儀研究》,頁469-476。
④ 詳盡的辨證參吴麗娛《唐禮摭遺》,頁328-334。

制度。如伯3723號《記室備要》中卷收載了十九種北司使職,這些使職多是與軍政事務發生關係的職司,它們不僅與京都的南衙百司關涉,也和地方的節鎮州府有頻繁往來。這一與外朝發生直接聯繫的宦官系統,實即中晚唐宦官干預政治的各種機構,或者説是侵削南衙北司事權的機構①。

2. 禮俗方面

唐五代許多節日、歲時、交往、婚喪禮俗都在書儀中有所反映。書儀研究者對此關注尤多,周一良曾以斯1725號、伯2646號書儀寫本爲主,勾勒了唐代婚喪禮俗的概貌②。陳靜亦從敦煌書儀出發,探討了其中相關的歲時節俗、婚姻禮俗及喪葬禮俗③。黃亮文則對張敖書儀中涉及的婚禮、喪葬、節日交遊、親族往來及四海官場交遊儀節進行了詳細的探討④。吳麗娛從書儀的體式、用語及官稱、行第等入手,討論了書體的"禮儀"規範,重點論述了官民婚喪禮俗、喪服制度的變遷、表狀箋啓書儀中反映的官場儀制等⑤。姜伯勤通過對開元間書儀變遷的研究,看到了禮儀的庶民化和簡約化,同時又從書儀的變遷中看到了禮儀的變遷,甚而唐五代社會生活的變遷,以此認爲:書儀不止是一種尺牘或範文,更是一種普及性的儀注⑥。姜文在禮儀、生活變遷的開闊視野下對"書儀"進行了深刻透闢的解讀。

3. 文學方面

敦煌書儀中以抒情寫景見長的朋友書儀,文字優美,辭藻華麗,感情真摯,向來爲書儀研究者青睞。即使是恪守固定程式及用語以適應

---

① 趙和平《敦煌表狀箋啓書儀略論》,《唐五代書儀研究》,頁44-45。
② 周一良《敦煌寫本書儀中所見的唐代婚喪禮俗》,《唐五代書儀研究》,頁285-301。
③ 陳靜《書儀研究》,頁37-44。
④ 黃亮文《敦煌寫本張敖書儀研究》,頁69-301。
⑤ 吳麗娛《唐禮摭遺》之下編"禮儀編",頁204-609。
⑥ 姜伯勤《唐禮與敦煌發現的書儀》《唐貞元、元和間禮的變遷》,《敦煌藝術宗教與禮樂文明》,頁425-456。

官場公文和禮儀應酬的表狀箋啓書儀,在煉字造句、鋪陳排比上,也具有一定的文學色彩和審美情趣。張錫厚曾對《甘棠集》的文學特色進行專門研究,認爲劉鄴的表狀善於選用高度概括、凝煉優美的語言敍事狀物、抒情言志;在鋪彩設色、排比對仗上常常選用清新富麗、音韻鏗鏘的字詞;書狀主要以四六文爲主,或駢或散,自由揮灑,表現出靈活多變的語言風格①。此外,敦煌書儀中新出現的各類文書也引起了學界的關注。周一良曾對"牓子""門狀"的形成和流變作過探討②;陳静對"別紙""委曲"的由來及運用進行了詳實的考辨③。

4. 語言方面

敦煌書儀的語詞既有承古用法,也有新造詞語;既有典雅的書面語詞,也有通俗的口頭語詞。即使是駢體文字,其用語也是唐人文獻中習用的。最早對書儀詞語關注的是周一良,他對書儀中常見的一些語詞作過例釋,如:空酒、伯母、奈何、辭違、除替、得替等④。陳静探討書儀的語言學價值時,也論及了一些語詞,如:小器、搔屑、迫屑、馳屑、驅屑、驅驅、棲棲、屑屑等⑤。董志翹考釋敦煌文書詞語時,曾涉及到一些書儀語詞,如:於、日別、委曲、幾、般次、人李等⑥。曾良在通釋敦煌文獻的字義時,也注意到了書儀用語,如:白疏、白書、當便、到、闢合、惡弱、瘖痱、洗奭、下流等⑦。吴麗娛論及書儀的禮書規格時,對其中的一些特殊語彙進行了闡釋,如:支福、支豫、支勝、支適、蒙

---

① 張錫厚《敦煌文學源流》,頁 190-197。
② 周一良《敦煌寫本書儀考(之一)》,《唐五代書儀研究》,頁 54-57。
③ 陳静《書儀研究》,頁 4-15。
④ 周一良《"賜無畏"及其他——讀〈敦煌變文集〉札記》,《魏晋南北朝史論集續編》,頁 275-287;《敦煌寫本書儀考(之一)》,《唐五代書儀研究》,頁 67-68。
⑤ 陳静《書儀研究》,頁 29-30。
⑥ 董志翹《敦煌文書詞語考釋》"於、日別"條、《敦煌文書詞語瑣記》"委曲、幾"條,分別見《中古文獻語言論集》頁 90-95、105-110;另《敦煌社會經濟文獻詞語略考》"般次、人李"條,《語文研究》2002 年第 3 期,頁 22。
⑦ 曾良《敦煌文獻字義通釋》相關條目。

恩、蒙免、推免、推遣等①。

　　總的説來,近二十年來,無論是敦煌書儀本身的整理研究,還是對其中反映的歷史、禮俗、文學現象的研究,都取得了很大的成績。與之相比,敦煌書儀語言的研究則顯得非常薄弱。一方面,書儀研究者大多著眼於其歷史、禮俗的價值,很少涉及語言的探討。即使論及,也只是在考證書儀的抄寫年代及其中反映的社會制度、文化禮儀時順帶解釋個別語詞;偶有專文討論書儀的口頭用語,也只是提出問題,引導人們去進行深入、系統的研究。趙和平發現人們撰寫書札參考所用的書儀中,保留了不少書面記録的口頭用語,迄今未引起學界的重視,故特指出以引起語言文學界的興趣②。然而語言學界關注書儀用語者寥寥無幾,偶有學者在考釋敦煌變文、王梵志詩及社會經濟文書的字義、詞義時,觸及書儀中的某些語詞,但那只是零星、個別地考釋,缺乏對書儀用語特色的整體考察和系統研究。也正因爲如此,纔使得目前整理出版的書儀類文獻中出現了不少失誤③。鑒此,我們特把"敦煌書儀語言研究"作爲研究的課題。

## 第三節　敦煌書儀語言研究的方法

　　麥耘認爲,進行語言的研究,方法很重要;無論這種方法是自創的,還是參考他人的,只要有意識地運用特定的方法來研究論題中涉及的問題,他的探討就是有價值的④。敦煌書儀作爲一種特殊的文體,其語言研究的方法,既有與其他文體語言研究相通的地方,也有它本身的獨特之

---

① 吴麗娱《唐禮摭遺》,頁 248-251。
② 參趙和平《敦煌寫本書儀中的口頭用語問題初探》,《中國敦煌學百年文庫・語言文字卷》(二),頁 353。
③ 具體詳細的探討,參本文第二章第二節。
④ 這段話是麥耘於 2003 年 12 月底在杭州召開的"新世紀漢語史發展與展望國際學術研討會"上所作的發言。

處。按照這一理解,我們在敦煌書儀的語言研究中採用了以下方法。

## 一 審形辨音

選擇"敦煌書儀"的語言進行研究,首先須明了兩點:1.這是一種"體裁"語言;2.這種語言反映的時代是唐五代,表現的形式是"寫本"。也就是説,我們進行的是斷代體裁語言的研究,而記録這種語言的文字本身,又帶有典型的"寫本"特色,即一方面它是絶對的"同時資料",另一方面,它又俗寫衆多,訛誤滿紙。進行語言的研究,語料的可靠性是最爲當緊的,如果我們的研究建立在根本不可靠的材料上,那麽所做的任何研究都是毫無意義的。因此,在進行敦煌書儀語言的研究時,我們首先要做的便是對寫本書儀的每一個字進行"審形辨音",做到精校確釋,從而獲得一個既真實又可靠的文本,爲深入研究書儀的語言奠定堅實的基礎。

詞作爲負載信息的最小語言單位,它是形、音、義三者的結合體。文字是其外形,語音是其内質,欲求詞義,不妨從"形""音"二端入手。如前所論,敦煌寫本書儀中每多俗寫和形、音誤字,稍不留心,便爲其所困,甚而"誤入歧途"。因此要明其詞義、讀通文本,首先必須審辨其"形"與"音"。只有這樣,方可揭開其神秘的面紗,剥離其寫本的外殼,纔得以睹其語詞的真實面目。試看下面的例子:

【麁要】

奉口馬奴婢書:奴某乙,年齒纔中,景行亦純。承公要人驅使,不揆麁要,敢以狀諮,伏惟檢領。(斯329號《書儀鏡》)

按:句中"麁要"一詞,字面極爲普通,意思却非常難懂。從句意看,"麁要"用在表不自量的"不揆"後,應是自謙之詞,言所進奉的奴婢"粗劣不佳"。然此僅是隨文測義而已,尚無確鑿實據。且"要"字并無"粗劣"義,故頗疑其爲"惡"上安"西"①的"惡"之形訛。從詞義而言,"麁

---

① 顔之推《顔氏家訓·書證》,王利器集解(增補本),頁515。

"惡"指粗糙低劣,與"精良"相對,習見於敦煌書儀。如斯329號《書儀鏡》:"比日鶴望,不奉來音。謂言不要,中間欲附便使,自擅麁惡,無能輕觸。"伯4050號《書儀》:"謹奉五辛盤一枚,至惟檢領。不責麁惡,是所望也。"例中"麁惡"皆用以謙稱自己所贈物品的粗劣不佳。就字形而言,"要"與"惡"極爲相近,易於致誤。且敦煌文獻中,"要"每誤作"惡"。如斯1170號《釋門雜文》:"夫立論端,語須當理,發言申吐,未惡卜要繁詞。"例中"卜"爲敦煌文獻中習見的删除符號,抄本欲寫"要",却寫成了與之形近的"惡",故而在其右側加注一"卜"號以示删除,後即補上正字"要","未要"即不必、不須之義。另如伯2665號《搜神記》:"其父忽爾唤焦華曰:'比來夢要,定知不活。'焦華問父曰:'患來夢惡何事?'"其中"要"亦當爲"惡"之誤。"夢惡"指夢見不祥之兆。又如斯2073號《廬山遠公話》:"白莊累行要迹,伴涉凶徒,好煞惡生,以劫爲治。"其中"要迹"一詞的含義,曾一度成爲學術界爭論的焦點,有的學者釋作:"指壞事一類。'要'字(平聲)古有'攔截'、'遮留'義,通'邀'。……根據上下文和'要'字的詞義,我們推測'要迹'應指攔路阻截、搶奪財物一類的行爲。"①其隨文所釋之義雖確,然仍未識其本字。其實,此"要"亦爲"惡"之誤,"惡迹"往往指搶劫、殺人等不良行爲,如伯2418號《父母恩重經講經文》:"伴惡人,爲惡迹,飲酒樗蒲難勸激。"通過這樣的審形和校讀,既還原了"麁要""要迹"的本真,釋義也文從字順,庶幾形義俱安了。

【勞】

與妻書:自從面别,已隔累旬,人信勞通,音書斷絶。(伯3502號背/2《新集諸家九族尊卑書儀》)

按:"人信勞通"的"勞",曾良釋爲"稀疏、稀少",并證之以江西客家方言,認爲"'勞'這個口語詞在唐五代時的西北就已經有了,南方方

---

① 江藍生《敦煌變文詞語瑣記》,《語言研究》1985年第1期;《中國敦煌學百年文庫·語言文字卷》(二),頁6。

言一直保存着"①。其所釋雖有理有據,然惜爲孤證,且這一孤證成立與否也是值得懷疑的。因爲在與伯3502號背/2《新集諸家九族尊卑書儀》內容相近、文句基本相同的斯5636號《新集書儀·夫與妻書》中,此句作"人信罕通","罕"者,稀疏也。故而筆者頗疑"勞"爲"罕"的誤字。或許人們會問,"罕"怎會誤作"勞"呢?竊以爲"罕"之誤作"勞",大概經歷了如下過程:首先,"罕"在寫本中常誤作"牢",如伯3420號《朋友書儀》:"才高志峻,挾藻天生;挺秀孤標,人間牢罕有。"句中抄手本欲寫"罕(罕)",而抄成了與之形近的"牢",發現後,在其右側小書一"罕",以示改正。可見,"牢"與"罕"常因形近發生訛誤。而"牢"又爲"牢"的俗寫,《干祿字書》:"牢、牢,上俗下正。"[88][頁12]且"牢"曾一度非常通行,釋行均《龍龕手鏡》即視之爲正體,"牢,正,音勞,養也,堅固也。"[154][頁506]其次,"牢"與"勞"讀音相同,《廣韻》中皆音魯刀切[285][頁155],寫卷中每相訛誤。如伯3558號《王梵志詩》:"但看行濫物,若個是堅勞卜牢。"句中書手本欲抄"牢"而寫成了與之同音的"勞",發現後便在其右側加注卜號以示廢棄。"堅牢"與"行濫"相對,指"堅實、牢固"。又如《敦煌變文校注·張議潮變文》:"僕射與犬羊決戰一陣,迴鶻大敗,各自蒼黃拋棄鞍馬,走投入納職城,把勞而守。"[42][頁181]其中"勞"即"牢"的音借字。根據上面的分析,我們可把"罕"誤作"勞"的過程簡示如下:

　　罕→(俗寫訛誤)→牢→(同音通假)→勞。

層層剝離"勞"字身上覆蓋着的"寫本"外殼,揭開其俗寫、訛誤、通假的神秘面紗後,我們纔看清其真實面目:"勞"其實爲"罕"的誤字。"人信勞通"當校爲"人信罕通",義爲"很少有使者往來",故而纔"音書斷絕"。那麽,以"人信勞通"爲例,證明"勞"在唐五代時期有"稀疏、稀少"之義,是根本站不脚的,因爲"勞"本身就是一個誤字,以誤字爲訓釋對象,所得結論自然也不可靠。

---

① 曾良《敦煌文獻字義通釋》,頁86-87。

可見，進行敦煌書儀語言的研究，必須建立在精校確釋的基礎上，即充分利用衆多的別本異文及相關訛誤、通假的規律來進行校釋。只有弄清了寫本書儀的字形、讀音，真正實現詞語"形、音、義"三者的完美統一，纔有可能獲得對敦煌書儀的正確"解讀"。否則，即便我們對所考釋的對象多方引證、下筆千言，進行雄辯的論證，結果所得結論不僅不能令人信服，還會導致郢書燕説，因爲這樣的詞語或意義（如"麁要""要迹"等），在真正的語言中或許根本就不存在。

## 二　同義類聚

確保文本的可靠性後，我們方可對敦煌書儀的語言進行真正的研究。如上所言，敦煌書儀語言，是一種體裁語言。而每一種體裁都有它獨到之處，只有抓住了"書儀"這種文體的特點，纔能提綱挈領地對其語言價值進行總體觀照。書儀，作爲書翰儀體，雖説其中包含有一些相當於"典禮儀注"的内容，但絶大多數是一封封的書札範本。這些範本大都省略了正文中描寫實際生活情景的話語，存留下來的只是一些位於固定位置（開頭或結尾）的書札習用語。因而在結構上，它們往往表現出驚人的相似：先敘寫別後的思慕；次結合時景寒暄：問候對方（及其家人），同時也報告自己（或家人）的近況；最後表達一種相見未期的想望之情。如：

　　與姒書：闊奉雖近，傾積每深。猶寒，伏惟府君大家萬福，大伯康和，伯母清勝，男女等無恙；即日姓蒙恩。言展未日，唯深延仰，願珍重。謹白書不具。（伯3442號《書儀》）

借助於這種千篇一律的結構格式，便可從千姿百態的書札信函中離析出豐富多彩的同義詞來，如表"離別"義的、表"思慕"義的、表"見面"義的、表"問候"義的，等等，從而形成各種類別的"語義聚合"。因此，進行書儀語言的研究，務必採用"同義類聚"的方法。這樣既可由已知推未知，又能以簡馭繁，實現對書儀語言的總體觀照和宏觀把握。

## 第三節　敦煌書儀語言研究的方法　49

"同義類聚"的"類"指的是語義類屬,即"語義場"。處於同一語義場的詞語往往來自同樣的語境,即從言語鏈的相同環節中提煉、聚合而得。如上所言,書儀中絕大多數是書札範本,而這些範本的結構又驚人地相似。因此,我們不妨將這些相似的範本看作一條條活的言語鏈,從這些鏈條的相似環節中提取出一個個獨立的語詞,然後將它們聚合在一起,便形成了一個個具有某一"意義類屬"的語義場。場中每個成員的意義和功能都大抵相當,即使其中有我們不曾相識者,通過熟悉者的"介紹",也會變得"可知"。此即"同義類聚"的緣起和功用。如:

【檢到　檢領　檢留　檢納　檢容　領納　留納　收領　收留　收納　收受　容留　容納　允留　允納】

右謹專送上,伏惟仁私,俯垂檢到。(伯3627號/2《狀啓集》)

右謹專送上,伏惟檢到。(斯76號背/2《攝茶陵縣令譚☒狀二通》)

奉口馬奴婢書:貧家弊口,闕以獎訓。承公要手力,謹隨狀送,伏願檢領。(斯329號《書儀鏡》)

送謝物:右件物等,……幸希仁念,希賜檢留。(伯3931號《靈武節度使表狀集》)

前物等並是殊方所出,……輒將陳獻,用表輕懷,干黷鴻私,伏乞檢納。(伯4638號/3《曹仁貴狀》)

已前物等,到垂檢容。(伯2992號背/3《歸義軍節度使致甘州回鶻順化可汗狀》)

送客下擔橫過使:右前件物,謹令馳送。……伏惟不責輕觸,俯賜領納。(斯5636號《新集書儀》)

送路:右謹專送上,聊表餞儀。伏覬仁私,特垂留納。(伯4092號《新集雜別紙》)

物色收領,不任感創。(伯3864號《剌史書儀》)

謝節度大官遠賜寄墨狀:伏蒙恩惠,遠降賤封,……謹依來示收留訖。(伯3906號/4《書儀》)

分散已盡,本分將來,不以少嫌,收納爲幸。(伯3637號《新定書儀鏡·求物書·答書》)

謝馬書:右伏蒙恩私,特此寵賜。……收受之時,兢銘倍切。(伯3931號《靈武節度使表狀集》)

送土宜物色本道官員：前件物雖非珍異，粗表土宜。……伏惟眷念，甫（俯）賜容留。（伯3449號《刺史書儀》）

前件少尠，雖慚貢獻，聊表釋儀，伏乞府（俯）賜，特垂容納。（伯4638號/4《龍辯等端午獻物狀》）

交代送土宜：右謹專送上，……伏惟眷念，俯賜允留。（伯3449號《刺史書儀》）

右件物等，誠非珍異，仍愧纖微。……伏惟台私，俯垂允納。（伯2539號背《後唐朔方節度使書啓底稿》）

按：敦煌書儀中每常見人們彼此以禮物相贈，有人送必然就有人收，因而書儀中出現了大量表"收領"義的詞語，如上揭例中"檢到""檢領""檢留""檢納""檢容""領納""留納""收領""收留""收納""收受""容留""容納""允留""允納"等，形成了一個多達15個詞的語義場。場中成員大都含有"收納、領取"的語素，其中"檢"謂核查、驗收；"允"謂應允，"允留""允納"都表示希望對方收下所送之禮；其他"領""留""納""容""收""受"皆有"收取、領受"義，無須贅言。對於"檢到"的"到"，曾良以爲是"對"的意思，"檢到"即"核對"，"到"與"對"在古籍中常相通①。竊以爲如此釋義求之過深。"到"謂"收到"，"檢到"即"查收"，乃送禮者的恭敬說法。若將"檢到"與"檢領""檢留""檢納""檢容"等詞語對勘，"到"謂"收到"便可確定無疑了。另如白居易《代王佖答吐蕃北道節度論贊勃藏書》："所蒙寄贈，並已檢到。……馬及胡瓶依命已受，其迴紇生口，緣比無此例，未奉進止，不敢便留。今却分付來人，至彼望垂檢領。"[2][頁3235]例言所贈物品均收到，其中馬及胡瓶已領受，而迴紇生口，不敢便留，交付來人，望查核收領。文中前言"檢到"，後云"檢領"，詞義相當。可見，對於敦煌書儀語詞含義的考索，應盡量避免以單個語詞爲對象，須結合其語用場合，匯聚相關語詞，進行"同義類聚"，方可接近語言事實的真相。

【保持　保調　保護　保攝　保衛　保禦　保治　將理　將攝

---

① 曾良《敦煌文獻字義通釋》"到"條，頁27。

### 第三節 敦煌書儀語言研究的方法

將養　將治　攝理　調護　調攝】

更乞好自保持,善爲茶(搽)藥。(伯 3864 號《刺史書儀》)

不委近者雅況若何？尤希保調,是所望也。(斯 376 號《某年正月廿四日尚書與鄧法律書》)

不審近日體氣何似？伏惟順時特加保護,下情所望。(伯 3906 號《書儀·與兄姊等狀》)

伏願善自保攝,事了早歸,深所望也。(斯 5636 號《新集書儀·夫與妻書·答書》)

不審體況近日如何？伏惟倍加保衛。(伯 3906 號《書儀·與知聞伴侶寄書後迴答》)

伏惟善加保禦,以副群望。(伯 3723 號《記室備要·賀仲夏》)

伏惟依時倍佳(加)保治,卑情所望。(伯 3016 號背/2《天興玖年(958)西朝走馬使□富住狀》)

不審所苦,信後何如？……善將理,早就痊平。(斯 329 號《書儀鏡》)

善加將攝,以慰下情。(斯 5636 號《新集書儀·朋友有疾問書》)

昨辭日有少乖適,善自將養,早見痊平。事了早還,是所望也。(斯 329 號《書儀鏡》)

自拙將治,染時疾,惶繞眠在鋪席。(斯 5804 號背《僧智弁遣堂子卿送弔儀狀》)

時屬溽暑盛嚴,好自強爲攝理。其於銘感,毫幅寧云？(斯 5575 號《書儀》)

神像自效其休禎,體履必安其調護。(伯 3715 號《類書草稿》)①

伏計以遵適時,克保亨暢,更望順時調攝,將陟新恩。伏惟俯賜昭察,謹狀。(同上)

按：書儀多用來寒暄起居、弔哀候疾,上揭用例即其證。例中"保持""保調""保護""保攝""保衛""保禦""保治""將理""將攝""將養""將治""攝理""調護""調攝"等 14 個詞語,大都具有"保養、調護"的意思,皆由意義相近的語素"保""持""調""護""攝""衛""禦""治""將""理""養"複合而成。仔細考察這些語素,我們發現：儘管它們的本義或有不同,但在其詞義發展的流程圖上,却不約而同地都含有"保養、調護、禦防"的義位,可謂殊途同歸。正因爲如此,它們纔相互

---

① 這是在伯 3715 號《類書草稿》中部插入的一封致中丞的書狀。

選擇,彼此構組成了上述同(近)義並列的複合詞。

【絆縈　縈伴　縈計　縈拘　縈仍　牽仍　牽絆　牽縈　牽纏】

某叨方(方叨)此絆縈,未由披謁。(伯4092號《新集雜別紙》)

即合便赴雅合,但緣有事縈伴,不遂不(下)情,深增慚惕。(伯3502號背/2《新集諸家九族尊卑書儀·相迎宴樂書·答書》)

自間冰慈,恒深攀望。值以縈計,不及頻附懇誠。(伯3864號《刺史書儀》)

某但緣縈拘職役,難果躬問寢興。(同上)

爾後非無魚雁,實曠緘封,蓋所縈仍,是乖懇素。(伯4092號《新集雜別紙》)

但緣諸事牽仍,不獲專詣門屏。(伯3449號《刺史書儀·辭書平交》)

久間仁私,常深瞻仰;顧慈(兹)牽絆,莫遂披承。(伯4092號《新集雜別紙》)

蓋為公事牽縈,因慈(兹)便乖拜奉。(伯3906號/4《書儀》)

雖然遼遠,夙夜盈懷,欲往延參,牽纏有□。(斯5660號背《朋友書儀》)

按:以上引例大意是說因事務繁多,牽纏不斷,脫不開身,故而不及拜會對方或寫信問候。例中"絆縈""縈伴""縈計""縈拘""縈仍""牽仍""牽絆""牽縈""牽纏"等詞多由表"牽纏、縈絆、拘繫"義類的語素"絆、縈、拘、仍、牽、纏"相互組合而成,皆為同(近)義複詞。其中"縈伴"的"伴"當讀為"絆",《廣韻》中"伴""絆"皆音博換切[285][頁404],可得相通。"絆"從糸,本指拴縛馬足的繩子,後引申為纏縛、拘束義;"縈"也從糸,本義為回旋纏繞,自可引申為"牽纏"義,因而"絆縈""縈伴(絆)"屬同素異序的並列複詞。"縈計"的"計"又當讀為"繫","計""繫"皆音古詣切[285][頁372],可相互通借。"繫"即拴縛,"縈計(繫)"為同義連言。"拘",束也,纏繞、束縛之義,"縈拘"亦為同義並列。"牽""縈"都有牽制、纏縛義;"仍",指連續不斷,如"頻仍",故"縈仍""牽仍"為近義連用,指牽連不斷。其餘"牽絆""牽縈""牽纏"義甚顯明,也都為同義並列複詞。

【馳渴　馳戀　馳慕　馳望　馳係　馳想　馳仰】

久陪行末,乍此暌離。談讌既乖,宿心馳渴。(伯4050號《書儀》)

與重者書:拜伏未由,無任馳戀之至。(伯 3502 號背/2《新集諸家九族尊卑書儀》)

妻與夫書:拜別已久,馳慕增深。(斯 2200 號《新集吉凶書儀》)

不辱芳音,何解馳望。(斯 329 號《書儀鏡》)

與妻父母書:未由拜奉,伏增馳係。(斯 361 號《書儀鏡》)

與姑舅兩姨弟妹書:爲別已久,馳想日深。(斯 2200 號《新集吉凶書儀》)

使至沐書,用款馳仰。(斯 329 號《書儀鏡》)

按:例中"馳渴""馳戀""馳慕""馳望""馳係""馳想""馳仰"等都由"馳"加上表"思念""渴慕""想望"義的語素配搭而成,表示對收信人的遙念之情。其中"馳"本指車馬疾行,此喻思想飛馳。靠一紙書信維繫着的親友,彼此相隔較遠,表達思念時只能"馳"而想之。"馳"字之用,形象而又貼切,此乃書信中"思念"類語詞構詞表義的顯著特色。

上面我們運用"同義類聚"的方法繫聯了書儀中常見的幾組詞語,形成了表"保養""收領""牽纏""思念"義類的 4 個大的語義場。同義類聚的引入使我們對書儀中紛繁複雜的詞彙現象有了直觀、整體的把握:詞彙是成系統的;同義詞異常豐富;某些語素的構詞能力極强;詞彙雙音化趨勢尤爲顯著,其中並列複詞占有一定優勢。

## 三 語境還原

"同義類聚"固然可以使我們對書儀語言的整體特色獲得直觀的把握,然當面對一個個字面普通而含義不易尋繹的習用套語時,却又顯得束手無策了。上面提到,書札範本中往往省略了那些描寫現實生活情景的話語,存留的只是一些位於固定位置上的格式套語。而這些套語,字面極爲普通,仔細深究,却難明其義理。誠如錢鍾書所云:"六朝法帖,有煞費解處。此等太半爲今日所謂'便條''字條',當時受者必到眼即了,後世讀之,却常苦思而尚未通。"爲何會出現這樣的現象呢?他認爲:"家庭瑣事,戚友碎語,隨手信筆,約略潦草,而受者了然。顧竊疑受者之外,捨至親密契,即當時人亦未遽都能理會。此無他,匹似一家眷屬,或共事僚友,群居閒話,無須滿字足句,即已心領意宣,初非隱語、術語,而外人猝聞,每不識所謂。蓋親友交談,……彼此同處語言天地間,多可勿言而喻,舉一反三。故諸帖十九章草書,乃字體中之簡筆速寫,而其詞句省縮減削,又正文體中之簡筆速寫耳。"①敦煌書儀套語,既已習用成套,必是承襲前代而來,而前代書札中的詞句本身就是"省縮減削"過的,脫離了具體的現實語境,其中某些語詞的含義自然更難尋繹。

那麼對於這些語詞,我們是否就真的束手無策了呢？不然。我們知道,一個詞語常常有多個義位,當人們說某個詞是什麼意思時,往往有具體的語境。因為只有在特定的語境中,詞義纔會得以凸現。也正因為如此,編纂詞典時,詞條下設立的每一個義項,都必須盡可能地舉出文獻書證或口語實例,以證明該詞語確有其意義或用法。也就是說,"語境"具有"凸顯意義"的功能。既然如此,我們不妨將那些失去了現實語境的套語還原到它們使用的現實情景中去,根據"語境顯義"的原則考求其義,此即"語境還原"的由來。

或許人們會問,從哪兒去尋找它的現實語境呢？其實,敦煌書儀中除了書札範本以外,還有許多具體實用過的書信,這些書信大多有真實的收信人和寄信人,信中有他們彼此敍寫心曲、互通信息的現實情節,將範本中的套語和具體書信中的用語一一對勘,其隱晦的含義便會一下子"凸現"出來。此外,書札多用來"述往還之情,通溫涼之信",這些內容在傳世文集中時可見之,亦可將其拿來與敦煌書儀比勘。因此,"語境還原"還是可行的。如：

【蒙恩】
　　仲春漸暄,伏惟公尊體動止萬福,即此蒙恩。(斯361號《書儀鏡》)
　　孟春猶寒,伏惟官位尊體動正(止)萬福,即日某蒙恩。(斯3880號《起居狀》)

---

① 參錢鍾書《管錐編》,頁1108。句中波紋綫為筆者所加。

按：吳麗娛云："蒙恩乃是致尊長或與極尊（重）書問候和祝福對方後自敘狀況的語言。蒙恩，直敘即得蒙恩惠之意，由於是對尊長的客氣話，實可譯作今'託福'或'承蒙關照，一切都好'之語。"① 此言極是。"蒙恩"這種用法其實早在魏晉時期就已出現，如《高昌書儀·修兄姊書》："不奉近告，馳結，即日某蒙恩。"[255][頁234]"蒙恩"或又稱"蒙祐"，如《樓蘭尼雅出土文書》第37號："信息，知平安，甚善，即日此間悉蒙祐耳。"[140][頁32]例中"蒙恩""蒙祐"皆謂"承蒙恩祐，一切安好"。然從字面看來，無論"蒙恩"還是"蒙祐"，最初都只是"蒙受恩惠、福祐"的意思，如《後漢紀·孝明皇帝紀上》："五月戊寅，彊病，因臨命終，上疏謝曰：'臣蒙恩得備藩輔，特受二國榮寵，巍巍無量，訖無報稱。'"[103][頁163]《廣弘明集》卷二一《解法身義令旨并問答》："正由世尊至極，神妙特深，但令注仰，自然蒙祐。"[90][頁16]例中"蒙恩""蒙祐"皆指蒙受恩惠、福祐。那麼，在書儀的自敘語中，它們爲何又能表示"承蒙恩祐，一切安好"這樣繁複的語義呢？對此，我們或許能從下面兩封具體實用的書札中得到某些啓示。

仲冬嚴寒，伏惟張都頭索都頭尊體起居萬福，即日押衙薛九安伏蒙二都頭重福，且得平善，不用遠憂。（斯2578號/1《某年十一月十九日押衙薛九安謝張索二都頭狀》）

前載得可汗旨教，始差朝貢專人，不蒙僕射恩隆，中路被溫（嗢）末劇劫。（伯2945號《權知歸義軍節度兵馬留後使曹元德狀稿》）

這兩封信在敘及己方的近況時，形成了一種鮮明的對比："平安無事"則謂"伏蒙二都頭重福，且得平善"；相反，出現意外，遭到搶劫則言"不蒙僕射恩隆，中路被溫（嗢）末劇劫"。這種對比至少可說明兩點：一、"蒙""恩"之間存有"空格"，其中可填入有關對方的稱謂語，如"二都頭""僕射"；二、"蒙""恩"之後有表示"平安"與否的詞句，"平安"則言"伏蒙××重福"，否，則以標誌詞"不"修飾之，謂"不蒙××恩隆"。

---

① 吳麗娛《唐禮摭遺》，頁249-250。

或許當時人們彼此問候的話語中,"蒙恩"並未凝結成詞,而是一個複雜結構。這個假設可從下面一段對話得到證實。

> 王言:"我是迦夷國王,聞道人在山學道,故來供養。"父母言:"大王善來,勞屈威尊,遠臨草野。王體安不?宮殿、夫人、太子、官屬、國民皆安善不?風雨和調、五穀豐足、鄰國不相侵害不?"王答道人言:"<u>蒙道人恩,皆自平安</u>。"王問訊盲父母言:"來在山中,勞心勤苦,樹木之間,飛鳥走獸,無侵害不?山中寒暑,隨時安不?"盲父母言:"<u>蒙王厚恩,常自安隱</u>。我有孝子名睒,常與我取果蓏泉水,恒自豐饒;山中風雨和調,無有乏短。我有草席可坐,果蓏可食。睒行取水,且欲來還。"(《法苑珠林》卷四九[74][頁360中])

這是睒的父母與迦夷國王見面時彼此問候的話語。回答對方問候時,或云"蒙道人恩,皆自平安",或謂"蒙王厚恩,常自安隱"。然則不難推知:書儀中習用套語"蒙恩"實即"蒙××恩,平善(安隱等)"的縮略語。也就是說,在"蒙""恩"之間省略了有關對方的稱呼語,如"道人""王"等,而在其後又省略了表示"平安、健康"的語詞。這也可從後代人們的寒暄問候語中得到證明,如《儒林外史》第一〇回:"因問:'令祖老先生健康麼?'蘧公孫答道:'<u>託庇粗安</u>。'"[193][頁128]《二十年目睹之怪現狀》第五六回:"今天一早到的。承記挂,多謝!我<u>託福還好</u>。"[68][頁443]魯迅《致增田涉》:"我們<u>託福一切如常</u>。"[157][頁492]其中"託庇""託福"義同"蒙恩",它們後面都緊跟着表示平安無事的語詞,如"粗安""還好""一切如常"等。由此可見,"蒙××恩"之間的稱謂語在日常用語中常可省略,因為其所指為對方,是聽話人、說話人心中都十分明了的,不必說出;而其後表"平安"的語詞在日常會話中多是不省略的。書儀中"蒙恩"的由來或是彼此效仿、習用成套的緣故。通過語境還原,我們弄清了看似簡單的書札套語"蒙恩"為何會傳達出"承蒙恩祐,一切安好"這樣繁複語義的真正原因。

【蒙免】

> 孟秋尚熱,伏惟動靜康勝。某<u>蒙免</u>。(斯1438號背《吐蕃占領敦煌初期漢族書儀》)

> 寒溫,惟動用珍勝。即此大君大姑動止萬福,男女等無恙,兒<u>蒙免</u>。(斯

5613號《書儀·與夫書》）

按:"蒙免"爲書儀習用套語,也多用於自敍,即向對方報告己方的近況,猶言"平安無恙"。司馬光《書儀》卷一家書《婦人與夫書》"妾即此蒙免,諸幼無恙"下注云:"此平安之儀也,若己不安則不云蒙免,子孫有不安者則不云諸幼無恙。"[213][頁466]由此可知,"蒙免"即平安無恙的意思。又如斯376號《某年正月廿四日尚書與鄧法律書》:"猶寒,敬惟鄧法律動止康吉,即此尚書與娘子蒙免。不委近者雅況若何?……今則尚書與小娘子清吉,不用憂慮。"信中敍及"尚書與小娘子"的近況時謂"蒙免",後又以"清吉,不用憂慮"與之照應,"蒙免"之義不言而喻。

然"蒙免"爲何會有"平安無恙"之義呢？吳麗娛以爲:"蒙免"是"蒙推免"的進一步簡化,而"'推免'原爲推辭、退讓意。宋《五燈會元》卷一八:'師乃曰:須起個笑端作麼,然雖如此,再三不容推免。'……引申當爲過得去、過得還好之意。所以推免一詞在書儀也可單用,如《文苑英華》卷六八七《答李清和書》:'君(名?)①白:辭間累月,益深勤係。秋候尚熱,惟兄動靜云云。君(名?)粗勝②推免。'……'粗勝推免'意思是'(身體或其他一切)大致上都很不錯'"③。這段話主要闡述了兩方面的内容:一是"蒙免"的來源,由"蒙推免"簡化而成;二是"推免"的意義——過得去,過得還好,由"推辭、退讓"義引申而來。仔細推敲,句中所言尚有可疑之處:一是"推免"的詞義來源問題,從文中所引例句看,"推免"確有"推辭、退讓"和"過得去、過得還好"的意思。然而須知,其文中所引"過得去、過得還好"的最早用例是初唐時期李嶠的《答李清河書》;而"推辭、退讓"的最早用例却是宋代的《五燈會元》。一般説來,引申得來的詞義,其用例往往較原有詞義的用例晚出,説"推免"之"過得去、過得還好"義由"推辭、退讓"義引申得來,是很值得懷疑的。

---

① 筆者按:"君"字不誤,君乃寓名,猶言某,這種用法索靖《月儀帖》已見。
② 筆者按:"勝"原書作"爾"。
③ 吳麗娛《唐禮撫遺》,頁250-251。

二是"蒙免"的來源,"推免"的意義和來源既已不得而知,又怎能説"蒙免"由"蒙推免"簡化而來？竊以爲,對這個問題,也不妨從"語境還原"來求解。敦煌文獻中存留的一封封具體實用的書札,或能爲我們提供一個可資參考的答案。

> 仲夏炎熱,伏惟[日]禪闍梨道體清適,伏願勝常。但法真<u>蒙恩</u>,去四[月]三日共本禪師及諸同伴人等並<u>平善</u>到伊州。……從沙州□入磧,行三五百里乃逢伴賊,去住處廿卅里,異常警(驚)恐。<u>賴闍梨福力,得勉(免)斯難</u>,願照知。(伯 2700 號背《法真狀》)

在法真寫給闍梨的這封書狀中,信首自敍己況時言"蒙恩",已於去四月三日"平善"到達伊州;正文追敍其在前往伊州途中遇到賊徒時,又言"賴闍梨福力,得免斯難"。"賴"謂憑靠、依賴;"福力"指神靈賜予的福祐之力。上句意謂"託您的福,得以免脱此難,平安到達"。由此不難推想,"蒙免"或是"蒙××恩祐,免於……"的縮略。韓愈《答魏博田僕射書》:"季冬極寒,伏惟僕射尊體動止萬福。即日愈<u>蒙免</u>,蒙恩改職事,不任感懼。"[107][頁226]朱熹《昌黎先生集考異》卷六云:"諸本無蒙免二字,方從閣本。今按:蒙免者,蒙田之庇而得遭免也,連上文爲句;蒙恩者,蒙上之恩而改職事也,連下文爲句。"[18][頁133]其解"蒙免"爲"蒙田之庇而得遭免",正中肯綮。朱熹本人的著作中,也有類似的表達法,如《與鄭參政劄子》之一:"區區之請,又復不遂,雖<u>荷容庇,得免大戾</u>,然非素心所望於門下也。"[111][頁1277]句中"荷容庇,得免大戾",猶言"蒙容庇,得免大戾",或即"蒙免"的完整形式。

由上面分析可知,其中"免"特指免於災難、罪戾、疾病等不幸事件,免脱了災難病患,自然也就平安無恙了。其實,早在上古漢語中,"免"就往往特指無災無禍①,如《左傳·僖公七年》:"後之人,將求多於女,女必<u>不免</u>。"[313][頁1798下]"不免"謂不能免於災禍。又《論語·雍也》:"人之生也,直;罔之生也,幸而<u>免</u>。"邢昺疏:"人之所以生於世而自壽終

---

① "免"在上古漢語中特指無災無禍之義及下文所引兩條例證,皆蒙王鍈師誨示。

不橫夭者,以其正直故也。罔,誣罔也。言人有誣罔正直之道而亦生者,是幸而獲免也。"[138][頁2479上]此謂幸而免於橫夭。因而敦煌書儀中寫給平輩的書信裏,又可徑用"免"表示平安無恙的意思。如斯329號《書儀鏡》:"微寒,惟所履清勝,僕免耳。"言自己"免"於病患,平安無恙。相反,如果染病在身,性命難保,則爲"不免"。如斯343號背《遺書》:"相(想)吾死(四)體不安,吾則似當不免。"斯5547號《前漢劉家太子傳》:"昔前漢欲末之時,漢帝忽禺(遇)患疾,頻有不安,似當不免。"其中"不免"皆與"不安"相呼應,表示不能免脱(死亡),將要亡去。"蒙免"一詞,亦見於唐宋時代的傳世文獻。《文苑英華》卷六六七蕭穎士《爲李中丞作與虢王書》:"漸寒,伏惟尊體動止康愈。即日蒙免。"[264][頁3428]蘇軾《與張安道二首》之一:"秋冷,竊惟道體勝常。軾蒙免如昨。"[214][頁2437]言像以往一樣平安無恙。例中"蒙免"亦皆用於謙陳己況,猶言"託福,還好"。

由此可見,書儀套語多是字面普通而含義不易尋繹的語詞,其間往往縮略了某些必要的語義成分,而在當時特定的語境中,對書信收授的雙方而言,都"無須滿字足句,即已心領意宣"。然而時過境遷,今人讀來,却頗費思量,故而須尋覓相關語料,將其還原到"現實"語境中,方可求得確解。

## 四　縱橫考探

此即人們所謂共時與歷時相結合的研究方法。"橫"與"縱",二者不可孤立進行,因爲從歷時演變而言,"橫"只是其中的一個階段而已。故應將其交錯運用,取彼之長,補此之短。在書札套語的研究中,更應如此。套語多是沿用成習,習用成套的,分析考求其內在形式和意義時,切不可執著於共時平面的研究,須設法從歷史繼承著手,弄清其成詞的過程,從而攫獲其解。儘管有時它們的外在形式會有差別,但蘊涵其中的義理却始終保持不變。如:

【少理】

　　季夏毒熱,惟位次郎動靜支豫,某諸弊少理。(斯361號《書儀鏡・弔起服從政》)

　　他鄉永感罔極。凝寒,惟動用清暢,僕定省外諸弊少理。(斯5613號《書儀》)

　　初寒,惟履休適;某乙疾弊少理,可以意量。(斯329號《書儀鏡》)

按:例中"少理",是敦煌吉凶書儀中最爲習用的套語,其内部結構及含義都令人費解。據書儀"先標寒暑,次贊彼人,後自謙身"的行文體例,上揭"諸弊少理""疾弊少理"的句子,都用來表達"自謙身",且多用在凶書弔答或他鄉遇節的場合。以此語境爲準,可用"同義類聚"的方法繫聯敦煌書儀或與之同時代尺牘中的相關語詞。兹將繫聯結果臚列如下:

　　與知故別久書:春首猶寒,兄若爲賞納?某疹屑少理。(《杜家立成》)[31][頁249])

　　[姊妹喪告答姊妹夫書]:孟春猶寒,體中何如?名諸疹弊,殊寡情理。(伯3442號《書儀》)

　　賀四海正書:僕嗟呪(況)以無堪,更遇正期,殊無理賴,諸草草。(斯329號《書儀鏡》)

　　父母喪告弟妹[書]:春暄,念汝無恙。吾在荼毒,無復生賴。(斯361號《書儀鏡》)

將這些用例與上揭"少理"出現的句子進行比勘,發現:在"少理"出現的位置上,這些句子或爲"殊寡情理""殊無理賴",或爲"無復生賴"。由此不難推測:"少理"即心情不好、情懷惡劣的意思。那麽"少理"與"殊無理賴""無復生賴"之間又是怎樣的關係呢?其内部結構如何呢?此前的文獻中有無類似的用例呢?原來,上揭語詞出現的語境中,魏晉時期文獻中習用"少賴""無賴""無意賴""無復聊賴"等。如:

　　熱未退,汝復何如?吾諸疾少賴,及書。(《高昌書儀・姑與兄弟子書》[255][頁235])

　　道路行來,四大不調,困苦少賴。(《賢愚經》卷四[277][頁374C])

　　分張何可久,幼小故疾患無賴。(《王羲之《雜帖》》[178][頁213])

　　吾之朽疾,日就羸頓,加復風勞,諸無意賴。(同上[178][頁245])

　　今尚得坐起,神意爲復可耳;直疾不除,晝夜無復聊賴。(同上[178][頁229])

使我母子守孤抱窮,無有生賴,唯死是從。(《佛説未曾有因緣經》卷一[73][頁575C])

例中"少賴""無賴""無意賴""無復聊賴""無有生賴"都用來表達一種因"疾病纏身"、孤苦無依而難以忍受的心情①,即心情不好、情懷惡劣。也就是説,唐五代書儀中習用的"少理""殊無理賴""無復生賴"等語詞,其實是承用魏晉文獻中的習用語詞而來。同樣的概念、感受用不同的語詞來表達,這種現象在語言中是極爲普遍的。但這些不同的語詞在表達同樣的概念和感受時取意如何,關係怎樣,卻又是值得我們深究的。如雜帖中的"無賴"爲何可解作"心情不好、情緒惡劣"? 它與其他語詞的關係怎樣? 這都還須作進一步的分析探討。

"賴"本是動詞,義爲依靠、寄託。而在"少賴""無賴""無生賴""無理賴""無意賴"等諸結構中,"賴"似已變成名詞性語素,意義較爲虛泛、抽象,指因疾病或其他因素而使得内心失去了"依託"。無所依託,人生便失去了本有的樂趣,做什麽事也都没了興致,没了"奔頭",自然就感覺"無賴""少理"了,這大概就是"無賴"取意之所在吧。然則"無賴"實謂"情緒因無依託而煩悶",由此不難推知:"無生賴",即没有了生活的依靠,失去了生存的希望和信念;"無意賴"謂没有意趣,心緒不佳,其中"意賴"作"無"的賓語,表情趣、意理。

其實,"無賴"這一詞義,從上古至唐代,人們都常用"無聊"來表示,如《楚辭·九思》:"心煩憒兮意無聊。"王逸注:"聊,樂也。"[20][頁314]《顏氏家訓·風操》:"《禮》云:'忌日不樂。'正以感慕罔極,惻愴無聊,故不接外賓,不理衆務耳。"[292][頁109]《隋書·儒林·王孝籍傳》:"竊以毒螫寔膚,則申旦不寐,饑寒切體,亦卒歲無聊。"[206][頁1725]以上例中"無聊"都指因心緒無所寄託而愁苦、煩悶不樂。今天現代漢語中也還用,如:"這些日子來,我心裏特無聊。"那麽,由《楚辭》的"無聊"到雜帖中的"無賴",只

---

① 參郭在貽《六朝俗語詞雜釋》"無賴"條,《郭在貽文集》卷一,頁67-68。

是用詞的同義替換罷了。然則由雜帖中的"無賴"到高昌書儀中的"少賴",便只是"依託"多少的程度差異了,即"少"到極至便成"無"了。

可是,高昌書儀中的"少賴"又是怎樣變成敦煌書儀中"少理"的呢?"理""賴"的關係又如何呢?竊以爲"理"即情理、情懷,與"賴"爲詞彙興替的關係,表現了不同時代文獻中用語的歷時差異和内部替換。如前所言,晋人雜帖中無情理、無情緒言"無賴""無意賴",問他人情理如何、是否有情理則言"何理""有理不",如王羲之《雜帖》:"知足下故望暫還,歲内何理?過歲必有理不?"[178][頁234]句中"何理"問對方"情懷如何","有理不"謂其"心情好不,有没有情理"。同時,"無賴"在唐代又可説成"不理",表示心情煩悶、情緒惡劣,如趙璘《因話録》卷二:"劉敦儒事親以孝聞。親心緒不理,每鞭人見血,則一日悦暢。"[241][頁845]言敦儒親心情不好時,須鞭人見血纔開心,句中"不理"即"無聊""無賴"。吐魯番文書中又有"無理賴"的説法,《唐貞觀二十年(646)趙義深自洛州致西州阿婆家書》:"居子等巢寄他土,曉夜思鄉,粗得偷存,實無理賴。"[255][頁172]例言居子等遠離故土,寄居他鄉,實無情思。其中"理賴"爲近義連用,指情緒、意趣。

綜上所述,在表達"心情無所依託、情緒惡劣"這一意義上,"無聊"是最富有生命力的,它從上古的《楚辭》一直沿用到今天的現代口語;而"無賴""無理賴""無生賴""無意賴""少賴""少理""不理"等語詞,則猶如曇花一現,只存在於漢語詞彙史上的某一階段。儘管如此,通過縱横考探,我們不僅正確釋讀了"少理"的内涵,還將相關的語詞納入了研究視野,探明了其彼此間的淵源流變及各個語詞内部的結構關係。

可見,對於書札套語的研究,既要進行横向的繫聯,更要發掘其縱向的歷史演變,只有運用"縱横考探"的方法,纔能獲得全面、深入的認識。此外,敦煌書儀中還有一些字面普通的語詞,其構詞表義往往藴涵着某些特殊的義理,這些義理對於我們探求後代詞語的來源及其内部結構很有幫助。然而怎樣纔能抉發出其中藴涵的義理呢?對此,我們

第三節　敦煌書儀語言研究的方法　63

也不妨運用縱橫考探的方法來求解。如：

【便使　便因　人便】

忽奉流問，傾得良多。……見所論諸況，當一言發即祇擬。比日鶴望，不奉來音。……中間欲附便使，自擅麁惡，無能輕觸。（斯 329 號《書儀鏡》）

爾後闕偶便因，更乖憑附。（斯 5623 號《新集雜別紙》）

每逢人便，皆捧台函。（伯 3931 號《靈武節度使表狀集·送謝物》）

按：上揭前例謂對方來信需要某物，而後久無音信，其間想託"便使"捎去，又恐過於莽撞而冒犯對方；中例謂因無"便因"而久未通信；後例言每遇"人便"，都能收到對方的來信。從文意看，"便使""便因""人便"皆指順便捎信的使人，其中"便"爲順路、方便義，因古時信息傳輸不發達，普通人的書信只能靠順路的使人纔能送達。有趣的是，"便"的語序非常自由，可置於中心語前，也可位於其後。這種情形在唐五代前後的文獻中都有體現。如：

東歸之後，疾患增瘵，且道路悠遠，不値信便。（陸雲《與戴季甫書》之二[178][頁 1084]）

因便信過門，草草附問，餘惟面言。（朱熹《答呂伯恭》[111][頁 1464]）

只是沿路多故舊相識，所至牽率，又少便人作書入京。……因人便，附書在君睨處，乃可達。（歐陽修《與薛少卿》[170][頁 1311]）

物色便郵，將寄雙鯉。（王邁《臞軒集》卷一一《祭海豐宰顔養智文》[188][頁 603]）

輒從鄧善之郵便，僭具箋記，以敘歸□。（袁桷《致承旨大參相公尺牘》[215][頁 474-475]）

上揭例中"信便"與"便信"、"便人"與"人便"、"便郵"與"郵便"皆指順便代人傳遞書信的使人。詞序上，分別構成三組同素異序的複合詞。然而就漢語而言，歷史上出現的同素異序詞絕大多數是並列式的雙音詞，如"歡喜"與"喜歡"、"報告"與"告報"、"治療"與"療治"等，很少見到偏正式中修飾成分與被修飾成分倒置的情況，而且是如此地成系統。另如：

影隨朝日遠，香逐便風來。（楊炯《梅花落》[294][頁 24]）

采菊偏相憶，傳香寄便風。（錢起《九日寄徍縈箕等》[180][頁 603]）

誰能借風便，一舉凌蒼蒼。（盧照鄰《贈益府群官》[142][頁 16]）

盆城去鄂渚,風便一日耳。(韓愈《除官赴闕至江州寄鄂岳李大夫》[106][頁1183])

例中"便風"與"風便",皆指"順風",意義相同,詞序相反,呈現出"BA""AB"兩種詞序。爲何會出現這樣的現象呢?竊以爲此乃漢語固有的特點,即漢語中謂詞性成分作修飾語時,可有兩種不同的表達方式,一種是"BA"式,另一種則是"CA之B"式,其中"A""CA"爲名詞性成分,"B"爲謂詞性成分。試看下面的例子:

其後以忝職邢臺,地遥函谷,莫識魚鴻之便,是乖牋翰之儀。(伯4092號《新集雜別紙》)

忽曠音徽,屢更時序,蓋之(乏)飛鴻之便,莫憑蟬翼之書。(同上)

西風鴻便,亦宜寄聲。即今盛暑,尚冀調理。(《皇明文衡》卷二七黄福《奉陳貳卿書》[112][頁3])

遂因鴻便,聊附尺帛,土物戔戔,少當遠音。(蒲松齡《代畢刺史際有答陳翰林書》[175][頁141])

蔡可泉兄使人之便,草草寄此,言何能悉。(唐順之《荊川先生文集》卷六《與羅念庵修撰》[125][頁26])

今因人便,草草不宣。(康里巎《致彦中郎中尺牘》[215][頁483])

由上面的例證可看出:

魚鴻之便 ⎫
        ⎬ 鴻便    使人之便 → 人便
飛鴻之便 ⎭

也就是說,"AB"式實際是由"CA之B"式縮略而成,其具體縮略的過程或可從共時的語料中得到還原。如:

雖然今之所謂善地者,鄉曲之近、物產之美、賦額之多、户口之庶、置郵之便,如是而已。究之:鄉曲近則應接煩,物產美則徵求衆,賦額多則簿書積,户口庶則獄訟滋,置郵便則折腰屈膝,僕僕伺候于道左。(朱彝尊《曝書亭集》卷四一《送悔人宰石泉詩序》[174][頁5])

郵便奉報撫言。(同上,卷三三《答刑部王尚書論明詩書》[174][頁9])

在《曝書亭集》這兩段話中,同時出現了"置郵之便""置郵便""郵便"這三種形式,由這共時的現象中不難看出其歷時的縮略過程:置郵之便

→置郵便→郵便。虛語素"之"相對於實語素而言,當然首先被縮略。而在"置郵便"中,"便"爲謂詞性成分,乃句法結構的語義核心,自不可省。剩下的"置郵"爲同義複詞,指傳遞文書信息的驛站①。那麼,當捨棄誰呢?有學者指出,人們在理解語句時,都是一邊聽一邊及時處理,把能夠組合在一起的就盡量組合在一起,這種處理方式就是認知心理學中所謂的"組塊"(chunking)②。既然是組塊,當然是距離近的先組合在一起。也就是説,近距離占有絶對優勢。這樣,"置"就被棄置一旁,"郵便"就固化凝結成詞了。"郵便"縮略成詞的過程,也可從"鴻便""人便"的身上得到印證,即在"魚鴻之便""飛鴻之便""使人之便"中,它們都省去了虛詞"之"及離"便"較遠的"魚""飛""使"等語詞,最後凝結成了"鴻便""人便"。

"郵便"成詞後,出口到日本,獲得了新的意義——郵政,日語中以之爲主要的構詞成分,形成了許多與郵政相關的語詞,如"郵便局(ゆうびんきょく)"——郵局;"郵便物(ゆうびんぶつ)"——郵件;"郵便料(ゆうびんりょう)"——郵費;"郵便切手(ゆうびんぎって)"——郵票;"郵便貯金(ゆうびんちょきん)"——郵政存款;"郵便爲替(ゆうびんがわせ)"——郵匯;"郵便葉書(ゆうびんはがき)"——明信片。也正因爲"郵便"最初指順便給人傳書送信的使者,日語中"便"又可轉喻指使人所帶的"信、音信、消息"等。如:息子から便りが來た——從

---

① "置郵"既指以車馬等傳遞文書,也可徑用來指傳遞文書信息的驛站。《孟子·公孫丑上》:"德之流行,速於置郵而傳命。"焦循正義:"置、郵、傳三字,同爲傳遞之稱。以其車馬傳遞謂之置郵,謂之驛。"[158][頁185]亦可作"郵置",如《後漢書·郭太傳》:"又識張孝仲芻牧之中,知范特祖郵置之役。"李賢注:"《説文》曰:'郵,境上傳書舍也。'《廣雅》曰:'郵,驛也。'置亦驛也。"[105][頁2231]文獻中"置"又可單用表"驛站",如《後漢書·和帝紀》:"舊南海獻龍眼、荔支,十里一置,五里一候,奔騰阻險,死者繼路。"[105][頁194]句中"置""候"對文,其義顯明。可見,"置郵"爲同義複詞。

② 董秀芳《詞彙化:漢語雙音詞的衍生和發展》,頁155。

兒子那裏來信了①。各民族間語言的相互影響是非常有趣的,"郵便"借到日本去,獲得了"郵政"等新興意義後,清代一些留日學子又重新將它引進到中國。梁啓超《再駁某報之土地國有論》:"如郵便、電信事業,若發郵、發電者加多時,則添電杆、添郵局、添郵丁,所費有限。"[304][頁26]《二十年目睹之怪現狀》第一回"楔子":"走到虹口蓬路日本郵便局,買了郵稅票粘上,交代明白,翻身就走。"[68][頁5]張友鶴校注:"日本人稱郵政局爲郵便局,郵票爲郵稅票。"漢語、日語間這種先出口復又進口的現象其實是比較常見的。或許有人會問,既然最初有"郵便""便郵"兩種形式,爲何後來只有"郵便"固化成詞傳入日本呢?這可能有語音上的原因。"在漢語裏兩個詞並舉合稱的時候,兩個詞的先後順序,除了同一個聲調以外,一般是按照平仄四聲爲序,平聲字在前,仄聲字在後。如果同是仄聲,則以上去入爲序。先上,後去、入;或先去,後入。"②所以在"郵便"與"便郵"的競争中,"郵便"語素的調序更符合人們的習慣,故而得以存留下來,并被日語借用。

敦煌書儀在書札發展史上前承漢魏六朝,後啓宋元明清,其中語彙既承襲了魏晉書帖的遺風,又創立了宋元尺牘的新範。研究其用語,固須以唐五代爲基點,縱橫交錯,上串下聯,方可明其淵源流變。

## 五　背景考察

所謂背景有兩層意思:一是這個語詞產生、運用的時代、地域背景;二是人們對它的研究背景。面對一個生疏的語詞或一種陌生的語言現象,首先要做的就是查考前人的研究成果,了解相關的研究狀況。若前人的結論信而有徵,我們便可從中獲得新知;若前人對此尚無研究,或研究得還不够深入,則不妨綜合考察其產生、運用的時代、地域

---

① 見《日漢辭典》"たより【便り】"條,頁1278。
② 周祖謨《漢語駢列的詞語和四聲》,《周祖謨語言學論文集》,商務印書館,2001,頁75。

第三節　敦煌書儀語言研究的方法　67

背景,從中或可得到某些啓發,進而求得合理的解釋。即使這種解釋有時不一定準確,亦可爲後人的研究提供某種參考或綫索。如:

【節兒】

　　某誓衆前行,擬救節兒、蕃使。及至子城南門下,其節兒等已縱火燒舍,伏劍自裁,投身火中,化爲灰燼。(斯 1438 號背《吐蕃占領敦煌初期漢族書儀》)

　　且太保棄蕃歸化,當爾之時,見有吐蕃節兒鎮守□(沙)州。太保見南蕃離亂,乘勢共沙州百姓同心同意,穴白趁却節兒,却著漢家衣冠,永抛蕃醜。(伯 3633 號《辛未年(911)七月沙州百姓等一萬人狀上迴鶻大聖天可汗狀》)

按:據學者研究,上揭前例所出書儀撰成於吐蕃占領時期①,故其中多見"節兒"字樣;後例所敍爲張議潮率沙州百姓趕走吐蕃節兒的事。"節兒"似一個與吐蕃相關的音譯詞,然其義爲何?查《敦煌學大辭典》,其中已收録"節兒"。原來,"節兒"乃"rtserje"的音譯,爲吐蕃派駐瓜、沙占領區的官職名稱,相當於唐代的刺史②。因而在反映吐蕃占領時期的文獻中,"節兒"一詞較爲習見。如斯 5816 號《寅年八月李條順打傷楊謙讓爲楊養傷契》:"寅年八月十九日楊謙讓共李條順相諍,遂打損。經節兒斷,令楊謙讓當家將息。"例中"節兒"亦爲吐蕃官名。可見,"節兒"乃特定歷史時期社會狀態在語言上留下的印迹,具有典型的時代、地域特徵。

【打頿】

　　今則疊勞翰誨,令再赴筵,兼從打頿。倍增欣愜,來日守門趨赴臺階。(伯 3438 號背《沙州官告國信判官將仕郎試大理評事狀》)

　　昨日伏蒙支借打頿玉壹團,當時於郊野分付客都宋僕射訖。(同上)

按:"打頿"費解。"頿",《説文・頁部》:"頿,大頭也。"[200][頁 182]引申有"嚴肅端正""景仰盼望"等義③。以此諸義釋上例,語義皆窒礙難通。頗疑"頿"爲"顆"的形近誤字,而"顆"爲"渾"的異體。《玉篇・言

---

① 趙和平《敦煌寫本書儀研究》,頁 469—472。
② 季羨林《敦煌學大辭典》"節兒"條,頁 384。
③ 《漢語大字典》,頁 4382。

部》:"諢,五困切;弄言。"[203][頁173]杜牧《燕將錄》:"顐玩之臣,顔澀不展,縮衣節口,以賞戰士,此志豈須臾忘於天下哉。"[75][頁100]句中"顐"乃"諢"的異體,義爲"詼諧逗趣"。"顐玩之臣"指"打諢逗趣的樂官優人"。當時還有以説"諢語"著稱的,李肇《唐國史補》卷下:"初,詼諧自賀知章,輕薄自祖詠,顐語自賀蘭廣、鄭涉。"[241][頁197]敦煌俗語詞典伯3644號《俗務要名林》中,也收有"詨(説)諢"一詞;斯619號背《白家碎金》中還有"打諢人"一語,注云:"打諢相朝(嘲)"。由此可想見唐五代時"諢人""諢語""打諢"的盛行。從文意而言,信中收信人再次邀請作書人赴筵,宴會之餘,自然少不了説笑打諢之事。後代筆記雜著也可助證此説。宋朱翌《猗覺寮雜記》卷下:"優伶打顐,亦起於唐。李栖筠爲御史大夫,故事,曲江賜宴,教坊倡顐雜侍。栖筠以任風憲,不往,臺遂以爲法。顐,……弄言也。"[298][頁482]因此,我們有理由認爲:例中"打顤"爲"打顐"的形誤,而"打顐"即詼諧逗樂之義。

【草豉子　草豉子】

伏乞(啟)和尚:智杲前有功物,日夜愁優(憂),甚處安置。和尚啟(乞)個處分,今當鎮僧慶净手上付草豉子一袋子。(斯4667號《僧智杲上僧錄狀》)

今於當寺僧承智手上,且充丹(單)信。草豉子壹袋子,到日收取,莫責輕微。(斯4677號《某年六月廿七日楊法律與僧戒滿書》)

按:"豉"爲"豉"的俗體,《龍龕手鏡·豆部》:"豉,俗;豉,通;豉,正。"[154][頁359]"草豉子"即"草豉","子"爲詞綴。"草豉"是一種草本植物,可入藥,也可用來調味,健於脾胃,因其草似韭豉而得名。宋唐慎微《證類本草》卷六:"草豉,味辛平,無毒,主惡氣,調中,益五藏,開胃,令人能食。生巴西諸國,草似韭豉,出花中,人食之。"[19][頁64]古代敦煌舉行大型齋會時,常用它爲佐料來製作藥食、供品、食物等。如斯4782號《乾元寺堂齋修造兩司都師文謙諸色斛斗入破計會狀》:"油半升,草豉壹抄,充造藥食用。"斯1733號《某寺諸色斛斗破曆》:"白麫九石,米三升,油六升,蘇七升,椒一升,草豉三升,……已上物三年七月十五日煮佛盆及供養衆僧等用。"斯5927號背《某寺諸色斛斗破曆》:"麫拾貳碩肆斗,

第三節　敦煌書儀語言研究的方法　69

油壹斗三勝,篤芹子貳勝半,草豉壹勝,充解齋用。""草豉"又是古代瓜沙一帶的特産,十分珍貴,曾一度用作貢品向朝廷納貢,如《新唐書·地理志》:"瓜州晉昌郡,……土貢:野馬革、緊鞋、草豉、黃礬、絳礬、胡桐律。"[284][頁1045]正因爲如此,有時,爲了求得"草豉",人們還不惜以褐、麥等物買取,如伯2040號背《淨土寺食物等品入破曆》:"褐破:一丈四尺,買草豉用。"斯5927號背《某寺諸色斛斗破曆》:"麥捌斗,買草豉貳碩用。""草豉"之珍貴難得,使它成了時人彼此贈送的上好禮品,如伯4638號/4《龍辯等端午獻物狀》:"草豉壹斗,麥酒壹瓨。謹因來旨,跪捧領訖。"上揭二例中"草豉子"亦用作禮品贈送與對方。

　　上面我們通過考察前人的研究成果,了解了吐蕃語"節兒"一詞的涵義;同時,又通過考察當時的娛樂風習、用語特色、地域特産及生活習慣,對"打顪""草豉(豉)子"的詞形、意義提出了自己的看法和見解。隨着以後文獻用例的不斷豐富,我們所作的解釋,或許會被否認。但無論如何,這種通過已知推求未知的演繹法仍然是必須的,也應是可行的,因爲我們的研究往往會受文獻材料的限制,不可能也不應該完全依賴於"不完全"的歸納法。相反,在研究的過程中,我們應努力尋找新的方法來解決疑難問題。

# 第二章　敦煌書儀語言研究的價值

選取敦煌書儀的語言進行研究，一方面由於書儀語言本身具有特殊的研究價值；另一方面也因爲目前與"書儀"相關的文獻整理及辭書編纂中還存在很多不足，而要改變這種現狀，當務之急就是對其中涉及的語言現象進行整體、深入的研究。

## 第一節　書儀的語料價值

進行語言的研究，首先面臨的就是選取研究對象的問題，即應選擇什麼樣的語料來進行研究。對於這個問題，蔣紹愚談到語言資料的鑒別時作了很好的闡述："首先，是要確定語言資料的年代"，"其次，是要識別語言資料中的後人竄改和訛誤之處。"[①]以此來衡量、鑒別敦煌書儀，其作爲語料具有同時代其他文獻不可比擬的研究價值。

### 一　語料時代的可靠性

敦煌書儀具有較爲確定的撰寫年代，至少在藏經洞封閉（1035年）之前就已存在。石室遺書中保存的五十餘種一百餘件書儀寫卷，大多標明書題或撰寫者，學者由此可推定其編撰的大致年代。如伯3442號寫卷中部寫有"書儀卷下　京兆杜友晉撰"的字樣，趙和平以此爲綫索，參考其他文獻，考證其成書時間爲開元末[②]。即使沒有書題或說明的，

---

① 蔣紹愚《近代漢語研究概況》，頁30-31。
② 趙和平《敦煌寫本書儀研究》，頁231。

前賢們往往根據卷中透露的信息,如行第稱謂或書札用語等,來考訂其成書的大致時間。吳麗娛曾據斯1725號背/3寫卷中冬至賀語用"晷運推移",而不用"晷運環周",結合其他材料,推斷這個寫卷作於元和六年(812)以後,因爲在撰於元和時期的斯6537號背/14《大唐新定吉凶書儀》序言中,明確提到"冬至云[晷]運環周,今改云晷運推移也",從而推翻前人以爲成於八世紀中期的論斷①。經過前輩學者的考證與研究,現存可見的敦煌書儀大都有了較爲明確的成書年代。其編撰時間上起武后掌權,下迄五代沙州歸義軍曹氏執政,前後延續近三百年,幾乎覆蓋了整個唐五代時期。可見,將敦煌書儀作爲這一時期的語料來研究,應該是靠得住的。

## 二 語料內容的真實性

敦煌書儀作爲唐五代時期的寫本,從它產生之初到現在,雖已時隔千年,却是上世紀初纔出土的。是未經後人竄改過的同時資料,其内容與外形(文字)是同一時期產生的②,具有"絕對"的真實性。所謂"絕對",有兩層含義:一方面,書儀語詞的運用、書札的行文格式準確地再現了唐五代時期書札用語及行文格式的實際面貌,具有十分珍貴的研究價值;另一方面,書儀語詞又表現出其固有的寫本特色,文字上常常蒙着一層"訛誤"的面紗,必須披"紗"纔能揀出"真金"。

(一)準確反映實際用語面貌及文書格式的研究價值

1. 有助於廓清目前敦煌文獻語詞研究中出現的失誤

敦煌書儀中不少語彙準確地反映了唐五代時期語詞使用的真實情況,將它們與敦煌其他文獻中詞形相似、讀音相近的語詞比勘,可對這些形似、音近之詞求得確解,從而廓清目前敦煌文獻語詞研究中出現

---

① 吳麗娛《唐禮摭遺》,頁137-140。
② 太田辰夫著,蔣紹愚、徐昌華譯《中國語歷史文法·跋》,頁374。

的某些失誤。如：

【接括　接話】

自到敦煌有多時，每無管領接括希。寂寞如今不請説，苦樂如斯各自知。（斯 2104 號背《雜寫（贈清師詩三首并序）》）

按：句中"接括"，張錫厚云："接括，俟校。"①曾良謂："'接括'即接會，乃交接、交往之義。《詩·王風·君子于役》：'君子于役，不日不月，曷其有佸。'毛傳：'佸，會也。'……又同篇：'日之夕矣，牛羊下括。'括、佸、會古音義並同。"②竊以爲如此訓釋，不僅未中其的，反而求之過深。

敦煌書儀中有一個與"接括"詞形、用法極爲相似的詞——"接話"，如斯 5575 號《書儀》："冀蒙憑囑，豈有拘違。五日已來，許容接話。"例中"接話"爲彼此交談、敍話的意思。傳世文獻也有用例，如劉克莊《後村先生大全集》卷四《懶》詩："客方接話俄辭起，書未終編已輟看。"[110][頁5]言客人剛一接上話頭攀談，自己就告辭起身離去。其中"接話"亦交談、敍話義。或又作"接話言"。李白《贈參寥子》詩："天子分玉帛，百官接話言。"[145][頁494]張耒《張右史文集》卷五八《答李援惠詩書》："雖未得熟接話言，然觀書與詩亦足以略測足下之好惡矣。"[323][頁15]然則"接話"或由"接話言"縮略而來。由書儀及文獻中"接話"、"接話言"的用例，不難推知："接括"，實爲"接話"之誤。從字形而言，"括"乃"話"的類化字，即"話"受"接"字影響而改"言"從"手"。就詞義而論，"接話"即接上話頭，義爲"交談、敍話"。上詩言來到敦煌後，每每無人照管，甚至連找個人"接話"都找不著，寂寞自不待言。以此釋之，則怡然理順。正是書儀中"接話"的出現，纔引發我們思考："接括"或爲"接話"之誤③，從而求得確解，廓清失誤。

---

① 周紹良等《敦煌文學作品選》，頁 48。
② 曾良《敦煌文獻字義通釋》"接括"條，頁 73。
③ 參葉貴良《〈敦煌文獻字義通釋〉釋義商榷舉例》"接括"條，《敦煌研究》2002 年第 3 期，頁 49。

## 第一節　書儀的語料價值

【迴過　迴戈】

　　如今賊軍府(俯)迫,甚人去得?若也得勝回過,具表奏聞。(斯2144號《韓擒虎話本》)
　　臣願請軍,敬(更)與隋駕(家)兵士交戰,得勝迴過,册立大王。(同上)
　　前後不經旬日,楊素戰蕭磨呵得勝迴過,直詣閤門,所司入奏。(同上)
　　我主上由(猶)自擒將,假饒得勝迴戈,公(功)歸何處?(同上)

按:以上四例中"得勝迴過/戈",從語義看,皆指"得勝回師";但用字却有不同:一作"過",一作"戈",究竟孰是呢?《敦煌變文校注》315頁第146條[校注]云:"'戈'應讀作'過',二字完全同音。'迴過'即返迴,篇内習見。若作'迴戈',解作歸降,則與下句'功歸何處'意不相牟。"陳秀蘭《敦煌變文詞彙研究》中也以"迴過"爲詞目,釋爲"返迴",而未及"迴戈"①。看來,學界多以"迴過"爲是。

然從敦煌書儀用例看,則當以"迴戈"爲是。伯2652號背《諸雜謝賀·謝打賊得功》:"謹奉上命奔逐殘賊,司空福助於軍前,龍神潛威於野外,軍旅雄勇,活捉生擒,將仕(士)不失於雄名,平善迴過戈於蓮府。"言在司空福助下,將士們英勇奮戰,打賊得功,安全返回。其末句"平善迴過戈於蓮府"讀來似衍一字,與前句"將士不失於雄名"對勘,知"過戈"二字中必有一衍,但所衍爲誰呢?竊以爲:"過"爲衍文。即抄手本欲寫"戈",却寫成了與之同音的"過"②,後發現有誤,不及删去誤字"過"而徑直補抄正字"戈"。這樣,"過"就成爲衍文而保留下來,造成誤字與正字並存的現象。這種"誤字正字並存的現象,在敦煌寫本中是相當普遍的"③。那麼例中"迴過戈"當作"迴戈",而不是"迴過"。"迴戈"者,指掉轉兵戈,得勝回師,多用以稱頌王師赫赫之威,語出漢揚雄《長楊賦》:"夫天兵四臨,幽都先加,迴戈邪指,南越相夷。"[176][頁202]後代多沿用,如

---

① 陳秀蘭《敦煌變文詞彙研究》,頁53。
② "戈""過"在《廣韻》中皆音古戈切,可得通用。
③ 郭在貽、張涌泉、黃徵《敦煌寫本書寫特例發微》,《敦煌吐魯番學研究論文集》,漢語大詞典出版社1990年版;又張涌泉《舊學新知》,頁221-222。

《文選・潘勗〈册魏公九錫文〉》："袁術僭逆，肆于淮南，……蘄陽之役，橋蕤授首，棱威南厲，術以殞潰，此又君之功也。迴戈東指，呂布就戮。"呂延濟注："征袁術迴兵而東，又破呂布而殺之。"[141][頁665]崔致遠《桂苑筆耕集》卷一《賀處斬草賊阡能表》："二十一日聖駕出羅城北樓，宣慰迴戈將士，各賜優賞放歸本營者。"[91][頁5]例中"迴戈"皆指掉轉兵戈、得勝回師。

而敦煌寫本中，"迴戈"的"戈"却常誤作與之同音的"過"。上揭《韓擒虎話本》中，"迴戈"一詞共出現4次，其中3次寫作"迴過"，僅1次作"迴戈"，可想見當時"戈""過"二字混用的程度。正是書儀用例中"迴過戈"的出現，纔啓發我們深思：究竟當作"迴過"，還是"迴戈"？結合其語源及傳世文獻的用例看，自當以"迴戈"爲是。可見，即使是書儀中"誤字正字並存"的書寫特例，也真實地再現了當時寫本用字的情況，幫助我們揭開了罩在"迴過"身上的"訛誤"面紗，還它以本來的面目——"迴戈"。

2. 有助於糾正漢語詞彙研究中的既定觀點

敦煌文獻發現以前，人們只能根據所能見到的各種文獻，對某些語詞的出現和運用提出見解，并形成某種既定觀點，爲人們所認可。敦煌書儀中一些語詞的出現，則可提供例證，糾正成說。如：

賀冬上四相公狀：伏以書雲令得（德），建子良辰。（伯4093號《甘棠集》）
十一月：伏以書雲令節，迎日嘉辰。（伯4092號《新集雜別紙》）

按：上揭前例中書題爲"賀冬"，"冬"即冬至，唐人常於冬至、正旦日彼此呈書相賀，狀中"書雲"爲"冬至"的別名；後例中"書雲"亦指冬至。"書雲"這種用法其實是由《左傳》中"凡分、至、啓、閉，必書雲物"一句割裂而來。句中"雲物"本指雲色變化，杜預注："雲物，氣色災變也。"[313][頁1794]該句謂古人分、至、啓、閉之日，必定將雲色的變化記錄下來。後人不察，徑以"書雲"稱"冬至"。初盛唐時，或又稱之爲"書物"，《初學記》卷四冬至"書物"條注云："《左傳》云：'凡分、至、啓、閉，必書雲物,爲備故也。"[13][頁83]《初學記》乃徐堅等奉玄宗旨意編纂的類書,其"冬至"條下已專列有"書物"一詞,可見時人多以"書物"稱"冬至";而在晚唐五代的書儀中,人們則習稱"書雲"爲"冬至"。原來,同樣的典故來源,由於割截文字的差異,會構成意義相同而詞形不同的兩個語詞。洪邁《容齋四筆·用書雲之誤》:"今人以冬至日爲書雲,至用之於表啓中。"[192][頁745]《漢語大詞典》採用其説,於"書雲"下曰"宋人詩文多以'書雲'指冬至"[113][頁3041]。今按:稱"冬至"爲"書雲"并不始於洪邁所言"今人",早在敦煌書儀中就已出現,宋人只是沿用其詞罷了。

錢大昕《十駕齋養新録》卷六"官名地名從省"條:"唐人稱拾遺、補闕曰'遺補',宋人稱節度、觀察爲'節察',防禦、團練爲'防團'。"[225][頁135]《詞典》引錢説爲孤證,釋"節察"爲"宋代節度使、觀察使的合稱"[113][頁5226]。就敦煌書儀看,將節度使、觀察使合併省稱爲"節察",在咸通二年(861)前後編成的《甘棠集》①中就已出現。如:

賀諸道節察正:伏以時當納祐,節及開元。……尚書名彰聖日,位壓雄藩。
賀冬上諸道節察:伏以節及昇辰,時當亞歲。……尚書寄重藩垣,望深台鉉。

這兩首書狀都是劉鄴代高少逸擬與諸道節度使、觀察使的賀正狀稿,書題中"節察"即爲節度使、觀察使之省稱②。

3. 有助於了解各種官場儀節、民情風俗的淵源流變

敦煌書儀中往往涉及許多官場交往的儀節規範或民情風俗,從這些書札用語中,我們或可了解當時的官場儀節和民間風俗。如:

【下擔】

謝下擔:惠廣等微賤,奉本使驅馳,幸達貴土,未蒙拜伏,特賜重擔。(斯5713號《惠廣雜謝狀抄》)

謝下擔:某乙等庸賤,……未蒙拜伏,特賜下擔羊酒。(伯3691號《新集書儀》)

---

① 參趙和平《敦煌本〈甘棠集〉研究》,頁7。
② 同上,頁97。

送客下擔橫過使：絁壹匹、綾壹匹等色目。右前件物謹令馳送，聊充翌日草料當直。（斯 5636 號《新集書儀》）

按：從上揭諸例看，"下擔"指贈物與遠道而來的人，所贈之物有酒食、布帛等。另如伯 2629 號《歸義軍出支酒帳》："五日，迎南山酒伍升，下擔酒伍升。"斯 1366 號《使衙油麵破曆》："新來伊州使下擔細供兩分，麵五升。"從這些帳單可知，遠方使人來到，也須贈酒食迎其"下擔"。此外，新官赴任，也得備禮迎其"下擔"，唐代敕書有明文規定。《舊唐書•宣宗紀》："九月敕：'……起今後應刺史下擔什物，及除替後資送錢物，但不率斂官吏，科配百姓，一任各守州縣舊例色目支給。'"[119][頁629]言刺史到任，須贈與"下擔"什物，舊官卸職須資送錢物，各有規制。可見，唐五代時期"下擔"之風非常盛行。然而何以稱之爲"下擔"呢？蔣禮鴻謂：下擔，"猶下車，官吏到任。……'迎擔'本謂迎接行李之類，'下擔'則謂馳下行李負擔。後縮小以爲官吏馳擔，爲到任之稱。'迎下擔'即謂接官。"①其認爲"擔"指行李負擔，"下擔"就是放下行李負擔，後引申爲官吏到任之稱。竊以爲此"擔"非"負擔"的"擔"，而是"檐子"的"檐"。俞樾《茶香室四鈔》卷九"下馬錢"條云："……下檐什物即下馬錢也。以乘馬言謂之下馬，以坐檐子言謂之下檐。……下檐者，謂下檐子也。"[22][頁1620]"下檐"，即走下檐子，表示官長或尊者的到來。檐子是唐宋時期流行的一種肩輿，時興之初，無論男女尊卑皆可乘之。劉肅《大唐新語•釐革》："顯慶中，詔曰：'百家家口，……比來多著帷帽，遂棄羃羅；曾不乘車，只坐檐子。過於輕率，深失禮容。自今已後，勿使如此。'"[30][頁151]後則只有宰相、三公等高官、致仕官及刺史等生病時，方可乘坐。《新唐書•車服志》："開成末，定制：宰相、三公、師保、尚書令、僕射、諸司長官及致仕官，疾病許乘檐，……三品以上官及刺史，有疾暫乘，不得舍驛。"[284][頁532]這種風習一直延續到宋代，王禹偁《小畜集》卷二三《謝許肩輿入內表》："奉聖旨許臣過清

---

① 蔣禮鴻《唐語詞叢記》，《蔣禮鴻集》卷三，頁 273。

明節選日朝辭,仍令乘檐子於崇政殿入見者。老病衰羸,聖慈憫惻,察其足疾,聽以肩輿。"[282][頁14]言王禹偁因生病,獲準乘檐子入殿朝辭。正因爲刺史可乘"檐子"以行,當其到州郡赴任時,人們遂以"下檐"稱其到來。官長遠道而來,下級屬僚須爲之接風洗塵,或設筵款待,或贈送錢物。如《太平御覽》卷二二:"《嶺表録異》云:……今廣州諸郡牧守初到任,下檐皆有油畫枹履。"[246][頁106]楊萬里《誠齋集》卷七〇《薦舉王自中曾集徐元德政績同安撫司奏狀》:"凡州郡迎餞之數,厨傳之儀,皆無故實,出於創爲叢者。……如下檐宴集,則有折爼之幣,率爲緡錢者數百。"[17][頁10]以上例中"下檐"皆指州郡屬僚贈送錢物、備辦宴席以迎接長官的到來。隨着應用的普遍和頻繁,人們後來遂徑以"下檐"指稱贈給遠方來人的酒食、錢物及布帛等。那麼"下檐"怎會寫作"下擔"呢?俞樾在上引《茶香室四鈔》"下馬錢"條後接云:"其字皆作檐,不作擔,他書往往作擔,何與?"[22][頁1621]其實,"檐"之作"擔",乃俗書所致。俗寫"手"旁與"木"旁不分,"檐"自然可寫作"擔",於是"下檐"便寫成了"下擔"。

　　人們在指稱、命名事物及相關行爲時,往往表現出某種心理上的共性。唐宋時期,習用"下檐"來表示某人的到來,并進而用它指稱贈給遠方來客的酒食和錢物。而宋元以降,人們則多以"下程"來表達類似的意思。如范成大《桃花鋪》詩:"昳晡卓幕先下程,將士黄昏始相及。"[79][頁205]楊萬里《誠齋集》卷二五《題羅溪李店》詩:"下程長是無佳店,佳店偏當未下程。"[17][頁19]例中"下程"皆謂停駐、休憩。或又以"下程"指接待行人的酒食,如《兒女英雄傳》第一三回:"把個山陽縣官嚇得忙着分派人掃公館,伺候轎馬,預備下程酒飯。"[66][頁184]世俗或稱之爲"下馬飯",清西厓《談徵·事部》"下程"條:"世謂下馬飯也。夫登途曰上路,則停驂當曰下程,必有歸餼以食,故有謂歸餼曰下程也。"[249][頁1288]此即"下程"得名之由。此外,又或以"下程"指送給遠行人的川資或禮物。如清王士禛《池北偶談》卷五"葛端肅公家訓"條:"予在鄴三年餘,每公出,必自齎盤費,縣驛私饋下程,俱不敢受。"[21][頁99]此則與書儀中"下檐"的用法完全相同。由"下程"的得名之由及其詞義演變，也可助證敦煌書儀及《舊唐書》中的"下擔"實爲"下檐"的俗寫。

"下檐"與"下程"最初都指來到某地、停留下來，後則轉喻引申爲迎接遠行人的酒食，最後又徑用來指贈送給遠行人的川資或禮物。不同的用語，反映出共同的思維模式，這或與古代送往迎來的風習有關，同樣的風俗習慣，纔會使人們產生類似的轉喻引申。

【出孝　公參】

出孝送物：右伏審僕射來日公參，某值檢納忙迫，不過咨迎出孝。前件謹專送上，聊表卑儀。(伯4092號《新集雜別紙》)

右某伏審員外來日公參，某值兹檢納忙迫，不過諮迎出孝。(同上)

按："出孝"指葬後除喪，以此義釋上揭例句，文意窒礙難通。頗疑"孝"爲"考"之形訛。首先，就字形而論，"考"俗寫常作"孝"①，與"孝"形近而易致誤，如斯6537號背/14《大唐新定吉凶書儀》："天神、后土、地祇、上帝；皇祖、皇孝、神靈、皇帝、天子……右已前件公中表奏，准式並平闕。"其中"皇孝"即"皇考"之誤。其次，就詞義而言，"考"謂考核，官員任職，每年一考，三考或四考改選。《宋史·職官志三》："凡内外官，計在官之日，滿一歲爲一考，三考爲一任。"[221][頁3839]考滿則受代，即離任現職，出任他官，故曰"出考"。而"公參"則謂官員赴任後，到上司處參拜。這說明當時的官場儀節是：一方面，赴任的官員須到長官處參拜，曰"公參"；另一方面，當地(赴任之所)屬僚又得備禮恭迎其卸去舊職，出任新官，謂"出考"。"公參"的官場儀節，一直沿用到宋代。宋趙昇《朝野類要·職任》："小官赴任，詣長貳公參訖，衙前聽候三日，方敢退歸本職，今制遂禁庭拜。"[16][頁101]如黃庭堅《謝黔州安置表》："昨蒙恩謫授涪州別駕，黔州安置，已於四月二十三日到黔州公參訖者。"[108][頁515]例中"公參"即指新官赴任後到上司處參拜。

---

① 參張涌泉《敦煌俗字研究》(下編)"考"條，頁443。

## 第一節　書儀的語料價值

### 【迴納　封納】

迴洺州團判短封：伏蒙仁私,以月旦垂榮示。……短封過儀,難已(以)當勝。謹復狀迴納陳謝。(伯4092號《新集雜別紙》)

伏蒙法眷,特垂訪及。……所留盛刺,焉敢當克。謹修狀封納陳謝。(斯4571號背/2《某年十月衙内都部署使馮某謝僧狀》)

按：上揭二例皆言對方賜示的"短信"或"名紙",自己不敢捧留,特將其封還回納。這種官場儀節,後人或稱之爲"台銜回納"。俞樾《茶香室續鈔》卷六："宋洪邁《容齋一筆》云：'神宗有御筆一紙,乃爲潁王時封還李受門狀者,狀云：右諫議大夫、天章閣待制、兼侍講李受起居皇太子大王。而其外封題云：台銜回納。下云：皇子忠武軍節度使、檢校太尉、同中書門下平章事、上柱國潁王名謹封。名乃親封。'按：今時上司於所屬官,必還其手版,讀此知宋時親王於從官亦如此,由來久矣。"[22][頁621] 俞氏以爲：清時官長還手版與所屬官,由來已久,宋時親王於從官已如此。據上揭書儀用例,"台銜回納"的官場儀節至遲在晚唐時期就習用不鮮了。另如宋釋契嵩《鐔津文集》卷一一《還章監簿門狀》："昔日伏蒙特墜清名,榮賁旅寄,不任感荷。容宿恙稍痊,當走左右以謝。盛刺謹具狀上納,伏惟垂察。"[248][頁18] 其中"盛刺"用以敬稱對方的名帖,謂不敢捧留對方的"門狀",而將其回納。

### 【媾婚　冥婚】

問曰：何名媾婚者？[答曰]：男女早逝,未有聘娶,男則單棲地室,女則獨寢泉宫。生人爲立良媒,遣通二姓,兩家和許,以骨同棺,共就墳陵,是在婚媾也。一名冥婚。(斯1725號《書儀》)

告甲乙及新婦：汝既少年,未有婚對,禍出不圖,奄從遊没；新婦早逝,未及良傅,穀(獨)寢泉中,單居地室。今既二姓和好,禮媾冥婚,白骨同棺,魂魄共合。(同上)

按：從用例看,"媾婚""冥婚"似指活着的家長給未婚先逝的男女尋媒通婚,并將其屍骨合葬一棺的婚俗。"媾",《説文·女部》："媾,女黑色也。"[200][頁264]"媾"者,晦也,此指晦暗的陰間。因是給已逝的即冥間男女通婚,故曰"媾婚",也稱"冥婚"。這種習俗唐代似乎很流行。《舊

《唐書·懿德太子重潤傳》:"中宗即位,追贈皇太子,諡曰懿德,陪葬乾陵。仍爲聘國子監丞裴粹亡女爲冥婚,與之合葬。"[119][頁2835]又《蕭至忠傳》:"韋庶人又爲亡弟贈汝南王洵與至忠亡女爲冥婚合葬。"[119][頁2970]皇家貴族尚且如此,百姓行之則更甚,如牛僧孺《玄怪錄》卷二"曹惠"條:"輕素曰:'王氏乃生前之妻,樂氏乃冥婚耳。'"[241][頁369]如此流行,也難怪當時書儀每每涉及此種習俗。爲已逝子女舉行冥婚,也須像生人一般進行書信納聘,伯3637號《新定書儀鏡》中即保留有兩封往還的冥婚書。茲移錄如下:

某頓首頓首:仰與臭味如蘭,通家自昔。平生之日,思展好仇。積善無微(徵),苗而不秀。又承賢女,長及載笄,淑範夙芳,金聲早振。春花未發,秋葉已凋。賢與不賢,卷(眷)言增感。曹氏謹以禮詞。願敬宜,謹遣白書。答:久闕祇敘,延佇成勞;積德不弘,豐鍾己女。賢子含章挺秀,竹勁松貞;未展九能,先悲百膹。既辱來貺,敢以敬從。願珍重。謹還白書。

可見,冥婚儀節大多仿照生人婚俗。《新五代史·劉岳傳》載,後唐明宗見鄭餘慶《書儀》中有冥婚之制,認爲婚乃吉禮,不宜用於死者,遂召劉岳刪定,然終未能根除。這一惡俗,直至今日,也仍保留在一些偏遠地區。

【打戲】

召蹴踘書:雨後微涼,纖塵不起,欲爲打戲,能無從乎?(伯3637號《新定書儀鏡》)

按:這是書儀編者撰集的邀請他人"蹴踘"的書信。除上例外,編者還撰集了一首與此內容相同的書信:"陰沈氣涼,可以蹴踘釋悶,時哉時哉。"兩封信皆謂天氣涼爽,正是蹴踘的好時節。前首言"纖塵不起,欲爲打戲",後首稱"蹴踘釋悶,時哉時哉"。以此對勘,則"打戲"即"蹴踘"。且在伯3776號《小類書·丈夫立身部》中,編者徑用"打戲"給"擊毬"作注,可知"打戲"就是"擊毬"。另在伯2568號《南陽張延綬別傳》"又善擊毬,邠州莫敵"中,原卷以雙行小字注云:"會昌時,邠州節度張君緒對御打毬。"則"擊毬"又稱"打毬"。由此可見,"蹴踘""擊毬""打

毬""打戲"等,所指都是當時流行的一種打馬球遊戲。封演《封氏聞見記》卷六"打毬":"開元天寶中,玄宗數御樓觀打毬爲事。能者左縈右拂,盤旋宛轉,殊可觀。然馬或奔逸,時致傷斃。"[77][頁75]可見,當時的"打毬"與今有所不同,須騎馬擊之,因而文獻中或有以獻馬擊毬者。如元稹《進馬狀》:"同州防禦烏馬一匹,八歲,堪打毬及獵。……解擊毬者,每嘉其環迴斗轉,動必愜心。"[296][頁409]由此也可想見當時"擊球"的盛行,上至皇帝,下至平民百姓,人人皆習好之。書儀作爲當時日常生活的寫照,其中自然少不了邀人"打戲"的書信。

【洗輭】

洗輭相屈:伏承久處方外,喜還故里。……吾賢屆此,即合洗拂。倍增今日,聊會一筵,群公專候。(斯5636號《新集書儀》)

按:信中言對方遠道而來,聊備一筵,爲之"洗拂"。由此內容看來,書題中"洗輭"猶今言"洗塵",指設宴歡迎遠方來人。"洗輭"或又稱"奭脚",斯5439號《季布歌》:"歸宅親情來奭脚,開延(筵)烈(列)饌廣鋪陳。""奭"與"輭"同,而"輭"又當讀爲"餪"。《廣雅·釋言》:"餪,饋也。"王念孫疏證:"餪者,溫存之意。"[86][頁139]《廣韻·緩韻》:"餪,女嫁三日送食曰餪。"[285][頁286]《新唐書·外戚傳·楊國忠》:"帝臨幸,必遍五家,賞賚不訾計,出有賜,曰'饯路',返有勞,曰'輭脚'。"[284][頁5849]由以上説明可知,"餪"指以食物饋餉、慰勞。故有人遠道而來,路上涉塵,須爲之洗拂,曰"洗";自遠行來,不免辛勞,須設宴以慰勞,稱"輭",此即"洗輭"一詞的由來。稱之爲"輭脚"者,蓋因遠行勞累,須饋酒食以"輭"其"脚",可謂形象之至。另從敦煌社邑文書看,"奭脚"並不限於宴請遠歸的行人。如斯1475號背《[申年]五月廿三日社司轉帖》:"五月廿三日與武光暉起病奭脚,人各粟貳斗,並明日辰時於趙庭琳家納。"句中"奭脚"用於慰問生病康復的人。看來,"餪"字之稱,確實取義於"溫存"。

另外,唐人弔慰不限於服喪期間,忌日亦受弔。俞樾《茶香室叢鈔》卷六"古人忌日亦受弔"條:"唐鄭處誨《明皇雜錄》:'張説謫岳州,鬱鬱不樂。蘇頲方當大用,而說與瓌善,因爲《五君詠》以遺頲,戒其使曰:候忌日暮送之。使者既至,因忌日齎書至頲門下,近暮弔客至,多説先公僚舊,頲覽詩嗚咽流涕。翌日上封,大陳説忠貞蹇諤,不宜淪滯遐方,遷荊州刺史。'按此知古人於忌日亦受弔也。又唐韋絢《劉賓客嘉話錄》載崔丞相事云:'某日私忌,洪州諸僚悉之江亭,將慰崔忌。'是亦忌日受弔之證。"[22][頁164]俞氏據唐人筆記推斷"古人忌日亦受弔",此言極是。敦煌書儀中相關的書札可助證此論。伯4092號《新集雜別紙》:"私忌迴書:伏奉榮示,以月日合申陳慰,不令專候門牆。既承雅懷,[敢]不遵稟。"此謂忌日本當前往弔慰,承對方吩咐,令不必前往,故呈狀以謝。由此看來,唐人確有忌日受弔的習俗,當然亦可提前告知對方,不必前往弔慰。

4. 有助於現代漢語詞彙的溯源

今人耳熟能詳的一些語詞,有的已有幾百甚至上千年的歷史。敦煌書儀中不少語詞,直至今天也還活躍在人們的現實生活中,成爲現代漢語語詞溯源的豐富礦藏。如:

【結親】"結親"在現代漢語中有兩個義項:①結婚;②兩家因定親結婚而成爲親戚。從共時運用看,前者較後者更常用;從歷時發展論,後者比前者先出現。早在晉代袁宏的《後漢紀》中,"結親"後一義項就已出現,如"孝獻皇帝紀":"且陶謙雖死,徐州未易亡,彼懲往年之敗,將愧而結親,相爲表裏。"[103][頁539]那麽"結親"的前一義項"結婚、成親"是什麼時候出現的呢?《詞典》引《醒世恒言‧錢秀才錯占鳳凰儔》"高家只怕錯過好日,定要結親"[113][頁5646]爲例。其實,"結親"的"成婚"義早在晚唐時期的敦煌書儀中就出現了。如:

凡成禮須於[宅上]西南角吉地安帳,鋪設了,兒郎索果子、金賤(錢)撒帳,祝願云:今夜吉辰,某氏女與[某氏]兒結親,伏願成納之後,千秋萬歲,保守吉昌。(伯2646號《新集吉凶書儀》)

例句所敍爲成親之夜的禮儀,其中"結親"指某氏女與某氏男"成親"。

"結親",唐人又稱爲"結姻"。如伯2619號背《新定書儀鏡》:"某子某乙年已成冠,禮有納娉,宗繼先嗣,與某氏結姻,尅用今日吉辰。"例中"結姻"即指成親。由"結姻"的運用可知:唐代"結親"確已表"結婚"義。之後,"結親"此義逐漸沿用開來。如宋真德秀《西山先生真文忠公文集》卷九《申樞密院乞免將飛虎軍永戍壽昌狀》:"(衆軍)又多是本路諸州産户,或改刺禁軍,盡在本州結親。……若使永戍壽昌,則是家産破蕩,親屬遠絶。"[286][頁11]元王惲《秋澗先生大全文集》卷七九《勸農詩·結親》:"成婚作贅結歡情,往往年深致怨爭。"[189][頁11]前例言衆軍中或有在本州成婚者,若永戍壽昌,則遠隔親人眷屬;後例詩題爲"結親",首句云"成婚",其義顯明。可見,明代文獻中"結親"只是承襲唐五代時期的詞義、用法而已。

【開解】今人多以"開解"指開導勸解(憂愁悲痛的人),如:"大家説了些開解的話,她也就想通了。"其實"開解"此義早在敦煌書儀中就已出現。如:

> 凡稱奈何者,相開解語。[舊]儀云:不孝奈何,酷罰奈何。斯乃自抑之詞,非爲孝子痛結之語,[只]可以弔孝者稱奈何,受弔者未宜自開解。(伯3637號《新定書儀鏡》)

敦煌書儀的凶書弔答中,習用"奈何"一詞以自我"開解"。上例對其來源和運用進行了辨析,認爲"奈何"乃弔者"開解"孝子之語,意謂亡者逝矣,悲傷又能奈何呢,故須節哀順變。其中"開解"爲寬慰、開導勸解的意思。《新定書儀鏡》爲開元、天寶間杜友晉所撰①,也就是説,"開解"此義至遲在開、天時期就已出現。另如段成式《酉陽雜俎》卷六"器奇":"高瑀在蔡州,有軍將田知迴易折欠數百萬。迴至外縣,去州三百餘里,高方令錮身勘田。憂迫,計無所出,其類因爲設酒食開解之。"[241][頁606]句中"開解"亦爲寬慰義。此殆由其本義"領會、明白"引申而來,因爲使(愁悶之)人"明

---

① 參趙和平《敦煌寫本書儀研究》,頁368。

白"其中道理,開心舒懷,便是"開導、勸解"的實質。

【野味】今人習稱"獵取來做肉食的鳥獸"爲"野味",如楊朔《香山紅葉》:"我們先邀老向導到一家鄉村小飯館裏吃飯。幾盤野味,半杯麥酒。"[305][頁332]其實,早在敦煌書儀中,"野味"就已出現。如:

  第一押函細馬兩匹,不著鞍轡,以青絲作韁頭,紅綾纏鬃尾,令人兩邊攏行,至女家門前交馬而住。次函羋、次五色彩、次束帛、次錢羋、次豬羊、次須(酒)面、次野味、次果子、次蘇油鹽、次醬醋、次椒薑蔥蒜。(伯3284號《新集吉凶書儀》)

  賀四海正書:有少野味,謹勒馳送。(斯329號《書儀鏡》)

上揭前例所寫爲婚儀中男方送禮函至女方家時須遵守的禮儀規範,除函羋外,其中擡送的禮物還有五色彩、束帛、錢羋、豬羊、須(酒)面、野味、果子、蘇油鹽等。親禮用"野味",帶有典型的北方遊牧民族的特色。後例爲賀正旦的書狀,其中"野味"亦指獵取來做肉食的鳥獸。可見,早在唐五代時,"野味"之用,人們已習以爲常,不僅用作賀正禮物,還用爲結婚禮品。

5. 有助於揭示唐代公私文書的真實面貌

榮新江指出:"從《唐會要》和其他唐代文獻可以知道,唐朝對於官府文書的紙張、字體、簽署、用印、避諱,以及歸檔、録副、保存、修補、發送、傳遞、接受等等,都有規定。但是,唐朝文書的原本現在大都不存在了,而唐朝文章總集和一些官人的文集中,雖然保存了一些官文書的内容,但往往把文書前後格式化的東西,甚至年代都統統删掉了,使我們無法窺見唐朝官文書的原貌。"[1]其實,不僅官文書如此,私文書亦如是。慶幸的是,敦煌書儀中保存了一些公私文書的原件或樣本,通過它們,我們或可了解唐代官私文書的真實面貌。如:

【門狀 公狀】

"門狀",作爲拜見別人時所用名帖,偶爾見於唐宋時期的筆記雜

---

① 榮新江《敦煌學十八講》,頁193。

著，如李匡乂《資暇集》卷下：

  文宗朝以前無之，自朱崖李相貴盛於武宗朝，且近代稀有生一品，百官無以希取其意，以爲舊刺輕剌則名紙，相扇留具銜候起居狀。而今又益競以善價紙，如出印之字。巧詣曲媚，猶有未臻之遺恨。[319][頁 31]

又沈括《夢溪補筆談》卷一：

  今之門狀，稱"牒件狀如前，謹牒"，比唐人都堂見宰相之禮。唐人都堂見宰相之禮，或參辭謝事，先具事因申取處分。有非一事，故稱"件狀如前"，宰相狀後判引，方許見。後人漸施於執政私第。小說記施於私第，自李德裕始。近世諂敬者，無高下一例用之，謂之"大狀"。[160][頁 2]

又高承《事物紀原》卷二：

  漢初未有紙，書名於刺，削木、竹爲之，後代稍用名紙。唐武宗時李德裕貴盛，百官以舊制禮輕，至是留具銜候起居之狀，至今貴賤通用，謂之門狀。稍貴禮隔者，如公狀，體爲大狀。[220][頁 64]

以上材料所論大都與"門狀"的起源有關，從中可以獲悉：古人通名求謁，漢初用刺，後則改用名紙，到唐代武宗朝，因李德裕權高貴盛，一些趨奉諂媚之徒在拜謁時，以爲"舊刺（名紙）"禮輕，便將當時官員在都堂參謁宰相的禮儀施用於李德裕的私人宅第，即拜謁前，先具狀陳事由，申處分，因狀中所陳之事往往不止一件，故常於狀末附上"牒件狀如前，謹牒"的套語，然後將文狀呈上，待宰相於狀後"判引，方許見"。這種文狀本屬公狀，因其用於執政的私人門宅而得名曰"門狀"。此後，世人爭相仿效，無論尊卑高下，皆通用之。"門狀"便成了唐宋時期百姓拜見官員、下屬參見上司、小輩拜謁尊長以至同僚交友往來的拜帖了。正如清代王士禎所言："唐、宋啓事用門狀，即今士大夫彼此拜謁之名刺也，上書'某官謹祗候某官'。"[287][頁 158]

  如上所論，"門狀"本屬公狀，是一種以公狀的形式通名求謁的拜帖。那麼公狀的形制怎樣呢？它與門狀究竟有何不同呢？宋人筆記雜著中猶可搜尋到一些有關"門狀"與"公狀"形制的記載，如周煇《清波雜志》卷一一"書札過情"條：

  大父有手札藥方，乃用舊門狀紙爲策襯，見元祐間雖僧道謁刺，亦大書"謹祗候起居某官，伏聽處分"，或云"謹狀"，官稱略不過呼。[185][頁 479]

又費袞《梁谿漫志》卷二"謁刺"條:

熙、豐間士大夫謁刺與今略同,而於年月前加一行,云"牒件狀如前,謹牒"。後見政、宣間者,則去此一行。[151][頁21]

又趙彥衛《雲麓漫鈔》卷三:

國初公狀之制,前具官,別行敍事,後云"牒件狀如前,謹狀"。[297][頁107]

又葉夢得《石林燕語》卷三:

唐舊事,門狀,清要官見宰相,及交友同列往來,皆不書前銜,止曰"某謹祗候某官,謹狀"。其人親在,即曰"謹祗候某官,兼起居,謹狀",祗候、起居不並稱,各有所施也。至於府縣官見長吏,諸司僚屬見官長,藩鎮入朝見宰相及臺參,則用公狀,前具銜,稱"右某謹祗候某官,伏聽處分。牒件狀如前,謹牒"。此乃申狀,非門狀也。[218][頁52]

上揭幾則材料中,前兩則是有關"門狀(謁刺)"的,中一則是有關"公狀"的,後一則是論述"門狀"與"公狀"區別的。其所論"門狀"與"公狀"的製作程式彼此間歧異較大:趙氏以爲"公狀"之制是"前具官,別行敍事,後云'牒件狀如前,謹狀'";葉氏却認爲是"前具銜,稱'右某謹祗候某官,伏聽處分。牒件狀如前,謹牒'"。結合前兩則材料看,"門狀"的格式似乎是前言"謹祗候起居某官,伏聽處分",後於年月前題"謹狀"或"牒件狀如前,謹牒"的套語,類似於葉氏所言"公狀",而與其所論"門狀"的格式"某謹祗候某官,謹狀"或"謹祗候某官,兼起居,謹狀"差別較大。究竟孰是孰非,僅憑傳世古籍很難作出判斷。

敦煌書儀的發現,爲我們認識"門狀"與"公狀"的具體形制提供了極爲寶貴的第一手材料。其中保存完整并有準確紀年的文狀雖不多,却也不乏其例。如斯4398號文書:

新授歸義軍節度觀察留後光禄大夫檢校司空兼御史大夫譙縣開國食邑三百户曹元忠

硇砂壹拾斤

右件砂誠非異玩,實愧珍織,冒瀆

台嚴,無任戰越之至。謹差步軍

教練使兼御史中丞梁再通等謹

第一節　書儀的語料價值　87

  隨狀
  獻，到望俯賜
  容納。謹録狀上。
  牒件狀如前，謹牒。
    天福十四年五月日新授歸義軍節度觀察留後光禄大夫檢校司空兼
御史大夫譙縣開國食邑三百户曹元忠牒

從這件文書看，其内容是歸義軍節度使曹元忠遣使進貢的文狀，屬葉氏所言"藩鎮入朝見宰相"類，格式上前具全銜"新授歸義軍節度觀察留後光禄大夫檢校司空兼御史大夫譙縣開國食邑三百户曹元忠"，別行敍事"遣使進貢"，狀末題署"牒件狀如前，謹牒"的套語。這與趙氏所言"公狀"的格式大致相符，而與葉氏所論差異較大。從敦煌文獻的具體例證看，"公狀"格式當以趙氏所言爲準（不同的只是狀尾"謹牒"變作了"謹狀"①）。以此看來，斯4398號文書屬公狀，指唐宋時期下級屬僚呈與上級官長、地方呈與中央的一種申述事由的文狀，其行文程式爲：狀首具全銜，另起一行敍事由，後附"牒件狀如前，謹牒"的套語，最後出具日期全銜姓名牒。以此爲據來鑒別敦煌文獻中與之類似的文書，會尋揀出不少實用過的"公狀"，如伯2985號背"右衙都知兵馬使丁守勳狀"（見下文）。

  關於"門狀"，敦煌文獻伯3449號《刺史書儀》中，編者專門輯録了兩首"參賀門狀"的不同行文格式，以備不同場合使用：

  具全銜厶
右厶謹詣　　台屏袛候　　賀，伏聽處分。云云。
  具[全]銜厶
右厶謹袛候　　賀，伏聽　　處分。
  並著年月日，向下具全銜厶牒

"右厶"以下兩段文字是提供不同情況下使用的兩種略有不同的格式，

---

① 據宋代筆記，改"牒"爲"狀"，自元豐始。宋羅大經《鶴林玉露》卷三"謝肉牒"："周益公家藏歐陽公家書一幅，紙斜封，乃冷壽光牒。其詞云：'具位某。猪肉一斤，右伏蒙頒賜，領外無任感激，謹具牒謝。謹牒。年月日。具位某牒。'蓋改牒爲狀，自元豐始，日趨於諛矣。"[109][頁294]

其中"云云"代指格式套語。以這種行文程式去衡量、鑒別敦煌文獻中那些標有具體官銜、姓名、日期的文書,發現其中或有與上揭"參賀門狀"的製作程式相合者。下面我們將其中第一種格式按斯76號背"行首陳魯佾"文書的行文格式分行排列,以資比較:

| 伯3449號"參賀門狀" | 斯76號背"行首陳魯佾"文書 |
|---|---|
| 具全銜厶。 | 行首陳魯佾。 |
| 右厶謹詣 | 右魯佾謹在 |
| 台屏祇候 | 衙門隨例祇候 |
| 賀,伏聽 | 賀,伏聽 |
| 處分。 | 處分。 |
| 云云 | 牒件狀如前,謹牒。 |
| 著年月日,向下具全銜厶牒。 | 長興五年正月一日行首陳魯佾牒。 |

從上揭兩件文書的對比中,可看出後者只是在前者的格式框架中填入相應的"官銜""姓名"和"日期",則斯76號背"行首陳魯佾"文書其實是一件具體、實用的"參賀門狀",亦即唐宋筆記雜著中所謂用來拜謁長官以通姓名的"拜帖"。這種以"門狀"的形式來通名求謁的拜帖,不僅存留於敦煌文獻中,也還保存在當時的一些文人世家中。如宋張世南《遊宦紀聞》中曾記載他家藏有北宋治平四年士大夫往來書狀,其中一件即與此所謂"門狀"相似。如:

醫博士程昉。右昉謹祇候參節推狀元,伏聽裁旨。牒件狀如前,謹牒。治平四年九月日,醫博士程昉牒。[299][頁8]

張氏家藏"書狀"完全符合敦煌書儀中"參賀門狀"的行文格式。從對象看,"門狀"亦不限於施及長官,還可用於參見節推狀元等。可見,"門狀"作為拜帖在當時是很流行的。那麽我們不妨以伯3449號"參賀門狀"為準,來鑒別敦煌文書中與之格式相同的文書,即可根尋出不少曾經實用過的門狀,如斯529號"同光二年定州開元寺僧歸文門狀"(見下文)。同時,通過對比,我們發現"參賀門狀"中"云云"替代的格式套語是"牒件狀如前,謹牒",因而在具體文書中須將其置換成它所替代的部分,如上揭"行首陳魯佾門狀"中便將"云云"換作了"牒件狀如前,謹牒"。

至於"門狀"與"公狀"的異同，只要將二者進行比較，就不言而喻了。下面謹以伯2985號背《開寶五年右衙都知兵馬使丁守勳公狀》（擬）與斯529號《同光二年定州開元寺僧歸文門狀》（擬）爲例來作比較（爲統一格式，"歸文狀"中"處分"後空出一行）：

  伯2985號背"丁守勳公狀"　　　　斯529號"歸文門狀"
  右衙都知兵馬使丁守勳　　　　定州開元寺僧歸文
    右守勳伏蒙　　　　　　　　右歸文謹詣
    大王台造，特垂　　　　　　衙祗候，
    寵喚出臘（獵）。謹依　　　　起居
    嚴命祗候訖。謹具狀申　　　令公，伏聽　處分。
    謝，謹録狀上。

    牒件狀如前，謹牒。　　　　牒件狀如前，謹牒。
  開寶五年十二月日右衙都知兵馬使丁守勳牒　　同光二年六月日定州開元寺僧歸文牒

通過比較，不難看出：行文程式上，"公狀"與"門狀"完全相同；而在用途上則存在着根本的差異：前者用來申述事由，後者用作拜謁通名，故而內容上往往前者詳而後者略。所以"門狀"是一種以公狀的程式來製作的拜帖。正因爲如此，人們又往往稱"門狀"爲"大狀"，如司馬光在《書儀》"上尊官問候賀謝大狀"中"謹狀"下注云：

  舊云"謹録狀上，牒件狀如前，謹牒"；狀末姓名下亦云"牒"。此蓋唐末屬僚上官長公牒，非私書之體，及元豐改式，士大夫亦相與改之。[213][頁462]

由原注可知，"大狀"在元豐改式前，結語作"謹録狀上，牒件狀如前，謹牒"，"狀末姓名下亦云'牒'"，這種程式源於唐末屬僚上官長公牒①。可見，"大狀"即"門狀"，這也可從敦煌書儀得到印證。伯4092號《新集雜別紙》："迴中門大狀：昨日專祗候起居，不面冰玉，遂留弊刺，莫（冀）達聽聞。豈謂仁私，迴賜公翰。顧唯幽末，何以當任。謹修狀迴納陳謝。"言昨日前往問候，却未睹冰容，遂留下名紙，豈料對方竟以"公翰"

---

① 按："公牒"即"公狀"，因其狀末套語作"牒件狀如前，謹牒"而又被稱作"公牒"。

回復,想自己渺小細微,又怎敢承受如此重的禮儀呢,故特將所寄"公翰"封回。將書狀内容與書題"迴中門大狀"比勘,可知"大狀"實即"公翰",而"公翰"即"公狀",指用公文格式製作的書狀。此也恰好助證了上文所論"門狀"源於"公狀"的觀點。

【狀報　報狀】

右伏睹進奏院狀報,皇帝今月廿一日郊天禮畢,御樓改元,大赦天下者,伏惟慶慰。(伯4092號《新集雜別紙》)

賀除濮王充成德軍節度使表:臣得當道進奏[院]狀報,某月日敕除濮王開府儀同三司,充鎮冀等州節度使者。(伯4093號《甘棠集》)

上揭例中皆云"進奏院狀報",而進奏院實爲藩鎮在京所置邸院,是各州鎮官員入京時的寓所,主要負責奏章、詔令及各種文書的投遞、承轉。則"狀報"即駐京邸院發送給各州鎮的文書,其功用相當於後來的"邸報",是溝通朝廷與地方的信息中樞。因而在唐五代時期的表狀箋啓中尤爲習見,如李商隱《爲滎陽公賀老人星見表》:"臣得本道進奏院狀報,司天監李景亮奏八月六日寅時老人星見於南極,其色黃明潤大者。"[76][頁97]是其例。"狀報",又稱"報狀"。如:

賀破賊:伏見報狀,已收復某處,伏惟俯同歡快。(伯3723號《記室備要》)

近睹報狀,伏承光奉天恩,將加朝命,伏惟慶慰。(伯2539號背《後唐朝方節度使書啓底稿》)

例中"報狀"乃"狀報"的同素異序詞,亦指"邸報"。另如李德裕《李文饒文集》卷一七《論幽州事宜狀》:"右臣伏見報狀,見幽州雄武軍使張仲武已將兵馬赴幽州。"[146][頁3]從以上文獻用例可看出,當時中央與地方之間信息流通的主要方式便是"報狀""狀報"。可以説,它們的出現和運用,標誌着我國古代新聞傳播業的誕生,在新聞傳播史上具有不可低估的價值。

【牓子】

從傳世文獻中,我們知道:唐人稱奏事的摺子爲"牓子"。如孫光憲《北夢瑣言》卷五:"公欲盡誅之,慮其冤,乃密奏牓子曰:'但有罪莫捨,有闕莫填,自然無遺類矣。'"[241][頁1838]其中"牓子"即指奏事的摺子。然而"牓子"的形制、格式究竟如何呢？這也可從敦煌書儀中尋求到答案。伯3449號《刺史書儀》中保存有三件"牓子"的樣本格式，對我們了解其形制、格式具有珍貴的價值。茲摘引如下：

①受恩命後於東上閤門祇候　　謝恩牓子
　　　具全銜厶乙
　　右臣蒙　恩除授前件官，謹詣　東上閤門祇候　謝，伏惟　敕旨。
　　　　厶日月(月日)下具全銜厶乙狀奏。
　　只半張紙，切須鉸剪齊正，小書字。
②辭牓子依前半張　　具全銜臣厶
　　右臣蒙　恩除授前件官，謹詣　東上閤門祇候　辭，伏惟　敕旨。
　　　　月日具全銜厶乙狀奏。
③得替後到　京朝　見牓子
　　　具銜臣厶
　　右臣得替到　闕，謹詣　東上閤門祇候　見，伏惟　敕旨。
　　　　月日具銜臣厶狀奏。

這三件牓子或用於謝恩，或用於告辭，或用於朝見，內容雖有不同，格式却大抵一致：首具全銜，次簡明陳述事由，其後附上"伏惟敕旨"的套語，最後署上日期、職銜及"臣厶狀奏"。從"謝恩牓子"後的文字説明可知：牓子用紙較狹小，僅半張紙，所書之字亦小，規格較隨意，只須鉸剪齊正。可以説，從內容到形式，"牓子"都較表、狀等正規文書簡明隨意，故綴"子"尾以稱之。歐陽修《歸田錄》卷二："唐人奏事，非表非狀者，謂之牓子，亦謂之錄子，今謂之劄子。"[170][頁1029]用半幅紙的"牓子"奏事，北宋也還沿用。司馬光《書儀》卷一"表奏"之"奏狀式"下云："在京臣寮及近臣自外奏事兼用劄子，……用牓子者，惟不用年，不全幅，不封，餘同狀式。"[213][頁461]由宋代筆記看，"牓子"最初大概只是"作簡單記錄的便條紙片之類"，如王讜《唐語林·補遺》卷七："(杜牧)初辟淮南牛僧儒幕，夜即遊妓舍，廂虞候不敢禁，常以牓子申僧孺。"[242][頁621]晚唐以後，纔用來向皇帝"謝恩"或報到①。另由敦煌書儀所載

---

① 參周一良《敦煌寫本書儀考(之一)》，《唐五代書儀研究》，頁55。

"牓子"的格式,還可了解當時的平闕情況,其中"恩""東上閤門""謝""敕旨""辭""闕""見"前皆闕字以示敬。

【別幅　後幅】

　　禮賓引進内省書:今則有少微誠,具則<u>別幅</u>。……<u>具馬</u>。右謹送上聊表賀儀,雖無逐日之蹤,願則朝天之騎。(伯 2539 號背《後唐朔方節度使書啓底稿》)

　　有小迴禮,具在<u>别幅</u>。(斯 5623 號《新集雜別紙》)

按:"幅"本指布帛的寬度。《說文・巾部》:"幅,布帛廣也。"[200][頁158]紙張發明以前,人們往往將文字寫於布帛等絲織物上,故而"幅"又可用以稱紙張。例中"別幅"即"另紙",書儀中特指書狀的另一紙。唐宋時期人們寫信往往於主信之後,另附一紙,即"別幅"。其上多敍及私衷或卑懇,上揭前例中"別幅"即用來具寫所贈禮品。另如《桂苑筆耕集》卷一八《獻生日物狀》:"輒以海東藥物,輕黷尊嚴。謹具<u>別幅</u>,伏惟俯賜念察。"[91][頁179]例中"別幅"具寫的便是用以祝壽的海東藥物。歐陽修《皇帝賀契丹皇帝正旦書》:"有少禮物,具諸<u>別幅</u>。"[170][頁643]亦其例。"別幅"又稱"後幅",如伯 3864 號《刺史書儀》:"有少奠儀,具陳後幅。"言有些許弔唁之禮,具寫於後一紙上。對於主信而言,"別幅"往往居於後一頁,故又稱"後幅"。書儀中類似的語詞還有"別狀""別紙"等,皆用以指稱主信後的另一紙。

(二)書儀中的訛誤情況及其研究價值

毋庸諱言,敦煌書儀同其他寫本文獻一樣,作爲民間流行的抄本,其字迹潦草,難以辨認,還含有大量訛誤字,給我們閱讀寫卷帶來了極大的困難。以往,對於這些訛誤字,前輩學者往往視之爲"訛火",對之深惡痛絕。其實,只要對勘原卷,排比例證,綜合考察,仔細校讀,便會克服這一障礙,把握書儀用語的真實面貌。

敦煌書儀中不少語詞,並不以其真實面目展示給讀者,其身上往往蒙着一層"訛誤"的面紗。欲正確地解讀它們,必須辨清字形。我們知道,凡誤字皆有錯誤的原由,或因形似,或由音近。而且有的訛誤甚至還具有一定的普遍性,深入地探求其致誤之由,這些"訛火"將會給我們校讀寫卷、辨識俗字、解釋異文等提供最直接有力的證據。如：

　　賀使相：分憂而聖慮皆寬，布政而群臣迷泰。（伯3723號《記室備要》）

　　賀孟夏：伏以朱明肇啟，畏景方臨；萬物咸榮，群生迷遂。（同上）

　　例中"迷"在句中分別與範圍副詞"皆""咸"相對爲文，從文意看，其義也應與之相同或相近。然而"迷"怎會有"全、都"義呢？是否文字有誤？其實這裏的"迷"乃"悉"的俗寫訛變。其演變脈絡如下：首先，"悉"上部的撇筆，俗書往往省去，寫作"恙、恙、忞"等形。《龍龕手鏡·心部》："恙、恙、忞，三俗；悉，正，息七反。"[154][頁69]如斯5613號《書儀》："寒溫，惟清理，僕旅情可恙。"例中"恙"即"悉"的俗寫。伯3723號《記室備要·賀南郊》："四夷八表，皆向日以歡呼；駕海梯山，恙望風而鼓舞。"句中"恙""皆"對文，亦爲"悉"的俗體。又顧藹吉《隸辨》卷五"恙"下引《帝堯碑》"將悉臻矣"的"悉"字寫作"恙"，云："按：《說文》悉從'采'，碑變從'米'。"[155][頁167]同書卷六還分析了"采"變作"米"的原由和過程："'采'讀若'瓣'，《說文》作'𠂹'，象獸指爪分別也，筆迹小異。亦作'𠂹、米'，從古文'采'變。古文作'米'，與粟米字相類，隸變則與粟米字無別，番、審、粵、奧、悉、糞、類等字從之。"[155][頁200]其次，"悉"字下部的"心"底與"辶"旁草書時字形往往相混無別，如《草書大字典》458頁所列"悉"字的草書形體"生𠃌"，與1399－1340頁所舉"迷"的草書形體"迷迷迷"就極爲相近。由此看來，"悉"訛作"迷"的根本原因在於其草書形體的相近，即"心"底與"辶"旁草書的相亂。

　　"心"與"辶"的相混並不僅僅存在於"悉"與"迷"之間。一般說來，在曾經以抄本流傳的古籍文獻中，以"心"爲底的字就有可能誤作"辶"旁。早在北齊時，顏之推就已發現《史記》中有誤"悉"爲"述"的現象，"《史記》又作悉字，誤而爲述，……裴、徐、鄒皆以悉字音述，……既爾，則亦可以亥爲豕字音，以帝爲虎字音乎？"①他在指出"述"爲"悉"的

---

① 參顏之推《顏氏家訓·書證》，王利器集解（增補本），頁445。

形近誤字的同時,還批評了時人以誤字給正字注音的錯誤。然而他却忽略了"悉"誤爲"述"的真正原因:"悉"俗寫或作"态"(參上文),因草書"心"與"辶"相混,而誤作"述",進而又加點變成了"述"(俗書加點是很常見的)。可見,"心"之誤作"辶",並非偶然現象,而是一種較爲普遍的規律。因此,我們不妨充分利用這條規律來校讀寫卷、解釋異文或辨識俗字。

1. 校讀寫卷

(1)名啓:名伏奉某月日敕,改授某官。自顧前績(績)無誠(成),伏蒙推薦(薦)。……奉帖不許拜謝,謨㳄。(斯1725號背/3《諸起居啓·蒙奏改官及與上考不許謝啓》)

按:句中"㳄"字,趙和平《敦煌寫本書儀研究》錄作"迷(因?)"[40][頁428]。由於"心"與"辶"的相亂,使得他也不甚肯定:究竟是"迷"還是"因"? 其實"㳄"既不是"迷",也不是"因",而是"悉"的俗寫變體。"悉"者,知也,表示作書者已經知道對方"不許拜謝"的盼咐。

(2)孟冬漸寒,伏惟大夫五郎動止勝途。(斯329號《書儀鏡·四海平蕃破國慶賀書》)

按:例中"勝途"費解,"途"當爲"念"的形近誤字。敦煌書儀中"念"常誤作"途",如伯3637號《新定書儀鏡·與新婦書·答書》:"孟冬漸寒,伏惟大君大家尊體動止萬福,次姑康途。"句中"途",伯3849號、伯5035號皆作"念",是。"念"義爲"安寧、康泰",《龍龕手鏡·心部》:"念,羊恕反,悦也,安也,豫也。"[154][頁66]"康念"爲同義連用,書儀中常用作問候語,猶言"安康"。如斯361號《書儀鏡·與妻姨舅姑書》:"孟春尚寒,伏惟次姨動止康念。"伯3637號《新定書儀鏡·弟妹亡弔次弟妹書·答書》:"孟春猶寒,伏惟次哥尊體動止康念。"例中"康念"亦爲"安康"義。由"康念"誤作"康途",不難推知"勝途"乃"勝念"之誤。"勝念"亦爲書儀中習用的問候語,義同"康念"。如斯329號《書儀鏡》:"孟秋尚熱,伏惟公動止勝念。"伯3442號《書儀·[與]表丈人及表姑姨表兄姊書》:"孟春猶寒,伏願康和,丈人勝念,兄姊勝常。"句中"勝念",皆用來問候對方及其親人,願其身體平安健康。由此可見,上揭"勝途"的"途"當校作"念"。校錄者照錄"途"字,而未加校正①。

(3)勿棄潺遇,尋當款話。(俄敦 5623 + 俄敦 5644 號《新集書儀》)

按:例中"潺遇"費解,伯 3691 號作"孱愚",是。"孱愚"謂鄙陋愚昧,謙稱自己平庸無能。習見於表狀書啓中,如元稹《爲嚴司空謝招討使表》:"臣誠雖懇到,性本孱愚,任重憂深,驚惶失懼。"[296][頁200]不難看出:例中"潺遇"乃"孱愚"之誤,即"潺"爲"孱"的音誤,而"遇"爲"愚"的形訛。"愚"之誤作"遇",或亦由其下部的"心"與"辶"相亂所致。

2. 解釋異文

"心"與"辶"草書相亂的規律,還有助於我們對敦煌文獻中一些不可理喻的"異文"作出合乎情理的解釋。如:

阿婆迴語新婦:"如客此言,朋今仕宦,且得勝途。"(《敦煌變文校注·韓朋賦》)[42][頁212]

按:原書 221 頁注[82]云:"原校:甲卷(斯 2922 號)'途'作'常'。"并下按語:"戊卷(斯 3904 號)亦作'常','勝常'爲俗語詞,義即'安好'。"然而同一內容,爲何一作"常",一作"途"呢?即"途"與"常"怎會形成異文呢?如上所論,"辶"旁在寫本中常誤作"心"底,以此推論,則"途"亦當爲"念"之誤,"勝念"即"勝常",都是"平安健康"的意思,其成爲異文不過是同義換用罷了。

3. 辨識俗字

除校讀寫卷、解釋異文外,我們還可根據這個規律來考辨一些音義未詳的疑難怪字。如:

【迷 迷】

《漢語大字典》:"迷,去。《集韻·換韻》:'迷,去也。'"[114][頁3826]《中華字海》:"迷,音判,去。見《集韻》。"[336][頁635]又:"迷,同'迷'。見《龍龕》。"[336][頁639]

---

① 趙和平《敦煌寫本書儀研究》,頁 266。

按：《龍龕手鏡·辵部》："迷，俗；遬，或作，息七反。"[154][頁494]就《龍龕手鏡》所注讀音"悉七反"，及"心"旁常誤作"辶"旁的規律而言，我們不難推知："迷"與"遬"其實都是"悉"的俗寫訛變。而《集韻》所釋"迷，去也"之"迷"，蓋爲"叛"之或體。《正字通·辵部》："迷，俗畔字，通作叛。"[327][頁1148]"叛"有"逃"義，"迷"從辵，與"逃"從辵取義相同。則"迷"一身兼兩職，既是"悉"的俗寫訛變，又是"叛"之或體。

【迷】

《漢語大字典》："迷，《龍龕手鏡·辵部》：'迷，俗。音恭。'《字彙補·辵部》：'迷，古冬切，音恭。義未詳。'"[114][頁3827]《中華字海》："迷，音工，義未詳。見《龍龕》。"[336][頁636]

按：《龍龕手鏡》有以正字注音的體例①，加之"心"旁易誤作"辶"旁的規律，則"迷"當爲"恭"的俗字。

可見，即使是書儀中的形誤字，只要我們深究其致誤之由，總結其訛誤的規律，便可化"訛誤"爲證據，使之爲我們的寫卷校理、俗字考辨等服務。那麼，把敦煌書儀作爲語料來研究，應是十分可行的。蔣紹愚在介紹近代漢語的研究資料時，首選的就是唐五代時期的"敦煌文書"，這是很有見地的。不過他只列舉了其中口語性較強的幾種文獻，如敦煌曲子詞、變文、王梵志詩等②，不曾提到書儀。其實作爲公私往來的應用文書，書儀的用語是極具特色的。

## 三　書儀用語的特殊性

書儀用語的特殊性是指書儀作爲一種體裁語言所具有的典型的文體特色。這主要表現在其語彙構成的豐富性。書儀用語在構成上表現出極爲豐富的特色：既有典雅莊重的書面語彙，如謙敬語、套語、稱謂語及節候語，又夾雜有通俗、淺顯的口頭語詞。豐富的語彙構成，一方

---

① 張涌泉《敦煌俗字研究》(上編)，頁348。
② 蔣紹愚《近代漢語研究概況》，頁19-20。

面説明書儀反映社會生活的廣泛性，不僅有承襲前代而來的歷史詞，還有切近當時生活的現實詞；另一方面也表明對其中語彙進行研究具有某種特殊的價值和意義。因爲我們關注的對象不僅僅是通俗的"口語詞"，還有許多典雅的書面語詞；我們進行的不是"點"的專書詞彙研究，而是"面"的體裁語言的研究。"即從一代或一個歷史階段的某一類或幾類體裁的作品中去博觀約取，作爲專書研究的一種補充，以利於克服專人專著在詞彙面上存在的局限。"① 過去人們的研究，或表現出重"語"輕"文"的現象，或著眼於專書詞彙的研究，對體裁語言的研究關注得很不夠。書儀用語作爲一種體裁語言，其語彙構成的豐富性②，促使我們對其進行全方位的研究，此或可克服以往研究的某些不足。

### 四　儀注説明的準確性

書儀，顧名思義就是書札範本與典禮儀注的合稱。書儀中的典禮儀注或是對當時的婚喪禮儀進行規定和説明，或是以凡例、小序及雙行小注的形式來解釋書札行文中涉及的禮儀規範及選詞用語的標準。其説明往往準確而簡潔，可謂釋義之楷模，訓詁之龜鏡。如：

一日云經日，亦云改日；一日不見云累日，亦云信宿；三日已上云數日、積日；十日已上云經旬，亦云改旬，並可通用。（伯 3375 號《朋友書儀》）

此例爲《朋友書儀》中"辨春夏秋冬年月日"中對"日"類語詞使用的説明和規範，其中"經日"是古籍文獻中習用如常的。如《水經注》卷三四："玄之初奔也，經日不得食。"[205][頁 1081]《大唐西域記》卷九："時有羅者，於此林中網捕羽族，經日不獲。"[29][頁 772]季羨林校注："原本'經'作'一'，《石本》《中本》《宋本》……及《翻譯集》引並作經，今據改。"看來，後人或有不明"經日"之義而改之爲"一日"者。段成式《酉陽雜俎·續集》卷一○"支植下"條："後因一客與妓環飲其下，經日松死。"[241][頁

---

① 王鍈《唐宋筆記語辭彙釋·前言》，頁 4。
② 關於書儀語彙構成的豐富性的詳細論述，參本文第四章第二節。

[785]例中"經日"皆謂很短的日子,但究竟多短呢,其確切時段是多久? 由"一日云經日"可知,在古人心目中,"經日"即"一日(以上)",因爲"經"者,過也,"經日"謂"過了一天",即"一日(以上)"。然"經日"之爲時間詞,使用頻率極高,却不見載於《詞典》,殆由不知其爲詞之故。

書儀的序例説明還有助於我們辨析同義詞,從而更準確地理解它們在當時的含義。如:

> 百歲已下八十已上云棄背,八十已下六十已上云傾背,六十已下卌已上云傾逝,卌已下卅已上云殯逝,卅已下廿已上云喪逝,廿已下十歲已上云夭逝,十歲已下云夭喪,三歲已下云去離懷抱。七十已上云年雖居高,五十已上云年未居高,廿已上云盛年。右所修書疏及口弔,但看亡人年幾高下言之,不得疏失,餘即任臨時裁製。(伯2622號《吉凶書儀》)

這段儀注表明:在凶書弔答中,人們應根據亡人年紀的高下,選用恰當的用語。這些用語往往是傳世文獻中難以分辨的同義詞,如"棄背""傾背""傾逝""殯逝""喪逝""夭逝""夭喪""去離懷抱"等。就詞義而言,它們似乎無甚差異,都用作"死"的委婉語。但在等級森嚴的書儀中,其區別却是很嚴格的。如:

> 祖父母喪告答祖父母書:不圖凶禍,翁婆棄背,哀慕無及,五情分裂。(伯3442號《書儀》)
>
> 弔伯母叔喪書:不圖凶禍,某氏賢若干伯母,……奄至傾背。(斯329號《書儀鏡》)
>
> 弔人妻亡云:不圖凶禍,賢閣夫人傾逝,惟哀悼傷切。(伯2622號《吉凶書儀》)
>
> 弔女遭夫喪書:不意凶故,某郎殯逝,聞之悲悼,難以爲懷。(伯3637號《新定書儀鏡》)
>
> 長女亡父母告次女書:不意凶故,汝姊喪逝,悲痛纏懷,不能已已。(伯3849號《新定書儀鏡》)
>
> 弔人子在外亡:賢郎在遠,奉於王事,忽聞夭喪,深助悲痛。(伯2622號《吉凶書儀》)
>
> 弔人小孩子亡云:不意變故,孩子去離懷抱,深助悲念。(同上)

由以上諸例可知,唐人訃告、弔孝的言辭用語中透露出森嚴的等級觀念,其言辭的選用大抵據亡人年紀高下而定。如:翁婆亡用"棄背",伯母亡用"傾背",妻亡用"傾逝",女壻亡用"殞逝",長女亡用"喪逝",兒子亡用"夭喪",小孩亡用"去離懷抱"。或許在唐人心目中,這些詞語在使用上具有明顯的級別差異。

綜上所述,就語料時代的可靠性、語料内容的真實性、書儀用語的特殊性及儀注說明的準確性而言,書儀作爲語料,具有同時代其他文獻不可比擬的研究價值。

## 第二節　書儀語言研究與書儀整理

書儀作爲一種專門的應用文體,其行文具有特定的格式;其用語又非常特殊:既有莊重典雅的謙詞敬語,又有時人易曉、後人難明的淺俗語詞,還有字面普通而含義不易尋繹的習用套語。由於缺乏對書儀用語的專門研究,使得這方面的文獻整理中出現不少失誤和疏漏。敦煌書儀語言研究對古籍整理和校勘的意義,當然主要體現在敦煌書儀本身的校録上。

學界對敦煌書儀的校録整理始于 20 世紀 80 年代。趙和平自 1984 年初就在周一良的指導下進行書儀的整理研究。他將當時所能見到的書儀寫卷一一抄寫録校、拼接綴合、定名分類;在此基礎上又對寫卷的抄寫年代、書儀的著者以及各類書儀間的相互聯繫進行了深入、詳實的考證,整理出版了《敦煌表狀箋啓書儀輯校》《敦煌寫本書儀研究》《敦煌本〈甘棠集〉研究》等著作。除此而外,唐耕耦、陸宏基編的《敦煌社會經濟文獻真迹釋録》、郝春文編的《英藏敦煌社會歷史文獻釋録》中也涉及一些書儀内容。這些撰著的作者都是敦煌學界有影響的學者,他們在整理中廣泛搜集資料,盡可能準確地校録收載的書儀寫卷,爲學界研究提供了較好的範本,大大方便了讀者的閲讀和利用。然而一方面由於寫卷中俗訛字滿紙,另一方面因爲書儀的用語習慣、行文格式都較爲特殊,不易理解,故而前賢的整理著作中難免存在一些不盡如人意的地方。下面僅就筆者閱讀所及,從祛除疑惑、匡正謬誤、補充佚校等三方面談談書儀語言研究對敦煌書儀文獻整理的意義和作用。

## 一 祛除疑惑

前賢校錄整理敦煌書儀時,對其中不明的俗字、俗語,常常在其後標注"?"以示存疑。前輩學者謹嚴的治學態度,引領後學繼續探險除疑。通過對書儀中一些俗字、俗語的分析考辨,存於前賢心中的疑惑則可渙然冰釋。如:

例1,《輯校》:"伏自評事尊候,少有違和,故專詣門牆諮候寐(?)味;却慮方當調理,煩於接引。"[39][頁149]

按:"寐"實由"寐"字俗寫"寐"換旁而來。"寐"俗寫或作"寐",如斯5464號《開蒙要訓》:"眠睡寢寐,憒悶煩情。"其中"寐"在別本斯705號中作"寐"。那麼"寐"怎會變作"寐"呢?就字義而言,"寐"中的"爿"爲"牀"的初文,故常用在"寢、瘖、寐"等字中作形旁表"牀"義;同時"爿"又是"木"的一半,段玉裁《説文解字注·木部》"牀"下云:"《九經字樣》鼎字注云:'下象析木以炊,篆文木,析之兩向,左爲爿,音牆,右爲片。'"[226][頁258]因而在俗寫中它或又與"木"旁義近換用。就字形而言,俗書中常有一字之內偏旁發生類化的現象,如敦煌寫卷中"顛"常寫作"顛"。或許"寐"是因"寐"中的"爿"換作"木"後,"未"受"木"類化而成,則"寐"爲"寐"的換旁類化字。另在俗書中,"宀"與"穴"兩個偏旁,常因形義相近而互換。在俗字使用極爲頻繁的寫本文獻中,從"宀"者每可換成從"穴",如"寢"可作"寢","寐"也可作"寐",《龍龕手鏡·穴部》:"寐、寢、寐,三俗,莫庇反,正作寐,寢也。"[154][頁509]同理,"寐"也可換旁作"寐",這樣,"寐"就成了"寐"的俗寫變體。就詞義而言,"寐"又當是"寢"字的義近誤書,"寢味"本指睡覺和吃飯,後引申爲日常生活起居,書札習用。如蘇軾《與樞密》:"未緣趨侍,伏冀上爲廟朝,精調寢味,下情祝頌之

## 第二節　書儀語言研究與書儀整理

至。"[214][頁2501]例中"寢昧"義同"寢膳"。

例2,《研究》："少間一酌,專輒敢有。……專禡(?)望,不至遲遲。"[40][頁260]

按："禡",《釋錄》卷二第53頁錄作"裹",誤。竊以爲"禡"乃"鶴"字殘泐致誤。"鶴望"謂"翹首期盼",書儀習用。如斯329號《書儀鏡》："相去非遠,成禮之日,鶴望降駕。"同卷："前者所許,尋擬送來;鶴望東瞻,竟不見至。"其中"鶴望"謂像仙鶴般伸長脖子翹首遠望,形容盼望之殷切。

例3,《輯校》："觀察端公:纔滕(?)瓊樹,雨缺銀蟾,望冰碧以常懷,役夢魂而真歇。比期迴靶(?),必由是拜。"[39][頁144]

按:此句敍寫對觀察端公的思念之情。"滕",斯5623號作"塍",兩者皆當爲"暌"之形誤,"暌",別離也。"瓊樹"喻指端公;"雨"爲"兩"的形誤;"銀蟾"指月亮,"兩缺銀蟾"指月亮缺了兩次,意謂分別了兩月。"靶"是"靶"的俗寫,敦煌寫卷中"巴"旁俗書常作"巳",如"肥"寫作"肥"。"迴靶"語本《文選・左思〈吳都賦〉》："迴靶乎行睆,觀漁乎三江。"李周翰注:"靶,馬轡也。睆,視也。言遊獵窮於天地之間,將迴轡乎行視之處。"[141][頁113]則"迴靶"即迴駕,指勒轡返回。斯1438號背《吐蕃占領敦煌初期漢族書儀》:"遥瞻東耗,早晚南轅。……倘因迴靶,時嗣德音。"句中"迴靶"指返回的使者,謂若有順路返回的使者,望時寄音信。可資比勘。又"真"當讀爲"爭",豈、怎之義。上文應校作:"纔暌瓊樹,兩缺銀蟾,望冰碧以長懷,役夢魂而爭歇。比期迴靶,必由是拜。"義爲:纔與您分別,倏忽已隔兩月,對您的思念長縈夢魂,難以停歇。待您回來,我一定來拜見。

例4,《輯校》:"何圖積善無徵,奄遷凶禍。……未由造慰,但增悲傒(?)。"[39][頁200]

按:"傒"原卷作"伩",當爲"係"字誤書。"悲係"指憂傷、牽挂,凶書弔答中習用。伯3637號《新定書儀鏡・弔子侄外生(甥)孫亡書》:"禍出不圖,賢侄盛年殞逝,惟悲慟奈何!……造慰未由,但增悲係。"斯

1438號背《吐蕃占領敦煌初期漢族書儀》:"禍出不圖,某盛年夭逝,悲慟奈何。……造慰未由,但增悲係。"例中"悲係"皆指不能親往弔慰,心中倍增牽記、挂念。其中"悲"指帶有憂傷的感情色彩,因用於弔書中,故言。

　　例5,《輯校》:"不審乍違獎仁,保(體?)履何如皇;善保尊崇,固安寢味。"原書"校記"[一]:"句有衍誤,'保'似當作'體';'皇'字似衍。"[39][頁380]

　　按:"皇"字不衍,而當爲"望"字俗寫形訛,應連下而讀,作"望善保尊崇"。"望"俗寫常作"朢",如斯2200號《新集吉凶書儀·妻與夫書》:"願善自保攝,事了早歸,深所朢也。"而"朢"右上角的"夕"往往受左上角的"亡(亡)"影響而類化作"朢",如伯2646號《新集吉凶書儀·社日相迎書》:"謹令諸屈,請便降臨,是所朢也。"該卷中"朢"共出現5次,皆爲"望"字俗寫。則"望"俗寫作"朢",殆由"朢"類化而來。正由於"朢"罩上了一層類化字的面紗,纔使得人們無法窺見其本真,致使書手抄錄寫卷時,常常將它誤抄成與之形近的"皇",這就是"望"誤作"皇"的由來:望→(俗寫)→朢→(類化)→朢→(形訛)→皇。又,句中"獎仁"當乙爲"仁獎","仁"者,賢也。書儀中"仁"多用爲敬詞,置於相關名詞前,用以敬稱對方及與之相關的言行、事爲。"仁獎",即用來敬稱對方的褒獎與贊譽,如伯3723號《記室備要·賀季秋》:"某叨承仁獎,常切禱祈。""保"字也不誤,而"履"本指行爲、動止,引申可指身體起居狀況①,"保履"即保重身體,書札習用。如斯4473號背/1《散都頭張進遇上三傅狀》:"不審近日體氣何似?伏惟倍加保履,下情祝望。"歐陽修《上提刑司封啓》:"隆冬式序,保履惟和,瞻企禱祈,交于誠素。"[170][頁751]可資比勘。如此,則原句當校錄爲:"不審乍違仁獎,保履何如?望善保尊崇,固安寢味。"言不知別離後,保養得如何,望保重身體,寢膳安適。

---

　　① 關於"履"字詞義的詳細探討,參本文164-166頁"體履"條。

## 二 匡正謬誤

前賢整理的著作中,或有涉俗寫訛字、抄寫符號、書體格式、語詞含義而出現的一些疏誤。通過對書儀語言各方面的綜合研究,則可盡量減少其中一些疏失。

### (一)涉俗寫訛字而誤

例6,《甘棠·答歸補闕書》:"補闕十九郎,志本孤貞,道全終始。……少貧(責)屎庸,常增仰佩。"原書校注②:"'貧'字訛,應是'責'字。"[38][頁119]

按:竊以爲校"貧"爲"責"不妥,一是文意不合,二是其字形相差較遠。"貧"當爲"省"字俗寫。首先就字形而言,俗書"目"旁與"貝"旁往往相混,如《龍龕手鏡·貝部》:"睭,舊藏作睭;特計反,視也。"[154][頁352]且伯4093號《甘棠集》寫卷中"省"多作"貧",如《賀鄭相公狀》:"棣蕚芳枝,亦經紫微之貧。……厶內貧屎庸,叨蒙將(獎)念。"其中"貧"皆爲"省"的俗寫。其次就文意而論,"省"爲反省、自省之義,"少省屎庸,常增仰佩"謂從小便自知平庸無能,故而常敬仰佩服對方。此殆爲作者自謙之詞,因爲只有貶抑自己方能凸顯對方。句中"省"的形、義與上揭"厶內省屎庸"之"省"完全相同,可資比勘。

例7,《甘棠·賀鄭相公狀》:"伏以相公河岳英靈,嚴(巖)廊重德,文雅扶俗,業茂經邦。"原書校注②:"'扶俗','扶'字不識,疑當作'杕',謂樹木孤零獨立,'杕俗',不同於流俗。"[38][頁88]

按:竊以爲校"扶"爲"杕"於意雖通,却不符合用語習慣。一方面,"杕"是一個生僻詞,極少見於書儀類文獻;另一方面,在表達同樣的語義時,作者喜用"拔"字。"拔"者,超脫、特立之義,"拔俗",謂其文章高雅別致、超凡脫俗。筆者曾對伯4093號《甘棠集》中"拔"字的運用作過考察,發現:"拔"字共出現7次,皆作"拔"形,且多用來形容對方不同凡俗的文才和人品。如《上高尚書啓》:"懸拔俗之情(清)規,負鎮時之盛德。"《賀湖南李中承(丞)[狀]》:"詞芳迥拔於一時,筆落動諧於二漢(陸)。"《與同院令狐侍御[書]》:"蘊沖深之粹氣,懸峭拔之孤標。"上揭前例中"扶俗"的運用與"文雅扶俗"的"扶俗"完全相同。因此,我們以爲"扙"實爲"拔"字俗寫"扙"的缺省,而不是"杖"字。

例8,《釋録》第二卷:"賢郎至,辱問,慰絟(拊)兼深。"原書校記[一四]:"'絟',《敦煌寫本書儀研究》校改作'沃',疑當作'拊','絟',通'拊'。"[308][頁75]

按:竊以爲校作"沃"是。從字形看,"絟"左邊的"糹"俗寫與"氵"完全混同。漢字中或有原本從"氵"的字,俗寫後變作從"糹"者,如"薀"俗寫作"蕴"。《廣韻·吻韻》:"薀,藏也。……俗作蕴。"[285][頁279]而"絟"右邊的"夋"與"夭"的俗寫"夋"①的字形極爲相近,以致書手抄寫時將"沃"誤作了"絟"。就詞義而言,"慰沃"即"安慰、欣慰"之義,東漢佛經已見②。書儀習用,如伯3442號《書儀·與平懷書》:"使至損書,慰沃何極。"其中"慰沃"用以描述收到對方來信時的欣慰之情。綜合形、義兩方面看,"慰絟"的"絟"當校作"沃"。

例9,《釋録》第一卷:"某謬叨宰邑,常忝庀庥,每積虔祈,未離昏旦。"[307][頁94]又:"當縣公事,輒希猥賜庀庥。"[307][頁97]

按:上兩句中"庀庥",原卷皆作"疕瘝",實爲"庀庥"的俗寫。俗書"广"旁與"疒"旁往往相混,如《龍龕手鏡·疒部》:"癗、癪,二俗,明笑反,正作廟。"[154][頁475]是其例。"庀庥"指蔭庇、庇護,書儀習用。如伯2539號背《後唐朔方節度使書啓底稿·三司院營田案院長書》:"伏審某官曲弘奬念,常假周旋,既蒙俞允之恩,盡自庀庥之力。"伯3723號《記室備要·薦學士》:"某不揣虛庸,輒敢延薦;倘有所録,特垂庀庥。"例中"庀休"皆庇護、蔭庇之義。

例10,《研究》:"今屬夏中炎熱,暑氣增繁,少有流迍(屯),厄相纏及。"[40][頁609]又:"屬夏中炎熱,暑氣增繁,小有流宅(屯),厄相纏及。"[40][頁652]

按:上兩句中"迍"與"宅",校録者都校作"屯",竊以爲不妥。"迍"乃"迍"的俗體,《龍龕手鏡·辵部》:"迍,正;迍,今。"[154][頁490]且它在敦

---

① 參張涌泉《敦煌俗字研究》(下編)"夭"條,頁115。
② 參史光輝《東漢佛經詞彙研究》"慰沃"條,頁61。

煌文獻中常表"災難、殃禍"義,如斯 329 號《書儀鏡·弔四海遭妻子喪書》:"何圖遘此迍禍,奄從夭逝。"斯 2146 號《文樣·置傘文》:"恐妖氛肆惡於城中,品物屢遭於迍厄。"例中"迍"都與表示"災難"義的"禍、厄"同義連用。而"宅"爲"窀"的俗字,《龍龕手鏡·穴部》:"宅穸,下棺也。又宅,厚也;穸,夜也。"[154][頁 508]可見,"窀"與"迍"讀音雖同,意義却相差甚遠,故句中"窀"當爲"迍"的同音誤字。"迍"在句中與"流"連言,似指某種流行的疾病。

例 11,《甘棠·賀裴相公加户部尚書[狀]》:"業茂濟川,永播無窮之美;功成煮海,高懸不杅之規。"[38][頁 80]

按:"不杅"費解,"杅"原卷作"杅",《龍龕手鏡·木部》:"朽,正;杅,今。音于,地名也,又盆也;又音鳥,二。"[154][頁 375]以此義釋之,則與文意不諧。那句中"杅"當作何解呢?竊以爲"杅"乃"朽"字之誤。因爲"于"旁篆書作"丂",楷化後或作"于",或作"丂",如《龍龕手鑒·辵部》:"迂、迂,音于。……二同。"[154][頁 488]又《甘棠·謝不許讓兼賜告身[狀]》:"而又特迂(?)宸眷,猥降命書。"[38][頁 156]《輯校》:"顧迂(?)陋而輝彩遍身,戴恩榮而丘山在頂。"[39][頁 102]其中"迂"皆爲"迂"的或體。據此可以推想,"杅"或許本作"朽",因"丂"與"亏"形近,而被抄手誤當作"杅"而轉寫成"杅",進而又被校録者誤録作"杅"。就文意而言,"不朽"正好與"無窮"相對爲文。因此,原卷"杅"當爲"朽"之形訛。

例 12,《輯校》:"設齋疏子:具官。伏爲妻王氏疾病㨉[□],起建道場,轉念功德數,具經遍數。"[39][頁 141]

按:"㨉",原卷作"抬",斯 5623 號作"損",是。"抬"當爲"損"的簡省訛誤。"損"指病情減輕、有所好轉的意思,習見於中古近代文獻。如《世説新語·方正》:"周伯仁爲吏部尚書,在省内夜疾危急。時刁玄亮爲尚書令,營救備親好之至,良久小損。"[202][頁 310]"小損"謂稍稍減輕。斯 329 號《書儀鏡·四海平蕃破國慶賀書》:"即此將軍違和,竟未痊損。"例中"損""痊"同義連文,指病情減緩、痊愈。而"設齋疏子"是因其妻病情減緩，而起建道場、轉念經文以答謝神靈。故當校"捐"爲"損"，如此則文從字順，並無脫文，即"[□]"不當補。

例13，《輯校》："伏承厶官傾[逝]，皆聞問惻怛，不能已已。"原書校記[32]："'逝'據文意及'弔儀'用語習慣補。"[39][頁212]

按：竊以爲"逝"不必補，而"皆"爲"背"的形近誤書，當連上讀作"傾背"。敦煌寫卷中"背"常訛作與之形近的"皆"。如斯5471號《千字文注》："魏武帝曹操與楊修，字德祖，二人常（嘗）共遊。見曹娥碑，皆（背）有八字，題云：黃絹幼婦外孫齏（齏）臼。"伯4092號《新集雜別紙·慰鎮州太傅》："右某伏以僕射苑（菀）皆（背），限以職守，不獲躬候臺階。"例中"皆"都爲"背"的形近誤書。而"傾背"爲"死亡"的委婉語。弔儀中多言及"死"，但從不用"死"字，而往往用"傾背"等來代替。如斯1040號《新集吉凶書儀》："弔人翁婆亡云：不圖凶禍，尊翁婆傾背，奉助哀慕摧割。"是其例。則原句當校爲"伏承厶官傾背，聞問惻怛，不能已已"。

例14，《輯校》："時候，伏惟尚書尊體去若萬福。"[39][頁316]

按："去若"，原卷作"去居"，"去"乃"起"的音近誤字。《廣韻》"起"音墟里切，溪母止韻[285][頁253]；"去"音丘據切，溪母御韻[285][頁259]，二字紐同韻異。但在唐五代西北方音中，"止""遇"兩攝之字往往相混無別。如斯395號《孔子項託》："天地相起萬萬九千九百九十九里。"從句意看，例中"起"當爲"去"的音誤字，"相去"言天地之間的距離。故"去居"當校爲"起居"，指日常生活狀況，書儀中多用作問候語。

例15，《研究》："夜色不分，深淺莫測，平人芒（慌）怕，各自潛藏。"[40][頁454]

按："芒"應爲"忙"的同音替代字，二者皆從"亡"得聲。"忙"者，怕也，"忙怕"同義連用。同卷下文："爲夜黑不知多少，復百姓收刈之時，盡在城外。城中縱有所由，忙怕藏避。"正作"忙怕"。"忙怕"表害怕、恐懼之義，敦煌文獻習見。如斯778號《王梵志詩集并序》："使者門前喚，忙怕不容遲。"斯2729號《失名占書》："三月地動者，北方喪，別立王，人民失計，忙怕迴惶。"皆其例。唐五代時期人們多用"忙怕"一詞來表示害怕、恐懼的感受,在詞義表達上反映了當時語詞使用的實際情形。

(二)涉抄寫符號而誤

例16,《輯校》:"厶乙卑微末品,宿見業生,致令四大乖違,六口口楚。特蒙司空神力,威念日了,却得痊除。"[39][頁314]

按:句中"了"字,原卷作"𠔃",乃重文符號"𠃊"的變體①,表示上字"日"當重讀。而校錄者不察,竟將其錄成"了",致使文意難明。其實,此句意謂託賴司空神威,其疾病得以一天天地痊愈。句中"神力"與"威念"乃同義並舉,當連讀;而"𠃊"當錄作"日"。則上句應讀爲"厶乙卑微末品,宿見業生,致令四大乖違,六口口楚。特蒙司空神力威念,日日却得痊除"。

例17,《研究》:"翁婆、外族耶娘、兹(慈)顔、尊親、尊體、動止、起居、寢善(膳)……先伐(代)、所貼(怙)、所恃、高門、曾門、大門……姆(誨)示、告勒、問及、示問、約(約)束、處分、丞(承)家、閱閱、動靜、履體、尊者、所履……"[40][頁490-491]

按:句中所列爲私家書信中當平闕的詞語,"起居""先伐""履體"三詞,原卷作"居√起""伐√先""履√體",前兩詞中的倒乙符號"√"寫得較爲明晰,後詞中的却甚爲模糊,因而校錄者只乙正了前兩詞,而忽略了"履""體"間的"√",故當據原卷乙正作"體履"。"體履",義爲"身體狀況",多用於平輩間,書儀習見。伯3502號背/2《新集諸家九族尊卑書儀·通婚書》:"時候,伏惟體履如何?"伯3442號《書儀·與嫂書》:"孟春猶寒,不審體履何如?"句中"體履"皆指對方的身體起居狀況。

(三)涉書體格式而誤

例18,《輯校》:"凡修書,先修寒温,後便明體氣,別紙最後。"[39][頁383]

按:"明",原卷作"問",是。"問體氣",指詢問對方近來的身體狀況。這句話是伯3906號/4《書儀》作者從衆多書狀中總結提煉出來的書信格式:即先結合時節寒暄問候,既祝願對方身體安康,又謙陳自己

---

① 參張涌泉《敦煌變文校讀釋例》,《舊學新知》,頁162。

的近況,此即"修寒溫";後詢問對方近來的身體狀況,願他順時保重,故稱"問體氣";最後則直接敍寫所要表達的內容,如送禮謝賀等,此即寫於"別紙"的現實内容。在實寄書信中,"別紙"往往被省去,而徑將要寫之事附於"問體氣"之後。如伯3727號/2《内親從都頭知常樂縣令羅員定狀》:"孟春猶寒,伏惟軍事(使)吕都知、陰都知等尊體起居萬福。即日宋僧政、索僧政、張縣令、馬平水、善清等蒙恩。不審近日體氣何如?伏惟順時倍加保護,遠誠所望也。在此諸官人宅内日常存問,請莫憂煩。但望官寮善運機謀,莫令失事,即爲好也。今緣合有重信,伏且各自公務怱(牽)纏,不及排備。謹奉狀起居。不宣,謹狀。"這封書札中,從"孟春猶寒"到"即日……等蒙恩"爲"修寒溫";從"不審近日體氣何如"到"遠誠所望"爲"問體氣";"在此"之後所寫相當於"別紙"的實際内容,即希望對方不要憂慮家中,善運機謀,雖有重禮,却因公務繁忙,無暇準備。儘管這封信的格式比較隨意,未將實際内容寫於"別紙",但其"修寒溫""問體氣""敍實事"的内容却完好地保留着。可見,"問體氣"是當時乃至今天書信中必不可少的内容。

例19,《輯校》:"唯夏感恩(思),深得去汝,言疏慰懷。"[39][頁454]

按:例中校"恩"作"思",極是,然此句讀來仍令人費解。查該書所據《吐魯番出土文書》(壹)第233-235頁所載高昌書儀圖版,方纔恍然大悟。原來,其中每首書信的開頭,都標明月份與節候語,并以簡短的幾個字來抒寫情懷,即所謂的"感時傷懷"。如《與伯書》:"便及春中,伏惟增懷。"[255][頁233]《與叔書》:"便[及]春末,伏惟增懷。"[255][頁233]《與姑書》:"便及唯夏,[伏]惟增懷。"[255][頁234]《修兄姊書》:"夏中,感思深。"[255][頁234]例中"增懷""感思"都是"思念、懷想"的意思。它們多用在表時節景候的語詞(如"春中""春末""唯夏""夏中")後,用以表達寫信者對親人的思念①。因爲自然景候的各種細微變化常常會觸動分別兩

---

① 參王雲路、方一新《中古漢語語詞例釋》"感思"條,頁164。

地的親友的"思念"情結,在互訴衷曲的書信中,人們往往一提筆就描寫節候景致,藉以引入抒寫思親的情懷。或許因爲這個緣故,敦煌書儀中便出現了關於如何選用"陳時感思"類語詞的規定,如伯3849號《黃門侍郎盧藏用儀例》:"凡書陳時,應言感思者,父母並無云'永感罔極',或云'衆感';有父無母云'思深',或云'遠思';有母無父[云]'永感',或云'遠感'。凡昆弟相與書得言'同懷',四海云'增懷'。"是也。上例"唯夏"即"維夏",指夏首四月,語本《詩·小雅·四月》"四月維夏,六月徂暑",鄭箋:"徂,猶始也。四月立夏矣,至六月乃始盛暑。"[197][頁462]後人因以"維夏"指"首夏"。如伯4093號《甘棠集》:"夏首:伏以運偶昌辰,時當維夏。"例中"夏首"即"維夏"的最佳注脚。"維夏"或作"惟夏",如陸雲《與戴季甫書》之一:"惟夏始暑,願府館萬福。"[178][頁1083]例中以"始暑"描述"惟夏"的景候,可知此"惟夏"亦指夏首四月。另在書儀的年敍凡例中還列舉有大量指稱"四月"的語詞,如斯5660號《朋友書儀》:"四月孟夏,首夏、初夏、維夏、夏首。"由此可知,高昌書儀中"唯夏"即夏首四月。原文當校讀作:"唯(維)夏,感思深。得去汝言疏,慰懷。"意謂"初夏時節,甚是想念。收到你前些日子的來信,心裏很欣慰"。

例20,《釋錄》第一卷:"右魯俏謹在衙門隨例祗候□賀,伏聽處分。牒,件狀如前,謹牒。"[307][頁62]

按:從原卷看,"賀"前並無缺文。伯3449號《刺史書儀·參賀門狀》:"具全銜厶。右厶謹詣　　台屏祗候　　賀,伏聽處分,云云。"由此格式可知,"賀"字當平出,即頂格書寫,以表對受賀者的尊敬,則"祗候"與"賀"之間的"□"乃釋錄者不明門狀格式而臆加①。"牒"當連下而讀,作"牒件狀如前",或不明"牒"之詞義所致。"牒"者,發文、呈文也。

例21,《真迹》第五輯:"臻大德近間清風,更不具時景,未審近日寢昧何如,仰料靈扶必安。法德前後經過軍鎮,獲詣貴房。"[47][頁41]

---

① 關於"門狀"行文格式的詳細探討,參本文84-90頁。

按:"臻",致也,"大德"是對得道高僧的稱呼。"臻大德"即"致高僧"之義,例中用爲書信起首語,當獨立成句。校錄者不察此格式而將其與後文連讀,致使文意難明。另"法德"猶言"法體",是對高僧身體、心性等狀況的敬稱。如斯4677號《某年六月廿七日楊法律與僧戒滿書》:"季夏極熱,伏惟僧兄戒滿尊體起居萬福。……法體何似?伏惟以時倍加保重,遠城(誠)所望也。"斯2200號《新集吉凶書儀・俗人與僧人書》:"春首尚寒,伏惟和尚法體勝常。"例中"法體"皆用來敬稱僧人的身體狀況。故"法德"當連上而讀,作"安"的賓語;而不是屬下,作"經過"的主語,因爲經過的是寫信人,而不是收信的大德。則此句當讀爲"臻大德:近間清風,更不具時景。未審近日寢昧何如?仰料靈扶,必安法德"。意謂"致大德:近日闊別,未睹您高尚的風采,又不曾依時節往信問候,不知您近來身體起居如何?料想在神靈祐助下,您體性必定安康"。

例22,《真迹》第四輯:"三傅尊體,動止萬福,即日進遇蒙恩。"[47][頁348]

按:"尊體"與"動止"之間不當點斷。"尊體動止萬福"乃書札問候套語,校錄者不明此格式而誤斷。據較爲清晰的《英藏敦煌文獻》圖版,上句前本有"季秋霜冷,伏惟"的字樣,連下而讀,完整的語句應是:"季秋霜冷,伏惟三傅尊體動止萬福,即日進遇蒙恩。"此即唐五代時期書札的行文慣例:"先標寒暑,次贊彼人,後自謙身。"另如伯3906號/4《書儀・與兄姊等狀》:"孟春猶寒,伏惟家兄尊體動止萬福,即日弟某蒙恩。"伯2529號背《書信》:"仲秋漸涼,伏惟都虞候叔尊體動止萬福,即日某蒙恩。"由此二例可見一斑。

例23,《真迹》第五輯:"不審近日尊體何似,伏惟順時,倍加保重,下情望也。"[47][頁15]

按:"順時"與"倍加"之間不應點斷。古人通信總是結合時景進行寒暄問候,并希望對方順應時節的改變保重身體,因爲自然界寒暑無常的變化常常會令人們感到不適,必須"順時保重",方可平安健康。故而書札中常有"順時倍加保重"之類的叮囑語。如伯4766號《使頭與官健往復書》:"不審思侍外尊體何似?伏惟順時倍加保重,卑情所望。"斯1284號《西州釋昌富上靈圖寺陳和尚狀》:"不審近日尊體何似?伏惟以時倍加保重,下情所望。"由此可見,唐人書札有其獨特的行文格式,不明此則易誤。

### (四)涉語詞含義而誤

例24,《研究》:"豐(農)器之間,苦無鋼鐵。先具申請,未有支(處?)分。冬不預爲,春事難濟。"[40][頁455]

按:"支分"不誤。"支分"即支付、分發的意思;而"處分"爲處置、安排義,二者含義有別。例言耕種逼近,却無鋼鐵以製農具,雖已申請,却未支付。從語義而言,"支分"較"處分"更爲確切,故不當校"支"爲"處"。且"支分"此義習見於敦煌文獻,如斯5439號《季布歌》:"不算千金爲價數,萬金隨口合支分。"伯2054號《十二時普勸四衆依教修行》:"少蹉跎,老追悔,縱強聞經筋力敗,將錢布施男女嗔,用物設齋妻子怪。……何如少健自支分,莫交(教)直到年衰邁。"例中"支分"皆爲"支付"義。

例25,《甘棠·賀裴相公加户部尚書[狀]》:"常守正以開(屏)邪,每絶私而舉善。"原書校注[2]:"'開'字誤,似當作'屏'字。"[38][頁80]

按:"開"當爲"閑"之形誤,"閑邪"謂防止邪惡,語出《易·乾》:"閑邪存其誠。"孔穎達疏:"言防閑邪惡,當自存其誠實也。"[311][頁15]"閑邪",習見於唐代文獻,如白居易《除柳公綽御史中丞制》:"諫議大夫柳公綽,……持平守正,人頗稱之。……惟有守者,可以執憲;惟無私者,可以閑邪。"[2][頁3173]例中前言"守正",後云"閑邪",詞義、用法皆與上揭書儀例相當。另如司空圖《司空表聖文集》卷一○《成均諷》:"緬推傷化之源,克裕閑邪之範。"[209][頁14]句中"閑邪"亦其義。從詞義來源及時人用語習慣而言,書儀中的"開",當校爲"閑",而不是"屏"。

例26,《釋錄》第三卷:"師僧爲是州主尊師,或遭逢(逢)急難之時,便說阿郎不是,有此難事阿郎猥私,共弟子頗甚愁惱。"[309][頁21]

按:"有此難事阿郎猥私,共弟子頗甚愁惱"句,《真迹》第五輯斷作:"有此難事,阿郎猥私,共弟子頗甚愁惱。"[47][頁38]竊以爲兩家所斷皆有不妥,殆不明"猥私"之義所致。"猥"有"私下、背後"義①,如斯4332號《曲子三首(別仙子)》:"移銀燭,猥身泣,聲哽咽。""猥身泣"言背過身子暗地裏哭泣。"私"亦有此義,如《史記·項羽本紀》:"張良是時從沛公,項伯乃夜馳之沛公軍,私見張良,具告以事。"[198][頁311]其中"私"即"私下、暗裏"的意思。則"猥私"乃同義連文,義爲私下、背地裏。以此,可將上句讀爲"有此難事,阿郎猥私共弟子頗甚愁惱",意謂和尚遇逢急難的時候,便說阿郎不是,此等事情,使得阿郎與弟子私下尤爲煩惱。

例27,《甘棠·賀令狐相公加兵部尚書[狀]》:"掇三變之菁英,胯(跨)騰前古;窮九流之奧妙(衍)秘,淩(陵)邁當今。"[38][頁77]

按:例中"淩邁"與"跨騰"同義儷偶,皆爲"超越"義。校錄者校"淩"作"陵",殆因不明"淩"義所致。"淩"謂高居於上,淩壓於下,如"盛氣淩人"之"淩",故可引申爲蓋過、超越義,與"邁"同義並列。"淩邁"此義亦見於傳世文獻中,如徐鉉《徐公文集》卷二三《張氏子集序》:"海內士子靡然向風,咸謂子必當振鱗附翼,一舉淩邁,而介然特立。"[281][頁8]言其一舉而超越他人,特立於同列之中。其中"淩邁"亦爲超越義。

例28,《輯校》:"龍沙古戍,寂寞蕭條,接待之間,倍多疏失。"[39][頁345]

按:"接待"的"待",原卷作"侍",是。"接侍"義爲"交往、侍奉",常用作與人來往的恭敬説法。如唐趙璘《因話錄》卷四:"自居班列,終日塵屑。却思昔歲臨清澗、蔭長松,接侍座下,獲聞微言。'"[241][頁857]司馬光《温國文正公文集》卷一四《奉和大夫同年張兄會南園詩》:"過從當苦遠,接侍每慚疏。"[266][頁11]後例中"接侍"與"過從"相對爲文,顯爲"交往、侍奉"義。也可作"接奉",伯3627號/2《狀啓集》:"特蒙某官眷獎,專賜寵招。但緣脚染風瘡,身負腫癤,雖思接奉,久坐實難。""奉",侍也,"接奉"與"接侍"義同。

例29,《輯校》:"自今夏曾遣專人,特奉牋翰,……爾後闕偶,便因更乖憑附。"[39][頁148]

---

① 參蔣禮鴻《敦煌變文字義通釋》"猥地"條,《蔣禮鴻集》卷一,頁382-384。

按:"因"者,憑靠也,此轉指憑靠的對象——信使。"便因"即"便使""便信","闕偶便因"指沒遇到順路的信使,故當連上讀。伯4092號《新集雜別紙》中,作者常換用不同的言辭來表達這種"欲憑寄緘封,却苦無便使"的依戀之情。如"忽曠音徽,屢更時序,蓋之(乏)飛鴻之便,莫憑蟬翼之書","其後以忝職邢臺,地遥函谷,莫識魚鴻之便,是乖賤翰之儀"等。其中"之(乏)飛鴻之便""莫識魚鴻之便"即"闕偶便因"的最好注脚。因此,原句當讀爲"爾後闕偶便因,更乖憑附"。

例30,《釋録》第三卷:"右歸文謹詣衙,祗候起居令公,伏聽處分。牒,件狀如前,謹牒。"[309][頁38]又:"……謹專詣衙,祗候起居尚書,伏聽處分。牒,件狀如前,謹牒。"[309][頁40]

按:例中"祗候"當連上而讀,謂到某地恭候;"起居"乃"問候"義,習見於唐末文獻。如斯5623號《新集雜別紙》:"近以月旦曾附狀起居,伏計已達尊聽。"崔致遠《桂苑筆耕集》卷一八《與恩門裴秀才求事啓》:"某去乾符三年冬,到湖南起居座主侍郎之時,見於諸院弟兄中偏所記念。"[91][頁178]句中"起居"皆指問候。而"牒"爲呈文、發文之義,故須屬下而讀,作"牒件狀如前",此爲書狀結尾套語,謂將前面寫好的文狀呈送。因而例中前句應讀爲:"右歸文謹詣衙祗候,起居令公,伏聽處分。牒件狀如前,謹牒。"後句以此類推。

例31,《真迹》第五輯:"昨九安遠聞男員通遂往南山,手内把却。聞其此語,九安日夜恒憂一子,逍瘦總盡,願二都頭知悉、知悉。九安又諮張都[頭]索都頭天上取恩,發大弘願,久拯貧兒。忽若二都頭勾當,得員通離得南山,遠到鄉井,九安拜賀無限。"[47][頁39]

按:"勾當"後不當點斷。"勾當"在唐宋文獻中是一個含義非常虛泛的動詞,相當於"爲""做"等,其具體意義當據上下文語境而定。例言其兒子在南山被抓,希望二都頭能營救其兒子,使之(句中"得",猶使也)離開南山,回到故土。其中"勾當"義爲"營救、搭救",校録者不明其義而將其點斷,以致文意難明。另例中"逍""久"應分別爲"消""救"的音近誤字。

例32,《研究》:"足下才同王際(粲),□(?)丰並陳琳,輔佐元戎,運籌帷幄。發言成寶,吐氣生珠。"[40][頁628]

按:例中"□(?)丰",原卷實爲一字,乃"筆"之殘損。"筆"在此表"文章"之義。陸游《老學庵筆記》卷九:"南朝詞人謂文爲筆,故《沈約傳》云:'謝玄暉善爲詩,任彥昇工於筆,約兼而有之。'又《庾肩吾傳》,梁簡文帝《與湘東王書》,論文章之弊曰:'詩既若此,筆又如之。'又曰:'謝朓、沈約之詩。任昉、陸倕之筆。《任昉傳》又有'沈詩''任筆'之語。老杜《寄賈至嚴武詩》云:'賈筆論孤憤,嚴詩賦幾篇。'杜牧之亦云:'杜詩韓筆愁來讀,似倩麻姑癢處抓。'亦襲南朝語爾。往時諸晁謂詩爲詩筆,亦非也。"[152][頁117-118]"筆"字上部不甚明晰,校錄者僅據其下部形狀,將其視爲兩字,錄作"□(?)丰"以致誤。

例33,《輯校》:"仍蒙厚眷,特專駿蹄;感荷所深,牋毫匪喻。"[39][頁239]

按:"專"原卷作"惠",是。"惠"猶言"賜",用爲敬詞,表示對他人饋贈的敬稱,句中"特惠駿蹄"謂對方特別贈予他駿馬。"惠"用以敬稱對方的饋贈,習見於敦煌書儀,如伯3438號背《沙州官告國信判官將仕郎試大理評事王鼎狀四件》之二:"今則伏蒙太保迴開府庫,特惠瓊瑤,睹美玉而如窺秋月,視潤色而室內生光。"例中"惠"即用以敬稱太保贈予作書者的珍珠美玉。其實,"惠"這種用法早在漢魏六朝時就已出現①,如吳質《答東阿王書》:"信到,奉所惠貺。"[177][頁1222]其中"惠"猶言"賜",用來敬稱對方饋贈。

例34,《甘棠•謝不許讓兼賜告身[狀]》:"某詞異精(藝粗)能,學無憂(優)贍,從來揣分,不望登科。……而又持(特)迨(?)宸眷,猥降命書,光生蓬蓽之中,善益絲綸之內。"原書校注②言:"'詞異精能'句有訛誤,《謝表》豈能自誇?疑'異'當作'藝','精'當作'粗';'詞藝粗能'言鄴自謙能寫文章。"[38][頁156-157]

按:原文"詞異精能"不誤。"異"者,不同、不如也,"詞異精能"是劉鄴謙稱自己的文辭稱不上"精能",這與同卷《上河中令狐相公狀》中的

---

① 參王雲路、方一新《中古漢語語詞例釋》"惠"條,頁199。

第二節　書儀語言研究與書儀整理　115

"學匪精專,知慚富贍"的自謙義同。關於"迮"字,校錄者引《龍龕手鏡》言:"'迮'同'迂',意爲由也、曲也、曲迴貌。此處當釋爲'由'之意較妥。""迂"實爲敬詞,義同"曲",與下句謙詞"猥"相對爲文,"特迂宸眷"謂皇帝降低身份,施予其恩惠。"迂"這種用法,習見於敦煌文獻。如斯 4275 號《文樣(三界義問答等)》:"法師學業成山,智量逾海。……既能迂至道場,達請光揚檢校。"言請法師屈尊前來道場檢校。漢語中,表"曲"義的詞如"曲""枉"等,大多可作敬詞,用在相關動詞前,表示對方降低身份,俯就自己。如伯 4997 號《書狀文範》:"伏蒙太保府(俯)示隆恩,曲形異顧。"斯 361 號《書儀鏡·與僧尼書》:"故勒馳請,枉趾爲幸。"例中"曲""枉"皆用爲敬詞,表示對方高居於上,對自己施及行爲時須曲身俯就。

例 35,《輯校》:"拜別雅上(?),渴戀但深,緬唯哀苦,[□]下寢膳如常。"原書校記[30]云:"'下'字上當脫一字,似爲'閣下''足下'稱謂之上一字。"[39][頁 212]

按:校錄者在"上"後括注一問號,表示存疑;又在"下"前補一空格,表示有脫文。竊以爲"上"不必疑,"下"前的脫文符號也不應補。例中前三句言拜別對方後的懷想,末句則謙陳自己起居如常的近況。"雅上"是對收信人的尊稱,而"下"則是用於自我的謙稱。若補之爲"閣下、足下",也用於尊稱對方,則與前文"雅上"之義有重複,且也不符合書札"贊彼人、自謙身"的行文格式。與此類似,敦煌書儀中或用"上官"尊稱對方,如伯 3375 號《朋友書儀》:"想上官遊情日下,拾玉韻於花間。"其中"上官"即是對收信人的尊稱。或又稱之爲"俊"。如同卷:"想俊遨遊緣地,從賞嘉賓。"句中"俊"亦用來敬稱對方。可見,人們多用美譽之詞敬稱對方,如"雅上""上官""俊"等,而謙稱自己則用"下",其謙、恭之異可見一斑。

例 36,《研究》:"孟春猶寒,不審尊體起居何如?伏願寢膳勝常珍和。即日新婦蒙恩有限(衍二字),未由拜覲,伏增馳悚,伏願珍重。"原書"校記"[18]:"'有限'二字衍,當删。"[40][頁 235]

按:"有限"並非衍文,而是書儀套語,即"限以……,不能……"的意思。如斯 361 號《書儀鏡》:"孟春猶寒,伏惟官位公尊體動止萬福,即此蒙恩。所守有限,拜奉未由。"例言限於職守,不能前往拜奉。有時則徑稱"有限",如同卷《四海平蕃破國慶賀書》:"遠承平賊破國,皆是五郎深謀。此之一切,實爲善(蓋)代,下情不勝悲慶。有限,不獲遠迎,專於路左拜賀。"例言限於某事而不能遠迎對方。可見,"有限"是書儀習用套語,義爲"因……所限而不能……"。校錄者將其視爲"衍文",認爲"當删",實爲不妥。原句當讀作:"……即日新婦蒙恩。有限,未由拜覲,伏增馳悚,伏願珍重。"

例37,《釋錄》第一卷:"伏以一陽啓運,北陸凝辰,愛(靄)日馳光,韶芳動景。"[307][頁93]

按:例中"愛日"指"冬天的太陽",此源於《左傳·文公七年》:"酆舒問於賈季曰:'趙衰、趙盾孰賢?'對曰:'趙衰,冬日之日也;趙盾,夏日之日也。'"杜預注:"冬日可愛,夏日可畏。"[313][頁1846上]後因稱"冬日之日"爲"愛日"、"夏日之日"爲"畏日",這習見於敦煌書儀。伯3723號《記室備要》:"賀仲冬:伏以節正玄陰,氣當凝冱,寒雲斂色,愛日潛輝。"伯2539號背《後唐朔方節度使書啓底稿·青州侍中狀》:"伏以四時變序,三伏呈祥;平皋已扇於過風,殘暑上(尚)滋於畏日。"例中"愛日""畏日"分別指"冬天的太陽"和"夏天的太陽"。這在傳世文獻中也有用例,如《桂苑筆耕集》卷一八《謝冬至[節]料狀》:"三冬愛日,且歡迎南至之辰。"[91][頁182]句中以"愛日"描述三冬時節,也應指冬天的太陽。而校錄者因不明"愛日"之義而將其誤校作"靄日"。

例38,《甘棠·賀元日御殿表》:"某内省庸虛,叨蒙寄住(任),守棠陰而問俗,敢憚塞帷;瞻門下以消魂,空知灑袂。"[38][頁94]

按:例中"塞帷",原卷作"褰帷",是。"褰帷"語本《後漢書·賈琮傳》:"舊典,傳車驂駕,垂赤帷裳,迎於州界。及琮之部,昇車言曰:'刺史當遠視廣聽,糾察美惡,何有反垂帷裳以自掩塞乎?'乃命御者褰之。"[104][頁1112]後以之爲官吏接近百姓,實施廉政之典。伯2524號《語對》"刺史"條亦列有"褰帷",注云:"賈琮爲冀州刺史,典史(吏)以驂駕赤帷迎於州界,琮到昇車,令褰之,百姓聞之,自然悚震。"另如王禹偁《小畜外集》卷一二《擬除開封縣令可鄭州刺史》:"以爾具官某,宰予赤縣,綽有政聲,宜旌墨綬之賢,用布褰帷之化。"[283][頁9]則例中"敢憚褰帷"義爲"豈敢自詡爲接近百姓,實施廉政"。

例39,《甘棠·賀門下令狐相公狀》:"而宏規不雜,雅望無先,凡蒙煦嫗(謳)之任,盡在變(燮)和之力。"原書校注③云:"'嫗'字誤,應是'謳'字。"[38][頁84]

按:竊以爲"嫗"字不誤。"嫗"者,育也。"煦嫗"指撫育、長養。語出《禮記·樂記》"天地欣合,陰陽相得,煦嫗覆育萬物",鄭玄注:"氣曰煦,體曰嫗。"孔穎達疏:"天以氣煦之,地以形嫗之,是天煦覆而地嫗育,故言煦嫗覆育萬物也。"[135][頁1537下]伯4093號《甘棠集》中或用"煦育"表此義,如《謝[賜]冬衣表》:"陛下仁深煦育,德洽雍熙。"是其例。

例40,《輯校》:"故得榮奉新恩,寵膺異級;副一人之啓流,叶百群之傾瞻。"[39][頁273]

按:"啓流"之"流"原卷作"沃",是。"啓沃"典出《書·說命上》"啓乃心,沃朕心",孔穎達疏:"當開汝心所有,以灌沃我心,欲令以彼所見,教己未知故也。"[196][頁174下]後因以爲"竭誠開導、輔佐君王"義。如《梁書·武帝紀》:"凡爾在朝,咸思匡救,獻替可否,用相啓沃。"[144][頁93]伯2481號《文樣·慶賞·加封爵》:"乍竭股肱之誠,申兹啓沃;時展爪牙之力,效彼詢謀。"例中"啓沃"皆其義。

### 三　補充漏校

敦煌書儀作爲寫本文獻,其中文字每多訛誤,前賢校理時,或有因疏忽而失校者。通過對書儀語言文字的系統研究,則可使以往失校的地方得到補校。

例41,《研究》:"僕馳屑,異常煎迫,言笑久乖;人言相伋,何悰刀翰。"[40][頁259]

按:"人言相伋,何悰刀翰"費解,竊以爲"言"當是"信"的訛省;"伋"當爲"仍"之形訛;"悰"原卷作"悰",當是"吝"俗體"悋"的誤書,故此句當校作"人信相仍,何吝刀翰"。其中"人信"指使者,"相仍"謂"相續、來往不斷"。書儀中類似的語句頗多,如斯329號《書儀鏡》:"僕諸疾寡況,何(可)以意量。人信往還,無吝珠玉。"又:"但多耿欵,札豈能宣?人信之因,無吝珠玉。"此皆謂人使往來不斷,望對方常來信。

例42,《研究》:"糜潰、煩冤、荼毒、號天叩地、貫徹骨髓、無狀罪逆、不孝酷罰、偏罰、屠楚、禍酷、罪告、告毒、觸目崩絕、屠裂……"[40][頁185]

按:例中所列都是書儀中言及父母去世時常用的語詞,其中"罪告、告毒"令人費解,愚以為"告"當為"苦"的形近誤字。"罪苦"猶"苦難",意謂因罪孽而蒙受苦難。如伯3442號《書儀·父母喪告答祖父母書》:"無狀招禍,禍不滅身,上延耶娘。攀號擗踊,五内糜潰,煩冤荼毒。不自堪忍,不孝罪苦。""苦毒"亦猶言"痛苦、苦難",如《三國志·魏書·涼茂傳》:"曹公憂國家之危敗,愍百姓之苦毒。"[201][頁338]是其例。可見,上揭例中"罪告、告毒"當校作"罪苦、苦毒"。

例43,《研究》:"邊城[桃]李,花開失色之人;塞外萍蓮,葉散離鄉之客。"[40][頁81]

按:句中"失色"與"離鄉"儷偶,"色"當為"邑"的形誤。敦煌書儀中,"邑"多訛作"色",如伯2679號《朋友書儀》:"他鄉切切,淚窮五月之泉;失色淒淒,氣盡三冬之霧。"句中"色",斯5472號作"邑";又"離家迢遞,隔關嶺之胡鄉;桑梓枌榆,阻山巖之虜色",句中"虜色"與"胡鄉"對文,"色"亦當為"邑"之形訛,且斯5472號正作"邑"。可見,"色""邑"在寫本中常因形近致誤。就詞義看,"失邑"即"離鄉",故"失色"當校為"失邑"。

例44,《釋錄》第二卷:"使至休問,用緩心目。"[308][頁51]

按:"休",當為"沐"之形訛。就字形而言,寫卷中"沐"常誤作"休"。如斯329號《書儀鏡·四海平蕃破國慶賀書》:"公親承睿策,遠降中外,櫛風休雨,破國平城。"其中"休"顯為"沐"之誤書。就字義而言,"沐"本指"洗頭",後引申有"潤澤""蒙受恩惠"義。如伯3723號《記室備要·供奉官答》:"常慚苟進,豈望幸遷;猥沐天恩,曲超階次。"其中"猥沐天恩"指蒙受君上的恩惠。書儀中又多用來敬稱對方來信,言收到對方書信就好比蒙受其恩惠一般,故斯329號《書儀鏡》中常見"沐書""沐芳問"等語詞。如:"使至沐書,用款馳仰。""離別索居,屢經晦朔,近沐芳問,深豁懸情。"然則,"休問"當校作"沐問","問"指對方的來信。

例45,《輯校》:"今者位崇九棘,任重三珪,益彰儒者之榮,更顯士流之美。"[39][頁87]

按:句中"棘"當爲"棘"的形近誤字。"九棘"在古籍中多用爲"九卿"的代稱,因古時群臣外朝之位,常樹九棘爲標識,以區分等級和職位。《周禮·秋官·朝士》:"左九棘,孤、卿、大夫位焉,群士在其後;右九棘,公、侯、伯、子、男位焉,群吏在其後;面三槐,三公位焉,州長衆庶在其後。"鄭玄注:"樹棘以爲立者,取其赤心而外刺,象以赤心三刺也。"[310][頁877下]後人遂多以"九棘"以代指"九卿"。《後漢書·寇榮傳》:"臣思入國門,坐於肺石之上,使三槐九棘平臣之罪。"[104][頁630]此亦見於敦煌類書,伯2524號《語對》"公卿"條列有"九棘",注云:"《周禮》:左九棘,大夫位焉;右九棘,公侯伯子男位焉,面三槐,三公位焉。"

例46,《研究》:"空攜淥酒,野外散煩。願屆同饗先靈,已(以)假寂寞。"[40][頁661]

按:"已(以)假寂寞"甚爲費解。前文言"散煩",而"假"字於此不可解,則當校爲與"散"意義相近而又與"假"形近或音近的字,那是什麼字呢?竊以爲當校作"解"。"解"者,散也,消散、排遣之義。伯3502號背/2《新集諸家九族尊卑書儀·正歲相迎書》:"共敘芳年,咸成麗景。聊陳薄酌,用解旅情。"其中"解"即排遣、消除義。且"解""假"上古皆屬歌部,《廣韻》"解"爲佳買切,見母蟹韻[285][頁271];"假"爲古疋切,見母馬韻[285][頁308]。唐五代時,佳、麻二韻的牙音字已合併,即"假""解"讀音相同。蔣禮鴻《義府續貂》"解"條云:"嘉興謂以鋸析木爲解,讀古馬切。"①則嘉興方言中至今仍保留着"解"的古音"古馬切",與"假"讀音完全相同。從音義兩方面看,例中"假"當爲"解"的音誤字。

---

① 蔣禮鴻《義府續貂》,《蔣禮鴻集》卷二,頁84。

例47,《甘棠·答歸補闕書》:"況賢兄行比三姜,才同二陸。……杏園之美事非遙,足榮棠樹;蓮岳之遺聲未絕,尤慕樣花。"[38][頁118]

按:"樣花"費解,"樣"當爲"棣"之形訛。句中"棣花"與"棠樹"對舉,以喻作者與歸補闕之間兄弟般的情誼。典出《詩·小雅·常棣》:"常棣之花,鄂不韡韡。凡今之人,莫如兄弟。"鄭玄箋:"興者,喻弟以敬事兄,兄以榮覆弟,恩義之顯,亦韡韡然。"[197][頁408上]唐張說《鄎國長公主神道碑》:"恨棣花之半缺,悲瑤草之先化。"[317][頁5]也作"棣萼",如伯4093號《甘棠集·賀鄭相公狀》:"樞機舊吏,重趨畫戟之門;棣萼芳枝,亦經紫微之省。"是其例。

例48,《釋錄》第一卷:"唯憂拙致,何以當官,既無製錦之能,何效帶星之理。"[307][頁96]

按:例中"帶"爲"戴"的音誤字。"戴星"語出《韓詩外傳》,"子賤治單父,彈鳴琴,身不下堂,而單父治。巫馬期以星出,以星入,日夜不處,以身親之,而單父亦治。巫馬期問於子賤,子賤曰:'我任人,子任力,任人者佚,任力者勞。'"[100][頁197]後因以"戴星"爲能吏善政之典。此亦見於敦煌類書,如伯2524號《語對·縣令》"戴星"下注:"《史記》曰:'巫馬期爲單父令,以星出,以星入,而單令(父)理。'"考《史記·仲尼弟子列傳》"子賤爲單父宰",張守節正義:"《說苑》云:'宓子賤理單父,彈琴,身不下堂,單父理。巫馬期以星出,以星入,而單父亦理。巫馬期問其故。宓子賤曰:我之謂任人,子之謂任力。任力者勞,任人者逸。'"[198][頁3207]則《語對》所引並非《史記》原文,而是《正義》,且爲概括性間接引用。敦煌書儀賀官狀中,多用"戴星"來稱頌長官治政之善。如斯78號背《縣令書儀》:"伏以長官才唯通濟,道著廉平,早彰避雨之仁,克振戴星之譽。"是其例。

例49,《釋錄》第二卷:"限以迢(遙)阻,披冀未期。但亦馳情,無慰勤企。"[308][頁45]

按:"亦"當爲"益"之音近誤字。"益",增也。言見面未期,空增思慕。書儀中類似的語句習見。斯1438號背《吐蕃占領敦煌初期漢族書儀》:"披豁未卜,但益傾勤。"斯 2200 號《新集吉凶書儀•妻與夫書》:"未由拜伏,但增馳結。"以上二例皆謂無由見面,心中但增思慕與想望。就讀音而言,"亦"音羊益切,以母(喻四)昔韻;"益"音伊昔切,影母昔韻。唐五代西北方音中喻四爲 y,和影母齊齒音很接近,故而致誤。

例 50,《研究》:"去春所論,已蒙允許。自衣 ? ? 公務草草,不暇展會。"[40][頁 252]

按:"衣"爲"以"的音近誤字。"以"者,因也,例謂因公務繁忙,無暇拜會對方。其義自可通,校錄者不明此而臆加脱文符號,不甚肯定,故而質疑。《釋錄》第二卷則照錄原文"自衣公務草草"[308][頁 49],而未校正。其實,敦煌文獻中"以"常與"衣""依"等讀音相近之字互訛。如伯 3442 號《書儀》:"凡凶書九族親書,皆以吉書儀封題;有須依凶書題者,隨書附云。"伯 3691 號《新集書儀》:"親禮謝儀更有,以看今時見行。"例中"以"皆爲"依"的音近誤字,可以比勘。"依"者,比照、根據之義。

例 51,《研究》:"弔舅姑遭父母[喪]辭:凶疊無常,尊夫君大家崩背,伏惟攀慕擗摽,荼毒貫割,痛苦奈何!"[40][頁 346]

按:既是弔"舅姑"遭父母喪的言辭,則"夫君"當爲"府君"之誤,即"夫"爲"府"的音誤。例中"府君"與"大家"平列,用以指稱對方的父母,父爲府君,母爲大家。此種稱謂,書儀習見。如伯 3442 號《書儀•與夫書》:"孟春猶寒,體內何如?即日府君大家康和。"同卷《與夫之妹書》:"春首猶寒,仰惟清勝,即日府君大家萬福。"句中"府君大家"都指夫之父母,即"舅姑"。

例 52,《研究》:"年,唐虞百(日)載,夏曰歲,商曰祀,周曰年,易(亦)曰稔、齡。……經云數年、亦餘年、踰年、二年、累年;三年云歷年、積年。總而言之,云頻移歲稔、屢改炎涼;亦云頻移歲暑,云屢移歲序;[亦]云灰琯屢遷。此等證經年以上,任情用之。"[40][頁 73]

按:此卷前面的小標題爲"辯(辨)春夏秋冬年月日",即辨明春、夏、秋、冬、年、月、日的各種名稱與説法,上例所言是關於"年"的各種説法。其中"經云數年"頗爲費解,從下文"此等證經年以上,任情用之"看,"經"後似脱一"年"字。"經"者,過也,"經年"即過了一年,故稱

"踰年""二年"等。"餘年"的"餘"當爲"移"的音近誤字。就讀音而言，"餘"爲以諸切，以母遇攝魚韻；"移"爲弋支切，以母止攝支韻。唐五代西北方音中，止、遇二攝之字往往相混無別。就詞義看，"移"爲遷移、改變的意思，"移年"即過了一年，義同"經年""踰年"，這正與下文"頻移""屢改""屢移""屢遷"等語詞相應。而且在別本斯5660號背中，"餘"正作"移"。

以上我們舉例性地論述了敦煌書儀校錄整理中出現的一些失誤。這些失誤多因不明俗寫誤字、抄寫符號、書儀格式及其用語含義而致。需要說明的是，上面所舉只是筆者見到的其中一部分，類似的錯誤其實還很多。如《敦煌類書》：

<u>尊</u>使特<u>往</u>榮示，<u>尉</u>浣瞻馳。不審信後，尊用何似？伏以中丞，以仁恤物，以義濟危。神像自效其休禎，體履必安其調護。然更望遵養，以保尊齡，<u>視</u>望之心未釋，辰夕所示之事，敢不竭誠，將俟後信。又紙：使至，遠貶緘封，慰浣勤結，未審信後，<u>德</u>（聽）用何似？伏計以遒適時，克保亨暢，更望順時調攝，將陟新恩。伏維荷賜昭森，以狀。[45][頁479]

這是伯3715號《類書草稿》中插入的一封致中丞的書狀，狀爲複書兩紙，中間"又紙"，即另一紙所寫內容，也稱"別紙""別狀""別幅"等①。《敦煌類書》編者失察，竟也將其視作"北堂書鈔體丁"輯入類書。由於缺乏對書儀用語的專門研究，致使校錄中出現了不少失誤。茲一一校正如下：

"尊"，原卷爲"專"的草書，"專使"指爲某事專門派遣的使者，書儀習見。如斯766號《新集書儀》："<u>專使</u>至，兼枉銀翰，增慰下情。"斯329號《書儀鏡》："何幸更勞<u>專使</u>，悚愧倍深。"

"往"，原卷作"枉"，是。"枉"者，屈也，此用爲敬詞，謂對方屈尊給自己來信，書札中這種表達方式尤爲常見。如斯361號《書儀鏡》："忽<u>枉</u>刀札，如復面焉。"例中"枉刀札"用來敬稱對方來信。

---

① 參陳靜""別紙"考釋"，《敦煌學輯刊》1999年第1期，頁105-114。

"尉",原卷作"慰","慰浣"指欣慰無比,言收到來信,心中思慕之情得到安慰,猶如久旱逢甘雨般欣慰無比,故稱。書札習用,如歐陽修《與曾宣靖公》:"違別兹久,伏承德履甚休,可勝慰浣。"[170][頁1232]句中"慰浣",義同"慰沃"①,表收到來信時的欣慰之情。

"視",原作"祝","祝望"指禱祝期望。如斯4473號背/1《散都頭張進遇上三傳狀》:"不審近日體氣何似?伏惟倍加保履,下情祝望。"故當以"祝"爲是。

"德用"猶言"體用",指身體起居狀況,多用作書札問候語。如伯3730號《書札》:"德用如何?[更]加保護,勤習士業,是懇望也。"伯3555號背/2《弘約與闍梨書啓》:"□□(不審)近日體用何似?伏惟順時每加保重。"例中"德用""體用"皆用以詢問對方的起居狀況。故不當校"德"爲"聽"。

"維",原卷作"惟","伏惟"乃表希望的敬詞,例多不贅舉。

"荷",原卷作"俯",是。"俯"者言自己處於下位,而對方高居於上,此用以敬稱對方的賜予。

"森""以"原卷爲"察""謹"的草書,"昭察""謹狀"都是書信結尾處的習用語。

據此,上揭書狀當錄爲:"專使特枉榮示,慰浣瞻馳。……然更望遵養,以保尊齡,祝望之心未釋,辰夕所示之事。……未審信後,德用何似?……伏惟俯賜昭察,謹狀。"在這封僅122字的短短書狀中,竟出現了9處誤錄或誤校。而這些疏失與錯誤絕大多數是因不明書札用語的習慣及其含義所致。可見,要真正做到準確無誤地校理敦煌書儀,必須對其用語進行專門、深入的研究。

---

① 參本節"涉俗寫訛字而誤"之例8"慰沃"條,頁104。

## 第三節　書儀語言研究與辭書編纂

　　王雲路指出:"搞好辭書編纂,是語言建設的一項重要任務,不僅反映了辭書事業的興旺與否,更體現了語言研究水平的高低。"①近年來,辭書編纂工作取得了長足的進步,《漢語大字典》《漢語大詞典》(以下簡稱《詞典》)被譽爲漢語辭書中的"雙璧"。《詞典》,作爲一部大型的、歷史性的漢語語文辭典,收詞上,它主張"古今兼收,源流並重";編纂上,它"著重從語詞的歷史演變過程中加以全面闡述。所收條目力求義項完備,釋義確切,層次清楚"②。這無疑是我們理想中的漢語"大詞典"。然而中國典籍浩如煙海,其中語詞五花八門,三教九流,無所不該。沒有對各類體裁文獻(法律、醫藥、書信等)用語的專門研究,是很難將其中語詞、詞義搜羅殆盡并進行準確釋義的。漢語史的研究,在過去的一個世紀裏取得了長足的進展,無論是縱向的、橫向的研究,還是專書的語言研究,都有許多傑出的貢獻。但對以某一體裁爲中心的語言的研究,則往往被人們忽略。體裁語言研究的嚴重滯後,直接影響了大型語文辭書的編纂,使得代表當今辭書編纂最高成就的《詞典》在收詞、立項、釋義、舉證等方面也出現了一些疏漏。就拿敦煌文獻來說,其語料的可靠性,使得它在近代漢語研究中備受青睞。因而《詞典》中也收錄了一些敦煌文獻語詞,但這些語詞多取材於口語性較強的變文和歌辭。像敦煌書儀這種"通"體類文學樣式,其中語詞雖然雅、俗並重,却多不見載於《詞典》。即使收載了的,其釋義多有不確,其書證往往過於滯後,其溯源探流也每有不足。

　　鑒於此,我們有必要加強體裁語言的研究,因爲屬於同一體裁的文

---

①　王雲路《辭書失誤考略》,《古漢語研究》1993 年第 1 期;又《詞彙訓詁論稿》,頁 208。
②　《漢語大詞典·前言》。

獻，往往具有相同的語言特徵。通過體裁語言的研究，既可以更深入地把握這種文體語言的特點，爲全面地描寫一個時代的詞彙系統打下堅實的基礎；又可以彌補專書語言和斷代語言研究的不足，克服對語言現象認識的單一、片面的弊端①。同時，體裁語言的研究成果，又可爲大型語文辭書的編纂提供直接豐富的語彙材料。下面我們謹以《詞典》爲參照，從詞目收載、義項設立、詞義解釋、書證列舉等方面來探討敦煌書儀語言研究對辭書編纂的意義和作用。

## 一　增補失收的詞目

古代社會發展到唐五代時期，經濟、政治、文化等各個領域都發生了較大變化。與此相應，語言中最活躍的要素詞彙也有了很大的變化，產生了大量的新詞，敦煌書儀也不例外。值得注意的是，書儀中的新詞大多具有典型的文體特徵，罕見於其他各類典籍，即使偶有出現，也很少引起人們的關注，自然也就不可能被《詞典》吸納。如：

【哀塞　悲塞　荒塞】

　　某郎盛年，素無積疾，何圖忽奄凶禍。……辱疏問，但增悲哽。謹奉還疏，哀塞不次云云。(伯2622號《吉凶書儀·弔人女婿亡疏·答疏》)

　　某娘子盛年，素無積疾，何圖以某月日忽奄凶禍。……謹奉言疏，哀塞不次。(斯1040號《新集吉凶書儀·妻亡告妻父母叔伯書》)

按："塞"，滿也，"哀塞"言哀傷塞滿胸懷，喻傷心之極。例中"哀塞"用在凶書弔答的末尾，表示悲傷滿懷，以至語無倫次，故稱"哀塞不次"。或作"悲塞"，如：

　　凶故無常，賢夫人素無積疢，何期藥善(膳)不徵，奄至殞逝。……限以驅馳，不獲造慰，但多悲塞。(斯329號《書儀鏡·弔四海遭妻子喪書》)

　　不圖凶禍，翁婆棄背。……未由拜洩，但增哽咽。謹白疏，悲塞不備。(伯3442號《書儀·祖父母喪告答兄弟姊妹書》)

例中"悲塞"與"哀塞"都指悲傷滿懷。另如《法苑珠林》卷七七："彼既哀

---

① 王啟濤《中古及近代法制文書語言研究》，巴蜀社，2003，頁3-5。

塞不能言者,知其意者當代道之。"[74][頁550下]黃庭堅《致雲夫七弟尺牘》:
"壽安姑、冬卿一月中俱不起,聞之悲塞。"[215][頁193]例中"哀塞""悲塞"
皆用來形容悲傷之極。又作"荒塞",如:

> 父母喪告弟妹[書]:耶娘違和,冀漸瘳豫,何圖不蒙靈祐,以某月日奄遘
> 凶釁。……遺(遣)書,荒塞不次。(斯361號《書儀鏡》)

句中"荒塞"亦爲凶書結尾處習用套語。"荒"指迷亂①,"塞"謂堵塞、
塞滿,言悲哀梗塞於胸,難以排遣。"荒塞"即用來形容喪中思緒迷亂、
悲傷滿懷的狀態和心情,爲近義複詞。此亦見於傳世文獻,朱熹《告考
妣文》:"繕寫既成,先事以告,惟是荒塞之餘,不無闕漏。"[111][頁4065]例中
"荒塞"亦指居喪者恍惚迷亂的精神狀態。恍惚迷亂之餘,不免語無倫
次,故凶書弔答中,尾語常言"荒塞不次"。斯361號《書儀鏡》:"凡弔答
父母書,……結尾云'扶力白答、荒塞不次、名頓首頓首'。"

【拔氣】

> 弔兄姊亡書:凶故無常,賢兄傾逝,貫割拔氣。(伯3637號《新定書儀
> 鏡》)

> 弟妹亡弔次弟妹書:不意凶衰,汝兄傾逝,割裂拔氣,與汝同懷,痛深。
> (同上)

按:《呂氏春秋·精通》云:"父母之於子也,子之於父母也,一體而兩
分,同氣而異息。"[137][頁508]又《顏氏家訓·兄弟》言:"兄弟者,分形連氣
之人也。"[292][頁23]又伯3637號《新定書儀鏡·祭兄》:"與兄弟天倫,連枝
同氣,何圖凶釁,奄及奠祭。"唐王度《古鏡記》:"今天下向亂,盜賊充斥,
欲安之乎?且吾與汝同氣,未嘗遠別。"[243][頁19]此皆謂父子連體,兄弟
同氣,手足喪亡,猶如氣拔於身。故在兄姊弟妹喪亡的凶書弔答中,多
以"拔氣"形容手足之喪的痛苦與悲傷。

【悲念 悲係 悲懸】

> 何圖遘此迍禍,奄從夭逝。……某乙疾弊,不及造慰,增之悲念。(斯329

---

① 參王雲路、方一新《中古漢語語詞例釋》,頁192。

號《書儀鏡·弔四海遭妻子喪書》》

禍出不圖,某盛年夭逝。……某諸疹弊,造慰未由,但增悲係。(斯1438號背《吐蕃占領敦煌初期漢族書儀》)

夫喪妻喪告答兒女書:汝父寢疾,冀憑靈祐,何圖奄及凶禍。……吾悲懸可悉,念汝抑割,勿使吾憂。(伯3442號《書儀》)

按:例中"悲念""悲係""悲懸",都表示悲痛中的想念之情。構詞上,它們都由"悲"加上表示"思念、想望"義的語素構成。以"悲"加之,蓋由書信雙方或有丁憂者。也就是說,這些詞的使用場合是凶書弔答或居喪者與他人的書信往來中。若在吉書中,這些詞則相應地換成"憶念""馳係""懸念"等,如:

限已(以)軍行,見汝未期,但多憶念。(伯3750號《書信》)

各限公務,展集未由,馳係之心,無以爲喻。(斯5613號《書儀》)

未即集見,懸念增積。(斯2200號《新集吉凶書儀·和尚尊師與弟子書》)

例中"憶念""馳係""懸念"都用來表達別後的思念、想望之情。通過吉凶書儀用詞的對比,可以看出:"悲念""悲係""悲懸"等詞中,主要的表義語素是"念""係""懸"等,而"悲"似乎只是一個表達"悲痛"感情色彩的語素。這也可從唐人書帖中得到印證。如顏真卿《顏魯公文集·補遺》之《與李太保帖》:"冬閏初寒,伏惟太保尊體安適。……未間,悲係無喻。謹還狀,不次。"[295][頁5]書帖尾語用"不次",據伯3849號《黃門侍郎盧藏用儀例》"凡凶書皆云不次",可知顏真卿正居喪中,故用"悲係"來表達對李太保的思念之情。

【悲疊 荒疊】

彼此重服相與書:春寒,不審氣力何似?某乙悲疊可量。(伯3637號《新定書儀鏡》)

重服内尋常相與書:春寒,惟動息支祐,某荒疊可量。(同上)

按:例中"悲疊""荒疊"都表示居喪之中悲痛、迷亂的精神狀態。"悲"指悲傷,"荒"指迷亂。言作書者身居喪中,寢苦枕塊,喝粥食蔬,成日追思感慕,不免毁瘠過度,精神恍惚,思緒迷亂。"疊"爲"疊"的俗字,《廣韻·震韻》:"疊,罪也、瑕疊也。疊,俗。"[285][頁393]"疊"本指罅隙、裂縫,如賈誼《新書・道術》:"有釁和之,有端隨之。"[276][頁302]後由空間上"罅隙、裂縫"引申指行爲上的"罪過、過失"。如韓愈《潮州刺史謝上表》:"而臣負罪嬰釁,自拘海島,戚戚嗟嗟,日與死迫。"[107][頁620]句中"釁"與"罪"對文同義。由此引申,"釁"又有"禍患、災難"義,如《大唐西域記》卷三:"王見太子,銜悲問曰:'誰害汝身,遭此禍釁?'"[29][頁308]其中"禍釁"同義連言。"悲釁""荒釁"的"釁"即指(親人喪亡的)禍患、災難。因爲在古人看來,親人之喪,往往是經喪者所犯"罪過"招致的禍患,故而書儀中常將"遭喪"歸之於"私門積釁"。如伯2622號《吉凶書儀》:"弔人男女亡云:不意凶變,賢郎小娘殞逝,深助悲痛。答:私門積釁,殃及兒子女子,不勝苦痛。"例中把兒女之喪看作是家門積釁的結果。正因爲如此,書儀中纔以"悲釁""荒釁"來表示招致禍患(居喪)時的悲傷、迷亂境況。

【本鎮】

右伏以臨垂(陲)小鎮,絶塞孤城,輒獻本鎮土儀。(斯8680號《新集書儀・邊城獻土物狀》)

按:"本"者,當也,"本鎮"即當鎮。當句中動作主體只有一個時,"本鎮"指說話人所在的城鎮。如例中"本鎮"即指"作書人"所在的城鎮。另《桂苑筆耕集》卷一一《告報諸道會兵書》:"已取今月十八日,部領兵士,發離本鎮。"[91][頁93]亦其例。當句中動作主體不止一個時,"本鎮"則指與之臨近的動作主體所在的城鎮,如白居易《答元素謝上表》:"知卿已到本鎮,當慰疲人。"[2][頁3271]句中涉及兩個動作主體,一是"知"的主體"作書人",另一個是"到"的主體"卿"。其中"本鎮"即指與之臨近的動作主體"卿"所在的城鎮。"本"的語法功能相當於英語中的特指代詞"the",其具體的指代對象須依語境(與之臨近的動作主體)而定。爲何"本"指代的對象總是與之臨近的動作主體呢?這大概是因爲"本"有自身之義,既是自身,當然是最近的了。

## 【俵錢】

俵錢去處：中興門、明福門、章善門、銀臺門、興善門，計錢四貫文；客省門、通天門、閤門、光政門，計錢二貫；九人將軍，計錢六貫七佰文；密院門八人，計錢一貫八佰文；閤門司，二貫文；牽馬，三佰(百)文；應天門，四百文；乾元門，四百文。(伯 3864 號《刺史書儀》)

按：《玉篇·人部》："俵，波廟切，俵散也。"[203][頁 60]然查晚唐五代之前的文獻，並不見"俵"字，或許《玉篇》中"俵"爲後人所增。《廣韻·笑韻》："俵，俵散。"[285][頁 415]筆者檢索電子版《四部叢刊》及《二十五史》，發現"俵"字的最早用例都在晚唐五代。如杜光庭《廣成集》卷三《謝宣賜道場錢表》："其所賜錢，臣已依數跪受，俵給道衆訖。"[92][頁 5]《舊五代史·食貨志》："河南、河北諸州，除俵散鹽鹺徵錢外，每年末鹽界分場務，約糶一十七萬貫有餘。"[120][頁 1951]其中"俵給""俵散"皆爲分給、散發義。如果説這二例中或有後人竄改的可能，那麼上揭敦煌書儀中"俵錢"的用例，則是貨真價實的"同時資料"。且據學者考證，此書儀爲後唐明宗時刺史書儀，所謂"俵錢"乃該刺史到京城朝見時進行的公開行賄①。由此可以肯定，"俵"字至遲在晚唐五代時已出現，書儀用例又一次真實地再現了當時的用字情況。"俵"者，散也，"俵錢"即分散錢物，如歐陽修《言青苗錢第一劄子》："故提舉等官，以不能催促盡數散俵爲失職；州縣之吏，亦以俵錢不盡爲弛慢。"[170][頁 903]例中"俵錢"即其義。

## 【不代】

忽辱芳問，用慰懸情。……草草間，未即披展，因使不代。(斯 329 號《書儀鏡》)

僕先疾弊，已無情理。更屬新正，實多悲愴耳。謹此不代。(同上)

按：古人云："尺牘書疏，千里面目也。"謂遠隔兩地的人們，只能憑靠書信盡情地紓寫心曲、交流感情，正所謂見信如面、以書代面。然而"書信"畢竟只是"代申面及"，不能盡表心意，故而書儀中又或出現"代申何具"的

---

① 趙和平《敦煌表狀箋啓書儀輯較》，頁 206。

字樣。如《杜家立成·賀知故得官書·答書》:"忽蒙垂訪,慚懼交懷。還謹寸誠,代申何具。"[31][頁252]正因爲他們不能在信中一一具説詳情,只好在信末以"不代"來表達這種"書不盡言""言不盡意"的真切感受。後來,積久成習,習用成套,"不代"便成了類似於"不宣""不備""不悉""不具"等常用於書札結尾處表示"不能代替面申"的套語。另如唐李吉甫《編次鄭欽悦辨大同古銘論》:"天寶中,有商洛隱者任昇之,嘗貽右補闕鄭欽悦書:'昇之白:頃退居商洛,久闕披陳。……'數日,欽悦即復書曰:'使至,忽辱簡翰,用浣襟懷。……使還,不代。"[243][43-45頁]是其例。

【長絲節】

屈譙書:五月五日,長絲節角黍奉屈,降趾爲幸。(斯329號《書儀鏡》)

按:例中前言"五月五日",後言"長絲節",又言"角黍(包粽子)",則"長絲節"即端午節的別名。爲何稱端午節爲長絲節呢?這大概與舊時習俗相關,南朝梁宗懍《荆楚歲時記》:"(五月五日)以五彩絲繫臂,名曰辟兵,令人不病瘟。……一名長命縷,一名續命縷,一名辟兵繒,一名五色絲,一名朱(或作'百')索。"[117][頁570]原來,端午這天,古人須於手臂繫五彩絲以求福免災。"長絲節"或由此得名。

【唱説】

和尚去時,於阿郎極有唱説不是。……今者爲甚不知,唱説惡名,左右人聞,名價不善,倍多羅塞。(斯526號《武威郡夫人陰氏上某和尚書》)

按:"唱"有大聲叫喊義,斯214號《燕子賦》:"燕子唱快,喜慰不已。""唱快"即大聲叫好。則"唱説"爲同義複詞,義爲宣揚、高聲言説,習見於唐五代文獻。如斯2114號背《醜女金剛緣》:"於是大王處分宮人,不得唱説,便遣送在深宮,更莫將來交朕見。"《法苑珠林》卷九二:"爾時世尊爲大衆説法,僧護比丘在大衆中高聲唱説已先所見地獄因緣。"[74][頁645中]例中"唱説"皆爲宣揚、大聲言説義。

【辭奉】

一自辭奉,屢易炎涼。(斯329號《書儀鏡》)

## 第三節　書儀語言研究與辭書編纂　131

辭奉數年,更不再睹。(伯3945號《從心與兄嫂書》)

按:"奉"者,承也,特指接受教益、承教,含表敬意味,如"敢不奉教"。"辭奉"謂別離在外,不能親承教益,此用爲辭别他人的敬稱。書儀中類似的説法還有"闊奉、闊奉"。如斯329號《書儀鏡》:"闕奉曠久,傾眷尤深。"伯3442號《書儀·與嫂書》:"闊奉稍久,延仰情積。"例中"闕奉、闊奉",義同"辭奉",亦用作闊别對方的敬詞。"辭奉"也見於傳世文獻,如張孝祥《于湖居士文集》卷三六《答吴子仁》:"某辭奉光塵,坐彌歲月。"[300][頁2]"辭奉光塵"謂辭别對方。楊萬里則以擬人手法將"辭奉"移用於山水詩中,如《誠齋集》卷三三《早炊新林望見鍾山》:"辭奉鍾山一月前,如何知我北歸軒。"[17][頁11]句中"辭奉"徑指别離,已失却敬稱意味。

【發赴　發離】

申離京啓狀:去今月日已離洛京,發赴本道,即獲參觀,喜躍伏深。(伯3449號《刺史書儀》)

入京中路奏狀一道:臣某即去今月日發離某州訖,星奔道途,罔安宿食。(同上)

按:"發赴""發離"在構詞上,都有一個共同的語素"發";表義上,都含有"出發"的意思。然其側重點各不相同:前者著眼於"赴",即前往的目的地;後者側重於"離",即離開的出發點。故而前者指"出發前往",後者指"出發離開"。其詞義表達的異同在傳世文獻中也有體現,如顔真卿《顔魯公文集》卷二《謝浙西節度使表》:"制書以今月四日至饒州,臣以今日發赴本道,取都統節度觀察使李峘處分訖。"[295][頁7]范仲淹《年譜補遺》:"(公)又與都監張肇部領諸兵馬於初三日發離邠州,取長武路往涇州策應。"[78][頁14]前例中"發赴"指前往其就職之所;後例中"發離"謂離開所在地。

【感絶】

百官謝父母喪蒙贈表:伏奉制書,追贈臣父先臣某爲某官,諡某公,贈某物;奉對哀號,肝心屠殞。……荷戴鴻恩,罔知上報,無任感絶之至,謹奉表以聞。(伯3442號《書儀》)

按:"感"者,傷、悲也。"感絕"多用來形容喪親之痛達到極至,即"悲痛欲絕"。如張九齡《唐丞相曲江張先生文集》卷一三《讓起復中書侍郎同平章事表》:"實冀哀素有次,喪紀獲終,俯鑒荒迷,乞遂情禮。臣無任感絕哀迫之至。"[235][頁2]《法苑珠林》卷四九:"今且問王:'射睒何許,今爲死活?'王説睒言,父母感絕,我一旦無子,俱亦當死。"[74][頁360中]是其例。

【耿歎】

限以遥阻,何當面申?翹翹之心,何止晨夕?但多耿歎,札豈能宣?(斯329號《書儀鏡》)

自從分袂,軫念彌深。久絶招攜,常懷耿歎。(伯3375號《朋友書儀》)

按:例中"耿歎"表達了一種欲相見而又無法相見時的情感,其義爲"憂歎、悲歎"。耿,憂也。"耿"此義在先秦以迄唐宋的文獻中都較爲習見。如:

泛彼柏舟,亦泛其流。耿耿不寐,如有隱憂。(《詩經·邶風·柏舟》)[197][頁296])

使還,得八日書,知不佳。何爾?耿耿。(王羲之《雜帖》)[178][頁212])

別汝已久,憶念難言,久不得書,憂耿何極。(斯2200號《新集吉凶書儀·與弟妹書》)

以上句中"耿、耿耿"皆爲"憂"義。"耿嘆"即"憂嘆",謂憂傷嘆息,言人們那些悲憂之情鬱結心中,難以排遣,故而生嘆。亦見於同時期的傳世文獻,如《舊唐書·蘇瓌傳》:"松檟已遠,風烈猶存,緬懷誠節,良深耿歎。"[119][页2880]是其例。

【號絶 號殞】

弔人經葬云:日月易流,安厝永畢,奉助哀慕號絶。(伯2622號《吉凶書儀》)

三獻訖,孝子再拜號踊,撫棺號殞,內外俱哭。(同上)

按:"號"謂號哭,"絶"、"殞"指昏厥、暈倒,"號絶"、"號殞"謂悲痛之深,以至號哭氣絶,昏死過去。另如韓愈《憲宗崩慰諸道疏》:"上天降禍,大行皇帝奄棄萬國。……某承詔,不任號絶。"[107][頁731]杜光庭《廣成集》卷三《慰山陵畢表》:"伏承大行皇帝山陵禮畢者。……臣某伏限衰疾,不獲奉慰闕庭,不任號殞摧咽之至。"[92][頁11]可見,唐人弔慰書狀中多以"號絕""號殞"來表示難以抑制的悲痛之情。

【笏記】

謝兩樞密笏記:某蒙恩除授刺史。某素無勤迹(績),幸契休明,曾叨隼戟之榮,再忝熊車之任。……唯虔奉上之心,永荷獎擢之力。無任感恩惶懼。(伯3864號《刺史書儀》)

謝本道節度使笏記:某蒙恩除授某刺史。有幸得伏事台庭,下情無任抃躍。……仰荷聖恩,慚裨皇化。叨居屬郡,但倚台衡。某無任感恩惶懼。(同上)

按:"笏"指笏板,是古代君臣朝會時臣下手執的狹長板子,其上可記事。《禮記·玉藻》:"凡有指畫於君前,用笏;造受命於君前,則書於笏。"[135][頁1480中]從上面書儀用例看,"笏記"是一種文書名,指官員上朝前書寫在笏板上的記事文字,備入殿向皇帝上奏時誦讀。因笏板容量有限,"笏記"內容較之表狀文書,尤爲簡短。如司馬光《溫國文正公文集》卷五七《謝生日賜羊酒米笏記》:"臣遭會聖辰,謬塵機任,屬是門弧之旦,方慚鼎食之榮,敢意睿慈,重加蕃錫,內循朽薄,徒極悸惶。"[266][頁4]此笏記便只有簡短的37字。不僅如此,其内容也多是感恩戴德之作。

【荒戀】

四海平蕃破國慶賀書:某乙罪酷,亡過周載,觸目推(摧)裂,痛貫心魂。……有限,不獲遠迎,專於路左拜賀。未問(問),但深荒戀。(斯329號《書儀鏡》)

按:"荒"者,迷亂也,特指居喪期間精神恍惚、思緒迷亂的狀態;"戀"謂思戀、戀慕。丁憂期間,即使依戀故人,也只能於迷亂中思戀而已,故稱"荒戀"。如柳宗元《上廣州趙宗儒尚書啓》:"某天罰深重,餘息苟存,沈竄俟罪。朝不圖夕,伏謁無路,不任荒戀之誠。"[148][頁556]從書啓用語看,柳宗元作此書時,正居喪中,故對受書者趙宗儒尚書的戀慕之情也唯是不任"荒戀"。可見,唐人書狀中,居喪者多以"荒戀"表示對他人的依戀之情。

【檢訪】

　　封門狀迴書平交：伏蒙恩私，特垂檢訪。少事出入，有闕祗印（迎）。悚荷之誠，但切卑懇。（伯 3449 號《刺史書儀》）

　　按："檢訪"本指（上級）檢查尋訪，如《唐文粹》卷七三寶淊《池州重建大廳壁記》："一之月檢訪鄉籍，二之月完聚瘡痍。"[247][頁5]《南齊書·賈淵傳》："青州人發古塚，銘云'青州世子，東海女郎'。……（賈）淵對曰：'此是司馬越女，嫁苟晞兒。'檢訪果然。"[164][頁906]例中"檢訪"皆指（上級的）查看尋訪。而書儀中"檢訪"則用以敬稱對方的來訪。書儀中與此用法相同的還有"檢校"，如斯 329 號《書儀鏡》："集洩久乖，增悵係。餘垂檢校，幸也。"例言久不見面，深感悵然，故望對方有空來"查看"。其中"檢校"本指檢查、查看，此亦用來敬稱對方來訪。

【降歆】

　　夫祭妻文：維某年歲次某月朔某［日］辰，某官某乙謹以清酌之奠敬祭于故亡妻某氏夫人之靈。……謹以清酌之奠，幸願卿兮降歆，尚饗。（伯 2622 號《吉凶書儀》）

　　按："降"指高貴人物蒞臨；"歆"，謂祭祀時鬼神享受祭品的香氣。《說文·欠部》："歆，神食氣也。"[200][頁180]"降歆"連言則用以敬稱神靈前來享用祭品，故多用於祭文。如李翱《李文公文集》卷一六《祭中天王文代河南鄭尹作》："自春亢陽，將害嘉穀，是以齋心命使，用祈於王。惟神降歆，明應如答，陰雲周布，膏澤四施。"[236][頁128]沈亞之《沈下賢文集》卷一二《爲韓尹祭韓令公文》："鑒卑志之潔恭，願降歆而省此。"[208][頁140]例中"降歆"皆其義。

【鈞誨】

　　右某伏蒙台恩，特賜前件物等，謹依鈞誨跪授訖。（伯 3449 號《刺史書儀·送生料酒食謝狀》）

　　按："鈞"，洪成玉云："敬詞。初，用以敬稱內閣級官員。約在北宋時，開始用於敬稱尊上或尊上的行爲。北宋黃庭堅《與王元直書》：每承諸賢，見目以'鈞''台'，甚不安也。凡名皆須宜稱耳。若常行，唯執政

## 第三節　書儀語言研究與辭書編纂

可呼'鈞候''鈞旨'。"①其實,以"鈞"敬稱尊上及其行爲,並不始於北宋,早在晚唐時就已出現。上揭例中"鈞誨"即用來敬稱尊上的教導或指示。另如范仲淹《與韓魏公》:"党武回,領鈞誨。"[78][頁3]亦其例。書儀中還有"鈞憐""鈞念"之稱。如:

某忝爲賓吏,獲奉鈞憐,卑情無任喜抃攀戀之至。(伯4092號《新集雜別紙》)

伏蒙鈞念,遠辱牋章;途路開通,盡因造化。(伯3151號《沙州書狀稿》)

例中"鈞憐""鈞念"皆用以指稱尊長的眷愛、顧念。另如朱熹《與陳帥書》:"只乞鈞念,爲達此懇。"[111][頁1160]是其例。

【空酒】

久不見相迎書:眷仰多時,無由披紋。今具空酒,輒敢諮邀。(斯2200號《新集吉凶書儀》)

暖房相屈:空酒壹酌,望垂檢校,即所望也。(斯5636號《新集書儀》)

按:"空酒",周一良釋爲:不就菜肴而飲酒,即寡酒。又云:"請客而喝寡酒,不太近情理,這些書札中的空酒,恐怕只是謙遜之詞了"②。董志翹以爲:"空酒"原爲"清酒"之義,對僧侶而言也用來指素齋。後來俗間即成爲設宴待客者的謙遜之詞了,猶如今人請客而言"粗茶淡飯""薄酒一杯"之類。在謙遜之詞的背後,實際不妨"百種周足"也③。上揭後例中"空酒"與"壹酌"並舉,"空"有單獨、僅僅之義,而"壹"謂專一,亦即單少,此皆用爲謙遜之詞,故"空酒壹酌"猶言"單酒薄酌"。其實,不僅書札這樣用,社司轉帖亦如此。如斯1973號背《社司轉帖》:"右緣慈光延(筵)設,空酒壹酌。幸請諸公等,帖至,限今月三日辰時依(於)永安寺門前取齊。"其中"空酒壹酌",意義、用法都與書儀完全相似,或是習用成套之故。

【流問】

四海平蕃破國慶賀書:忽辱流問,有同面申。(斯329號《書儀鏡》)

---

① 洪成玉《謙詞敬詞婉詞詞典》,頁122。
② 參周一良《王梵志詩的幾條補注》,《魏晉南北朝史論集續編》,頁293。
③ 參董志翹《〈入唐求法巡禮行記〉疑難詞語考辨》,《中古文獻語言論集》,頁71。

忽奉流問，傾得良多。（同上）

按："流"指流淌、灌注。因水流的方向總是自上而下，書儀中每常以"流"喻指尊者布恩於卑者或尊者施及卑者的行爲。如伯3625號《書儀•謝駝》："某藝無所取，職忝軍門。……豈謂太保迴流弘造，特賜父駝。"例中"流弘造"指布施恩惠。"問"指慰問、問候。"流問"即用來尊稱對方的慰問或來信，言其"問候"猶如水流般自上而下地灌注於心田。"流問"一詞，書儀中雖僅此二例，然在宋代文人書札中却非常習用。晁補之《雞肋集》卷五九《與李中大啓》："馳書尚爾，流問辱先。傾蓋足榮，驅車竊抃。"[122][頁11]陸游《渭南文集》卷九《與本路郡守啓》："方懼誤恩之及，敢勤流問之先。"[269][頁13]例中"流問"皆用以敬稱對方來信。其中或有稱自己去信爲"馳書"，而謂對方來信曰"流問"者，其詞義的傾向性可見一斑。古書中或有不明"流問"之義而妄改者，如蘇軾《答喬舍人啓》："過蒙疏示，深服揮謙，顧慚衰病之餘，莫究欣承之意。"孔凡禮校：郎本"疏示"作"流問"[214][頁1364]。今按：孔氏所據底本爲明萬歷間茅維編的《蘇文忠公全集》，而郎本指南宋郎曄編注的《經進東坡文集事略》。兩相比較："疏示"於文意雖通，然恭敬意味稍遜；就用語習慣而言，亦當以郎本"流問"爲是。

【暖子】

新暖子一領，并入綿捌兩。右謹專送上。（斯76號背/2《攝茶陵縣令譚▢狀二通》）

按："暖子"作爲饋贈的禮品，以量詞"領"稱之，似爲上衣。《説文•頁部》："領，項也。"[200][頁182]《釋名•釋衣服》："領，頸也，以壅領也；亦言總領衣體爲端首也。"[199][頁1062]"'領'的本意指頸項，轉爲量詞，多用來稱量上衣，乃因上衣有可護頸項之處，同時提取時亦由其端首之處，故以'領'量之。"①"暖子"不僅以"領"稱之，其中還"入綿捌兩"。如此看

---

① 洪藝芳《敦煌吐魯番文書中之量詞研究》，頁278。

來,其裏層還夾有"綿",則此"暖子"似當爲"襖子"之類的衣物,因其短小、暖和而得名。另如伯2704號《曹議金迴向疏四件》之一:"紫盤龍綾襖子壹領,紅宫錦暖子壹領,……已上施入大衆。"《桂苑筆耕集》卷一〇《幽州李可舉太保》之四"送物狀"中備列了各類饋贈禮品,其中有:織成紅錦繳壁兩條;暖子錦三匹。狀云:"右件繳壁錦纈等,龜城傳樣,鳳抒成功。……雖五千里之誇步障,則難可争光;而四十匹之製戎衣,則或堪入用。亦冀備會稽守晝行之服,攙平津候夜寐之衾。"[91][頁86]言以上布料來自龜城,或堪製戎衣,以備晝行之服與夜寐之衾。則"暖子錦"似製作暖子用的"錦"。可見當時"暖子"之流行,竟有以此命名之錦。

【平闕】

高祖、曾祖、祖、翁婆、外族耶娘、兹(慈)顔、尊親、尊體、動止、起居、寢善(膳)、伯叔姑舅姨、桑梓、墳壟。右前牛(件)家私書疏准式並平闕。(斯6537號背/14《大唐新定吉凶書儀》)

凡凶書,論亡者無問尊卑,皆爲行首平闕,以幽明有異,重亡者。(伯3442號《書儀》)

按:"平闕"乃書儀格式用語,"平"謂平出,即攙頭頂格書寫;"闕"谓闕字,"平闕"指公私文書中遇到特定的語詞時,須平出或闕字,以示尊敬。上揭前例所舉爲書儀中規定須要平闕的特定語詞,後例則是關於平闕規定實施的具體細則及原因。類似的規定亦見於同時期的文獻,《唐六典》卷四:"凡上表、疏、箋、啓及判、策、文章,如平闕之式。"[237][頁113]《唐會要》卷五〇:"今後應緣國家制命,表疏簿書,及所試制策文章,一事已上,語指道教之事,及天地乾坤之字者,並一切平闕,宜宣示中外。"[244][頁866]"平闕"一詞後代也有沿用,如《容齋隨筆》卷四"孟蜀避唐諱"條:"前蜀王氏已稱帝,而其所立龍興寺碑言及唐諸帝,亦皆平闕,乃知唐之澤遠矣。"[192][頁49]①其中"平闕"也指碑中文字的平出與闕字。

---

① 例中"平闕",《四部叢刊》本如此,而上海古籍出版社1996年版《容齋隨筆》却作"半闕",顯有誤。今徑改。

【翹軫】

  名諸弊少理,言展未由,惟增翹軫。(伯 2619 號背《新定書儀鏡・通婚書・答書》)

  未即諮敍,更增翹軫。(伯 3442 號《書儀・□(與)稍尊書》)

按:例中"翹軫"用以喻心中思慕而不得的憂傷。"翹",舉首也,謂擡頭遠望,以具體動作喻心中無限思慕之情。"軫"爲"憂傷、隱痛"義,《楚辭・九章・惜誦》:"背膺胖以交痛兮,心鬱結而紆軫。"王逸注:"軫,隱也。言己不忍變心易行,則憂思鬱結,胸背分裂,心中交引而隱痛也。"洪興祖補注:"軫,痛也。"[20][頁 127]《詞典》"軫"下收有"軫念""軫悼""軫懷""軫憂"等詞,其中"軫"皆爲憂義。故"翹軫"連言用以喻思慕對方而不得相見的憂傷。另如《唐人月儀帖・九月季秋》:"青山帶地,敍念無期。況阻關河,彌增翹軫。"[234][頁 7]亦其例。

【群牧】

  至定消息,星夜使令申報上州,兼當日差人走報常樂、瓜州兩鎮,收什人口、群牧警備隄防訖。(伯 2814 號《懸泉鎮遏使安進通狀七件》)

按:例中"群牧"與"人口"並舉,指各種牲畜。另如伯 3774 號《僧龍藏呈明與大哥析產牒》:"先家中無羊,爲父是部落使,經東衙等賞羊卅口,馬一匹,耕牛兩頭,牸牛一頭。……齊周自出牧子,放經十年,群牧成,始雇吐渾牧放。"句中"群牧"指齊周請人牧放的"羊、馬、耕牛"等牲畜。《舊唐書・王毛仲傳》:"毛仲部統嚴整,群牧孳息,遂數倍其初。"[119][頁 3254]亦其例。唐代,"群牧"又可用來指飼養、牧放、管理、支配各種牲畜,尤其是牧馬的機構。如同書《職官志》:"凡諸群牧,立南北東西四使以分統之,其馬皆印。"[119][頁 1883]例中"群牧"即爲機構名,宋代稱之爲"群牧司"①。如司馬光《體要疏》:"又監牧使主養馬,四園苑主課利,今乃使監牧使不屬群牧司,四園苑不屬三司提舉司,則在下者各得專權自恣,而在上者爲無所用矣。"[212][頁 280]是其例。

---

① 參龔延明《宋代官制辭典》"群牧司"條,頁 130。

## 第三節　書儀語言研究與辭書編纂　139

【欷滿】

與子侄□（孫）書：比絶書疏，增以懸念。……未即見汝，欷滿何極。（伯3442號《書儀》）

與外甥孫書：別久，憶念增深。……未即見汝，增以欷滿。（同上）

按："欷滿"，憂欷、愁悶之義，常用來形容想見而不得相見時的愁苦心情。習見於書儀，如《高昌書儀·與弟妹書》："別汝經年，憶廷（遲）恒深。杳然未知取集期，但增欷滿。"[255][頁234]伯2640號《常何暮碑》："於時，駕在洛陽，將還京輦，又馳驛降敕曰：'朕既欲京，戒途在促，引領東顧，深以欷滿。'"例中"欷滿"，亦爲憂欷、愁悶義。或作"欷懣"，如張九齡《唐丞相曲江張先生文集》卷一〇《敕安西節度王斛斯書》："言念勤勞，良所欷懣。"[235][頁6]謂思念對方，渴望相見，然事與願違，不免憂欷、愁悶。

【通引】

謝迴賜物：某乙庸賤，離使拜奉，伏蒙特賜優給，某乙下情無任感恩惶懼。（原注：其上件謝禮，但臨事與通引商量，問諱兼輕重隨時謝之。）（伯3691號《新集書儀》）

按：上例爲答謝賜物的書信。注文意謂答謝之禮，臨時與"通引"商量，并詢問其官長家諱及謝禮的輕重。其中"通引"似即所謂"通引官"的省稱。《五代會要》卷一三："緣使相在京，百官請謁，須差直省引接；兼街衢出入，或恐朝列誤衝。及到本道，自有客司通引官引接。"[267][頁169]宋趙彥衛《雲麓漫鈔》卷一二："國朝州郡役人之制：衙前入役曰鄉户，曰押録，曰長名；職次曰客司，曰通引官，優者曰衙職。"[297][頁345]由此看來，"通引官"乃通報引見之衙役名，晚唐五代時已有此稱。

【狠塞】

□（女）喪告□□（答親）家□□（舅姑）書：不意凶禍，某娘殞逝。……名諸疹少理，未由展洩，唯增哽咽。謹白書，狠塞不次。（伯3442號《書儀》）

私門積疊，室人喪逝。……辱疏問，不任哀咽。謹奉還疏，狠塞不次。（伯2622號《吉凶書儀·弔人妻亡·答疏》）

按:"猥塞"喻悲傷滿懷。"猥"有衆多義①,晋人書札中,它常與表悲哀、感傷義的語素連用,表示心情極度悲痛。如陸雲《弔陳永長書》:"凶問卒至,痛心摧(摧)剥。……財遣表唁,悲猥不次。"[178][頁1088] 又《弔伯華書》:"自聞凶諱,痛心割裂,追惟哀摧,肝心破剥。……東望靈宇,五情哽咽,割切哀慕。書重,感猥不次。"[178][頁1089] 王羲之《雜帖》:"前使還,有書。哀猥不能敍懷,情痛兼哀若割。"[178][頁223] 以上例中"悲猥""感猥""哀猥"都指悲哀、憂傷猥集心中,猶言悲傷滿懷。"猥"與之長久連言,受其感染,也隨之具有了"悲傷滿懷"義,因而在敦煌書儀中,它又可與"塞"連用,構成同義複詞。

【修承　修狀】

與夫書:孟春猶寒,體内何如?即日府君大家康和,伏寧侍左右,大小無恙。願珍重,尋信修承。(伯3442號《書儀》)

今則竊承軒車已離京闕,將諧款狎,預積懇衷。謹修狀偵行期,續伸(申)迎接。(斯5623號《新集雜别紙》)

按:"修承""修狀"皆爲書信習用語,猶寫信。另如《杜家立成·頻得知故書》:"今因往信,謹此修承。"[31][頁255]《桂苑筆耕集》卷一九《謝周繁秀才以小山集見示》:"未獲面申感謝,謹專修狀啓陳云云。"[91][頁194] 例中"修承""修狀"皆指"寫信"。據筆者調察,"修承"習見於初盛唐時期書儀,"修狀"却多見於中晚唐時期的書信,二者呈現出詞彙興替的現象。《杜家立成》中與"修承"義近的還有"諮承"一詞,如:

公事牽纏,未即參賀。無任欣慰,且附諮承。(《賀知故得官書》[31][頁252])

未即參賀,且謝代申。尋望諮承,此不多述。(《賀知故患損書》[31][頁265])

"諮",白也,"承",聞也,謂領受教誨。"諮承"即禀白以受教。例中"諮承"或用以指"寫信",或用以指"面敍"。其中"承"为"受教"義,此或即"修承"之"承"的由來。然則"修承"本指"敍寫以承聞對方的教誨",習用如常後,則徑用來指"修書、寫信"。

———

① 參王雲路、方一新《中古漢語詞語例釋》"悲猥、哀猥、感猥、情猥"條,頁17。

【珍割】

　　禍出不圖,尊太府君棄背。下情悲割,不能自已。……新婦有限,未獲拜覲。伏增悲悚,伏願珍割。(伯3442號《書儀・[舅姑喪告答舅姑伯叔姑書]》)

　　按:"珍割"爲凶書弔慰之語,"珍"指珍重、愛護,"割"指裁抑、節制(哀傷),猶今言"節哀"。"珍割"則表示希望對方保重身體,節制哀傷。書儀中多用"抑割",如伯3691號《新集書儀》:"除服弔云:日月易遷,俄經三載,抑割哀痛,奉助悲切。"伯3442號《書儀・夫喪妻喪告答兒女書》:"汝父母寢疾,冀憑靈祐,何圖奄及凶禍。……念汝抑割,勿使吾憂。"例中"抑割"皆爲同義並列,指抑制哀傷①。

　　以上所舉,其實只是敦煌書儀中新詞的極少部分,由此可看出:《詞典》在書儀類詞目收載上還不夠完備。敦煌書儀語詞的研究,則可增補其漏收的詞條。

## 二　添加遺漏的義項

　　漢語詞彙的變化不僅表現在量的增多,還表現在詞義的不斷豐富,由單義演變爲多義。詞彙多義化雖然可以用數量較少的詞表達豐富的意義,但實際運用中,多義詞却往往會引起歧解、誤解。這或許正是書儀中新詞較爲豐富,新義相對貧乏的緣故吧。書儀中新義的數量雖然不多,但却反映了原有詞彙在"質"上變化。敦煌書儀中所見新義大多爲《詞典》所遺漏。兹舉例説明如下:

【白記】

　　與極尊書:孟春猶寒,不審尊體何如?……今因信往,附白記不具。(伯3442號《書儀》)

　　舅姑喪告答夫書<sup>夫之兄弟姊妹附之</sup>:凶疊招禍,先舅<sup>先姑</sup>棄背,攀慕無及,五情縻潰。惟夫<sup>兄姊伏惟</sup>攀號擗踴,荼毒難居。……未獲奉洩<sup>夫兄姊云拜洩</sup>,望夫<sup>兄姊云伏增</sup>摧絶。謹附白書<sup>夫兄姊云白記</sup>,悲塞不次。(同上)

―――――――――

① 參王雲路、方一新《中古漢語語詞例釋》"抑割"條,頁439。

按:前例是"與尊者書",結尾套語用"白記";後例爲"舅姑喪告答夫書",夫之兄弟姊妹也附之,因受書對象有長幼的不同("夫"爲平輩,"弟妹"爲"幼","兄姊"爲"長"),故在"白書"後注云:"夫兄姊云白記。"由此可知:"白記"的適用對象是"尊長"。例中"白記"都用作動詞"附"的賓語。"附"者,託人捎帶也,其捎帶的對象是"白記",則"白記"應指"寫給尊長的信"。作爲名詞,"記"原指漢代官府中使用較爲廣泛的一種公文,即公牘,《漢書•張敞傳》:"以臣有章劾當免,受記考事。"顏師古注:"記,書也。若今之州縣爲符教也。"[102][頁3225]則"白記"當指稟告公務、陳說事由的文書。如《後漢書•楊終傳》"太守奇其才"李賢注引《袁山松書》曰:"時蜀郡有雷震決曹,終上白記,以爲斷獄煩苛所致。"[104][頁1597]例中"白記"指白事的"奏記"。作爲白事的文書,"白記"自然是下呈於上的,由此便引申出敦煌書儀中所見的新興義項——與尊者的書信。

【本典】

外官每上表皆牒上四方館。敕某道某州牒上四方館。……某年月日典、本司典姓名封。……轉牒式:敕某道節度觀察等使,轉牒上都已來路表,次館驛表函壹封,印全,爲某事牒前件表函印全。……送上訖,仍遞此牒迴者,事須轉牒上都已來路經州縣館驛者,謹牒。某年月日典、本典姓名牒。(斯6537號背/14《大唐新定吉凶書儀》)

按:上揭兩件牒文中,署名時一作"本司典",一作"本典","司""典"都是"掌管、負責"的意思,"本典"顯爲"本司典"之省,義爲專門經管某事的官吏。敦煌文獻中,"本典"一詞較爲習見。如斯214號《燕子賦》:"遂乃嗚喘本典,徒(圖)少問辯:'曹司上下,說公白健,今日之下,乞與些些方便……'本典曰:'你欲放鈍,爲當腿(退)顖,奪他宅舍,不解早(卑)遜(遜)。'"《敦煌變文校注•茶酒論》:"狀上只言粗豪酒醉,不曾有茶醉相言。不免求首(守)杖子,本典索錢。"[42][頁424]後例中"本典",該書釋爲:"審理本案的官吏"[42][頁432],近是。傳世文獻中亦有用例,如《太平廣記》卷三八〇"張質"條:"檢狀過,判官曰:'名姓偶同,遂不審勘。本典決十下,改追正身,執符者復引而迴。'"[245][頁3027]亦其義。

## 【丹青】

謝賜緋上白令公及三相狀：每降皇私，盡是丹青之力；全逾素望，實慚朱紫之班。(伯4093號《甘棠集》)

舍弟某近除卑秩，幸在貴藩，獲託廕庥，豈[任]忻躍。今者專謀參謝，合具諮聞。願令手足之間，皆忝丹青之力。(伯4092號《新集雜別紙》)

按：前例中"丹青"與"朱紫"相對，"朱紫"指穿着朱衣紫綬的高官，而"丹青"在句中似指收信人。據趙和平研究，前封書狀的收信人爲中書令白敏中及杜審權、畢諴、蔣伸等三相①，他們皆位居宰相。那麼何以會用"丹青"來指稱丞相呢？這是有其歷史淵源的。"丹青"本指丹砂與青䕺兩種顏料，其色彩鮮明，不易泯滅，常作"粉飾"之用，因而"丹青"又可引申爲"粉飾"之義。《鹽鐵論·相刺》："文學曰：天設三光以照記，天子立公卿以明治。故曰公卿者，四海之表儀，神化之丹青也。"[290][頁256]王利器校注："此文'丹青'，亦粉飾之意。"[290][頁269]古代出身寒微的文人，往往須借助於地位顯赫的公卿丞相的褒譽，纔能躋身仕林。因而在他們呈與丞相的賀、謝狀中，每用"丹青"喻其褒譽、獎飾之功。如《文苑英華》卷六五三張玄晏《謝時相啓》之二："相公曲示洪鈞，重磨頑璞。……再假丹青，復掀羽翼，遂使移粉署應星之列，玷掖垣掌誥之名。"[264][頁3357]例中"丹青"即喻指"相公"的褒譽和獎飾。正因爲如此，敦煌書儀中纔逕用"丹青"指稱對其具有粉飾之功、再造之力的公卿丞相。

## 【分惠】

城市稍遙，賞贈之間，難爲濟辦。仰計優渥，巧妙日新。倘不棄遺，分惠一兩事以充遺贈，是周厚也。(伯4050號《書儀》)

按："惠"，賜予、贈送義。《廣雅·釋言》："惠，賜也。"[86][頁169]文獻中多用來敬稱對方的"贈遺"。如《宋書·庾悦傳》："身今年未得子鵝，豈能以殘炙見惠。"[204][頁1490]句中"惠"猶贈也。"分惠"即分贈，指從自己那份中分一些出來贈給他人。"分惠"此義習見於宋代，如《舊五代史·

---

① 趙和平《敦煌本〈甘棠集〉研究》，頁168。

周書・和凝傳》:"有集百卷,自篆於板,模印數百帙,分惠於人焉。"[120][頁1673]王禹偁《小畜集》卷九《戲從豐陽喻長官覓筍》:"犀角錦文雖可惜,也須分惠紫微郎。"[282][頁11]皆其例。

【府君】

與夫之妹書:春首猶寒,仰惟清勝,即日府君大家萬福,新婦蒙恩。(伯3442號《書儀》)

弔遭父母喪書:凶釁無常,尊府君夫人崩背,奄棄榮養,聞問驚惻,不能已已。(伯3637號《新定書儀鏡》)

按:上揭與夫之妹書中,敍及己方的情況時用了"府君大家""新婦"等稱謂語,前者用來稱呼丈夫的父母,猶今言"公婆",後者是作書人自稱;弔遭父母喪書中用"尊府君夫人"來指稱喪者,即對方的父母。關於弔喪的稱謂語,書儀儀注中明確規定:"凡弔父[云]尊府君,母[云]尊太夫人,其餘尊者及輕皆云賢。"①可見,"府君"是用來指稱他人父親的。另如司馬光《書儀》卷九《慰人父母亡疏狀》"不意凶變,先某位奄棄榮養"下注云:"亡者……無官,有素契,改先某位爲先丈;無素契,爲先府君。"[213][頁517]謂亡者若無官,而平素有交情,即改狀中的"先某位"爲"先丈";若無交情,則改稱爲"先府君"。注中以"先府君"與"先丈"相對,都用來稱呼"受弔者之父"。以"先"飾之,因其爲"亡"人,其區別只在於平素有無交情,有則呼之爲"丈",無則稱之曰"府君"。稱人父親爲"府君",殆由其本義"對郡相、太守的尊稱"引申而來。

【告謝】

與四海賀冬書:氣候雲移,風景告謝;比清寒訏(冱),南日遽臨。(斯329號《書儀鏡》)

按:上例意謂隨着氣候的改變,以前的風物景候也相繼離去。"告謝"指"宣告離去、表示結束",習見於敦煌文獻。如斯2575號《天成肆年(929)三月六日都僧統海晏置道場條令牓》:"斯乃青春告謝,朱夏纔迎。"伯2812號《于闐宰相禮佛文》:"厥今青春告謝,朱夏初分。"例中

---

① 參伯3849號《黃門侍郎盧藏用儀例》。

"告謝"皆謂春天離去,夏天來臨。其實,"告謝"這種詞義和用法也是淵源有自的,《文選·潘岳〈射雉賦〉》:"於是青陽告謝,朱明肇授,靡木不滋,無草不茂。"劉良注:"春爲青陽,告謝爲春終也;夏爲朱明;肇,始也,始授謂夏初也。"[141][頁178]可見,"告謝"即宣告離去、表示結束的意思。

【怪訝】

去夏賢二郎顧訪,因話次,便許三郎下鄉伴讀。自到弊舍,是事索然,至於祇奉,多有疏遺。伏計巡官念以宗盟,未垂怪訝。(斯76號背/5《宗緒與從兄狀二通》)

按:例言三郎下鄉伴讀,照顧多有不周,希望對方不要責怪。其中"怪訝"爲責怪、怪罪的意思。"怪""訝"本都表"驚訝、詫異",而"驚訝、詫異"之極不免生出"責怪、埋怨"來。如《荀子·正論》:"今世俗之爲説者不怪朱、象而非堯、舜,豈不過甚矣哉!"[274][頁337]伯4092號《新集雜別紙》:"豈謂司空歲冥分深,顧憐情重;不訝容易,曲賜允從。"例中"怪""訝"皆爲"責怪、埋怨"義,故"怪訝"乃同義複詞。唐趙璘《因話錄·商上》:"段相文昌,性介狹,譔席賓客,有眉睫之失,必致怪訝。"[241][頁843]亦其例。可見,"怪訝"在表"驚訝、詫異"之餘,又在唐五代時期衍生出一新興義項"責怪、怪罪"。

【官布】

白綿綾伍匹,安西繰兩匹,立機細繰拾捌匹,官布陸拾匹。已前物等,到垂檢容。(伯2992號背/3《歸義軍節度使致甘州回鶻順化可汗狀》)

按:例中"官布"是作爲禮物來贈送的。據鄭炳林研究:官布又名官繰,分白官布、土官布等品種,是棉布的一種。歸義軍時期敦煌官私收支活動中大量使用官布,用官布送禮、納贈、支付物價和工價、製作服裝等。迴鶻文獻中 qunbu(或 quanbu)即是敦煌漢文文獻"官布"的音譯①。敦煌文獻中,"官布"一詞極爲習見,如伯2040號背《净土寺食物

---

① 鄭炳林、楊富學《敦煌西域出土回鶻文文獻所載 qunbu 與漢文文獻所見官布研究》,《敦煌學輯刊》1997年第2期(總第32期),頁25。

等品入破曆》:"官布壹匹,高孔目起蘭若人事用。"斯4504號背《乙未年三月七日押衙龍弘子貸生絹契》:"其絹彼自西州迴來之日還,絹里(裡)頭立機細縑壹匹,官布壹匹。"伯4040號《洪潤鄉百姓辛章午牒》:"章午陪(賠)牛之時,只是取他官布一匹,白羊一口,餘外更不見針草。""官布"在敦煌文獻中的頻繁出現,從側面反映了它在當時當地人們生活中的重要性,即多用它來送禮、支付物價、賠償實物等,它扮演的其實是一種"等價物"的角色。

【節料】

前件油面等,聊申節料之儀,以表丹誠之禮。(伯3931號《靈武節度使表狀集·別紙》)

表本謝節料:今月日蒙恩,宣賜臣充生料者。(伯3864號《刺史書儀》)

按:"節"謂節日,"料"即食料,"節料"指年節時下賞賜或奉送的飲食用品。從上揭用例看,"節料"多爲生食,如油面等,故或稱之爲"生料"。無論"生料"還是"節料",都始見於唐代文獻,如陸贄《唐陸宣公集》卷三《重原宥淮西將士詔》:"將士衣賜節料,并家口糧賜等,一切並準舊例,以時給付,不得停減。"[238][頁13]《桂苑筆耕集》卷一七《謝生料狀》:"某昨日伏蒙仁恩,再賜生料,恩垂望外,喜集愁中。"[91][頁162]例中"節料""生料"都指官家分賜的食料。

【快志】

四海平蕃破國慶賀書:忽聞二兄全師而還,抃躍無喻。……尋於路旁拜慶,謹遣率某乙將少糧餚,兼及武士鞋韈等,奉狀先賀。未間,但增快志。(斯329號《書儀鏡》)

近承隨使,遠入虜庭,斬首生禽(擒),群胡蕩滌。……增快志也。(同上)

按:上揭二例謂遠聞對方一舉蕩滌群戎的消息,倍增"快志"。"快志",謂愉悅、痛快的心情。亦可用爲動詞,指心情愉悅,如王禹偁《小畜集》卷九《送戚維序》:"晨夕芳鮮,曾未快志,況温飫妻子乎!"[282][頁11]例中"快志"謂快於心志,指心情愉悅。

## 【牌子】

其賊對大德某略問款,稱驛將王令詮等苦剋,煞却西來。若公然投城,恐不容住止,遂謀殺蕃官是實。大德某已具牌子申上。(斯 1438 號背《吐蕃占領敦煌初期漢族書儀》)

按:例中"牌子"殆指用以陳述事由的簡版。朱熹《三朝名臣言行錄》卷八之一:"滎陽公爲人處事皆有長久之計,求方便之道。……故公嘗教人每事作一牌子,如飲食衣裳寒熱之類,及常所服藥,常所作事。病者取牌子以示人,則可減大半之苦。"[216][頁54]其中"牌子"亦用來記事以代言。可見,"牌子"即簡版。宋人或以之爲"書帖",陸游《老學庵筆記》卷三:"元豐中,王荆公居半山,好觀佛書,每以故金漆版書藏經名,遣人就蔣山寺取之。人士因有用金漆版代書帖與朋儕往來者。已而苦其露泄,遂有作兩版相合,以片紙封其際者。久之,其制漸精,或又以縑囊盛而封之。南人謂之簡版,北人謂之牌子。後又通謂之簡版或簡牌。"[152][頁37]"牌子"書帖的由來,亦殆因其爲記事之用。據陸游所言,"牌子"之稱似帶有北方地域的特色。

## 【清裁】

某早向英猷,未緣趨謁;瞻仰清裁,恒切丹衷。(伯 4092 號《新集雜別紙》)

近者遽以丹誠,遠干清裁。……或聆員闕,不審端由,是達緘封,小申棲託。(同上)

按:"清裁"本指清明的裁斷。如《後漢書·黨錮傳·范滂》:"范滂清裁,猶以利刃齒腐朽。"[104][頁2205]後引申指人清峻的風操,上揭書儀中"瞻仰清裁"即其例;或又用來指稱相關的人,例中"遠干清裁",言煩擾對方,以"清裁"敬稱收信人。與此相似的還有"嚴裁",如:

既阻乘舟之願,空勤執贄之儀;有少情誠,遠干嚴裁。(伯 4092 號《新集雜別紙》)

前者輒以卑誠,遠干嚴裁,自持牋翰,尚不惶寧。(同上)

"嚴裁"者,嚴明的裁斷也,此亦用來敬稱收信人。

## 【設筵】

謝生料筵設狀：右某獲趨台砌，惟覺光榮。伏蒙太傅累賜設筵，兼頒生料。(伯3449號《刺史書儀》)

伏蒙陛下俯啓鴻私，特開玄造；頻令朝對，累赴設筵，兼賜優償(賞)。(伯3931號《靈武節度使表狀集·表本》)

按：例中"設筵"分別作動詞"賜"與"赴"的賓語，用爲名詞，指宴席、酒宴之類。"設筵"爲同義複詞。"設"本指備辦之義，後轉喻指"備辦之酒宴飯食"。如斯5643號/3《諸雜謝賀》："屈設會：某乙貧門，別無袛備。來日空排小設，容易咨迎。""小設"用以謙稱自己備辦的宴席。又如斯4642號背《敦煌都司倉諸色斛斗入破計會》："麵兩碩陸斗，大王來造設用。"例中"造設"謂備辦酒席飯菜，"設"用爲名詞。而"筵"本指宴飲時鋪設的坐席。《詩·大雅·行葦》："或肆之筵，或授之几。"鄭玄箋："年稚者爲設筵而已，老者加之以几。"[197][頁534中]其中"筵"與"几"相對，指坐席，後則引申爲"酒宴飯食"義。與之詞義引申脈絡相似的還有的"席"，故今人常以"筵席"稱酒宴。這樣，書儀遂以"設筵"連言指酒宴飯食等。正因爲如此，"設筵"又可倒序作"筵設"，上揭書題"謝生料筵設狀"即其例。

## 【手字】

答歸補闕書：望唯深情，俯垂通悉。兼蒙手字，不則指揮。(伯4093號《甘棠集》)

按："手字"猶手札，即親筆信。另如《寶真齋法書贊》卷九《張文懿珍果帖》："久不拜奉，豈勝傾渴。猥承手字，兼貺珍果。"[6][頁134]范仲淹《尺牘》卷下《安撫大保》："凡有事務，只請手字。所貴易得，還答亦便於事也。"[78][頁11]如此看來，"手字"較一般書札更爲隨意。

## 【者】

兩樞蜜(密)：右伏睹進奏院狀報，皇帝今月廿一日郊天禮畢，御樓改元，大赦天下者，伏惟慶慰。(伯4092號《新集雜別紙》)

賀元日御殿表：得當道進奏官狀報，伏承今月一日御含元殿者。(伯4093號《甘棠集》)

按:例中"者"表示前文有所稱引,即其前面的話語爲所得信息的主要内容,後面所寫則是據此發表的議論、感慨。"者"這種意義和用法,習見於表狀箋啓中。如李商隱《爲京兆公陝州賀南郊赦表》:"伏奉正月九日制書,郊禋禮畢,改元爲某,大赦天下者。既事虞郊,復新堯曆,天潢瀉潤,日觀揚輝。"[76][頁50]例中"者"亦表前文有所稱引。

## 三　糾正錯誤的釋義

蘇寶榮指出:"辭書釋義的準確性是辭書釋義原則的核心,是衡量辭書釋義水平的根本標誌。"①然現在的大型辭書,如《詞典》在訓釋詞義時,往往由於這樣那樣的原因而出現一些訛誤或不夠周至之處。借助於敦煌書儀語詞的用例與研究,則可糾正其中相關條目的釋義訛誤或不足。現據其錯誤的原由分類舉例説明如下:

### (一)不明詞語的時代性而誤

詞彙較之語音、語法,往往具有更爲典型的時代特徵,曾一度被人們喻爲時代的晴雨表。每個語詞的産生或運用都或多或少地帶有那個時代的特色風貌。而大型歷史語文辭書的編纂,在廣泛搜羅語詞條目的同時,也須準確把握每個詞條上跳動着的時代脈搏。有時往往因爲忽略了其身上附著的時代信息,而誤解其義。

【附狀】

《詞典》:敬稱對方的來函。唐韓愈《答魏博田僕射書》:"贊善十一郎行,已附狀,伏計尋上達。"[113][頁6908]

按:例中"附狀"爲動詞,用作謂語,受副詞"已"修飾。若將其釋義"敬稱對方的來函"還原到句中,文意扞格難通。其實,"附狀"爲唐宋時期的書札習語,指"帶信、附書"。"附"在六朝以至唐宋時期,有"託人捎帶"的意思。如《世説新語·任誕》:"殷洪喬作豫章郡,臨去,都下人因附百

---

① 蘇寶榮《詞義研究與辭書釋義》,頁124。

許函書。"[202][頁745]例中"附"猶今言"寄","帶信"之義。"狀"指書信,趙彥衛《雲麓漫鈔》卷四:"古尺牘之制,'某頓首'或'再拜'或'啓',唐人始更爲'狀',末云'謹奉狀謝,不宣,謹狀',或云'謹上狀,不宣,謹狀,月日,某官姓名狀上某官'。"[297][頁106]故唐人多以"狀"指書信,如韓愈《與鄂州柳中丞書》之二:"是以前狀輒述鄙誠,眷惠手翰還答。"[107][頁225]例中"前狀"謂前一封信。然則"附狀"即"託人帶信",習見於敦煌書儀。如斯76號背/5《宗緒與從兄狀》:"今因信次,附狀代申卑懇,諸容續更有狀。"伯4092號《新集雜別紙》:"近以月旦曾附狀起居,伏計已達尊聽。"可見,"附狀"並非用來"敬稱對方的來函",而是指"託人帶信、寄信"。

【單誠】

《詞典》:盡忠。單,通"殫"。《隋書·皇甫誕傳》:"值狂悖構禍,凶威孔熾,確殉單誠,不從妖逆。"[113][頁1622]

按:此釋不確。"單"不通"殫",而通"丹"。"單""丹"在敦煌文獻中常彼此通用①。如伯2539號背《後唐朔方節度使書啓底稿·三司院營田案院長書》:"右謹寄上,聊表下情。誠愧丹微,深懷悚灼。"斯6537號背《文樣·遺書》:"房資貧薄,遺囑輕微,用表單心,情(請)垂納受。"前例中"丹微"當讀作"單微",用以謙稱自己的禮品單薄、細微。後例中"單心"當讀爲"丹心",謂遺產雖少,用表誠心。故"單誠"即"丹誠",乃同義複詞,義爲"忠心、誠心"。"丹誠"之寫作"單誠",亦見於敦煌書儀及傳世文獻。如斯5636號《新集書儀·慰停職書·答書》:"碎務縈逼,言款未由。聊附單誠,已(以)達情曲。"權德輿《權載之文集》卷四九《祭故獨孤台州文》:"輀車東來,大隧斯啓,柔嘉清滌,用寄單誠。"[181][頁2]其中"單誠"皆當讀爲"丹誠",指誠心。此外,筆者對《晋書》《隋書》《舊唐書》《舊五代史》中"單誠""丹誠"的使用情況作過調查,茲將調查結果列表如下:

---

① 參本書第四章第三節例3"丹—單"條,頁287。

| 書名 用詞 | 《晋書》 | 《隋書》 | 《舊唐書》 | 《舊五代史》 |
|---|---|---|---|---|
| 單誠 | 1次 | 1次 | 0次 | 0次 |
| 丹誠 | 8次 | 4次 | 7次 | 1次 |

可見,在唐五代時期的四部重要史書中,表"誠心"義多用"丹誠",偶爾寫作與之同音的"單誠"。而《詞典》却認爲"單誠"之"單"通"殫","單誠"即"盡忠"。表面看來,此釋義文從字順,然而結合唐五代時期"單""丹"通借的實際情況看,釋之爲"盡忠"却誤解了其詞義及内部結構。其實,"單誠"即"丹誠",乃同義連用的雙音複詞,習見於魏晋以來的文獻。如《三國志·魏書·武文世王公傳》:"魏世王公,既徒有國土之名,而無社稷之實……"裴松之注引《魏世春秋》載宗室曹冏上書曰:"臣竊惟此,寢不安席,思獻丹誠,貢策祑闕。"[201][頁592]是其例。

### (二)不明文體的用語特色而誤

每一類文體都有它特定的用語習慣,只有明其特點,方不至於郢書燕説。

### 【攀戀】

《詞典》:攀住車馬,不勝依戀。常用於表示對良吏的眷戀。北周庾信《周車騎大將軍宇文顯和墓誌銘》:"在州遘疾,解任還朝,吏人攀戀,刊石陘山。"《隋书·伊娄谦传》:"以疾去職,吏人攀戀,行數百里不絕。"[113][頁3785]

按:"攀戀"最初指對良吏的眷戀,後來則逐漸虚化成表示"依戀"的敬詞了。"攀"者,援也,本指抓住某物向上爬。張自烈《正字通·手部》:"攀,自下援上也。"[327][頁431]後用作敬詞,表示自己身居下位,而對方却高高在上,欲向對方施及某種行爲或表達某種情感時,便只能"攀"住對方以示之,正所謂"高攀"是也。"攀"字之用,以示尊敬。敦煌書儀中以"攀"構成的謙敬語極爲豐富,如表示挽留云"攀留";表示迎接云"攀延""攀迎",表示送別云"攀送",表示和詩云"攀和",表示侍奉云"攀奉",表示思念、渴慕、想望則云"攀思""攀念""攀渴""攀望"等。兹舉例説明如下:

臨途之際,四衆攀留。(伯3931號《靈武節度使表狀集》)

既乖攀送之儀,有曠阻(祖)別之念。(伯3864號《刺史書儀》)

既不遂於攀延,實增慚悚。(伯3449號《刺史書儀·封門狀迴書平交》)

某乙今差將軍暉,押領人馬於前路攀迎。(伯3627號/2《狀啓集》)

所見盛詩未敢攀和,且容後信。(斯76號背/4《某年十二月廿四日潘☒致秀才十三兄狀》)

昨日伏蒙眷私,特垂寵照(招),盡日攀奉,過有叨塵。(伯3627號/2《狀啓集》)

早者安山胡去後,倍切攀思,其於衷腸,莫盡披剖。(伯2703號背/2《曹元忠狀二通》)

今附牋毫,式達攀念。(伯3931號《靈武節度使表狀集·別紙》)

自間恩私,徒深攀渴。(伯3449號《刺史書儀·與進奏書》)

伏自離府之後,日夜攀望慈顏。(伯3906號/4《書儀·與父母受業師父等別紙》)

上揭例中"攀留""攀送""攀延""攀迎""攀和""攀奉""攀思""攀念""攀渴""攀望"等,都由敬詞"攀"加上表示行爲或情感的語素構成,其中"攀"僅表恭敬意味,而真正的語義承擔者是後一語素,如"攀留"表挽留對方。由以上語詞的構詞表義,不難看出"攀戀"一詞的內部結構和語義內涵,即表對對方的依戀之情,並非真的"攀住車馬"。"攀戀"這種用法習見於敦煌書儀,如伯3723號《記室備要·賀季夏》:"其於禱祝,非獨下情;攀戀空深,未由展覯。"斯5623號《新集雜別紙》:"倏間恩私,忽移弦望。攀戀空極,謁覿無由。"例中"攀戀"皆謂見面未由,對對方的依戀之情空深。既然"未由展覯""謁覿無由",自然也就不可能"攀住"車馬了。《詞典》的解釋顯然是靠不住的。參下條。

【攀違】

《詞典》:謙詞。謂有違於依附。宋莊季裕《雞肋編》卷下:"從官門狀,參云'起居',辭云'攀違,某官謹狀'。"①[113][頁3784]

按:"攀"者,高攀,此用爲敬詞,無實義;"違"者,離也。"攀違"乃辭

---

① 筆者按:《詞典》斷句有誤,"某官"乃"攀違"的對象,當屬上讀,言辭別某官。

第三節　書儀語言研究與辭書編纂　153

別的敬詞。例謂從官門狀,參見長官云"起居",辭別上司云"攀違某官"。"攀違",司馬光《書儀》卷一《謁大官大狀》下有具體説明:"己欲他適,往辭人曰'辭';人欲他適,己往別之曰'攀違'。"[213][頁464]其中著重聲明"辭"與"攀違"在施用場合上的不同,"攀"之恭敬意味,由此可見一斑。另如歐陽修《與韓忠獻公》:"板橋忽遽攀違,忽復旬浹。"[170][頁1226]例中"攀違"亦指對方遠行,自己(主動地)辭別他。然則,"攀違"並非指有違於依附,而是用作辭別對方的敬詞。

【示問】

《詞典》:指表示問候的簡札書信之類。唐韓愈《答魏博田僕射書》:"使至,奉十一月十二日示問,欣慰殊深。"[113][頁4418]

按:釋"示問"爲"表示問候的簡札書信之類",表面看來文從字順,深究起來,却是誤解了"示問"的根本含義和語用功能。"示問"者,訓示詢問之義。作爲尊長,其來信的内容多是訓示和詢問,因而古人常以"示問"敬稱對方的來信。如斯1725號背/3《諸起居啓·蒙與物謝啓》:"某至,伏蒙示問,兼賜及(原注:無書則云伏蒙賜及)某物若干。"由注文可知,"示問"即書。又如斯2200號《新集吉凶書儀·妻與夫書》:"不奉示問,無慰下情。"劉禹錫《上門下武相公啓》:"去年本州吏人自蜀還,伏奉示問,兼賜衣服繒綵等。"[147][頁214]例中"示問"皆用以敬稱對方來信,而不是"指表示問候的簡札書信之類"。

【具官】

《詞典》義項③:猶具位。唐韓愈《除崔群户部侍郎制》:"具官崔群,體道履仁,外和内敏,清而容物,善不近名。"[113][頁785]"具位"義項③:唐宋以後,官吏在奏疏、函牘或其他應酬文字上,常把應寫明的官職爵位寫作"具位",表示謙敬。宋范仲淹《上時相議制舉書》:"月日,具位某,再拜上書於昭文相公閣下。"[113][頁784]

按:"具官""具位"皆爲書儀套語,指該處當題寫官職、爵位等,並非表示謙敬。文集中存留的書奏表啓其實僅是起草的稿本,並未將真實的官名、爵位寫出,只用"具官""具位"或"具衘"這樣的套語替代。

而且,這種替代也並非唐宋以後纔出現,早在六朝時就已有此用法。如陳徐陵《徐孝穆文集》卷五《答周主論和親書》:"今遣具位某甲等使,不復多述。"[278][頁12] 其中"具位"亦表示該處當填入所派使者的官職或爵位。而唐宋以後"具位""具官""具銜"的大量使用,或是書儀普及運用的結果。因爲書儀中凡涉及官位之處每常以"具官""具銜"等套語代之,如斯6537號背/14《大唐新定吉凶書儀》:"孟春猶寒,伏惟官位尊體動止萬福,即日某蒙恩。……謹奉啓起居,不宣。謹啓。某月日具官姓名啓。"伯4065號《表狀集》:"仲冬嚴寒,伏惟皇帝陛下聖躬萬福。……某年月日某官具銜上表。"司馬光《書儀》卷一"私書"之《上書》:"月日具位某頓首再拜上書某位執事(原注:此下述事云云),不宣,某頓首再拜某位執事。"[213][頁462] 書儀中"具官"等套語的運用由此可見一斑,其對唐宋文人專集中表狀書啓用語的影響由此亦略知一二。

【干浼】

《詞典》:請託;請求。宋曾鞏《上歐陽學士第一書》:"干浼清重,悚仄悚仄。"宋王安石《上蔣侍郎書》:"言質意直,干浼英聽,無任惶越之至。"[113][頁1125]

按:《詞典》所引例中"干浼"之請託、請求義,僅是隨文釋義而已,並非其本身固有的詞彙意義,而且此釋義也誤解了例句原意。"干浼"乃書啓結尾處的習用套語,"干"謂觸犯,"浼"指玷污、污辱,二字多與含義相近的語素組構成雙音複詞。如伯2539號背《後唐朔方節度使書啓底稿》:"今者有少干塵,謹具別狀。"同卷:"具馬。右謹送上,聊表賀儀。……浼塵視聽,深切慚惶。"例中皆謂有些少禮物呈獻對方,信中卻謙虛地説:這樣做"冒犯污辱"了您。可見,"干浼"亦爲同義複詞,義即"觸犯、侮辱",含有謙敬意味,習用於書啓末尾,其後多接尊稱對方的詞語。如《桂苑筆耕集》卷一七《再獻啓》:"但戀深恩,干浼尊嚴。"[91][頁162] 杜光庭《廣成集》卷二《宣示解泰邊垂謝恩表》:"臣獲奉天慈,躬聆吉語,輒陳淺見。干浼宸嚴,不任之至。"[92][頁5] 例中"干浼"皆謂冒犯、污辱,其後的"尊嚴""宸嚴"都用以敬稱對方。由此可見,《詞典》所引二例中"清重""英聽"也都用來敬稱對方,則"干浼清重""干浼英聽"皆謂(書中所言)冒犯污辱了對方,故倍覺悚仄、惶越之至。

(三)囿於文獻用例而致使釋義過於褊狹

大型辭書的編纂,往往需要囊括所有的文獻材料,對它們進行分析歸納,逐一推敲,以求確詁。然而有時囿於搜尋得來的文獻用例,某些詞語的釋義便顯得過於褊狹而概括不足。《詞典》在引例上異常豐富,據此所釋詞義也較爲準確,然在出土文獻的利用上,仍顯不足,因而有些詞語的釋義稍欠周至和完備。

【奉慰】

《詞典》義項①:唐宋禮制,逢帝、后忌辰,百官列班進名拜慰天子或皇太后,稱"奉慰"。宋王溥《唐會要·忌日》:"初經代宗忌辰,駙馬諸親,悉詣銀臺奉慰。"《宋史·禮志二六》:"天祐初,始令百官詣閣奉慰。宋循其制,唯宣祖、昭憲皇后爲大忌。前一日不坐,群臣詣西上閣門奉慰,移班奉慰皇太后,退赴佛寺行香。"《續資治通鑑·宋仁宗至和元年》:"乙酉,溫成皇后啓殯,帝不御前後殿,百官進名奉慰。"[113][頁1379]

按:《詞典》所舉三例中,僅前二例論及"忌辰",後例所言爲"啓殯"。可見,並非"逢帝、后忌辰"纔"奉慰"天子或皇太后。其實,"奉"爲敬詞,"奉慰"就是拜慰、弔問居喪者的意思,無論尊卑貴賤皆可用之。如斯1040號《新集吉凶書儀·俗人弔僧道遭師主喪書》:"靈變無常,伏承和尚遷化。……未由奉慰,但增悲慕。"伯3442號《書儀·弔人弟妹姪孫書疏》:"不意凶故,賢弟妹等殞逝。……未由奉慰,但增悲哽。"可見,"奉慰"可施用於任何一位居喪者,既不限於帝、后的忌辰,也不限於天子或太后。《詞典》釋義僅據其揀尋來的少數用例概括而得,缺乏周備性。

【續壽】

《詞典》:猶添壽。舊時祝賀老年人生日,祝他長壽,稱續壽。所送禮物稱續壽之禮。《太平廣記》卷三六引唐薛用弱《集異記·李清》:"吾固知爾輩又營續壽之禮,吾所以先期而會,蓋止爾之常態耳。"《醒世恒言·李道人獨步雲門》:"[李清]每年生日,[本族的人]都去置辦禮物,與他續壽。"[113][頁5746]

按:"續壽"確爲添壽之義,然並不限於祝賀老年人生日的場合。就書儀用例看,祝人長壽也可在端午、正旦等節日。如斯2200號《新集吉凶書儀》:"賀端午獻物狀:某色目物。右伏以端午良辰,禮當續壽。"斯6537號背/14《大唐新定吉凶書儀》:"五月五日賞續壽衣服、鞋履、百索……"伯4984號《殘狀》:"歲送物:右伏以歲及元正,春歸萬國。……凡所生靈,共稱續壽。"以上例中,"續壽"之節或爲端午,或爲元旦,則"續壽"不限於"生日",凡節日皆可爲壽——祝對方長壽。

【暖房】

《詞典》義項①:指備禮賀皇后住進新宮。唐王建《宮詞》之七四:"太儀前日暖房來,囑向昭陽乞藥栽。"後泛指備禮賀人遷入新居或新屋落成。清納蘭性德《淥水亭雜識》卷四:"今人有遷居或新築室,朋儕醵金往賀曰暖房,蓋自唐人已有之矣。"[113][頁3070]

按:納蘭性德所言極是,以"暖房"稱備禮賀人遷入新居或新屋落成,的確自唐人已有之。元陶宗儀《南村輟耕錄》卷一一"暖屋"條:"今之入宅與遷居者,鄰里醵金治具,過主人飲,謂曰'暖屋',或曰'暖房'。王建宮詞:'太儀前日暖房來。'則暖屋之禮,其來尚矣。"[169][頁138]其實,這種習俗當時已非常流行,敦煌書儀中還爲此專門撰集了書札。如斯5636號《新集書儀》:"暖房相屈:某乙近遷漏(陋)居,都無準備。空酒壹酌,望垂檢校,即所望也。答書:吾賢遷轉高弟(第),深承獲安;又聞樑(梁)塵清虛,雅妙華飾。某乙所恨驅驅,不及頻屆貴居,勿棄潺(孱)愚,尋當款話。"此即"暖房相屈"的往還書。此外,敦煌酒破曆中也記載有因"暖房"而花費的酒賬。如斯6452號《壬午年常住庫酒破曆》:"廿八日周和尚鋪暖房酒壹斗;十一月一日李僧正鋪暖房酒壹斗。"由此不難想見當時"暖房"習俗的盛行。然《詞典》僅據王建《宮詞》的用例,便將"暖房"解作"指備禮賀皇后住進新宮……後泛指備禮賀人遷入新居或新屋落成"。其實,"太儀前日暖房來"只是文獻中存留的"暖房"的一個較早的例證而已,不能因此就認爲"暖房"指"備禮賀皇后住進新宮",如此理解太過於褊狹。

## 【單行】

《詞典》義項⑤：一行。姚華《論文後編》："論雖一體，制實多端，或分著作之一篇，或括撰述之總部，多則累牘，少亦單行。"[113][頁1620]

按：上例謂論文之製作，可長可短，長則累牘，短則"單行"。"單行"並非確指"一行"，而是泛指簡短的幾行。敦煌書儀中常用"單行"來表示簡短的書信。如斯361號背《朋友書儀》："今因往信，略附單行。"伯3727號《國清與軍使呂都知陰都知狀》："今人往次，空附單行起居。"或稱之為"行書"，如斯5472號《朋友書儀》："今因去信，附塞外之行書；如有迴人，往邊城之寸札。"例中"行書"與"寸札"相對，"短信"之義顯見。從詞義的概括性來說，"單行"不當釋為"一行"，而當解作"簡短的幾句"，猶如"隻言片語"。

## 【休禎】

《詞典》：吉祥的徵兆。《後漢書·陳番傳》："如是天和於上，地洽於下，休禎符瑞，豈遠乎哉！"[113][頁498]

按：《說文·示部》："禎，祥也。"[200][頁7]《詩·周頌·維清》："迄用有成，維周之禎。"毛傳："禎，祥也。"[197][頁584下]則"休禎"乃同義複詞，義為"吉祥、美善"，習見於敦煌書儀。如伯4093號《甘棠集·賀冬上四相公狀》："垂玉珮以朝天，永狀（符）昌運；立瑤（瑤）階而獻壽，常保休禎。"斯78號背《縣令書儀》："爰因令節，更保休禎。"例中"休禎"皆用於賀狀中，祝願對方常保吉祥美善。可見，"休禎"並不是"吉祥的徵兆"。《詞典》此義實由例中"休禎符瑞"四字之義得來，因為"休禎"指"吉祥"，"符瑞"謂"徵兆"，二者連言即"吉祥的徵兆"。

### （四）因缺乏歷史觀而致誤

詞義既有穩定的一面，也有變化的一面。隨着歷史的變遷，文化背景的改變，穩定的詞義也會在運用中不斷地發生變化。因而訓釋詞語時，務必以"歷史"的眼光來解讀詞語含義。否則，難免會犯以偏概全的錯誤。

【崩背】

《詞典》:猶崩殂。指帝王之死。《晉書・傅咸傳》:"夏侯長容奉使爲先帝請命,祈禱無感;先帝崩背,宜自咎責,而反求請命之勢。"[113][頁1798]

按:僅就《晉書》用例看,"崩背"確指帝王之死,而且有不少文獻用例可資佐證。如伯3442號《書儀・國哀奉慰嗣皇帝表》:"上天降禍,大行皇帝崩背,萬國攀[號],若無天地。"例中"崩背"即指皇帝之喪。若多方搜羅文獻用例,會發現"崩背"並不限於"帝王之死",也可指稱一般尊者之喪。如斯361號《書儀鏡・弔遭父母喪書》:"凶豐無常,尊府君夫人崩背,奄棄榮養。"斯1438號背《吐蕃占領敦煌初期漢族書儀》:"凶豐無常,大師崩背,奄棄榮養。"例中"崩背"皆用來指稱尊者之喪,一爲他人父母,一爲大師。由此可見,唐五代時期,"崩背"一詞的適用範圍已發生了變化,由專指"帝王之死",擴展到稱"一般尊者之喪"。類似的變化也發生在"崩"字身上,"崩"在唐代可指"臣下之喪"。俞樾《茶香室叢鈔》卷九"臣下稱崩"條:"國朝沈濤《銅熨斗齋隨筆》:'《唐王守琦墓誌》:大中二載,退歸私第,因寢疾,崩於歲十二月十五日。'臣下稱崩,古人無忌諱如此。"[22][頁662]俞樾認爲"臣下稱崩"乃唐人無忌諱之表現。今人羅維民對此有不同的看法:"唐代墓誌中可用'崩'來指一般人之死,此乃一種非常特別的文化現象。封建禮法明文規定:'天子死曰崩,諸侯曰薨。'……此爲何因?蓋墓誌乃私家撰述,一般皆深埋於地下,無被人告發之虞。《説文解字・艸部》:'葬,藏也。'《禮記・檀弓上》:'葬也者,藏也;藏也者,欲人之弗得見也。'而墓表文除立碑外,亦不會公之於世。在這蓋棺定論之際,便將皇帝的榮耀移給死者,讓其享受生前未有之待遇,也算是對死者一種最好的安慰吧。從表層看,如此用法難免有諛墓之嫌,而透過現象看本質,則是人們潛伏的平等意識的一種陡然升華,不乏其積極意義。"① 竊以爲羅氏將唐代墓誌中"崩"施於平人之喪歸結

---

① 羅維民《中古墓誌詞語研究・前言》,頁12-13。

爲"人們潛伏的平等意識的陡然升華",太過於拔高了。如果說墓誌用"崩"指稱臣下之死是因爲"深埋於底下,無被人告發之虞",那書儀中"崩背"的廣泛運用又當怎樣解釋呢?其實,這不過是禮崩樂壞的直接產物,是唐代禮儀庶民化在言語上留下的印記。那波利貞指出:"憲宗時期大抵是中國士林禮儀儀節大紊亂的時代。如《元和新禮》這樣的標準禮書、如《書儀》這樣的標準書牘的編纂,它們的出現,一方面,是將長久歲月錘煉的士家家訓、家憲、禮儀加以整理總結的一種傾向;另一方面,是在業已簡單化、通俗化、平凡化、形式化的禮法日益低下之時,實行一般庶民禮法在形式上的完善。"①唐五代時期,隨着社會動蕩,禮崩樂壞,禮儀規範也隨之更改,書儀中許多原本具有嚴格差異的詞語如"閣下、記室、執事"及"几前、座前"等也都開始趨於混同②。與此類似,原來專用於皇帝的語詞,如"崩背"也可以施用於一般的尊者了,這正是唐代社會禮儀下僭、庶民意識上升在詞語使用上表現出來的變化。

【寵賚　寵錫】

《詞典》"寵賚":指帝王的賞賜。宋歐陽修《謝對衣金帶鞍轡馬狀》:"豈謂載厚宸慈,式垂寵賚。""寵錫":帝皇的恩賜。唐白行簡《李娃傳》:"天子異之,寵錫加等。"[113][頁 2137]

按:"寵賚""寵錫"最初確指帝王的賞賜,後來人們爲了表達對他人的尊敬,往往將一些原本專施於帝王之詞,移用在某些官員或平人身上。譬如"寵賚""寵錫"在敦煌書儀中就不專指帝王的賞賜,而是敬稱一般人的賞賜。伯 3931 號《靈武節度使表狀集·別紙》:"某官德義兼修,英威共著。……但某叨於戎列,謬處藩維。忝恩契於牋函,沐殊私於寵賚。"伯 3625 號《書儀·謝賜馬》:"豈謂太保迴軫恩波,寵錫鞍馬。"其中"寵賚""寵錫"所指或爲"某官",或爲"太保",都不是皇帝。可見,

---

① 那波利貞《唐代社會文化史研究》,此轉引自姜伯勤《唐貞元、元和間禮的變遷——兼論唐禮的變遷與敦煌元和書儀文書》,《敦煌藝術宗教與禮樂文明》,頁 442-443。

② 參趙和平《敦煌寫本書儀略論》,《唐五代書儀研究》,頁 9。

其中"寵"用爲敬詞,尊稱他人的賜予。《詞典》這兩詞的釋義宜改爲"指帝王的賞賜。……後也用來敬稱他人的賜予"。

【降駕】

《詞典》:謂帝王臨幸。《南史・袁昂傳》:"初,昂爲洗馬,明帝爲領軍,欽昂風素,頻降駕焉。"[113][頁6917]

按:"駕",舊確指帝王之行。《字彙・馬部》:"駕,唐制天子居曰衙,行曰駕。"[326][頁550]故《詞典》將《袁昂傳》中"降駕"釋爲"帝王臨幸",並不爲錯。然《詞典》僅據此孤證便認爲"降駕"謂"帝王臨幸"却有失偏頗,因爲"降駕"亦可用爲敬辭,尊稱他人的到來。如斯329號《書儀鏡》:"相去非遠,成禮之日,鶴望降駕。"斯5636號《新集書儀・寒食相迎書》:"空齋淥酒,野外散煩,伏惟同饗先靈。狀至,速垂降駕。"例中"降駕"都用以敬稱對方的到來。故《詞典》釋義可補爲:"本指帝王駕臨;……後亦用作敬辭,尊稱對方的到來。"

【違裕】

《詞典》:猶違豫。宋夏竦《賀舒州李相公啓》:"曩屬先朝違裕,臣黨興奸。""違豫":帝王有病的諱稱。《宋史・理宗紀一》:"[嘉定]十七年八月丙戌,寧宗違豫,自是不視朝。"[113][頁6389]

按:誠然,"違裕"猶"違豫",但並不限於指"帝王有病的諱稱"。"裕"者,豫也。《爾雅・釋詁下》:"豫、寧、綏、康、柔,安也。"[65][頁58]"豫"乃"安樂"義,"裕"亦如之,書札問候語中,"裕"常與近義語素組合成詞,用以祝願對方身體安康。如伯3715號《書函》:"春景暄甚,伏惟大夫尊理嘉裕。"圓仁《入唐求法巡禮行記》卷二:"春景已暄,伏惟押衙尊體康裕。"[191][頁80]黃庭堅《書簡・與公蘊知縣書》之一:"王事不至勞勤否?舅母縣君勝裕。"[108][頁1779]例中"嘉裕""康裕""勝裕"皆用來祝願對方或他的親人身體安康。身無疾病稱"裕",身體不適、染病在身,則曰"違裕",言有違於安樂,此乃委婉說法。如伯2622號《吉凶書儀・弔人翁婆伯叔姑兄姊》:"尊翁婆年雖居高,不聞違裕,何圖奄邁斯禍。"同卷《弔人父母喪疏・孝子答疏》:"考妣年未居高,素無違裕,何[圖不蒙靈祐],奄鍾凶禍。"其中"違裕"即用作"生病"的婉辭。且其適用對象都是普通常人:對方父母或其翁婆伯叔姑兄姊等。據此看來,《詞典》所釋"違裕"之義明顯不確。

### (五)因忽略詞語使用的對象、場合而誤

某些語詞的運用有特定的對象和場合,編者不明於此,也易致誤。如:

【道體】

《詞典》義項②:猶玉體、貴體。《北史·隱逸傳·徐則》:"霜風已冷,海氣將寒,偃息茂林,道體休悆。"[113][頁 6377]

按:上例實為晉王廣召請徐則講授道法的手書。書中謂徐則"悦性沖玄,恬神虛白,餐松餌術,棲息煙霞",儼然一道士風範。另據其本傳,"徐則,東海郯人也。幼沈静,寡嗜欲,受業於周弘正,善三玄,精於論議,聲擅都邑。……遂懷棲隱之操,杖策入縉雲山。"①可知徐則是一個隱逸世外的道人,故手書中尊稱其身體為"道體"。道士、僧人自稱多云"貧道",俗人寫給他們的信中,往往尊稱其身體為"道體"。伯 3849 號《黄門侍郎盧藏用儀例》:"凡與衆僧書云'道體',末云'和南'。"筆者對敦煌書儀中"道體"的使用情況進行了考察,發現其施用對象多為"僧尼"。如斯 329 號《書儀鏡·與僧尼書》:"[初]伏毒熱,惟闍梨道體勝常。"書題標為"與僧尼書",信中稱對方為"闍梨"。"闍梨"是梵語"阿闍梨(ācārya)"的省稱,意謂高僧,故書中以"道體"尊稱其體。即使在域外僧人圓仁的《入唐求法巡禮行記》中,也有意識地區分使用"道體"與"尊體"。如:"夏熱,夜來惟和尚道體萬福。"[191][頁 151]又:"春景惟新,伏惟押衙尊體動止萬福。"[191][頁 77]例中稱和尚用"道體",稱官人押衙則用"尊體"。可見,古人書札中"道體"的運用,有其特殊含義,敬稱僧、道等世外高人的身體,故不能將其與"玉體""貴體"等而視之。

---

① 見唐李延壽撰《北史·隱逸傳·徐則》,頁 2915。

【高門】

《詞典》義項④:高祖。清梁章鉅《稱謂錄·高祖》:"段行琛碑:高門平原忠武王孝先。按高門,高祖也。"[113][頁7514]

按:"高門"確指高祖,但有特定的適用場合,即專施於亡者,乃亡者之稱。類似的詞還有:稱曾祖爲曾門,祖爲大門,父爲家門等。伯2616號背《刪定儀諸家略集》:"凡言高祖爲高問(門),曾祖云曾門,祖爲大門,父爲家門,言伯極(及)叔者云某兄弟門中,言兄弟云某侄房中,此皆是亡者之稱。"其實,這種不忍稱亡者之名,而稱之以"門"的風習由來已久,《顔氏家訓·風操》:"言及先人,理當感慕,古者之所易,今人之所難。……若没,言須及者,則斂容肅坐,稱大門中,世父、叔父則稱從兄弟門中,兄弟則稱亡者子某門中。"[292][頁79]可見,謂"高祖"爲"高門",乃對亡者而言。正因爲如此,諸如"高門""曾門""大門""家門"這類詞語,多見於當時的碑版文字中,羅維明《中古墓誌詞語研究》第36頁"大門、祖門"條、第71頁"家門"條皆已論及,然所釋都忽略了其特殊的使用場合——僅爲"亡者"之稱。這些詞在敦煌書儀中皆須平闕。斯6537號背/14《大唐新定吉凶書儀》"公移(私)平闕式第三"中收録了如下語詞:先代、所貽(怙)、所恃、高門、曾門、大門。由此亦可見時人對亡者之尊。伯3637號《新定書儀鏡·凡例》:"凡修弔書,皆[須]以白藤紙楷書。無問尊卑,皆須别爲項首。幽明有異,重亡者也。"此謂弔書中凡言及亡者處,無論尊卑,皆須擡頭頂格書寫,以示對亡者的尊重。此更可證明"大門"類語詞皆爲"亡者"之稱。

(六)不明詞語的得名之由而致誤

【龍輀】

《詞典》:亦作"龍轜"。帝王的喪車。漢丁廙妻《寡婦賦》:"駕龍轜於門側,設祖祭於前廊。"《文選·潘岳〈寡婦賦〉》:"龍轜儼以星駕兮,飛旐翩以啓路。"李善注:"《禮記》有龍輀。鄭玄注曰:龍輀,畫轅爲龍也。《説文》曰:轜,喪車也,音而。"南朝梁何遜《王尚書瞻祖日》詩:"金鐸謹已鳴,龍輀將復人。"[113][頁7745]

按:從《詞典》引例看,"龍輀"的"龍"並不代表帝王,而是指車轅上雕飾的"龍"形圖案。"輀",《說文‧車部》:"輀,喪車也。"[200][頁303]《釋名‧釋喪制》:"輿棺之車曰輀。輀,耳也。懸於左右前後銅魚搖絞之屬,耳耳然也。"[199][頁1106]則"龍輀"所指爲車轅飾有龍形的喪車,而不是"帝王的喪車",就像"龍舟"並不指帝王乘駕的舟船一樣。而且在敦煌書儀及唐代墓誌中,"龍輴"可用來指稱普通百姓或一般官吏的喪車。如伯2622號《吉凶書儀‧啓柩祭文》:"不能隨歿,奄及祖載,龍輴啓行,出於某方。"《唐代墓誌彙編續集‧唐故海州司倉高君墓誌銘》:"口涼蒿里,莽蒼佳城,龍輴薤露,哀咽涕零。"[240][頁75]此外,"龍輴"又可稱爲"輴軒""龍車"等。《文選‧陸機〈挽歌詩〉之三》:"素驂佇輴軒,玄駟驚飛蓋。"劉良注:"輴車,喪車也。"[141][頁534]斯6923號背《文樣(臨壙文)》:"是以諫(揀)擇良日,嚴駕龍車,選此吉晨(辰),歸衣(於)墓所。"其中"輴軒""龍車",皆與"龍輴"義同。此外,在吐魯番出土的墓表中習見"剆車靈柩"一語,如《高昌延和八年(609)張時受墓表》:"春秋卌有八,以剆車靈柩殯喪於墓。"[258][頁275]《高昌義和二年(615)唐幼謙妻麴氏墓表》:"春秋五十有七,以剆車靈柩殯葬於墓。"[258][頁302]其中"剆"乃"虯"的俗寫,《龍龕手鏡‧刂部》:"剆,渠幽反,無角龍也,與虯同。"[154][頁96]則"剆車"即"龍車"。墓表中,其與"靈柩"並舉,指運載靈柩的喪車,因其車轅雕飾有"虯龍"圖案而得名。

然而其車轅何以須雕飾"龍"形呢?"龍"本爲水族之長,乃傳説中的一種神異動物,亦爲古代帝王、仙人之乘騎。如《大戴禮記‧五帝德》:"[顓頊]乘龍而至四海。"[28][頁120]《後漢書‧馮衍傳》:"馴素虯而馳騁兮,乘翠雲而相佯。"李賢注:"虯,龍之無角者也。"[104][頁998]因而古籍文獻中多以"龍車""虯駕"來指稱神仙乘坐之車。如梁陶弘景《周氏冥通記》卷三:"此月初乃見許侯與紫微夫人及右英共轡龍車,往詣南真。"[316][頁533]梁何遜《七召‧神仙》:"虯駕夭矯而出没,霓賞颯踏而容與。"[105][頁155]然則人們之所以於喪車之車轅飾以"龍"或"虯"之圖形,殆願死者能乘龍歸天,化爲仙人,這種美好的祝願從敦煌文獻的"臨壙文"中可見一斑。伯2341號背《臨壙文》："輔軒皎雪,寶鐸振而風悲;素蓋縈空,珠珮搖而露泣。……於是降延清衆,焚百寶香,奉爲亡靈臨壙(壙)追福。惟願亡靈駕仙鶴以西遊,常居凈土;乘寶車而東邁,上品往生。聞正法以悟真空,體大道而歸常樂。"例言願亡靈乘坐着飾以龍形的"輔軒",駕着這輛"寶車"往生上品,歸於常樂。由此可見,《詞典》關於"龍輔"的釋義不確,當釋爲"車轅刻有龍形的喪車"。

【體履】

《詞典》義項②:"身體和步履。指生活起居。《四部備要》本《和靖詩集》附《諸家詩話》引宋林逋曰:"逋奉白:'秋涼,體履清適!大師去後,曾得信未?'"[113][頁7294]

按:《詞典》謂"體履"指生活起居,不誤;然將其分解爲"身體和步履"却大誤。"體履",書札中常用來指"日常生活起居",如斯5636號《新集書儀·夫與妻書》:"時候,伏惟某郎動止萬福,不審遠地體履如何?"伯3442號《書儀·與兄姊書》:"孟春猶寒,不審兄姊體履何如?"例中"體履"顯然用來問候對方的身體起居情況。然而"體履"何以有此義呢?其内部結構又是怎樣的呢?對此,我們不妨從書儀中其他問候生活起居的語詞結構中來尋求答案。唐五代書儀中,類似的問候生活起居的語詞,常用的有"起居""動静""動止""動息""動用"等。如:

仲夏盛熱,伏惟押衙尊體起居萬福。(伯4019號/3《福衆狀一件》)

中秋已涼,惟動静休適,某粗遣。(斯1438號背《吐蕃占領敦煌初期漢族書儀》)

孟冬盛寒,惟兄嫂動止勝常。(伯3945號《從心與兄嫂書》)

季春極暄,惟判官廿七郎動息休暢。(伯4764號背《書狀》)

寒溫,惟伯母動用兼勝。(斯5613號《書儀·與妯娌書》)

上揭例中"起居""動静""動止""動息""動用"等詞都用來問候對方的生活起居。從内部結構看,這些詞大抵可分爲兩類,一是由意義相反的動詞性語素複合而成,如"起居""動静""動止""動息";二是由意義相同的動詞性語素並列而得,如"動用"。這兩類詞在詞彙化的過程中都經過了一個轉類的過程,即從向心結構變成了離心結構,從原來的動

第三節　書儀語言研究與辭書編纂　165

詞性短語,通過轉喻引申變成了名詞①,指生活起居。那麽"體履"與之有無共通性呢？竊以爲是有的。敦煌書儀中,"體履"或與"起居"相替換,如伯3442號《書儀·兄弟姊妹喪告答祖父母伯叔兄姊書》:"猶寒,不審尊體起居何如？<sup>伯叔父母姑不用起居字,兄姊云體履。</sup>"例中將"體履""尊體""尊體起居"區分使用,以顯示收信人的尊卑差異,即:兄姊用"體履",伯叔父母姑只言"尊體",而祖父母則須用"尊體起居"。由祖父母到兄姊,用語上不僅省去了"尊體",連"起居"也换成了"體履"。可見,"體履"與"起居"在結構上具有某種相似性。也就是説,"體履"本爲動詞性複合結構,經過轉類後引申指日常生活起居。古籍文獻中,"體""履"皆有"施行、實行"義。如《荀子·修身》:"好法而行,士也;篤志而體,君子也。"[274][頁33]句中"體""行"對文同義。又如《淮南子·氾論》:"故聖人以身體之。"高誘注:"體,行。"[101][頁934]《詩·小雅·大東》:"君子所履,小人所視。"鄭玄箋:"君子皆法效而履行之。"[197][頁460中]例中"體""履"皆爲"行"義。正因爲如此,文獻中"體""履"常以對文出現。如《後漢紀·孝順皇帝紀上》:"胡元安體曾參之至行,履樂正之純業,喪親泣血,骨立形存。"[103][頁348]例中"體""履"對文。韓愈《除崔群户部侍郎制》:"具官崔群,體道履仁,外和内敏。"[107][頁687]"體道履仁"即體履、施行仁道。同時,"體""履"又可由具體的"施行"引申指抽象的"品性、德行"。如《世説新語·品藻》:"簡文問孫興公:'袁羊何似？'答曰:'不知者不負其才,知之者無取其體。'"劉孝標注:"言其有才而無德也。"[202][頁533]句中"體"指品德、德行。《水經注》卷四〇"漸江水":"沛國桓儼,避地會稽,聞陳業履行高潔,往候不見,儼後浮海。"[205][頁1261]句中"履""行"同義連言,皆指品德。這樣,"體""履"又可同義並列表示"秉性、德行"的意思,如《世説新語·賞譽》"朱永長理物之至德,清選之高望",劉孝標注:"朱誕字永長,吴郡人。體履清和,黄中通理。"[202][頁431]此謂其品性清雅平和。

---

① 參董秀芳《詞彙化:漢語雙音詞的衍生和發展》,頁139-142。

同樣,"體履"又可轉喻指施行、經歷的一切狀況,即"生活起居"。如伯3715號《類書草稿》:"伏以中丞以仁恤物,以義濟危。神像自效其休禎,體履必安其調護。"其中"體履"即指所經歷的一切狀況。正因爲如此,"體履"又可作"動履",如《淳化閣帖・唐諫議大夫褚庭誨書》:"初寒,惟動履休勝。"[14][頁201]其中"動履"用來問候對方的生活起居。又或作"所履",如斯329號《書儀鏡》:"朝夕微寒,惟所履珍適。"例中"履"與"所"結合,表明其最初爲"動詞性"語素。"所履"即所行,此轉喻指所施行、經歷的一切狀況,即生活起居。又可徑稱作"履",如斯329號《書儀鏡》:"朝夕微寒,惟履休適。"又可敬稱爲"尊履",如歐陽修《與蘇禮編》:"得書,承尊履休康。"[170][頁1293]例中"尊履"用來敬稱對方的起居狀況。同樣,"體履"也可作"體用",如伯3555號背/2《弘約與闍梨書啓》:"□□(不審)近日體用何似?伏惟順時每加保重。""用"本爲"施行"義,"體用"與"動用""體履"相似,都用來問候對方的生活起居。

由此可見,書札中問候"生活起居"的語詞,如"起居""動靜""動止""動息""動用""動履""體履""體用"等,在構詞表義上都呈現出共同的趨勢:由表示居止、行爲的動詞性短語固化爲表示生活起居的名詞。也就是說,"體履"得義於"施行、實行",而不是"身體和步履"。

## 四 提供恰當的例證

對於大型辭書書證滯後或闕如的情況,有的學者建議大家做有心人,收集資料,積少成多①;有的則以爲在科學昌明、電子技術發達的今天,漢語詞彙的尋流溯源工作已極爲便捷,與詞典編纂時期不可同日而語,可以從略②。誠然,當今電子文本的檢索大大便利了詞語的溯源

---

① 汪維輝《詞源札記》,載《詞庫建設通訊》總第19期,1999年3月。
② 馮利華博士論文《中古道書語言研究》,頁73,2003年11月。

工作。然對於一些尚未實現電子化的出土文獻(如敦煌文書),其中涉及的語詞或有不見於電子文本者,如果我們完全依賴電子文本,豈不掩蓋了語言事實的真相?如"薄酌"一詞,用來謙稱自己的酒食微薄,習見於敦煌書儀,卻不見於電子版《四部叢刊》。《詞典》首見例引《聊齋志異》爲證,這便使得"薄酌"一詞整整晚出了近700年。更進一步說,即使所有的文獻都已實現了電子化,漢語詞彙的溯源工作也仍然是有意義的。因爲一方面電子文本並不完全可靠;另一方面,一個詞語輸入電腦後,一檢索便會有成千上萬條類似的"詞形"出現,這其中哪些是詞,哪些不是,哪些更早、更可靠,都還須我們"人腦"進一步識別。鑒於此,我們仍有必要齊心協力地發掘詞語的最早用例,以盡可能真實地還原語詞運用的實況。故本書專列此小節來探討《詞典》書證滯後或闕如的問題。

### (一)提前例證的時代

【阿嫂】

《詞典》義項①:哥哥的妻子。《水滸傳》第一七回:"阿嫂道:'叔叔,你又不醉,我方纔說了,是七個販棗子的客人打劫了去。'"[113][頁6902]

按:稱哥哥的妻子爲"阿嫂",敦煌書儀已見。如斯5613號《書儀》:"與阿嫂書:不審更得某兄消息否?下情深憂。"例中寫信給"阿嫂",打聽哥哥的消息。"阿嫂"又可綴"子"尾作"阿嫂子",如伯3687號/2《永隆等家書》:"孟冬漸寒,伏惟叔父、審審(嬸嬸)、家兄、阿嫂子、男女、兄弟等尊體[萬福]。"例中"阿嫂子"居於"家兄"之後,當即"阿嫂"的派生形式。由上揭二例可看出,"阿嫂"一詞唐五代時已習用如常。

【報知】

《詞典》:猶稟告,告知。元王實甫《西廂記》第一本第一折:"但有探長老的,便記着,待師父回來報知。"[113][頁1228]

按:"報知"此義已見於敦煌書儀,如斯4639號《與法師書》:"若自不及,聞早便迴,分明報知,莫道不告。"例中前云"報知",後言"告","報知"顯爲稟告、告知義。同時代的傳世文獻中亦有其例,如張九齡《唐丞相曲江張先生文集》卷一一《敕突厥可汗書》:"又移健達於後到,亦以理報知。"[235][頁8]白居易《元九以綠絲布白輕裕見寄製成衣服以詩報知》[2][頁1062]詩,例中"報知"皆"告知"義。《詞典》引例明顯滯後。

【薄收】

《詞典》:收成不好。宋范成大《冬春行》:"去年薄收飯不足,今年頓頓炊白玉。"[113][頁5545]

按:"薄收"指"收成不好",已見於晚唐五代宋初文獻。如伯3449號《刺史書儀》:"去歲並遭時疫,秋稼薄收,遂致債借稍深,年計有闕。"司馬光《乞罷修腹内城壁樓櫓及器械狀》:"又緣陝西州軍已是去歲夏麥薄收,秋苗旱損。"[212][頁311]皆其例。

【薄酌】

《詞典》:菲薄的酒食。謙辭。清蒲松齡《聊齋志異·桓侯》:"桓侯曰:'歲歲叨擾親賓,聊設薄酌,盡此區區之意。'"[113][頁5546]

按:"薄酌"用以謙稱自己的酒食菲薄,習見於敦煌書儀。如斯2200號《新集吉凶書儀·歲日相迎書》:"獻歲初開,元正啓祚。……聊陳薄酌,用展旅情。便請此來,下情所望。"伯3691號《新集書儀·局席罷散謝》:"某乙貧居,至乖祗待,空持薄酌,虛降單筵。"例中"薄酌"皆其義。《詞典》引《聊齋志異》爲例,過晚。

【暢豁】

《詞典》:舒暢開闊。王西彥《古屋》第二部五:"我站着,覺得自己的胸懷異常暢豁,全心靈都浸淫在一種新鮮甜蜜的空氣裏。"[113][頁3081]

按:"暢豁"此義,敦煌書儀已見。如伯2945號《權知歸義軍節度兵馬留後使曹元德狀稿》:"又蒙殊懿,感通流深,[□]當憐念,優同眷屬,恤以恩(姻)親。非獨卑情暢豁,傾城百姓共荷納恩。"例中"暢豁"表示心情的舒暢、歡快。《詞典》引現代例,過晚。

【寵招】

《詞典》:亦作"寵召"。對高位者邀請的敬辭。元柯丹邱《荆釵記·團圓》:

"老夫感蒙過愛,特辱寵招,不勝愧感之至。"[113][頁2136]

按:"寵招""寵召"用作對高位者邀請的敬辭,敦煌書儀習見。如伯3627號/2《狀啓集》:"特蒙某官眷獎,專賜寵招。"伯3906號/4《書儀·屈知聞吃飯狀·答書》:"伏蒙某官恩造,特賜寵招。貴宅廣備華筵,頻邀賤品。"伯4092號《新集雜別紙·謝飯狀》:"右某伏蒙司空台慈,特垂寵召。"例中"寵招""寵召"都用來敬稱對方的邀請。

【辭退】

《詞典》:辭去,謝絕。魯迅《而已集·革"首領"》:"所以這回雖然蒙現代派追封,但對於這'首領'的榮名,還只得再來公開辭退。"[113][頁6718]

按:"辭退"表推辭、謝絕義,敦煌書儀已見。如伯3281號背/3《押衙馬通達狀三件》:"右奉差充瓜州判官者。……今蒙大夫親字(自)制置,不敢辭退。"謂不敢謝絕。另如伯2292號《維摩詰經講經文》:"是時彌勒重親花座,再近蓮臺,三禮牟尼,一伸辭退。……勞聖選差,伏蒙獎錄,道理直應前去,不合推辭。"例中"辭退"與"推辭"同義照應。

【摧絕】

《詞典》義項②:傷心之極。清周亮工《書影》卷二:"烈女,鄲城人,年十七,聘安氏,無何,安氏子卒,烈女摧絕。"[113][頁3736]

按:"摧絕"之喻傷心之極,敦煌書儀凶書中習用。如伯3442號《書儀·舅姑喪告答夫書》:"凶釁招禍,先舅棄背。……有限,未獲奉洩,望夫摧絕。"伯3637號《新定書儀鏡·除服祭》:"以明但(旦)吉辰,修終禮制,號天叩地,不勝摧絕。"例中"摧絕"皆用來形容悲傷之極,悲痛欲絕。

【打劫】

《詞典》義項②:搶劫。《京本通俗小說·馮玉梅團圓》:"玉梅將賊兵打劫及范希周救取成親之事,述了一遍。"[113][頁3514]

按:"打劫"表搶劫之義,敦煌書儀習見。如伯2155號背/1《曹元忠與回鶻可汗書》:"如今道途開泰,共保一家,不期如此打劫,是何名價?"另如《杜家立成·問知故逐賊書·答》:"力微計薄,捍禦無方,致使群凶得來打劫。"[31][頁260]例中"打劫"皆謂遭賊徒襲擊、搶劫。

【分割】

《詞典》義項②:猶分裂。明李贄《復鄧石陽》:"苟有者,則老來得力,病困時得力……五内分割、痛苦難忍時得力。"[113][頁985]

按:"分割"表分裂,常用來比喻極度地痛苦,習見於敦煌書儀的凶書弔答中。如伯2622號《吉凶書儀·妻祭夫文》:"念五情兮分割,傷孤遺兮彷徨,表妾心兮設祭。"伯3442號《書儀·祖父母喪告答父母伯叔姑書》:"不圖凶禍,翁婆棄背,追慕無及,五情分割。"例中"分割"皆用來形容痛苦之極,猶如以刀"割裂"一般。

【復禮】

《詞典》義項③:答謝,回禮。《水滸傳》第三九回:"既然兄弟還了,改日却另置杯復禮。"[113][頁1882]

按:"復禮"表"答謝、回禮"之義,在敦煌書儀中每有用例。如伯2155號背/1《曹元忠與回鶻可汗書》:"早者當道差親從都頭曹延定,往貴道復禮。"伯3151號《沙州書狀稿》:"尋差使人邈赴復禮,至於中路,逢迴鶻大段般次,以茲人使却迴。"例中"復禮"皆此義。

【訃告】

《詞典》義項②:報喪的文告。巴金《關於〈神·鬼·人〉》:"姓袁的朋友一九五八年患鼻癌死在福州,當地的報上還刊出他的訃告。"[113][頁6517]

按:《詞典》同頁還收錄了與"訃告"意義相同的三個詞:"訃書""訃問""訃音",皆表報喪的消息和文告,引例都爲唐宋時期文句。與此相較,"訃告"的文例不免過於滯後。由"訃書""訃問""訃音"等詞可知,"訃"表報喪之義,在唐宋時期極爲常用,其構詞能力也較爲活躍,可與表"消息、音問"義的語素組合表"報喪的信息、文告"。就詞彙的系統性而論,處於同一聚合群中的語詞往往具有相同的組合能力,則同時期表"音信"義的"告"也應具有與"書""問""音"等語素相似的組合能力,即可與"訃"組合表"報喪的信息、文告"義。不出所料,敦煌書儀中便有這樣的用例。如斯4571號背/2《某年三月隨使宅案孔目官孫延滔謝僧弔儀狀》:"右伏蒙大德眷私,以延滔遐聆訃告,方積哀摧,迥垂慰問

第三節　書儀語言研究與辭書編纂　171

之緘封,特遣弔儀之厚禮。"例中"訃告"用爲"遐聆"的賓語,顯指報喪的文告。

【干聒】

《詞典》:猶干擾。宋蘇軾《與蒲誠之書》之六:"某明日至府謁見,預增欣抃,然不免有少事干聒。"[113][頁1126]

按:"干聒"此義,已見於敦煌書儀。如伯3449號《刺史書儀·借館驛別紙》:"某切以上下人多,兼及頭匹不少,每至宿程之處,店司安泊稍難。須具啓陳,罔避干聒。"例中"干聒"猶打擾、相煩。"聒"本指聲音喧鬧、嘈雜,《説文·耳部》:"聒,驪語也。"[200][頁250]後引申有"煩擾"義,如杜甫《北征》詩:"翻思在賊愁,甘受雜亂聒。"[32][頁400]而"干"亦爲"煩擾"義,故"干聒"爲同義複詞。另如歐陽修《與杜大夫》:"及聞近有悲戚,則猶不可以閒事干聒。"[170][頁1261]可資比勘。

【顧憐】

《詞典》:顧念愛憐。葉聖陶《旅程的伴侶》:"顧憐,他顧憐自己還來不及呢!"[113][頁7271]

按:"顧憐"此義早已見於唐宋時代的文獻,如斯5623號《新集雜別紙》:"豈謂司空歲冥分深,顧憐情重,不訝容易,曲賜允從。"黃滔《蔣先輩》之二:"資今日顧憐之旨,作它時汲引之由。"[172][頁215]王安石《臨川先生文集》卷六〇《乞罷政事表三道》之三:"使人狎至,詔指屢頒,衹荷顧憐,重懷感悸。"[149][頁4]以上例中"顧憐"皆指顧惜愛憐。《詞典》引例,過於滯後。

【過訪】

《詞典》:登門探視訪問。宋張舜民《與石司理書》:"近吕主簿過訪,蒙示長函大編,副以手書。"[107][頁6326]

按:"過訪"此義,敦煌書儀習見。如斯5636號《新集書儀·酒熟相迎書》:"深思知己,仰暮(慕)同筵。不恥蓬門,幸垂過訪。"伯3502號背/2《新集諸家九族尊卑書儀·冬至相迎書》:"長至初啓,佳節應期,空酒餛飩,幸垂過訪。"例中"過訪"皆爲拜訪、探望之義。"過"有"造訪"

義,故"過訪"爲同義複詞。

【加重】

《詞典》:增加分量;變得更重。毛澤東論《十大關係》一:"這樣,重工業是不是不爲主了?它還是爲主,還是投資的重點。但是,農業、輕工業投資的比例要加重一點。"[113][頁1066]

按:"加重"表增加重量或程度之義,早在唐五代宋初的文獻中就已出現。如斯2200號《新集吉凶書儀·夫與妻書》:"景春暄和,惟第幾娘子動止康和,兒女等各得佳健。……今承官役,且得平善,憂念加重,豈可言述。"李德裕《李文饒文集》卷一五《請賜仲武詔》:"茂元疾雖加重,朝廷亦免它虞。"[146][頁10]例中"加重"或表憂念的加深,或指疾病的加重。

【間代】

《詞典》:隔代。清王士禎《漁洋詩話》卷中:"五言近體,聲希味淡,固是間代清律。"[113][頁7149]

按:"間代"此義習見於敦煌書儀,如伯3723號《記室備要·賀孟夏》:"伏惟某官匡時重德,間代殊勳。"伯3931號《靈武節度使表狀集·正月賀》:"伏惟尚書德冠標時,功名間代。""間"者,隔也;"代",爲"世"的避諱字,"間代"即"隔世",多用於稱贊他人,言其功名業績當代少有,隔世纔見。中晚唐以後典籍中,或用"間世"表此義。如伯4093號《甘棠集·賀冬上杜相公狀》:"相公間世名臣,當今重望。"例中"間世"猶隔代,喻賢宰名臣之難得。

【降重】

《詞典》:猶言屈駕光臨。《東周列國志》第七四回:"子惡欲設享相延,託某探相國之意,未審相國肯降重否?"[113][頁6915]

按:"降重"此義,敦煌書儀習見。如伯3691號《新集書儀·屈朝友及諸相識》:"來日就某乙弊居,空備小飲,叨瀆仁私。伏惟不吝玉股,希垂降重。"伯2498號《李陵蘇武往還書》:"陵如今授(受)萬户之俸,爲一部之王。呼吸風生,吹噓翼揚。請迴高意,垂一降重。"例中"降重"都用

第三節　書儀語言研究與辭書編纂　173

來敬稱對方到來。

【脚家】

《詞典》：脚夫。《警世通言·吕大郎還金完骨肉》："只見門外四五個人，一擁進來，不是別人，却是哥哥吕玉、弟弟吕珍、侄子喜兒，與兩個脚家，馱了行李貨物進門。"[113][頁3921]

按："脚家"此義，敦煌書儀已見。伯2700號背《法真狀》："當來日被脚家蔥（忽）逼，不獲就辭。"言出發那天因被脚夫催促，而未能前往告辭。其中"脚家"指爲他人遞送書信、物品的脚夫，或徑稱"脚"。斯1344號《開元户部格》："諸州進物入京都，並令本州自雇脚送。"例中"脚"即脚夫。因有水路、陸路之分，而稱陸路者爲"陸脚"，如斯1477號《祭驢文》："教汝託生之處，凡有數般：莫生官人家，輒駄入長安；……莫生陸脚家，終日受皮鞭；……願汝生於田舍家，且得共男女一般。""陸脚"謂跑陸路運輸的脚家。

【矜容】

《詞典》義項②：矜憐寬容。《續資治通鑑·宋真宗大中祥符六年》："責以公議，誠爲罪人，賴陛下矜容，不然，顛躓久矣。"[頁4972]

按：《詞典》所釋"矜容"義，不確。"矜容"義爲"寬免、容恕"，乃近義複詞①，晚唐五代文獻習見。如斯5636號《新集書儀·索債書·答書》："勿（忽）奉來書，已知高意。所蒙借貸，甚急難違。……見今方辨（辦），續即馳還。伏望矜容，即當恩幸。"這是寫給討債人的一封回信，言所欠債務，立馬奉還，望對方寬容。另如杜牧《張直方授左驍衛將軍制》："念其生自戎旅，素不鐫琢，既觸法網，亦可矜容。"[75][頁283]亦其例。

【例物】

《詞典》：按規定發給的錢物。宋李綱《建炎進退志總敍下》："盜賊強壯不能遷業者甚衆，乘此遣使四路，優給例物以招募之，新其軍號，勒以部伍。"[113][頁565]

---

① 詳細的論述參本書第五章第三節之二"矜假"條，頁340。

按:"例物"此義,敦煌書儀已見。如斯3399號《雜相賀》:"謝分散例物:尚書福重三危,威聲早著,特降天使,例物頓宣。"伯2652號背《諸雜謝賀》:"謝分散例物目:尚書鴻恩,頒賜榮例之物。"其中"例物"皆指按常規發給的錢物,始見於晚唐五代文獻,宋代習用。如蘇轍《乞招畿縣保甲充軍狀》:"右臣近奏乞招河北保甲充禁軍,聞已有朝旨,令逐州軍長吏等優給例物,寄招在京禁軍去訖。"[150][頁833]可資比勘。

【剖陳】

《詞典》:分析陳説。李濟深《告華南西南反動統治下軍政人員》:"我念及你們當中,不少以前和我從事革命共過事……最後一次爲你們剖陳利害。"[113][頁1039]

按:"剖陳"此義,已見於敦煌書儀。如伯3931號《靈武節度使表狀集·表本》:"去冬剖陳志懇,亦已聞天。"例中"剖陳"謂剖析陳説,表白誠心。另如歐陽修《乞洪州第七狀》:"凡諸懇悃,嘗具剖陳。"[170][頁694]亦其例。

【起服】

《詞典》:"猶起復。古代官吏有喪,服未滿而起用。《元典章·吏部·新吏》:"舊例居喪奪情起服之官,或是朝廷顧問儒臣,或是必用耆舊。"[113][頁5766]

按:"起服"此義已見於敦煌書儀的凶書弔答中,如斯361號《書儀鏡》:"弔起服從政:季夏毒熱,惟位次郎動静支豫。"伯3637號《新定書儀鏡·弔起服從政》:"又承聖恩擇才,起服從政,孝感罔極,五内屠裂。""起服"者,謂起用於"服"中,即服喪未滿而被起用;而"起復"則指服喪期間,被起用復職,二者所指雖同,著眼點却有異。敦煌書儀中,"起服""起復"皆見,如斯5623號《新集雜別紙·鎮州太傅》:"右某伏承太傅光膺睿渥,起復從政,伏惟攀幕(慕)號絶。"而唐宋時期的傳世文獻中,"起復"習見,"起服"却難得一見,直至元代文獻中纔出現,難怪《詞典》引例爲元代。

【收什】

《詞典》義項①:整理、拾掇。《明成化説唱詞話叢刊·鸚哥孝義傳》:"哭罷起來忙收什,殷娘骨殖共高飛。"②:猶振作。《敦煌變文集•漢將王陵變》:"三魂真遣掌前飛,收什精神聽我語。"[113][頁2896]

按:儘管義項①的書證爲明代用例,義項②的爲唐五代用例,這似乎於理不合。但《詞典》編者堅持從詞義演變的角度出發,敢於將"收什"的"整理、拾掇"義置於"振作"義前,這是很有見地的。因爲敦煌書儀中,"收什"就表"整理、拾掇"的意思。斯76號背/5《宗緒與從兄狀二通》之二:"有少許束修,猶未整辦,專爲收什,候二郎到,一時分付。"伯2814號《天成三年(928)二月都頭知懸泉鎮過使安進通狀七件》:"兼當日差人走報常樂、瓜州兩鎮,收什人口、群牧警備隄防訖。"例中"收什"皆謂收撿、整理。由此引申爲"振作"義是再自然不過了,因爲整理、拾掇的對象往往都是非常具體的,如上揭例中"束修""人口、群牧"等,而當其對象轉變爲抽象的"精神"時,其意義自然就發生了變化,此即搭配對象改變所引起的詞義變化。

【頭匹】

《詞典》義項②:指牲畜。《元典章•聖政一•勸農桑》:"不以是何諸色人等,毋得縱放頭匹,食踐損壞桑果田禾。"[113][頁7242]

按:"頭匹"此義,敦煌書儀已見。如伯3449號《刺史書儀•借館驛別紙》:"某切以上下人多,兼及頭匹不少,每至宿程之處,店司安泊稍難。"其中"頭匹"即用以指稱牲畜。"頭匹"本爲量詞,用作牛、馬、驢、騾等牲畜的稱量單位。如《世說新語•雅量》:"客問淮上利害,答曰:'小兒輩大破賊。'"劉孝標注引《謝車騎傳》:"堅進屯壽陽,玄爲前鋒都督,與從弟琰等選精銳決戰。射傷堅,俘獲數萬計,得僞輦及雲母車,……牛馬驢駱駝十萬頭匹。"[202][頁374]後則徑用來指稱牛、馬等牲畜。如斯2073號《廬山遠公話》:"(白莊)遂便散却手下徒黨,只留三五人,作一商客。將三五個頭匹,將諸行貨,直向東都來賣遠公。"其中"頭匹"即用作牛、馬等牲畜的代稱。

## 【懸念】

《詞典》義項①：挂念。明張居正《奉諭還朝疏》："又特奉宸翰：'諭元輔張先生：自先生辭行之後，朕心日夜懸念。'"[113][頁4395]

按："懸念"一詞，今人猶用，然早在唐代，人們就已用它來表"挂念"之情了。如斯2200號《新集吉凶書儀・和尚尊師與弟子書》："未即集見，懸念增積。"同卷《與女壻書》："想見未期，增以懸念。"伯3442號《書儀・與子侄□（孫）書》："比絕書疏，增以懸念。"例中"懸念"皆謂久不相見，心中十分挂念。

## 【依從】

《詞典》：同意；聽從。《警世通言・玉堂春落難逢夫》："父母明知公子本意牽挂玉堂春，中了舉，只得依從。"[113][頁573]

按："依從"此義，已見於敦煌書儀。伯3931號《靈武節度使表狀集》："彼有所求，此無愛惜；此如奉託，彼望依從。"另如司馬光《乞未禁私市先赦西人劄子》："若有執政立異議，乞令其人自立文字。若依從其議，它日因此致引惹邊事，當專執其咎。"[212][頁385]其中"依從"皆爲同意、聽從之義。

## 【支借】

《詞典》義項①：借用。清王夫之《薑齋詩話》："蓋心靈，人所自有而不相貸，無從開方便法門，任陋人支借也。"[113][頁2371]

按："支借"此義，敦煌書儀已見。如伯3438號背《沙州官告國信判官將仕郎試大理評事王鼎狀四件》之四："昨日伏蒙支借打顐（頓）玉壹團，當時於郊野分付客都宋僕射訖。"例中"支借"即借用。另如蘇舜欽《論宣借宅事》："臣昨於十月二十三日內侍省牒奉聖旨下務，支借小宅一所與司天監楊可久。"[211][頁136]例中"支借"皆其義。

## 【拙室】

《詞典》：稱自己妻子的謙詞。宋代無名氏《異聞總錄》卷三："崔生大驚，謂青袍人曰：'不知拙室何得至此？'"[113][頁3597]

按："拙室"，用於謙稱自己的妻子，書儀習用。伯3691號《新集書儀》："弔妻云：禍釁無常，賢夫人傾逝，奉助悲切。答：教門薄福，拙室傾

第三節　書儀語言研究與辭書編纂　177

喪,不任苦痛。"斯1438號背《吐蕃占領敦煌初期漢族書儀》:"拙室殞逝,難以爲懷。"前例中弔人妻亡,敬稱爲"賢夫人",答辭則謙稱"拙室"。另如牛僧孺《玄怪錄》卷三"袁洪兒誇郎"條:"君誠能結同心,僕便請爲行人。拙室有姨,美淑善音,請袁君思之。"[241][頁382]例中"拙室"亦用以謙稱自己的妻子。"拙"者,自謙之詞也;"室"者,妻也。古人稱"妻"曰"室",《禮記·曲禮上》:"三十曰壯,有室。"鄭玄箋:"有室,有妻也。妻稱室。"[135][頁1232上]故有"妻室"之稱。書儀中或稱爲"拙屋",如斯361號《書儀鏡·弔妻亡書·答書》:"不意凶故,拙屋殞逝,撫對偏露,難以爲懷。""拙屋"或比照"拙室"創造得來。

(二)補充闕如的例證

【不盡】

《詞典》義項④:書信末尾用語。猶言不一一。[113][頁197]

按:"不盡"用作書信結尾處的套語,敦煌書儀中已有用例。如斯173號《李陵與蘇武書》:"能跪單于,百年受貴。海隅凝冱,願敬珍休。謹遣白書,筆言不盡。"伯3936號《致女壻女兒書》:"好看男女,莫遣吾憂。空附單書,餘言不盡。"此皆其例。

【發書】

《詞典》義項③:發送書信。[113][頁4961]

按:"發書"表"發送書信"之義,習見於敦煌書儀。如伯2155號背/1《曹元忠與回鶻可汗書》:"自前或有逃人經過,只是有殷次行時發書尋問,不曾隊隊作賊偷劫。"伯3672號背《都統大德致沙州宋僧政等書》:"昨近十月五日聖天恩判,補充都統大德兼賜金印,統押千僧,爲緣發書慰問。"例中"發書"皆爲"寄信"義,可補《詞典》例證之缺。

【修函】

《詞典》:寫信。如:修函陳情,言不盡意。[113][頁582]

按:"修函"表寫信之義,敦煌書儀已見。如斯5472號《朋友書儀》:"某乙有經王事,不獲修函,永憶慮纏。"《詞典》所舉爲自撰用例,未引文獻用例,可據補。

上面我們以敦煌書儀語詞爲參照,對《詞典》中書證滯後或闕如的現象進行了粗略地探討。其實,以上所舉只是其中的一小部分。筆者曾將敦煌書儀中詞語及其含義與《詞典》中相關的語詞進行比較,發現其中約有258個詞語(包括上面已經討論的32個)相應義項的首見例晚於敦煌書儀。茲將其列表如下:

表三:敦煌書儀語詞與《詞典》相應詞義、書證對照表

| 項目<br>詞語 | 《詞典》卷/頁 | 詞義 | 首引書證 | 敦煌書儀卷號 |
| --- | --- | --- | --- | --- |
| 1. 阿郎 | 下/6900 | 父親 | 司馬光《書儀》 | 伯3936號 |
| 2. 阿嫂 | 下/6902 | 哥哥的妻子 | 《水滸傳》 | 斯5613號 |
| 3. 安健 | 上/2002 | 平安健康 | 葉聖陶文 | 伯4525號 |
| 4. 安樂 | 上/2005 | 安康快樂 | 《七國春秋平話》 | 伯2690號背/7 |
| 5. 伴讀 | 上/543 | 陪伴……讀書 | 《紅樓夢》 | 斯76號背/5 |
| 6. 保護 | 上/592 | 保重,調護 | 趙彥衛《雲麓漫鈔》 | 伯3730號 |
| 7. 保薦 | 上/591 | 保舉推薦 | 《新五代史》 | 伯3723號 |
| 8. 保攝 | 上/592 | 保養 | 《資治通鑑》 | 斯5636號 |
| 9. 保守 | 上/588 | 保住,使不失去 | 王安石文 | 伯2646號 |
| 10. 報知 | 上/1228 | 稟告,告知 | 《西廂記》 | 斯4639號 |
| 11. 卑末 | 上/368 | 男子謙稱自身 | 宋王楙《野客叢書》 | 伯3909號/2 |
| 12. 悲楚 | 中/4309 | 哀傷悽楚 | 《再生緣》 | 伯3637號 |
| 13. 本分 | 上/2444 | 本身分内的 | 宋王讜《唐語林》 | 伯2619號背 |
| 14. 本生 | 上/2445 | 親身、生身 | 宋周密《齊東野語》 | 斯1725號 |
| 15. 本州 | 上/2446 | 該州 | 元費唐臣《貶黃州》 | 伯3449號 |
| 16. 庇廕 | 上/1955 | 蔭庇,庇護 | 宋蘇軾文 | 伯3723號 |
| 17. 標 | 上/2680 | 顯揚 | 《七國春秋平話》 | 伯3931號 |
| 18. 標表 | 上/2681 | 表率,榜樣 | 宋范仲淹文 | 伯3723號 |
| 19. 表侄 | 上/227 | 表弟兄的兒子 | 《舊唐書·楊慎矜傳》 | 伯3442號① |
| 20. 別人 | 上/1003 | 另外的人 | 未舉書證 | 伯3936號 |
| 21. 賓筵 | 下/6008 | 幕賓席位 | 宋司馬光詩 | 伯4093號 |

---

① 據趙和平考證,伯3442號《書儀》撰於開元時期。參《敦煌寫本書儀研究》,頁223-232。

第三節　書儀語言研究與辭書編纂　179

續表

| | | | | |
|---|---|---|---|---|
| 22. 薄收 | 下/5545 | 收成不好 | 宋范成大詩 | 伯3449號 |
| 23. 薄酌 | 下/5546 | 菲薄的酒食，謙詞 | 《聊齋志異》 | 斯2200號 |
| 24. 不揣 | 上/190 | 不自量，謙詞 | 宋周密《癸辛雜識》 | 伯3723號 |
| 25. 不揆 | 上/190 | 不自量，謙詞 | 宋岳飛文 | 斯329號 |
| 26. 不期 | 上/190 | 不意，不料 | 《西廂記》 | 伯2155號背/1 |
| 27. 不育 | 上/180 | 婉指孩子夭折 | 宋蘇軾《龍川別志》 | 伯2622號 |
| 28. 部封 | 下/6193 | 轄境 | 宋范仲淹詩 | 伯4092號 |
| 29. 草料 | 下/5459 | 牲口的飼料，乾草 | 《兒女英雄傳》 | 斯5636號 |
| 30. 差使 | 上/1151 | 差遣，派遣 | 宋司馬光文 | 伯3637號 |
| 31. 差殊 | 上/1152 | 差異，不同 | 金王若虛《五經辨惑》 | 斯329號 |
| 32. 孱瑣 | 上/2247 | 猥賤無能 | 宋歐陽修文 | 伯3449號 |
| 33. 孱庸 | 上/2247 | 鄙陋無能 | 宋李綱文 | 伯4093號 |
| 34. 長行局 | 下/6754 | 古代的一種博戲 | 元李治《敬齋古今黈》 | 伯3723號 |
| 35. 常格 | 上/1755 | 慣例，通例 | 《新唐書·衛次公傳》 | 伯4093號 |
| 36. 悵戀 | 中/4316 | 惆悵留戀 | 宋司馬光文 | 斯766號 |
| 37. 暢豁 | 中/3081 | 舒暢開闊 | 王西彥《古屋》 | 伯2945號 |
| 38. 暢適 | 中/3081 | 使舒暢順適 | 宋陸游文 | 伯3723號 |
| 39. 塵瀆 | 上/1246 | 塵黷，謙詞 | 宋岳飛文 | 伯2814號 |
| 40. 遲滯 | 下/6440 | 延遲，拖延 | 宋王讜《唐語林》 | 伯2804號背 |
| 41. 寵訪 | 上/2136 | 稱人來訪的敬詞 | 宋蘇軾文 | 伯3449號 |
| 42. 寵招 | 上/2136 | 敬稱對方的邀請 | 元柯丹邱《荊釵記》 | 伯3906號/4 |
| 43. 辭退 | 下/6719 | 推辭，謝絕 | 魯迅《而已集》 | 伯3281號背 |
| 44. 粗疏 | 下/5391 | 粗略，不精細 | 《古今小說》 | 伯2700號背 |
| 45. 摧絶 | 中/3736 | 傷心之極 | 清周亮工《書影》 | 伯3442號 |
| 46. 打疊 | 中/3524 | 收拾，整治 | 宋劉昌詩《蘆蒲筆記》 | 伯3633號 |
| 47. 打劫 | 中/3514 | 搶劫 | 《京本通俗小說》 | 伯2155號背/1 |
| 48. 打獵 | 中/3523 | 在野外捕殺鳥獸 | 《水滸傳》 | 斯5623號 |
| 49. 大伯 | 上/1307 | 稱丈夫的哥哥 | 魯迅《彷徨·祝福》 | 伯3442號 |
| 50. 當價 | 中/4660 | 等價 | 宋袁文《甕牖閒評》 | 斯6537號 |
| 51. 叨塵 | 上/1474 | 忝任 | 宋歐陽修文 | 伯3627號/2 |
| 52. 叨受 | 上/1474 | 猶承受，謙詞 | 明葉盛《水東日記》 | 伯4093號 |

續表

| | | | | | |
|---|---|---|---|---|---|
| 53. | 奠儀 | 上/1398 | 用於祭奠的禮品 | 宋孔平仲《孔氏談苑》 | 伯3864號 |
| 54. | 洞察 | 中/3220 | 深入、清楚地察知 | 宋羅大經《鶴林玉露》 | 斯4374號/4 |
| 55. | 恩憐 | 中/4278 | 加恩垂憐 | 宋王安石文 | 伯3723號 |
| 56. | 發送 | 中/4960 | 打發,使離去 | 元關漢卿《雙赴夢》 | 伯2968號 |
| 57. | 繁屑 | 下/5720 | 猶繁瑣 | 鄒韜奮《萍蹤憶語》 | 斯78號背 |
| 58. | 防送 | 下/6895 | 押解護送犯人 | 元石德玉《紫雲庭》 | 伯3931號 |
| 59. | 分割 | 上/985 | 猶分裂 | 明李贄文 | 伯2622號 |
| 60. | 分頭 | 上/987 | 分別,各自 | 《水滸傳》 | 斯1438號背 |
| 61. | 奉別 | 上/1377 | 敬詞,猶告別 | 元關漢卿《金綫池》 | 斯2200號 |
| 62. | 奉差 | 上/1378 | 奉命出差 | 《初刻拍案驚奇》 | 伯3625號 |
| 63. | 復禮 | 上/1882 | 答謝,回禮 | 《水滸傳》 | 伯2155號背/1 |
| 64. | 訃告 | 下/6517 | 報喪的文告 | 巴金《關於〈神、鬼、人〉》 | 斯4571號背/2 |
| 65. | 干聒 | 上/1126 | 猶干擾 | 宋蘇軾文 | 伯3449號 |
| 66. | 感忭 | 中/4325 | 感激高興 | 宋蘇軾文 | 伯3931號 |
| 67. | 感德 | 中/4328 | 感激恩德 | 明李贄文 | 斯78號背 |
| 68. | 鋼鐵 | 下/7068 | 鋼和鐵的統稱 | 《水滸傳》 | 斯1438號背 |
| 69. | 高情 | 下/7518 | 敬詞,深厚的情意 | 《二刻拍案驚奇》 | 伯3691號 |
| 70. | 公參 | 上/769 | 官員赴任後到上司處參拜 | 宋趙昇《朝野類要》 | 斯5623號 |
| 71. | 公憑 | 上/772 | 官方的證明文件 | 宋蘇軾文 | 斯5139號背/1 |
| 72. | 公狀 | 上/766 | 古代公文之一種 | 宋王禹偁文 | 斯6537號背 |
| 73. | 顧憐 | 下/7271 | 顧念愛憐 | 葉聖陶《旅程的伴侶》 | 斯5623號 |
| 74. | 錮送 | 下/7067 | 戴上刑具押送 | 《資治通鑑》 | 斯1438號背 |
| 75. | 管顧 | 中/5236 | 照顧 | 宋王禹偁詩 | 伯2968號 |
| 76. | 管軍 | 中/5234 | 統領軍事(的官員) | 宋范仲淹文 | 斯329號 |
| 77. | 官守 | 上/2027 | 官吏 | 《宋史·河渠志一》 | 斯1438號背 |
| 78. | 光降 | 上/834 | 光臨 | 《水滸傳》 | 伯4092號 |
| 79. | 貴居 | 下/5981 | 對他人家宅的敬稱 | 《平妖傳》 | 斯5632號 |
| 80. | 貴宅 | 下/5980 | 敬稱他人的住宅 | 《水滸傳》 | 伯3691號 |
| 81. | 過訪 | 下/6326 | 登門探視訪問 | 宋張舜民文 | 斯5636號 |
| 82. | 號訴 | 中/5083 | 哭訴 | 《新唐書·儒林傳》 | 伯3637號 |

第三節　書儀語言研究與辭書編纂　181

續表

| | | | | | |
|---|---|---|---|---|---|
| 83. 賀禮 | 下/5992 | 祝賀時贈送的禮物 | 《二刻拍案驚奇》 | 斯 4274 號 |
| 84. 賀儀 | 下/5992 | 猶賀禮 | 《聊齋志異》 | 伯 2539 號背 |
| 85. 薨逝 | 下/5541 | 猶薨殂 | 清袁枚《隨園詩話》 | 伯 3442 號 |
| 86. 歡盟 | 中/4007 | 和好結盟 | 《續資治通鑑》 | 伯 3931 號 |
| 87. 誨示 | 下/6605 | 敬稱對方的書信 | 宋王安石文 | 斯 5613 號 |
| 88. 羈蹇 | 中/5173 | 猶困頓 | 宋蘇洵文 | 伯 4093 號 |
| 89. 給付 | 下/5652 | 交付 | 宋洪邁《容齋三筆》 | 伯 4093 號 |
| 90. 給舍 | 下/5652 | 給事中與中書舍人的並稱 | 宋朱弁《曲洧舊聞》 | 伯 4093 號 |
| 91. 記念 | 下/6531 | 懷念，記挂 | 元關漢卿《望江亭》 | 斯 78 號背 |
| 92. 加以 | 上/1066 | 表示如何對待前述的事物 | 明徐榜《濟南紀政》 | 伯 3691 號 |
| 93. 加重 | 上/1066 | 增加分量，變得更重 | 毛澤東《論十大關係》 | 斯 2200 號 |
| 94. 佳勝 | 上/555 | 書札問候、祝頌用語 | 宋蘇軾文 | 伯 3502 號背/2 |
| 95. 箋管 | 中/5230 | 紙筆 | 宋翁元龍《絳都春》詞 | 伯 2539 號背 |
| 96. 煎迫 | 中/4157 | 緊急，急迫 | 清王韜《甕牖餘談》 | 斯 329 號 |
| 97. 檢尋 | 上/2714 | 查找 | 宋歐陽修文 | 斯 6537 號背 |
| 98. 間代 | 下/7149 | 隔代 | 清王士禎《漁陽詩話》 | 伯 3931 號 |
| 99. 將理 | 中/4410 | 休養調理 | 宋歐陽修文 | 斯 329 號 |
| 100. 將治 | 中/4409 | 調養治療 | 宋蘇轍文 | 斯 5804 號背 |
| 101. 獎借 | 上/1400 | 勉勵推許 | 宋司馬光文 | 伯 3449 號 |
| 102. 獎異 | 上/1400 | 以爲卓異而勉勵 | 宋文天祥文 | 伯 4092 號 |
| 103. 獎知 | 上/1400 | 賞識知遇 | 宋范仲淹 | 伯 3931 號 |
| 104. 降重 | 下/6915 | 屈駕光臨 | 《東周列國志》 | 伯 3691 號 |
| 105. 交流 | 上/881 | 猶言來往 | 宋陸游詩 | 斯 5660 號背 |
| 106. 交納 | 上/881 | 奉獻，交付 | 宋蘇軾文 | 伯 3547 號 |
| 107. 脚家 | 中/3921 | 脚夫 | 《警世通言》 | 伯 2700 號背 |
| 108. 結親 | 下/5646 | 結婚 | 《醒世恒言》 | 伯 2646 號 |
| 109. 結尾 | 下/5643 | 文辭的最後部分 | 宋謝采伯《密齋筆記》 | 斯 361 號 |
| 110. 結姻 | 下/5644 | 結爲婚姻 | 宋吳曾《能改齋漫錄》 | 伯 2619 號背 |
| 111. 矜容 | 中/4972 | 矜憐寬容 | 《續資治通鑑》 | 斯 5636 號 |

續表

| | | | | | |
|---|---|---|---|---|---|
| 112. 盡底 | 中/4683 | 徹底,全部 | 宋范仲淹文 | 伯3931號 |
| 113. 敬空 | 中/2941 | 紙尾留空以待批反 | 宋沈括《夢溪補筆談》 | 斯376號 |
| 114. 具銜 | 上/785 | 謂題寫官銜 | 宋葉紹翁《四朝聞見錄》 | 伯3906號/4 |
| 115. 眷異 | 中/4578 | 特殊的恩寵和眷顧 | 宋李石《續博物志》 | 斯5623號 |
| 116. 眷與 | 中/4578 | 眷愛稱許 | 宋曾鞏文 | 伯4093號 |
| 117. 開解 | 下/7142 | 寬解,想得開 | 宋蘇軾文 | 伯3637號 |
| 118. 康健 | 上/1969 | 猶健康 | 宋沈括《夢溪筆談》 | 伯3936號 |
| 119. 懇悃 | 中/4384 | 懇切 | 《新唐書·褚亮傳》 | 斯6537號背 |
| 120. 苦剋 | 下/5438 | 刻薄,苛刻 | 元石德玉《曲江池》 | 斯1438號背 |
| 121. 寬快 | 上/2112 | 舒暢,舒適 | 《元朝秘史》 | 伯2155號背/1 |
| 122. 暌離 | 中/3077 | 分離 | 宋蘇舜欽詩 | 伯4050號 |
| 123. 暌遠 | 中/3077 | 遠隔 | 宋阮閱《詩話總龜》 | 斯5623號 |
| 124. 困悴 | 上/1706 | 貧困愁苦 | 宋王讜《唐語林》 | 伯4093號 |
| 125. 離鄉 | 下/6883 | 離別故鄉 | 金董解元《西廂記》 | 斯1438號背 |
| 126. 例物 | 上/565 | 按規定發給的錢物 | 宋李綱文 | 斯3399號 |
| 127. 亮察 | 上/895 | 敬詞,猶明鑒 | 宋曾鞏文 | 斯4374號/4 |
| 128. 鱗羽 | 下/7650 | 代稱魚和雁,指書信 | 宋柳永詞 | 伯3931號 |
| 129. 履 | 上/2169 | 敬詞,猶言起居 | 宋蘇軾書 | 斯329號 |
| 130. 履新 | 上/2170 | 過新年 | 《新唐書·禮樂志》 | 斯329號 |
| 131. 浼瀆 | 中/3266 | 玷污、褻瀆,謙詞 | 宋蘇舜欽文 | 伯2539號背 |
| 132. 門仞 | 下/7119 | 對人府第的敬稱 | 宋范仲淹文 | 伯3931號 |
| 133. 夢徵 | 上/1946 | 夢兆 | 宋陸游《老學庵筆記》 | 伯3723號 |
| 134. 面敍 | 下/7279 | 當面敍談 | 宋宋敏求《春明退朝錄》 | 伯3375號 |
| 135. 納祐 | 下/5624 | 納福 | 宋張世南《遊宦紀聞》 | 斯329號 |
| 136. 年 | 上/274 | 年節 | 宋陳師道詩 | 斯5613號 |
| 137. 年計 | 上/276 | 年度預算 | 《宋史·食貨志》 | 伯3449號 |
| 138. 攀奉 | 中/3784 | 猶陪奉 | 宋陸游《老學庵筆記》 | 伯3627號/2 |
| 139. 攀留 | 中/3784 | 泛指挽留 | 清顧炎武文 | 伯3931號 |
| 140. 攀送 | 中/3784 | 依依送別 | 宋張世南《遊宦紀聞》 | 伯3864號 |
| 141. 憑附 | 中/4373 | 託附 | 明李東陽文 | 伯4092號 |
| 142. 破除 | 中/4504 | 花費 | 《二刻拍案驚奇》 | 伯3691號 |

第三節 書儀語言研究與辭書編纂 183

續表

| | | | | | |
|---|---|---|---|---|---|
| 143. 破散 | 中/4505 | 被擊敗而散亂 | 宋王安石詩 | 伯3633號 |
| 144. 剖陳 | 上/1039 | 分析陳說 | 李濟深文 | 伯3931號 |
| 145. 啟陳 | 上/1610 | 啟稟，陳述 | 清陳夢雷《絕交書》 | 伯2539號背 |
| 146. 啟述 | 上/1610 | 陳述 | 宋范仲淹文 | 伯4092號 |
| 147. 起發 | 下/5769 | 出發 | 《新編五代史平話》 | 伯2155號背/1 |
| 148. 起服 | 下/5766 | 猶起復 | 《元典章》 | 伯3637號 |
| 149. 起建 | 下/5766 | 開辦，開設 | 《西遊記》 | 斯5623號 |
| 150. 牽縈 | 中/3498 | 糾纏，牽挂 | 《西遊記》 | 伯3906號/4 |
| 151. 挈提 | 中/3607 | 提攜，扶植 | 元祝堯《手植檜賦》 | 伯4093號 |
| 152. 親從 | 下/6063 | 親隨，隨從 | 宋陳世崇《隨隱漫錄》 | 伯2155號背/1 |
| 153. 欽伏 | 中/3997 | 敬伏 | 《水滸傳》 | 伯3691號 |
| 154. 輕微 | 下/5841 | 菲薄，微薄 | 《水滸傳》 | 斯4677號 |
| 155. 傾渴 | 上/699 | 渴念 | 宋范仲淹書 | 斯5613號 |
| 156. 清吉 | 中/3284 | 清平吉祥 | 元鄭光祖《三戰呂布》 | 斯361號 |
| 157. 清適 | 中/3286 | 閒適舒暢 | 宋范仲淹書 | 伯2679號 |
| 158. 瓊華 | 上/2421 | 喻美好的詩文 | 元耶律楚材詩 | 伯3931號 |
| 159. 趨參 | 下/5710 | 趨謁參拜 | 宋梅堯臣詩 | 斯5636號 |
| 160. 泉宮 | 中/3172 | 墓室 | 宋梅堯臣詩 | 斯1725號 |
| 161. 然始 | 中/4139 | 猶然後 | 《資治通鑑》 | 伯3691號 |
| 162. 人情 | 上/445 | 情面，交情 | 《朱子語類》 | 斯1976號 |
| 163. 人使 | 上/442 | 使者，受命出使的人 | 宋司馬光文 | 伯3151號 |
| 164. 榮除 | 上/2666 | 謂榮授官職 | 明楊柔勝《玉環記》 | 伯3449號 |
| 165. 榮翰 | 上/2667 | 惠函，恭稱他人來信 | 宋陸游啟 | 斯2200號 |
| 166. 榮膺 | 上/2668 | 榮任，榮受 | 元舒遜詩 | 伯2539號背 |
| 167. 容留 | 上/2074 | 容納，收留 | 《東周列國志》 | 伯3449號 |
| 168. 上墳 | 上/125 | 到墳前祭奠死者 | 宋孟元老《東京夢華錄》 | 斯5636號 |
| 169. 上好 | 上/116 | 頂好，最好 | 元曾瑞《留鞋記》 | 伯2992號背/3 |
| 170. 上件 | 上/115 | 猶上述 | 宋范仲淹文 | 伯3691號 |
| 171. 攝理 | 中/3794 | 調理 | 宋朱熹書 | 斯5575號 |
| 172. 申陳 | 中/4615 | 申報陳述 | 宋蘇轍文 | 伯3375號 |
| 173. 省問 | 中/4565 | 探望，問候 | 《資治通鑑》 | 斯75號背 |

續表

| | | | | | |
|---|---|---|---|---|---|
| 174. 盛儀 | 中/4672 | 隆重的儀式 | 明文徵明詩 | 伯 3723 號 |
| 175. 時疫 | 中/3030 | 一時流行的傳染病 | 宋蘇軾文 | 伯 3449 號 |
| 176. 使長 | 上/562 | 上司 | 《資治通鑑》 | 斯 2200 號 |
| 177. 示及 | 中/4416 | 見示,談到 | 宋王安石書 | 伯 3730 號 |
| 178. 事力 | 上/231 | 能力,力量 | 宋蘇軾文 | 斯 78 號背 |
| 179. 收領 | 中/2899 | 領取 | 《清會典事例》 | 斯 4362 號 |
| 180. 收留 | 中/2897 | 接收容留 | 《元典章》 | 伯 3906 號/4 |
| 181. 收納 | 中/2898 | 收留,容納 | 宋曾鞏文 | 俄敦 1384 號 |
| 182. 收什 | 中/2896 | 整理,拾掇 | 《明成化說唱詞話叢刊》 | 斯 76 號背/5 |
| 183. 收受 | 中/2897 | 收納,接受 | 《水滸傳》 | 伯 3931 號 |
| 184. 收贖 | 中/2900 | 用銀錢贖回 | 宋蘇軾文 | 斯 5394 號 |
| 185. 思渴 | 中/4255 | 渴念 | 宋范仲淹書 | 伯 3906 號/4 |
| 186. 悚惶 | 中/4295 | 猶惶恐 | 明徐渭書 | 斯 5623 號 |
| 187. 悚愧 | 中/4295 | 惶恐慚愧 | 明葉盛《水東日記》 | 斯 329 號 |
| 188. 台嚴 | 上/1477 | 稱呼對方的敬詞 | 宋范仲淹書 | 斯 5953 號 |
| 189. 歎恨 | 上/1647 | 歎息抱恨 | 清王韜《淞隱漫錄》 | 斯 5660 號背 |
| 190. 歎美 | 上/1647 | 讚美 | 宋宋敏求《春明退朝錄》 | 伯 3691 號 |
| 191. 歎賞 | 上/1647 | 讚賞 | 宋司馬光詩 | 斯 78 號背 |
| 192. 歎仰 | 上/1647 | 讚歎景仰 | 宋錢愐《錢氏私志》 | 斯 5636 號 |
| 193. 體察 | 下/7294 | 體會省察 | 宋羅大經《鶴林玉露》 | 伯 2619 號背 |
| 194. 體履 | 下/7294 | 生活起居 | 《和靖詩集》 | 斯 5636 號 |
| 195. 體氣 | 下/7293 | 指體質 | 《資治通鑑》 | 斯 4473 號背/1 |
| 196. 調理 | 下/6635 | 調治將養 | 宋司馬光文 | 斯 5623 號 |
| 197. 痛割 | 中/4864 | 痛如刀割,悲痛之極 | 宋曾鞏書 | 伯 3442 號 |
| 198. 痛絶 | 中/4864 | 悲痛到極點 | 《花月痕》 | 伯 2622 號 |
| 199. 頭匹 | 中/7242 | 指牲畜 | 《元典章》 | 伯 3449 號 |
| 200. 土儀 | 上/1160 | 作爲禮物的土產品 | 宋蘇軾狀 | 斯 8680 號 |
| 201. 土宜 | 上/1156 | 土產 | 宋周密《武林舊事》 | 伯 2814 號 |
| 202. 團聚 | 上/1723 | 聚集,聚會 | 宋蘇舜欽書 | 伯 3936 號 |
| 203. 威能 | 中/2828 | 威風和本領 | 《白雪遺音》 | 伯 3906 號/4 |
| 204. 微鮮 | 上/1892 | 微少 | 宋蘇軾書 | 斯 766 號 |

第三節　書儀語言研究與辭書編纂　185

續表

| | | | | | |
|---|---|---|---|---|---|
| 205. 違拗 | 下/6388 | 不依從,違背 | 金董解元《西廂記》 | 伯2804號背 |
| 206. 違闊 | 下/6390 | 離別,闊別 | 宋蘇軾書 | 斯1725號 |
| 207. 維持 | 下/5682 | 維護,幫助 | 宋蘇洵文 | 伯4092號 |
| 208. 喜賀 | 上/1614 | 欣喜慶賀 | 宋孟元老《東京夢華錄》 | 伯4093號 |
| 209. 喜氣 | 上/1613 | 歡樂的氣氛 | 宋蘇軾詩 | 伯4093號 |
| 210. 係望 | 上/597 | 係心企望 | 《金史·陳規傳》 | 斯329號 |
| 211. 下鄉 | 上/137 | 到鄉下去 | 宋蘇軾狀 | 斯76號背/5 |
| 212. 相交 | 中/4550 | 交接 | 《秦併六國平話》 | 伯3723號 |
| 213. 謝賀 | 下/6667 | 感謝 | 元《小孫屠》 | 伯2992號背/3 |
| 214. 行履 | 上/1832 | 行走 | 《元典章》 | 伯4092號 |
| 215. 行人 | 上/1818 | 媒人 | 宋王欽臣《甲申雜記》 | 伯2619號背 |
| 216. 凶變 | 上/938 | 猶言災難,禍患 | 《再生緣》 | 斯329號 |
| 217. 修表 | 上/582 | 寫奏章 | 《秦併六國平話》 | 伯3442號 |
| 218. 修函 | 上/582 | 寫信 | 未舉書證 | 斯5472號 |
| 219. 敍會 | 中/2922 | 會面敍談 | 《再生緣》 | 斯5472號 |
| 220. 懸念 | 中/4395 | 挂念 | 明張居正疏 | 斯2200號 |
| 221. 血懇 | 中/5296 | 極其誠摯的請求 | 宋蘇舜欽表 | 伯4093號 |
| 222. 淹延 | 中/3307 | 拖延 | 《金史·佞幸傳》 | 斯78號背 |
| 223. 仰承 | 上/512 | 敬受,承受 | 宋王栐《燕翼詒謀錄》 | 伯4997號 |
| 224. 仰戴 | 上/513 | 敬仰感戴 | 宋葉適表 | 斯5623號 |
| 225. 仰荷 | 上/513 | 敬領,承受 | 宋蘇軾文 | 伯3864號 |
| 226. 仰止 | 上/512 | 仰慕,向往 | 宋姜夔《鐃歌吹曲》 | 斯361號 |
| 227. 野味 | 下/6089 | 獵取做肉食的鳥獸 | 《水滸傳》 | 伯3284號 |
| 228. 依從 | 上/573 | 同意,聽從 | 《警世通言》 | 伯3931號 |
| 229. 殷重 | 中/4009 | 懇切深厚 | 宋葉適文 | 伯3449號 |
| 230. 應副 | 中/4387 | 處置 | 宋曾鞏文 | 伯2992號背/2 |
| 231. 優勞 | 上/732 | 嘉獎慰勞 | 《宋史·許奕傳》 | 斯2241號/2 |
| 232. 魚鴻 | 下/7624 | 代稱傳遞書信的人 | 明高濂《玉簪記》 | 伯4092號 |
| 233. 喻名 | 上/1626 | 形容,比稱 | 宋陳師道《後山談叢》 | 伯2539號背 |
| 234. 允從 | 上/832 | 允諾,依從 | 宋蘇軾狀 | 斯5623號 |
| 235. 允諾 | 上/832 | 允許,同意 | 《元典章》 | 伯2539號背 |

續表

| | | | | |
|---|---|---|---|---|
| 236. 殞滅 | 中/2808 | 滅亡,喪身 | 明宋濂文 | 斯1040號 |
| 237. 宅上 | 上/1997 | 猶府上 | 《水滸傳》 | 斯329號 |
| 238. 瞻馳 | 中/4603 | 仰望神馳 | 明方孝孺文 | 伯3906號/4 |
| 239. 展奉 | 上/2164 | 敬詞,看望侍奉 | 《資治通鑑》 | 斯5613號 |
| 240. 展謁 | 上/2165 | 敬詞,猶拜見,拜謁 | 宋蘇軾《賀正啓》 | 斯766號 |
| 241. 支借 | 中/2731 | 借用 | 清王夫之《薑齋詩話》 | 伯3438號背 |
| 242. 祗領 | 中/4448 | 敬領 | 宋何薳《春渚紀聞》 | 斯5575號 |
| 243. 指撥 | 中/3628 | 指點,指揮 | 宋朱熹《朱子語類》 | 斯5636號 |
| 244. 周備 | 上/1571 | 周到 | 《醒世恒言》 | 伯2992號背/3 |
| 245. 諸務 | 下/6620 | 各種事務 | 梁啓超文 | 斯1438號背 |
| 246. 佇聆 | 上/543 | 佇立傾聽 | 魯迅《集外集拾遺》 | 伯3723號 |
| 247. 佇聽 | 上/573 | 凝神傾聽 | 《聊齋志異》 | 伯3909號/2 |
| 248. 佇望 | 上/573 | 等候,盼望 | 明李贄文 | 斯5472號 |
| 249. 祝望 | 中/4446 | 祝願和盼望 | 葉聖陶文 | 斯4473號背/1 |
| 250. 專切 | 上/1276 | 專誠懇切 | 明李贄文 | 伯2992號背/2 |
| 251. 專人 | 上/1276 | 專爲某事派遣的人 | 宋蘇軾書 | 斯5623號 |
| 252. 拙室 | 中/3597 | 稱自己妻子的謙詞 | 宋無名氏《異聞總錄》 | 斯1438號背 |
| 253. 咨候 | 上/1588 | 問候 | 宋歐陽修書 | 伯3864號 |
| 254. 咨問 | 上/1588 | 猶問候 | 宋歐陽修書 | 伯3173號背 |
| 255. 自甘 | 中/5279 | 心甘情願 | 《清史稿·張煌言傳》 | 斯78號背 |
| 256. 尊候 | 上/1282 | 敬稱對方起居情況 | 宋歐陽修書 | 斯6234號背 |
| 257. 尊命 | 上/1282 | 敬稱對方的囑託 | 《水滸傳》 | 伯3625號 |
| 258. 尊威 | 上/1282 | 稱對方威嚴的敬詞 | 《三國演義》 | 斯78號背 |

　　從表上可看出,敦煌書儀語彙可爲《詞典》的溯源提供豐富的材料,即使不能真正溯其"源頭",也可將其使用時代向前推進一大步。

　　總的説來,就與"書儀"相關的文獻整理和辭書編纂而言,目前都還存在着很大的不足。要改變這種現狀,當務之急就是對其中涉及的語言現象進行整體、深入的研究。

# 第三章　敦煌書儀的文本特徵

敦煌藏經洞發現的文獻,絶大多數是以寫本的形式保存下來的。書儀作爲其中的重要組成部分,自然也是通過寫本來展現其具體内容的。這反映到記録書儀的語言文字上,便使之呈現出鮮明的"文本"特徵,這主要表現在以下三方面:紛繁的俗寫訛字、特殊的抄寫符號、衆多的别本異文。

## 第一節　紛繁的俗寫訛字

説到"文本"特徵,尤其是敦煌文書的文本特徵,人們首先想到的就是其中連篇累牘的俗寫訛字。誠然,隨意翻開一個敦煌卷子,會發現其中俗字觸目皆是。然而並非所有的卷子都俗字盈篇,難以卒讀。在一些抄寫工整、點校精細的佛經、道藏及傳統的四部書中,俗字往往難得一見。也就是説,只有在"俗"化的世界中,俗字纔會得以孳生蔓延。這樣,在民間流行的一些公私文書和俗文學作品中,俗字便有了很好的孳生土壤。

敦煌書儀,在民間廣泛流傳,充分地服務於唐五代時期的各階層人士,上至高級員僚,下迄一般民衆,書儀自身的實用性決定了它的難於免"俗";加之大多數書儀抄寫的年代正值俗字流行的一個高峰期——晚唐五代時期[1]。作爲一種普遍實用的文書,它又怎能抗拒這股"俗字"潮流的衝擊呢？同時,從目前所見的 54 種 137 個書儀寫卷的現存題記來看,書儀的抄寫者多爲唐末五代的"學仕郎"或"學郎",趙和平曾

---

[1]　張涌泉《敦煌俗字研究》(上編),頁 14-15。

據此推斷：書儀之所以能在敦煌地區廣爲流傳，主要原因就是當時人們曾把它當作童蒙教材來抄寫傳誦①。因此，比起那些受過專業訓練的寫經生或書手所抄的經卷、文書來，學郎抄寫的書儀卷子往往較爲拙劣，筆迹淆亂，字體不一，點畫偏旁，隨意增損，所書文字率多訛誤。這便形成了敦煌書儀的第一個文本特徵——紛繁的俗寫訛字。

敦煌書儀中紛繁的俗寫訛字主要表現在：俗寫衆多，訛誤滿紙。對此，前輩學者每有論及，潘重規曾將敦煌文字俗寫的習慣歸納成"字無定形、偏旁無定、繁簡無定、行草無定、通假無定、標點無定等等條例"②。然所述皆限於其研究的對象，未及書儀寫卷，且多爲籠統寬泛地論述，而無具體資料説明，讓人難以明白敦煌寫本俗寫訛字泛濫的真切程度。鑒於此，筆者擬以某一具體的敦煌書儀寫卷——伯2646號爲研究對象③，對其中的俗寫訛字進行全面考察和具體分析，并以數據的形式體現出其中"俗""訛"的真切程度，以期能窺豹一斑，求得對敦煌寫卷中俗寫"盈篇"、訛字"滿紙"的準確把握。

須要説明的是，這裏所説的俗寫訛字包括俗字與訛誤字兩種。其關係密切，難以截然分割，有的俗字形成之初就源於點畫的錯訛，沿用久了便成了俗字，正如《顔氏家訓·書證》所言"自有訛謬，過成鄙俗"④。正因爲如此，對於如何判定俗字與訛誤字的問題，各家標準皆有不同。

---

① 趙和平《敦煌寫本書儀略論》，《唐五代書儀研究》，頁35-37。
② 潘重規《敦煌本〈六祖壇經〉讀後管見》，《敦煌吐魯番學研究論集》，頁26。
③ 選擇此寫卷作爲研究對象，主要基於以下幾點考慮：一，就寫本的完整性而言，該寫卷首尾完整，首題尾題兼具，首題標明該書儀的編者爲"河西節度掌書記儒林郎試太常寺協律郎張敖"，尾題顯示其抄寫者是"學郎趙懷通"；二，就寫本材料的可靠性而言，該寫卷尾題中標注有明確的紀年"天復八年（908）"，這與張敖撰集的時代——大中年間（847-859）相距僅半個世紀，其語料屬於太田辰夫所謂"同時資料"，較爲可信；三，就寫本內容的廣泛性而言，該寫卷中既有供各種場合使用的書札範本，又有關於婚禮儀式的敍述説明，真實反映了"書儀"的內容。另外，此寫卷已見載於新近出版的《法藏敦煌西域文獻》第17册，較之《敦煌寶藏》中的圖版，其字迹更爲清晰可辨，可爲我們的研究提供準確可靠的原始文本。
④ 顔之推《顔氏家訓》，王利器集解（增補本），頁515。

如"牢""舘"二字,唐顏元孫《干禄字書》皆視爲"俗"[88][頁12、25],即"例皆淺近"者;而張參《五經文字》却以之爲"訛"[263][頁9、62]。即使是顏氏以爲"相承久遠"並可"通"用者,如"寿""顧"[88][頁21、23]之類,張氏却或以爲"訛",或視爲"非"[263][頁30、66],其標準之嚴弛可見一斑:張氏所編乃"爲經不爲字",故凡不見於《説文》《字林》《石經》者皆視爲非,而顏氏則以爲"字書源流起於上古,自改篆行隸,漸失本真,若總據《説文》,便下筆多礙,當去泰去甚,使輕重合宜"[88][頁2]。故顏氏書中"具言俗、通、正"三體,以辨明各種字形使用的場合:"所謂俗者,例皆淺近,唯籍帳、文案、券契、藥方,非涉雅言,用亦無妨,倘能改革,善不可加。所謂通者,相承久遠,可以施表奏、箋啓、尺牘、判狀,固免紕詞。所謂正者,並有憑據,可以施著述、文章、對策、碑碣,將爲允當。"[88][頁3-4]這種區分較客觀地反映了當時文字使用的真實情况。如張氏視爲"訛"體的"狀"字[263][頁9],在敦煌書儀中極爲習見,僅伯2646號寫卷便出現了90次①,可見其通行程度,這或許正是顏氏將其歸於"通"體的緣故。

其實所謂"通""俗"大都指民間通行習用的字體,因而在《干禄字書》中被視爲"俗""通"者,在釋行均的《龍龕手鏡》中往往被當作"今"體,如"聱、聟"二字②。正因爲如此,行均在書中專立了"俗通"一例來指稱那些介於"俗""通"之間的字,如尸部"屬"字、身部"體"字;在《干禄字書》中,這兩字分别被視作"通"與"俗"③。可見,"俗""通"之間並無嚴格的界限,相反,其間往往可以相互轉化、變通。因此,爲便於統計與説明,本書徑以"俗"概"通",將"通"也納入"俗"的範疇。鑒於此,我們認爲:俗字是指對正字而言的,多流行於民間的,非正規場合使用的通行字體。其字形多爲相承襲用、約定俗成的習慣寫法,使用較爲普遍,出現頻率較高,如"深"作"深"、"晚"作"晚"等。有的俗字甚至會一直沿用到後代,成爲

---

① 其中2次爲"伏"字誤書。
② 分别見《干禄字書》,頁23;《龍龕手鏡·耳部》,頁314。
③ 張涌泉《敦煌俗字研究》(上編),頁347。

"正"體,上揭"状"字便成了今天的通行正字。而訛誤字較俗字而言,則更具個性化,它是書手在抄寫過程中産生的偶然"失誤",乃無意之爲。誤字或因形近而致,或由音近使然,如"悔"與"梅"、"使"與"所"等。

　　然而在考察中我們發現:俗書中每多偏旁混同者,如"扌"旁與"木"旁常因形近而彼此相亂,許多從"扌"之字,俗寫往往從"木";而從"木"的字,俗寫又常從"扌",如"排"之作"栟"、"揩"之作"楷"。對於這種因俗寫而造成與他字同形相亂者,本書一律歸於"俗"字,不視作"誤"字。文獻中又確有不少訛誤字是因俗寫相混而使然,如"策",俗寫常作"筞",字形與"榮"接近而使其相誤。對於這種因俗寫而致誤的文字,須辨其上下文語義,方可確定其究竟是俗字還是誤字。如"展",俗寫常作"辰",然"辰"有時未必就是"展"的俗體,而極有可能是"辰"的誤字,因爲"展"與"辰"的俗體"辰"字形,極爲相近,易於致誤。如伯 2646 號《新集吉凶書儀》①:"女家祭文云:弟(第)某女年已成長,未有匹配,今因媒人某乙,用今日吉辰適某氏男。"從文意看,其中"辰"顯爲"辰"的形近誤字。鑒於以上因素,筆者在確定一個字是否爲俗字時,先參考《干禄字書》②與《龍龕手鏡》的説法;若其中未見該字,則參之元代李文仲的《字鑒》③。若仍不見,則求之於《敦煌俗字研究》(下編)。對於未見於以上各書的訛變俗字,則以上述書中揭示的俗寫規律進行類推、考證。張氏《五經文字》中視爲"訛""非"者,在《干禄字書》中多爲"俗""通"體,因而確定俗字時也酌情參考。而在具體確定某字是否爲誤字時,則往往綜合考察其字形、語義、讀音、異文等因素。

---

①　本節下文凡言及伯 2646 號《新集吉凶書儀》皆稱"本卷"。
②　叢書集成本《干禄字書》較之《顔真卿書〈干禄字書〉》錯訛更多,二者有出入的地方,則參之後者。
③　該書的編撰目的是"以兹正體,施之高文大册",書中往往據《説文》以箴《增韻》之誤,以六書明諸家之失,并從正字法的角度指出:某俗作某,誤、非。參酌此書,對我們判定正俗,極有幫助。

第一節　紛繁的俗寫訛字　191

筆者曾將本卷全文原樣輸入電腦①，全文總計5445字。兹將本卷中俗字與誤字的分布情况分析闡述如下。

## 一　俗字

在本卷5445字中，有277個俗字。施安昌曾以《干禄字書》爲準，對隋唐時期石刻拓本中俗、通體字的使用情況及其占銘文總字數的比例進行過考察和統計。考察中，他有意識地分別統計了各碑誌中俗、通體字的實際數據。計算比例時，却又將它們看作一整體，來推求其與正體字所成之比例②。也就是説，在他看來，所謂"通""俗"，其實都是相對於正字而言的非規範字體，這與我們以"俗"概"通"的處理方式大致相當。然而在統計中，他只計算了俗、通體字占全文的比例，忽略了其出現的頻率。某些常用漢字，無論正體還是通、俗體，每每都會重複出現，這樣統計，所得數據恐怕只能反映當時俗、通字使用的大致面貌，不能反映其分布的真實狀況。下面謹將本卷中俗字的使用情況與其所得數據列表比較如下：

| 項目<br>對　象 | 刻、抄年代 | 總字數 | 俗、通字數 | 比　例 |
|---|---|---|---|---|
| 《朝請大夫夷陵郡太守太僕卿元公墓誌及元公夫人姬氏墓誌》 | 大業十一年(615) | 1910 | 124+108=232 | 12% |
| 《九成宫醴泉銘》 | 貞觀元年(627) | 1140 | 45+77=122 | 11% |
| 《西平郡化隆縣長劉政墓誌》 | 貞觀十六年(642) | 650 | 24+16=40 | 6.2% |
| 《多寶佛塔感應碑》 | 天寶十一年(752) | 2000 | 15+22=37 | 2.4% |
| 《大達法師玄秘塔碑銘》 | 會昌元年(841) | 1290 | 39+11=50 | 3.8% |
| 《鄉貢學究李頵墓誌》 | 乾符四年(877) | 500 | 17+5=22 | 4% |
| 伯2646號《新集吉凶書儀》 | 天復八年(908) | 5445 | 277 | 5.1% |

---

①　所謂"原樣"是指未經校勘標點，依實照原文録入，即使其中的"卜"號、衍文、誤字、改字等也一一照録。

②　参施安昌《唐人〈干禄字書〉研究》，《顔真卿書〈干禄字書〉》，頁93-95。

**192　第三章　敦煌書儀的文本特徵**

　　從表中不難看出：在初唐的碑誌中，通、俗體字使用很多；而在盛唐、中唐碑誌中，通、俗體字的使用明顯減少，這或許正是唐人提倡"正字學"的績效。同時，我們發現：晚唐五代以後，俗體字的使用又重新開始回升、泛濫，這正與業師所謂"晚唐五代乃俗字流行的又一高峰"的論斷相符。僅以本卷而論，其中俗字就有 277 個，俗寫字形 307 個，這些字形在卷中出現的次數高達 1288 次①，占總字數的 23.5%，近 1/4。如此頻繁地使用俗字，稱其爲"俗字滿紙"也不爲過。下面就本卷所見俗字及其字形來討論一下敦煌書儀中俗字形成的特點。現按音序排列如下②：

　　安$_4$（安）；鞍$_2$（鞍）；桉$_3$桉$_2$（案）；拝$_2$拜$_{26}$（拜）；卑$_6$（卑）；俻$_4$（備，备）；夲$_1$（本）；偣$_1$（俾）；畢$_1$（畢，毕）；婢$_5$（婢）；邉$_5$（邊，边）；緶$_1$（編，编）；並$_5$（竝，并）；薄$_1$（薄）；補$_4$（補，补）；叅$_2$（參，参）；慙$_1$（慙，惭）；蔵$_1$（藏）；辰$_5$（辰）；稱$_3$（稱，称）；承$_{12}$（承）；乗$_1$（乘）；勑$_1$（敕）；充$_3$（充）；初$_8$（初）；處$_7$（處，处）；牀$_1$（牀，床）；垂$_3$（垂）；此$_{36}$（此）；刾$_1$（刺）；従$_2$（從，从）；苁$_1$（蔥，葱）；麄$_1$（麤，粗）；荅$_6$（答）；單$_1$（单）；佪$_9$（但）；蕩$_1$（蕩，荡）；叨$_1$（叨）；等$_{10}$（等）；滴$_1$（滴）；奠$_3$（奠）；牒$_1$牒$_1$（牒）；叚$_1$（段）；断$_1$（斷，断）；對$_1$（對，对）；頓$_7$（頓，顿）；恩$_{21}$（恩）；獲$_1$（獲，获）；児$_{11}$（兒，儿）；凢$_2$凢$_1$（凡）；逢$_1$（逢）；服$_1$（服）；俛$_2$（俯）；改$_4$（改）；陣$_2$（隔）；媾$_2$（媾）；顧$_5$（顧，顾）；舘$_1$（館，馆）；菓$_1$（果）；骸$_1$（骸）；駁$_1$（駭，骇）；函$_8$（函）；荷$_2$（荷）；鶴$_1$（鶴，鹤）；序$_1$（厚）；候$_8$候$_1$（候）；懷$_1$懷$_6$懷$_2$（懷，怀）；還$_1$（還，还）；荒$_1$（荒）；惶$_4$（惶）；或$_1$（或）；賫$_1$（賫，赍）；稽$_1$（稽）；揫$_1$抺$_8$抺$_1$（極，极）；几$_2$（几）；寂$_1$（寂）；兾$_1$（冀）；佳$_2$（佳）；假$_1$（假）；𩚳$_1$（𩚳）；兼$_1$（兼）；减$_1$（減，减）；件$_1$（件）；劔$_1$（劍，剑）；健$_2$（健）；将$_5$（將，将）；降$_4$（降）；椒$_1$（椒）；焦$_1$（焦）；節$_3$即$_8$（節，节）；解$_2$（解）；謹$_{72}$（謹，谨）；勁$_1$（勁，劲）；経$_3$（經，经）；驚$_1$（驚，惊）；景$_6$（景）；敬$_4$（敬）；舊$_1$（舊，旧）；就$_1$（就）；舅$_4$（舅）；劇$_3$（劇，剧）；懼$_2$（懼，惧）；

---

① 統計俗字的出現頻率時，如一個字的字形是俗寫，在卷中却爲它字之誤者算作"誤"字，如"狀"爲"狀"的俗寫字形，在卷中共出現了 90 次，其中 2 次爲"伏"的形近誤字，統計時，"狀"作爲俗字的出現頻率就只算 88 次，另外 2 次歸於"誤"字中。

② 字頭爲卷中所見俗寫形式，有不止一形者將其並列於前，右下角所標數碼爲其在卷中出現的次數，括弧中所注的字爲今天通行的繁體字及相應的簡體字。

## 第一節　紛繁的俗寫訛字

涓₂(涓)；覚₂(覺,觉)；揩₁(楷)；堪₁(堪)；看₁(看)；妤₁(考)；哭₁(哭)；欽₂(款)；牢₂(牢)；頪₁(類,类)；礼₁₀(禮,礼)；凉₄(涼,凉)；量₂(量)；聊₁(聊)；靈₅(靈,灵)；绫₁(綾,绫)；㽞₁(留)；旅₁(旅)；履₁履(履)；冐₁(冒)；皃₁(貌)；羑₁(美)；弥₂(彌,弥)；兌₁₂免₂(免)；厶₁₂₈(某)；慕₁₂(慕)；易₈(男)；年₃年₈(年)；排₂(排)；轡₁(轡,辔)；蓬₁(蓬)；棒₁(捧)；疋₃(匹)；偏₁偏₁偏₁(偏)；耓₁(聘,娉)；啓₁₈(啓,启)；起₄起₂起₁(起)；切₆切₁(切)；徍₁(侵)；勁₄(勤)；輕₉(輕,轻)；卿₁(卿)；磬₁(磬)；駈₂(驅,驱)；郤₁(卻,却)；染₁(染)；熱₁₈(熱,热)；容₁(容)；儒₁(儒)；辱₃(辱)；菳₁(蕤)；若₁(若)；散₁散₁(散)；衺₁(喪,丧)；設₄(設,设)；社₁(社)；深₂₄(深)；審₁(審,审)；甚₄(甚)；昇₁(昇,升)；聲₃(聲,声)；朕₄(勝,胜)；盛₅(盛)；师₁(師,师)；卋₁(世)；飾₁(飾,饰)；適₁(適,适)；叔₇(叔)；疎₁(疏)；庻₂(庶)；裵₁(衰)；說₁(說,说)；朔₁(朔)；絲₁(絲,丝)；嗣₁(嗣)；悚₁(悚)；俗₇(俗)；凤₂(鳳)；蒜₁(蒜)；雖₆(雖,虽)；歳₂歳₄(歲,岁)；甼₁₆(所)；索₂(索)；叅₂(叄)；聴₁(聽,听)；迋₁(庭)；饨₁(飩,饨)；脱₁(脱)；睌₄(晚)；祆₁(椀,碗)；冈₂(罔)；徍₁(往)；皇₅(望)；卮₁(危)；威₁(威)；被₁(微)；沃₁(沃)；毋₃₇亾₁(無,无)；講₁(舞)；啻₅(席)；戯₁(戲,戏)；獻₇(獻,献)；曉₁(曉,晓)；協₁(協,协)；囚₄(囚)；休₃(休)；终₃(修)；湏₁₀(須)；虛₂(虛)；酧₁(酬)；叙₂叙₈叙₁(敍,叙)；墰₆(壻,婿)；援₁(援)；学₂(學,学)；迚₁(延)；迋₁(筵)；簷₁(簷,檐)；仰₈(仰)；耶₁(耶)；儀₁₆(儀,仪)；夷₁(夷)；冝₂(宜)；孃₇(姨)；亦₁亦₂(亦)；役₆(役)；囙₃(因)；姻₁(姻)；英₁(英)；迎₁迎₆(迎)；盈₂(盈)；尢₁(尤)；扵₁₅(於,于)；餘₃(餘,徐)；辇₁辇₁(輦)；與₁(與)；绿₂(緣,缘)；遠₂(遠,远)；厭₁(願,愿)；躍₃(躍,跃)；再₃再₁(再)；瞻₁瞻₁(瞻)；展₁₁展₁(展)；戰₃(戰,战)；遮₂遮₁(遮)；輛₃(輛,辆)；珎₃(珍)；枓₁(樹)；軫₁(軫,轸)；正₁(正)；支₁(友)；祗₁(祇)；職₆(職,职)；紙₃(纸)；置₂(置)；属₁(屬,属)；瞄₁(瞞)；仔₂(佇,仁)；助₃(助)；糙₁(糙,妝)；狀₈₈(狀,状)；拙₁(拙)；着₃(著,着)；姊₁(姊)；怱₂(總,总)；卒₁(卒)；族₂(族)；纂₂(纂)；最₁(最)；醉₂(醉)；坐₅(坐)；座₁₀(座)。

分析這些字形，并將其與括弧中所注之字進行比較，可看出當時俗字形成的一些特點①：

---

① 此所謂特點，僅就其字形形成過程中的某個或某些環節而言。因爲許多俗體的最終形成，往往是經過多次變化纔定形的，其字形表現的是各種特點的綜合體。

## (一）類推

所謂類推指含有相同偏旁構件的漢字在俗寫中往往產生類似的變化。就是說，漢字中某一偏旁或構件在俗寫中曾寫作某形，這種形體一旦定形之後，往往具有強有力的類推作用，即能廣泛適用於含有該構件的漢字俗寫形式。如"因"俗寫常作"囙"，《干祿字書》："囙、因，上俗下正。"[89][頁22]"因"旁俗寫也從之，如"恩""姻"；另如"殳"，俗寫常作"夂"，《干祿字書》："夂、殳，上俗下正。諸從殳者並準此。"[88][頁7]漢字中含有"殳"形構件者，俗寫亦從之，如"役"作"伇"、"聲"作"聲"；又如"艹"頭俗寫或作"丷"，本卷中從"艹"者，俗寫多寫作從"丷"，如"薄""驚""荷""苔""蕩""敬""若""著"等。這種強勢效應有時還會波及到與之形近的偏旁構件。如"安"俗寫常作"兩角女子"的"㚢"，《干祿字書》："㚢、安，上通下正。"[88][頁10]《五經文字》卷上宀部："安，作㚢訛。"[263][頁15]"安"旁俗寫也從之，如"案"作"㮣""桉"，"鞍"作"鞌"；有時連形體與之相近的構件也會被這股習慣勢力所吞噬，如"威"，《說文‧女部》："威，姑也。從女，從戌。"[200][頁259]則"威"從女不從"安"，然本卷中，"威"俗寫作"㦞"，即將其中部的"女"視作"安"，俗寫便成了"㦞"。這種寫法亦見於其他書儀寫卷，如斯78號背《縣令書儀‧賀官》："故得封境咸安，㦞名克振，移榮端揆，峻秩冬官。"其中"㦞"即"威"的俗體。另"臼"旁俗寫常作"旧"，如"舊"作"舊"，不僅"臼"形如此，即使與之形近的"曰"旁，也進入了類推之列，如"量"俗寫作"量"。

如此，對漢字中某些俗體進行分析，便會得出某些特定的規律或原則。對不曾熟識的俗字，便可據之進行類推。然則類推是俗字形成中最典型、最綜合的特徵，具有極大的普遍性和涵蓋面。可以說，幾乎每個俗字的形成過程中都或多或少地表現出這一特徵。因此，我們不妨稱之為俗字構造的總原則。俗字形成中表現出來的這種強大的類推勢力，恰好說明了"俗字"乃約定俗成而使然，並非某一個人所獨創。

## (二)簡化

俗字之所以能在社會上廣泛地傳播、流通,主要原因就在於其書寫的簡便與快捷,正如業師所言:"形體簡化是古今漢字形體演變的主流,也是俗字產生的重要途徑。敦煌卷子是簡體俗字的淵藪。"①根據本卷俗字簡化方式的不同,可分爲直接簡省與草書楷化兩種。

### 1. 直接簡省

漢字中某些偏旁,俗寫時往往徑直省去某些筆畫以求簡捷,如"埶"旁俗寫或簡省作"圭",《干禄字書》:"勢、勢,上俗下正。"[88][頁23]"熱"字俗寫也省作"熱",如本卷:"四月孟夏漸熱、初(首)夏向(微)熱、初夏向熱、早夏稍熱。"本卷中"熱"共出現18次,皆作此形,可見其已固定成型。"堯"俗書常簡省作"尭",《干禄字書》:"尭、堯,上俗下正。"[88][頁11]"堯"旁亦從之,如本卷:"今採其的要,編其吉凶,録爲兩卷,所(使)童蒙易曉,一覽無遺。"其中"曉"即"曉"的簡省俗字。"小"旁俗寫常簡省作"小",《干禄字書》:"尕、尕,上俗下正。"[88][頁21]同書:"慕、慕,上俗下正。"[88][頁22]《五經文字》卷中心部:"恭、慕、尕,此三字並從小,小音心,與心同。"[263][頁36]則當時這三字的俗體或有不從"小"者,故張參特加以說明。從《干禄字書》可知,"慕""尕"俗寫皆從"小",如本卷《天使及宣慰使并敕書到賀語》:"某乙等尕事旌麾,無任抃躍。"《與四海平懷書》:"渴慕之情,難以爲喻。"句中"尕""慕"分別爲"尕""慕"的俗體。"斟"俗寫或作"斜",《龍龕手鏡·斗部》:"斟,職深反,斟酌也。……酙、斜,二俗,同上。"[154][頁333]如本卷《重陽相迎書》"重陽之節,玩菊傾思,[懸]珠一杯,倍加謁(渴)慕"後以雙行小字注曰:"亦云:茱莫(萸)之酒,不敢獨斜,思憶朋寮,何可言述。"其中"斜"即"斟"的簡省俗字,其左旁的"其"由"甚"簡省而來。

另"商"旁亦常簡省作"商",如本卷《邊城職事遇疾乞替狀》:"右某

---

① 張涌泉《敦煌俗字研究》(上編),頁270。

乙伏蒙驅策,鎮守邊城。歲月方深,涓滴無助。""女家祭文云:弟(第)厶女年已成長,未有匹配。今因媒人某乙,用今日吉展(辰)適某氏男。"句中"滴"和"適"分别爲"滴"與"適"的簡省俗字。須説明的是:"商"並非由"商"簡化而來,而是由其俗體"商"省去相同部件"八"而得。"商"旁俗寫常作"商",如《干禄字書》:"嫡、嫡,上俗下正。"[88][頁30]而"商"字俗寫又或作"商"①,如斯1156號《光啓三年(887)沙州進奏院狀》:"兼宋閏盈口説道理,言留狀商量,中間三日不過文狀。"受此影響,作爲"商"旁俗寫的"商",也隨"商"字從俗作"商",如《龍龕手鏡·金部》:"鏑,俗;鏑,正;鏑,今。都歷反,箭鏃也。"[154][頁20]同書"黍"部:"黐,俗;黐,正。竹益反,黏也。"[154][頁332]另如伯4093號《甘棠集·賀陳許馬相公[狀]》:"而舒卷適時,靈祇助順。"伯2568號《南陽張延綬别傳》:"又善擊毬,鄰州莫敵。"例中"適"與"敵"分别爲"適"與"敵"的俗寫。"商"俗寫作"商",使其中含有了雙重的"丷"形部件,而俗書貴在簡捷,書寫中遂又省去其下部的"丷","商"便成了"商",如斯5639號《文樣·亡小娘子文》:"本冀繡幃錦幄,調絲竹以弄宫商。"這樣,"商"就簡省成了"商"。現將其演變路徑簡示如下:

商→(俗寫)→商→(俗寫)→商→(簡省)→商

這一變化歷程在《碑别字新編》338頁"適"下所引諸墓誌中有完美的體現,可參。

2. 草書楷化

草書楷化是漢字簡化中最爲常見的方式。俗字書寫簡便、快捷的特點,從某種程度上説就是草書楷化的結果。本卷中由草書楷化而來的簡省俗字頗多,如:"安"作"安"、"無"作"旡"、"覺"作"覚"、"斷"作"断"、"師"作"师"、"段"作"叚"等。兹舉兩例詳論如下:

---

① "八"字形構件俗寫常作"丷",如"罕"俗寫可作"罕"。參張涌泉《敦煌俗字研究》(下編)"罕"條,頁468。

第一節　紛繁的俗寫訛字　197

"覺"從見、學省聲,俗寫常作"觉"。"觉"之省作"觉",蓋由草書楷化而來。本卷中,偏旁"𦥯"與"𦥑"皆簡省作"⺌",如《醉後失禮謝書》:"昨夜飲多,醉甚過度。粗疏言詞,都不醒觉。"《俗人與道士書》:"以尊師逍遥紫府,側迹清虚,学妙法而乘雲,命飛仙而駕鶴。"又如:"已上物並須盤盛,花單蓋入轝,綾羅以箱襆盛[入]轝。"例中"觉""学""轝"分別爲"覺""學""轝"的俗寫,但它們一從"𦥯",一從"𦥑",俗寫怎會同時簡省作"⺌"呢?原來"𦥯"旁俗書往往先換旁作"𦥑",如《干禄字書》:"學、𭃂,上俗下正。"[88][頁28]《九經字樣》見部:"覺,寤也,作覚者訛。"[279][頁34]然後"𦥑"旁再由草書楷化簡省作"⺌",即從"𦥑"到"⺌",中間經由了"𭃂"這個環節,簡示如右:𦥯→𦥑→⺌。則本卷中"觉",或許原本就寫作"覚",只是後來學郎抄寫時纔簡省作"觉"的。不出所料,在另一個抄本斯2200號中,上揭"都不醒觉"的"觉"正作"覚"。"覺"之作"觉",亦見於其他敦煌寫卷,如斯5640號《文樣·願齋文》:"五藴資身,四智圓明,早登正觉。"類似的簡化在《隋陳常墓誌》①中也可見到。本卷"觉""学""轝"等俗字真實地再現了當時"𦥯""𦥑"類偏旁簡化的歷程。可以說,"⺌"是"𦥯""𦥑"向"⺌"發展過程中一個不可或缺的環節。然而目前一些有關簡化字溯源的著作中却不曾提及這一關鍵環節,不能不說是一缺憾。

"師"之作"师",乃"師"草書楷化而來。如本卷《弟子與和尚尊師狀》:"孟春猶寒,伏惟和尚尊师尊體動止萬福。"其中"师"的寫法與今天簡化字形完全相同。《漢語大字典》:"师,'師'的簡化字。"[114][頁730]未舉例證,讓人覺得"师"似乎是現代纔有的,其實早在晚唐五代的敦煌寫本中它就已很常用了。本卷中"師"共出現8次,其中2次作"師",其餘6次皆作"师",則當時"师"已較"師"更爲習用。無獨有偶,在敦煌文獻中有不少俗字,其左邊偏旁亦多作"丨"形,大抵皆由草書楷化而來,如

---

① 參秦公《碑別字新編》"譽"條,頁455。

"歸"作"帰"①、"肆"作"肂"②、"段"作"叚",則"丬"爲某些偏旁草書楷化的常見符號。本卷中"段"先寫作"叚",後又在其右上角小寫一"叚"。如:"函使去,各送上衣服及匹叚叚。"其中"叚"乃"段"俗寫變體。"段"俗書或作"叚",《字鑒》卷四換韻:"叚,徒玩切。《説文》:推物也,從殳、耑省聲。與叚字不同……俗作叚。"[325][頁135]而"叚"又是"叚"的草書楷化字,習見於敦煌社會經濟文獻。如伯2631號背《付絹羅綾等曆》:"付賀良温紫綾壹叚。"其中"叚"的形體雖略異於"叚",但其右旁作"丬",且"殳"本來就是"段"右旁"殳"字俗寫的另一種形式③。此卷雖殘存6行,但其中却出現了9個"段"字,且都寫作"叚"。"叚"或又變作"叚",如斯6537號背《文樣·社條》:"因茲衆意一般,乃立文案,結爲邑義,世代追崇。件叚條流,一一別識。"句中"叚"即"叚"的變體,"件段"爲量詞連用,指文案的條款。本卷"段"雖僅出現1次,却先寫作"叚",後又以"叚"改之。由此可見,"叚"作爲"段"的簡省俗字,在當時已極爲流行,以至於學郎竟將"叚"視爲錯字而改之以"叚"。

(三)同化

所謂同化指俗寫中本不一致的偏旁因形體相近或其他因素的影響而趨於相同的現象。根據其形成原因的不同,又可細分爲偏旁混同與偏旁類化兩種類型。

1. 偏旁混同

所謂混同指漢字中某些形近的偏旁俗寫時常常相混,其影響往往是交互的。本卷中易於相混的偏旁有:"亻"與"彳",如"役"作"伇"、"佳"作"徍";"扌"與"木",如"排"作"桸"、"揩"作"楷"、"拙"作"枡";

---

① "歸",今日本漢字仍作"帰"。
② 敦煌社會經濟文書中"肆"常作"肂",如伯4093號《甘棠集》前所載"丁亥年四月敦煌鄉百姓鄭繼温貸帛練契":"其絹利頭,現還麥粟肂碩。"其中"肂"即"肆"的草書楷化字。另如伯3432號《龍興寺器物曆》:"《成實論》肂拾卷。""肂"則又爲"肂"之小變。
③ 參張涌泉《敦煌俗字研究》(下編)"殳"條,頁354。

## 第一節　紛繁的俗寫訛字　199

"礻"與"衤",如"初"作"𥘉";"力"與"刀",如"協"作"恊"、"叨"作"叼";"艹"與"竹",如"纂"作"簒"、"等"作"荨";"穴"與"宀",如"牢"作"窂";"止"與"山",如"此"作"屹"、"歲"作"崴";"身"與"耳",如"職"作"軄"、"聘"作"躬";"目"與"月",如"冒"作"胃"、"矚"作"膷";"金"與"食",如"飾"作"鉓";"至"與"㔾",如"輕"作"輊"、"經"作"経";"庶"與"鹿",如"遮"作"遮"等。這些彼此混同的偏旁有時往往使得某些字的俗體與其他字的正體或俗體同形,尤其是那些本已具有某個相同的偏旁,僅靠其另外的偏旁來區別音或義的形聲字,當其中用來區別音、義的偏旁發生混同時,它們便完全地混而爲一,不分彼此了。如:

"亻"旁與"彳"旁俗寫常常相亂,即"彳"或省筆作"亻",《龍龕手鏡·人部》:"徽,俗;音暉,正作徽,美也。"[154][頁28]而"亻"旁又或增撇作"彳",《干禄字書》:"侵、侵,上俗下正。"[88][頁15]本卷中即有不少這樣的俗字,如"佳"俗寫或作"徍",本卷中"佳"共出現3次,其中2次作此形。如《與子孫書》:"春寒,念汝徍吉。"其中"徍"即爲"佳"的俗寫,"佳吉"爲同義連用,猶言"安好"。而"徍"同時又是"徏(往)"的另一隸變形式,《字鑒》卷三養韻:"往,羽柱切。《説文》作徍,之也。從彳㞢聲,……隸作往。"[325][頁98]"徏"或隸定作"徍",《廣雅·釋詁》:"徍,勞也。"王念孫疏證:"往,各本訛作佳。往,篆文作徏,隸或省作徍,故訛而爲佳。"[86][頁31]《字彙補·彳部》:"徍,與往同,見漢碑。"[328][頁67]可見,"徏"隸變或作"徍",與"佳"形近而相亂。本卷中"往"雖只出現了1次,但它正好也寫作"徍"。如《夫與妻書》:"今因某乙徍,附狀不宣。"這樣,"徍"就成了"佳"與"往"兩字共有的俗寫字形,即"佳"與"往"俗寫皆作"徍"。

"修",俗寫或從"彳"作"徚",如斯5600號《佛經類書》:"又云十相成道,十者八依前,更加過去徚因相,趣於寂滅相。"而"徚"進一步簡省(或換作成字偏旁"冬")便成了"終",如斯1156號《光啓三年(887)沙州進奏院狀》:"此時不爲本使懇苦論節將去,虚破僕射心力,徚文寫表,萬遍差人,涉歷沙磧,終是不了。至十一日,又遣李伯盈徚狀四紙,經宰相過。"其中"侈""佟"皆爲"修"的俗寫。本卷中"修"共出現 3 次,皆作"佟",如《上祖父母及父母狀》:"未由拜侍,伏增戀結。謹佟狀起[居]。"此外,"佟"亦見於別的敦煌寫卷,如斯 5640 號《文樣·亡考文》:"追佟不亭(停),早臨厶七。"伯 3425 號《本居宅西壁上建龕功德銘》:"厥兹崇佟者,誰也?"例中"佟"亦即"修"之俗書。"修"這一俗寫字形恰與音他刀切的"佟"及"佟"的俗寫同形①,即"佟"一身兼三職:表"紖頭銅飾"義的"佟"和"佟""修"二字的俗寫。惜《漢語大字典》只言及前二者,未論及其爲"修"字俗寫的用法。

偏旁"至"俗寫常作"圣"②,而"圣"上部的"又"連筆便成了"至",即"巠"旁俗書或作"至"。如伯 3644 號《俗務要名林》:"眉眼,肩膊,耳朵,腮頷,鼻孔,唇舌,牙齒,胅胫。"其中"胅胫"即"膝脛"的俗寫;又如《龍龕手鏡·火部》:"烴,俗;煙,正;古頂反,焦臭也。"[154][頁 241] 同書肉部:"胫,俗;脛,正;經郢反,胭也,前曰脛,後曰頂;又胡定反,脚脛也。"[154][頁 410] 從其注音及釋義看,"胫"乃"脛"的俗書。而"胫"却不是"正"字,真正的正體應是"頸"和"脛"。行均所釋前義之正字爲"頸"③,後義之正字爲"脛"。也就是説,"胫"乃"脛"的俗書,而"胫"又同爲"頸"與"脛"的俗體。既然"烴""胫"俗書可作"烃""胫",根據俗寫偏旁類推的特性,那麽"輕""經"俗寫也可作"軽""経"。不出所料,本卷中"軽""経"各出現 9 次、3 次,都用爲"輕""經"的俗寫。可見這並不是偶然的現象,而是當時俗書的真實反映。然而"軽""経"作爲"輕""經"的俗體,又恰好與表"車前重"的"軽"及表"古代喪服所用麻帶"的"経"字同形,即"軽""経"一身兼兩職,既爲"軽""経"的正體,又是"輕""經"的俗體。因而對於這類同形字,必須根據其在具體上下文中的語義來分辨。

2. 偏旁類化

---

① 《漢語大字典》"佟"條,頁 819。
② 張涌泉《敦煌俗字研究》(下編)"圣"條,頁 101。
③ 參鄭賢章《〈龍龕手鏡〉研究》"胫、脛"條,頁 322。

第一節　紛繁的俗寫訛字　201

所謂偏旁類化是指俗寫中因受它字或本字偏旁影響而發生的類化,即使得本不一致的偏旁趨於相同的現象。這主要表現在兩個方面:一是受它字偏旁的影響,如"姟";二是受本字偏旁的影響,如"儒"。兹論之如下:

"姟"既不見於古代的《説文》《玉篇》,亦不見於現代大型字書《漢語大字典》《中華字海》,但在敦煌文獻中却經常可見其蹤影。如本卷:"成禮夜兒家祭先靈文:維某年歲次某月某朔某日辰某乙謹以清酌之奠告於姟妣之靈。"另如斯 5957 號《文樣·脱服文》:"惟亡姟乃天假神姿,智雄英傑。"上揭例中"姟"乃"考"的類化增旁俗字。"考"俗寫常作"孝",如《干禄字書》:"孝、考,上通下正。"[88][頁 20]因"考""妣"常連言,使得"考"受"妣"影響而類化成"姟",正如"敦"受"煌"影響而類化作"燉"一樣。

"儒"爲"儒"的類化俗字,《干禄字書》:"儒、儒,上通下正。"[88][頁 7]《九經字樣》:"儒,作儒訛。"[279][頁 10]"需"字俗寫,其上部的"雨"往往受下部"而"影響而類化作"霈","需"旁也從之。如本卷:"河西節度掌書記儒林郎試太常寺協律郎張敖撰。"敦煌書儀中這種類化俗字頗多,有的類化俗字甚至是綜合上述兩種因素的影響而成。如斯 5636 號《新集書儀·慰停職書·答書》:"某乙孱屩之人,謬霑吏職,寡斿(於)謀略,甘分退身。"其中"屩"爲"懦"受"孱"字影響而類化的俗字,而"懦"則又由"懦"字内部偏旁發生類化而來,因此"孱屩"即"孱懦",指怯懦軟弱,此用爲自謙之詞。書儀中"孱"常與表示"軟弱""微瑣""庸虛""無能"義的語素並列構成自謙之詞,如"孱羸""孱劣""孱瑣""孱庸""荒孱"等。

類化俗字對語境的依賴性較大,釋讀時須密切聯繫其上下文語義。不然難免會造成誤釋。如伯 4093 號《甘棠集·上河中令狐相公狀》:"膽(瞻)恩而夢繞旌幢,攄分而淚沾襟袖。"句中"攄",趙和平録作"檽",校爲"濡"①。竊以爲當校作"揣"。從字形看,"撤"爲"揣"的偏旁類化俗字,即右邊的聲符"耑",其上部的"山"因受下部"而"影響而類化作"需",與其左邊的"扌"結合便成了"撤";從詞義看,"揣分"義爲"衡量(自己能力的)限度"②,上例意謂"蒙受對方的恩惠,而無力報答,自量而感激涕零,不覺淚沾襟袖"。"撤"無疑就是"揣"的類化俗字。

**(四)異化**

所謂異化指某些漢字的形體或結構在俗寫中發生了變異,即產生了與原來字形、結構不同的變化。根據這些變化的方式和結果,可將其分成偏旁改換、偏旁易位和字形訛變三種。

1. 偏旁改換

指俗寫中某些偏旁常換作與之形近、義近或聲近的偏旁,或是將一些生僻、不成字的偏旁換成常見的成字偏旁。見於本卷的有:"輒"作"輙"、"館"作"舘"、"旅"作"旅"、"鶴"作"鶴"、"牒"作"牒"、"須"作"湏"、"蕤"作"蕤"、"對"作"對"、"綾"作"绫"、"簷"作"簷"、"瞻"作"膽"等。現略舉幾例詳論之。

"館"俗寫作"舘",《干祿字書》:"舘、館,上俗下正。"[88][頁25]《五經文字》卷下食部:"館,從舍訛。"[263][頁62]《字鑒》卷四換韻:"館,古玩切。《説文》:客舍也。……從食官聲,俗作舘。"[325][頁135]"館"俗作"舘",蓋由其義爲"舍",并常與"舍"連言作"館舍",人們書寫時爲求音義之密合,遂改"食"爲"舍"而成"舘"。《漢語大字典》"舘"條書證爲《篇海》,例證爲元代陸友仁《研北雜志》,稍晚。

"蕤",本爲從艸、甤聲的形聲字,《説文·艸部》:"蕤,草木華垂貌。從艸,甤聲。"[200][頁22]俗寫却變成了"蕤",《干祿字書》:"蕤、蕤,上俗下正。"[88][頁7]而"蕤"或又增點作"蕤",《龍龕手鏡·艸部》:"蕤,俗;蕤,正;

---

① 趙和平《敦煌本〈甘棠集〉研究》,頁164-165。
② 關於"揣分"詞義的詳細探討,參本書頁264-265。

如佳反。葳蕤,藥名也。又草木花垂貌。又蕤賓,五月律吕名也。"[154][頁258]如本卷:"五月蕤賓,六月林鍾。"其中"蕤"即"蕤"的俗體。"蕤"之作"蕤",或是將不太常用的"豕"與"生"换成了較爲習見的"麦"和"玉"的緣故。

"瞻"從詹,而"詹"旁俗寫常作"詹",《干禄字書》:"詹、詹,上通下正。"[88][頁15]"詹"或又變作"詹""詹""詹"等形①,俗寫"⺈"旁多作"丷"形,故"詹"或又變作"詹",如斯3399號《雜相賀·謝僧統都衙》:"(某乙)蒙尚書獎擢提攜,得事都衙階詹,無任同增歡慶。"其中"詹"即"詹"的俗寫,只是在此當讀爲"簷"。而"詹""詹""詹""詹"諸體上部的"产""产""产"與"鹿"形較爲接近,而"鹿"較之更爲習用,且又是成字偏旁,故而俗寫中或有將以上諸形改爲"鹿"者,這樣"詹"俗寫或又作"詹""詹""詹""詹"②。如"瞻"或作"瞻",斯5636號《新集書儀·與四海稍尊狀》:"未由拜伏,但增瞻戀。"又或作"瞻",斯5640號《文樣·亡男文》:"般若雲垂,登殿而面瞻相好。"因俗書"日""月""目"三旁彼此形近,極易相混,故"瞻"或又訛作"瞻""瞻"等形。如本卷《與四海稍尊狀》:"未由拜伏,但增瞻戀。"《與四海未相識書·答書》:"限以官守,拜謁未由。瞻膕(矚)之誠,益增勤慕。"此外,"簷"俗寫也從"詹",如本卷《蒙補職[事謝]語》"某乙一介卑賤,伏蒙官位特賜補暑(署)某職,得伏事旌麾"下以雙行小字注云:"如不是節度,即言階簷。"其中"簷",斯2200號作"簷",從"詹",此可證"簷"即"簷"的换旁俗字。而"簷"或又變作"簷",如斯5640號《文樣·疾念誦》:"翡翠簷間,漠漠而清煙亂起。"句中"簷"又爲"簷"之小變。此外,"蟾"俗寫也從"詹"作"蟾",如斯5957號《文樣·亡姈(考)文》:"但以藏舟易遠,蟾影難留,風燭一朝,慈顔萬古。"例中"蟾影"即"蟾影",本指月光,此用以代稱歲月。伯3644號《俗務要名

① 張涌泉《敦煌俗字研究》(下編)"詹"條,頁596。

② 張涌泉《敦煌俗字研究》(上編),頁111-112。

林》中又有"鱸䰟"一詞。可見,"詹"旁由"䜭""䙦""䕪"等變作"麿""䴆""䴈",蓋由"鹿"爲習用、成字的偏旁而使然。

2. 偏旁易位

所謂偏旁易位是指俗寫中某些漢字的偏旁發生了位移,重新進行了組建。本卷中主要有:"節"作"郣"、"涼"作"凉"、"庭"作"迋"、"稽"作"㘈"、"微"作"㣲"、"染"作"渁"、"壻"作"聓"、"總"作"惣"。偏旁易位有時只表現在俗字形成過程中的某一環節,有的俗字幾經訛變,已很難看出其中"易位"的特點,故須追溯其演變歷程方可明其"位"之所"易"。

"壻"從"胥"得聲,而"胥"俗寫或作"胥",《干祿字書》:"胥、胥,上通下正。"[88][頁7]故"壻"俗體或作"壻"①,而"壻"或又訛作"埍",《五經文字》卷中士部:"壻,作埍訛。"[263][頁48]"埍"字俗寫或將左邊的"士"移至上部與"口"並列,變成"聓"。如伯3442號《書儀》:"[與]女埍書孫[女]聓附之:闊別既久,眷想每深。"句中兩個"壻"字,一作"埍",一作"聓",字形結構的改變就在手寫俗書的瞬間便完成了。這種改變了結構的俗字習見於敦煌書儀,如斯1040號《新集吉凶書儀》:"弔人女聓[亡]云:不意變故,賢某郎殞逝,深助悲切。"其中"聓"即爲"埍"的偏旁易位字。"士"旁手寫或訛作"工",這樣"聓"又變成了"聓"。如本卷:"撒振(帳)了,即以扇及行障遮女家[於]堂中,令女聓儐相行禮。"本卷"婿"共出現7次,除1次訛作"哥"外,其餘6次皆作此形。"壻"經過多次訛變,遂成了"聓"。現將其演變過程簡示如下:

壻→(俗寫)→壻→(訛變)→埍→(偏旁易位)→聓→(訛變)→聓

由"壻"到"聓"的演變過程可知,"俗寫""訛變"使其偏旁構件的內容發生了改變:"士"變成了"工","疋"變成了"口","月"變成了"耳";而"偏旁易位"則使其字形的整體結構產生了巨大的變化:從左右結構變成了

---

① 張涌泉《敦煌俗字研究》(下編)"婿"條,頁217。

上下結構,則"偏旁易位"主要表現在漢字的形體結構上。

### 3. 字形訛變

唐蘭云:"中國文字既以形體爲主,訛變是免不了的,由商周古文到小篆,由小篆到隸書,由隸書到正書,新文字總是舊文字的簡俗字。"① 本書所謂字形訛變指文字形體在書寫過程中產生的錯誤變易,這種變易的字形一旦沿用成習,便形成所謂的"訛變俗字"。如本卷中"卒"作"卆","亦"作"亦","庶"作"庻","深"作"深","勁"作"剄","處"作"處","看"作"看","糠"作"粏","候"作"俟"、"俟"及"候"等。茲略舉兩例詳論如下:

"庶",《說文·广部》:"庶,屋下衆也。從广、炗。炗,古文光字。"[200][頁193]而據于省吾研究:"甲骨文'庶'字是從火從石、石亦聲的會意兼形聲字,也即'煮'之本字……'庶'之本義乃以火燃石而煮,是根據古人實際生活而象意依聲以造字的。但因古籍中每借'庶'爲'衆庶'之'庶',又別製'煮'字以代'庶','庶'之本義遂湮沒無聞。"②以此而論,許慎所解之"庶"已是字形訛變的結果。然而"庶"之變易並未就此終止,相反,其形體仍在民間不斷發生變化。《干祿字書》:"庻、庶,上俗下正。"[89][頁47]當《說文》中"庶"作爲正體流行的同時,民間又出現了另一俗體"庻"。正、俗相較,發現其下部的"火"訛成了"从"。"火"之變作"从",其間或經歷了"庶"這一階段。處於漢字下部的"火"隸變多作"灬","庶"字從"灬"的寫法已見於《漢夏承碑》③。俗體"庻"當從"庶"字演變而來,其下部的四點"灬"拉長、連筆就成了"从"。而"庶"俗寫或又作"庻",《字鑒》卷四御韻:"庶,商豫切,衆也。《說文》從广從炗,炗,古光字。上從廿,音集。俗作庶。"[325][頁119]這樣"庶"上部的"廿"又變成了"卅"。"庶"旁也從俗,如《龍龕手鏡·艸部》:"蔗,之夜反,

---

① 唐蘭《中國文字學》,頁183。
② 于省吾《甲骨文字釋林》,頁434。
③ 參秦公《碑別字新編》"庶"條,頁156。

苫蔗也。"[154][頁261]其中"蔗"即"蔗"的俗寫。而"庶"手寫又或變作"庻",其上部的"廿"連筆成"冊"形。如本卷:"今朝庭遵行元和新定書儀,其間數卷,在於凡庻,固無使(所)施。"句中"庻"即"庶"之俗體。而"庻"與"鹿"的俗體"鹿"極爲相似,《字鑒》卷五屋韻:"鹿,盧谷切,《説文》:獸也,象頭角四足之形。……俗作鹿。"[325][頁158]故而"庶"旁俗寫或訛作"鹿",即其下部的"从"變成了"鹿"足"㠯"。《龍龕手鏡·辵部》:"遮,舊藏作遮。"[154][頁490]如本卷:"莫雁訖,遮女出堂。"本卷"遮"共出現3次,其中2次作此形,可見其通行程度。這樣,"庶"由正而俗,由俗而訛,幾經訛變,最終竟訛變成了"鹿",正所謂己亥成三豕。兹將其訛變過程簡示如下:

庶→(隸變)→庻→(訛變)→庻→(訛變)→庻→(訛變)→庻→(訛變)→鹿

若只看兩端的"庶"與"鹿",不論其演變過程,真一時難以窺其原貌。因而校録寫卷、考釋俗字時切須慎重。

"候",《説文·人部》:"候,伺望也。從人,矦聲。"[200][頁165]俞樾以爲:"矦既從人,候又從人,重複無理,乃後出字也。古候字止作矦。……蓋矦者,射矦也,人所望而射也,故矦字即有伺望義。許君以伺望爲候字説解,不知其爲矦字引申義也。矦篆下古文有㑒,蓋古文止爲㑒,後從人作矦,又從人作候,孳乳益多,非古字矣。"① 則"候"爲"矦"的後起區别文。而"矦"俗寫常訛作"俟"②,"候"俗寫也隨之訛作"俟"。如斯1725號背/3《諸起居啓·有疾及馬墜損起居啓》:"時俟,不審尊體動止如何?"句中"俟"即"候"之俗體。"俟"中間的短豎或因"亻"而類化作"佚",如北大192號《諸文要集·患差(瘥)》:"公傾(頃)以寒暑差佚,攝養乖方。"其中"佚"又爲"候"的類化俗體,"寒暑差候"謂冷熱變化,不合

---

① 見俞樾《兒笘録》"候"條,載《春在堂全書》第一樓叢書之六,頁2-3。
② 參張涌泉《敦煌俗字研究》(下編)"候"條,頁40。

時令。有時"俟"右下部的"人"形還會拉直爲一橫變成"催"。如伯3637號《書儀·問馬墜書·答書》："少閑，無惜馬蹄，一來言散爲幸。專此祇催。"其中"催"即"候"的訛變，"祇候"即恭候。另"俟"的"亻"旁或又換旁作"彳"，如本卷《通婚書》："時徯，伏惟厶位動[止]萬福。"其中"徯"爲"俟"的換旁俗寫。同樣，"俟"左邊的"亻"旁也可換作"彳"，如本卷："右諸家儀四時景徯多有不同，今衣（依）次庶（序）排比兼加添。"其中"徯"亦爲"俟"的換旁俗體。此外，"候"俗寫或又作"篌"，如伯4093號《甘棠集·謝恩賜曆日狀》："況榮隨日久，事逐年空，應無補[孤]之辰，狂（枉）度推移之篌。"此形蓋由《說文》所載篆文"俟"換旁而來。而"篌"或又訛作"篌"，如本卷："妻與夫書：時篌，伏惟厶郎動止萬福。"總體說來，從《說文》的"俟"到本卷的"徯""徯""篌"主要經歷了以下變化：

```
                                    ┌→（訛變）→催
       ┌→（訛變）→候→（訛變）→俟→（類化）→徯→（換旁）→徯
俟                                  └→（換旁）→徯
       └→（換旁）→篌→（訛變）→篌
```

從上圖可看出：在從"俟"到"徯""徯""篌"的演變歷程中，對其字形變化產生較大影響的便是俗寫訛變。

### （五）繁化

雖然俗字形成的總體趨勢是簡化，但有時爲了凸顯文字的形旁以標示其意義類屬或出於書寫的習慣，也會出現增加偏旁點畫而使得字形繁化的現象。本卷中因增加偏旁、筆畫而使字形繁化的有："舞"作"䑞"、"焦"作"燋"、"果"作"菓"、"憨"作"懣"，以上諸字皆在原字基礎上累增形旁而成；另如"迎"作"迊""迊"，"仰"作"仰"，"休"作"休"，"沃"作"浂"等，則是在原字基礎上增加點畫而成。"迎"本爲從辵、卬聲的形聲字，而"卬""仰"乃古今異體字，因而"迎"俗寫或以"仰"爲聲符。如伯2524號《語對·刺史》："賈琮爲冀州刺史，典史（吏）以驂駕赤帷迎於州界。"其中"迎"即爲"迎"的換聲旁俗字。而"迎"俗寫多增筆作

"迎",《干禄字書》:"迎、迎,上通下正。"[88][頁14]與之相似,"仰"俗寫也常增筆作"仰",如本卷《與四海平懷書》:"闕敘未久,傾仰殊深。"這樣,"迎"俗寫也或從"仰"作"迎",本卷"歲日相迎書"、"重陽相迎書"中"迎"皆其例。本卷中"迎"共出現7次,其中6次作"迎",1次作迎,或許當時增筆俗字"迎"更爲習用。

上面我們以本卷所見俗字爲例,粗略地分析了其形成特點,發現:敦煌卷子雖然"俗字滿紙"(出現頻率爲23.5%),"句裏行間,從胜混亂,荒幻詼詭,至於不可想像"①。但仔細分析考辨其形成方式及所表現出來的特點,便可總結出某些俗寫規律,以此規律進行類推,即可辨識古籍文獻中的疑難怪字,溝通大型字典中的異體字。如:

"冒",俗寫常作"冐"。如本卷《賀冬至獻物狀》:"前件物謹差某乙送上,冐犯威嚴,伏增戰懼。"又斯5953號《奉唐寺僧依願上令公阿郎狀》:"右依願輒陳情懇,冐黷旌幢,伏乞台嚴特賜俯聽。"以此爲據,則可考釋出一些以"冒"爲聲旁的俗字。如《龍龕手鏡·目部》:"䁔,莫報反,低目細視也。"[154][頁422]結合其注音及釋義,并根據"冒"旁俗寫作"冐"的規律進行類推,即可考定其正體當爲"瞀"。《説文·目部》:"瞀,低目視也。"[200][頁71]《集韻·號韻》:"瞀,俯目細視謂之瞀。"[121][頁587]可見,"䁔"乃"瞀"的俗字,而"瞀"又爲"眢"的換聲旁俗字。《集韻·候韻》:"眢,《説文》:低目謹視也。一曰目不明也。或從冒。"[121][頁618]

偏旁"商"俗寫常作"商",而"商"旁俗寫又每作"商"。據此,也可推繹、考釋出個別疑難俗字。如《龍龕手鏡·犬部》:"猶,俗,音適。"[154][頁319]其中"猶",即當爲"猶"的俗寫。這一推測有無道理呢?如上所言,"商"旁俗寫或作"商",而"商"又作"商",據此可將"猶"進行逆推還原:猶←猶←猶。則"猶"爲"猶"的俗體,而"猶"又是"犆"的換旁俗字。《集韻·錫韻》:"犆、猶,《博雅》:犆,特牛也。或從豸(犬)。"[121][頁751]《玉篇·

---

① 任二北《敦煌曲初探》,頁12。

牛部》:"牺,徒的切;特牛。"[203][頁428]《龍龕手鏡·牛部》:"牺,音笛,特牛也。"[154][頁117]《本草綱目·獸部·牛》:"牛之牡者曰牯,曰特,曰㸺,曰牺。"[7][頁2748]則"㹀"的正字當爲"牺",其演變脈絡如下:

牺→(換旁)→㹀→(俗寫)→㹀→(俗寫)→㹀

"庶"俗寫常作"庻",而"鹿"俗寫又作"庻",其字形與"庶"的俗寫變體"庻"極爲相似,故而俗寫從"庻(庶)"者每常訛作"廖"。俗寫偏旁"庻"與"廖"的混同,有助於我們廓清俗寫的迷霧,揭示其"正"字的真面目,使那些鮮爲人知的疑難俗字得以釋讀。如《中華字海·广部》:"廖,義未詳。見《龍龕》。"[336][頁525]《龍龕手鏡·广部》:"廖,古文。音衆。"[154][頁301]據業師研究,《龍龕手鏡》之所謂"古文"指"古代曾經使用而當時已不流行的字體。其中有古代的異體字,也有後代產生的俗字"①。而"廖"字既不見於《説文》,也不見於《原本〈玉篇〉殘卷》及其他字書,或許"廖"爲後代產生的俗字。那它的正字是誰呢?竊以爲是"庶"。從字形看,"廖"上部的"庻"爲"庶"的俗寫,下部"屾"爲"鹿(廖)"之雙脚,即它是在"庻"下加"鹿"脚"屾"而成。也就是說,曾有一段時間,"庶"旁俗寫常作"庻",當其寫作"庻"時,人們頗感生疏,遂又在其下加"屾",便成了"廖"。從語音來看,歷代字書或有將"字義"誤爲"讀音"的現象。此字音"衆",故頗疑"衆"非其音而是其義。《爾雅·釋詁》:"庶,衆也。"[65][頁37]因此,綜合形、音兩方面因素考慮,"廖"應爲"庶"的增旁俗字。

同時,"廖"與"庻"相混的規律,還有助於我們溝通目前大型字典中一些未經繫聯的俗字。《中華字海》:"頯,同頣。字見《篇海》。"[336][頁1590]"頣,禄。見《字彙補》。"[336][頁1590]《漢語大字典》:"頣,禄。《改併四聲篇海·頁部》引《川篇》:'頣,禄也。'"[114][頁4390]"頯""頣"皆從"頁",義爲"禄",可疑。漢字中從"頁"者,其義多與"頭"相關。根據"庻"旁常與"廖"相亂的規律可知,"頣"或當爲"顧"的俗寫,而不應回改作"頯"。

---

① 參張涌泉《敦煌俗字研究》(上編),頁344。

《集韻·燭韻》:"頇、髇、顱也,或作髇。"[121][頁654]其中"頇"爲"顱"義,正與"頭"相關。"頇"或又作"髇""髊",《龍龕手鏡·骨部》:"髊,俗;髇,或作,許玉反,正作頇,頇顱,即髑髏也。"[154][頁481]行均以"頇"爲正體,"髇"爲或體,"髊"爲俗體。其實不然,真正的正體應是"碩",《廣韻·鐸韻》:"碩,碩顱,腦蓋。"[285][頁510]《龍龕手鏡·頁部》:"碩,徒各反,碩顱也。"[154][頁487]"碩顱"即"髑髏"。《廣雅·釋親》:"碩顱謂之髑髏。"王念孫疏證:"此疊韻之轉也。急言之則曰頭,徐言之則曰髑髏,轉之則曰碩顱。《說文》:'碩顱,首骨也。'"[86][頁202]

或許人們會問,爲何其讀音一音許玉反,一音徒各反呢?那是因爲《玉篇》在引《廣雅》時將"碩顱"誤作了"項顱",段玉裁在《說文》頁部"碩"下注云:"碩顱即髑髏,語之轉也。碩顱亦叠韻。《玉篇》引《博雅》《聲類》作'項顱',恐有誤。"[226][頁416]正因爲這一筆誤,使得歷代韻書字典皆將"頇顱"視作"項顱"的或體,并將其與"項"歸在同一韻部的"燭"韻,現代大型字典則注"頇"之音爲 xù①。

然則在"頭骨"這一意義上,"碩"纔是真正的正體,它既見於《說文》,也沿用於歷代的字典韻書,如《廣雅》《廣韻》《龍龕手鏡》《漢語大字典》《中華字海》等,且"形""音""義"三者密合無間,從頁、毛聲,義爲"頭骨"。"髊"應爲"碩"改換聲旁及形旁的俗字。就字義而言,"髊"亦表頭顱義,《集韻·姥韻》:"髊,顱也。"[121][頁338]就讀音而言,"度"除徒故切的讀音外,又音徒落切,與"碩"同屬鐸韻,故"髊"可視爲"碩"之異體。"項"則爲"碩"的形近誤字,其音、義皆與"碩"不合。《說文·頁部》:"項,頭項項謹兒。從頁,玉聲。"[200][頁183]"頇"又當爲"項"之或體,音、義皆與"項"相同,僅聲符小異:"鹿"屬"屋"韻,而"玉"屬燭韻。"髇"則又是"頇"的改換形旁俗字;"頇"爲"頇"的俗寫誤字,而"頇"又是據"頇"字回改而得,現將其演變過程圖示如下:

---

① 參《漢語大字典》"頇"條,頁4390。

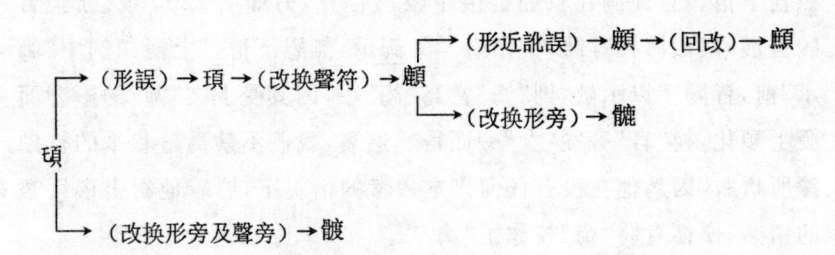

```
                                    ┌→(形近訛誤)→䫂→(回改)→頋
           ┌→(形誤)→項→(改換聲符)→頋┤
           │                         └→(改換形旁)→骽
    碩────┤
           │
           └→(改換形旁及聲旁)→骳
```

至於《篇海·頁部》所引《川篇》"頋,禄也"之"禄",或許原本作"頋",由於古人"聽音爲字"而誤爲"禄"。"禄"音盧谷切,來母屋韻;"頋"音落胡切,來母模韻。二者韻部、聲調雖有不同(一爲入聲屋韻;一爲平聲模韻),但據學者研究,宋代邵雍《皇極經世書聲音圖》中入聲韻與陰聲韻相配,表明入聲韻尾已經弱化甚或消失。《聲音圖》中以陰入相配爲常,説明"入聲字之收尾久已失去,以其元音與所配之陰聲相近或相同,故列爲一貫耳"①。也就是説,在《篇海》著者韓道昭生活的時代——金代,入聲韻已開始弱化,與元音接近了,則"頋"有可能誤作"禄"。

此外,敦煌寫本中類化俗字尤爲習見。知此,遇疑難或生僻字時,不妨察其上下文語詞的偏旁結構,若有相同,再結合文意來推求其正字。如斯 6537 號背/14《大唐新定吉凶書儀》:"兄姊(姊)、姆示、告勒、問及、示問、絇(約)束、處分……"句中所列乃書儀在行文過程中須闕字以示敬的語詞。其中"姆"字,甚爲費解。然我們發現其所從"女"旁與上文"姊"的偏旁相同,頗疑爲類化所致。那它原本是什麽字呢?從這些語詞看,大都是書儀中用以敬稱對方來信的詞,在書札範本中,其前往往須留空以示敬。如伯 3502 號背/2《新集諸家九族尊卑書儀·[與]翁婆父母狀》:"不奉　　告勒,無慰馳情。"其中"告勒",本指命令、約束,此用以敬稱翁婆耶娘的來信。而在同卷的《與伯叔姑姨兄姊書》中却以"誨示"來敬稱對方的來信,"不奉　　誨示,

────────
① 參周祖謨《宋代汴洛語音考》,《問學集》,中華書局,1966,頁600。

無任下情。"且此詞在敦煌書儀中較爲習見,另如斯 2200 號《新集吉凶書儀·與四海極尊狀》:"不奉　誨示,無慰下情。"上揭二例中"誨示"前,皆闕字以示敬,則"姆"當爲"誨"字,因其受上文"姉"的影響而發生類化,換"言"旁從"女"旁而得。這裏,我們不禁爲趙和平的校勘深所折服,因爲他在沒有任何異本參考的情況下,憑着他對書儀用語的精熟,便徑直將"姆"校作了"誨"①。

不僅如此,俗字在文字形體演變的過程中也扮演着重要角色。裘錫圭指出:"在文字形體演變的過程裏,俗體所起的作用十分重要。有時候,一種新的正體就是由前一階段的俗體發展而成的。比較常見的情況,是俗體的某些寫法後來爲正體所吸收,或者明顯地促進了正體的演變。"②的確如此,將敦煌書儀中所見俗寫字形與今天通行的簡化字相比,發現:不少簡化字就來源於唐五代時期的俗體,如"师""状"。即使不直接來源於俗寫的簡化字形,我們也可從中窺見其演變的歷程,如"覺""學"簡化爲"觉"與"学",其上部的"⺌"即經由"𭃁"至"⺍"而來。可見,"俗字"並非"訛火",其形成往往是有理據可尋的。根尋其中潛藏的理據,并用之於俗字考辨、敦煌文獻校理及簡化字探源,或許會有更多有價值的發現。

## 二　訛字

本卷訛誤字共 164 個,占總字數(5445)的 3%;其出現的總次數達 194 次,約占總字數的 3.6%,幾乎每 25 字中就有一個錯字,故稱其爲"訛誤滿紙"雖稍顯誇張,然亦不爲過。據其致誤之由可將本卷出現的訛誤字分成形誤、音誤兩種。

(一)形誤

所謂"形誤"是指因字形的因素而引起的訛誤。本卷所見的形誤字

---

① 趙和平《敦煌寫本書儀研究》,頁 491。
② 裘錫圭《文字學概要》,頁 44。

## 第一節　紛繁的俗寫訛字

有 113 個，占總誤字的 69%。現按其在卷中出現的先後次序排列如下①：

鄂$_1$—號；悔$_1$—梅；泠$_1$—冷；淥$_1$—洰；呩$_1$—呪；正$_2$—止；且$_3$—具；雜$_1$—新；昬$_1$—曶；違$_1$—運；止$_1$—正；槙$_1$（頓）—項；伴$_4$—件；麈$_1$—塵；狀$_2$（狀）—伏；豙$_2$—劣；榮$_2$—策；癈$_1$—發；疢$_1$—疲；使$_1$—伏；過$_1$—遇；推$_1$—惟；瘵$_1$—瘵；畫$_1$—晝；元$_2$—無；馳$_1$—馳；之$_2$—云；置$_1$—署；獻$_1$獻$_1$—獻；吝$_1$—空；温$_1$—醖；及$_1$—反；枞$_1$—初；辛$_1$—來；暑$_1$—置；仰$_1$—迎；冬$_1$—名；右$_1$—古；廈$_1$—獻；謁$_1$—渴；怀$_1$—杯；莫$_1$—黄；明$_1$—朋；意$_1$—竟；幸$_1$—常；杖$_1$—林；朱$_1$—未；稱$_1$—稍；右$_4$—左；黄$_1$—莫；備$_1$—備；尚$_1$—南；治$_1$—汝；周$_1$—同；海$_1$—誨；憤$_1$—情；辝$_2$—拜；事$_1$—奉；恥$_1$—耿；室$_1$—寒；住$_1$—佳；春$_1$—眷；師$_1$—姉；呈$_2$—呈；哥$_1$—塙；眷$_1$—眷；思$_1$—見；酒$_1$—須；羌$_1$—差；臨$_1$—矚；崴$_1$—徽；覩$_1$—覿；同$_1$—用；趩$_1$—翹；姪$_1$—姓；洪$_1$—淑；惟$_1$—推；笇$_1$—笄；伉$_1$—伉；闕$_1$—閼；縁$_1$—綫；江$_1$—紅；緑$_1$—綫；縄$_1$—纒；今$_2$—令；承$_1$（承）—函；沖$_1$—染；樸$_1$—樸；永$_1$—二小；即$_1$—却；試$_1$—訖；及$_1$—乃；荳$_1$—豊；㫳$_1$—辰；振$_1$—帳；比$_1$—北；徒$_1$—從；催$_1$—催；天$_1$—夫；牒$_1$—緤；承巳$_2$—疋；雨$_1$—兩；緊$_1$—繁；西$_1$—面；但$_1$—俱；去$_1$—云；必$_1$—思；懰$_2$—惆；或$_2$—感；成$_1$—感；令$_1$—今。

以上形誤字，細分之又有形近而誤、增損偏旁筆畫而誤、涉上下文而誤、起筆相同而誤、一字誤爲二字、二字誤爲一字等諸種情形。兹分述如下：

### 1. 形近而誤

敦煌文獻中因字形相近而彼此訛誤的情形較多，如本卷的"正"與"止"、"今"與"令"、"推"與"惟"等。寫本文獻每多俗寫字形，而"俗寫"往往又是引起訛誤的一個主要原因，本卷所見的形近訛誤字中就有不少是因俗寫而致誤的。如：

雜$_1$—新　《賀正獻物狀》："右伏以青陽乍啓，景福惟雜。""雜"，斯 2200 號作"新"，是。"新"之誤作"雜"，乃源於其俗書的彼此相近而致。

---

① "誤字"與"正字"之間用橫綫隔開，橫綫左側爲誤字，右側爲正字。若"誤字"爲俗寫字形，則在其後的括弧内注明"正體"，誤字右下角所標數碼爲其在卷中出現的次數，有一字而誤作多形者，則將其並置於橫綫左側。

"新"俗寫或作"新"①,而"雜"俗寫又常作"襍",《干祿字書》:"襍、雜,上通下正。"[88][頁30]《九經字樣》衣部:"雜,從衣集聲,作襍者訛。"[279][頁17]或又變作"襍",如伯4093號《甘棠集・與同院李判官》:"孤標不襍,亭亭之月照寒江。""襍"與"新"、"新"與"襍",彼此字形如此相似,也難怪學郎會將"新"誤作"襍"。

伴₄—件 《賀正獻物狀》:"前伴謹差厶乙送上,輕觸尊嚴,伏增戰懼。""伴",伯2556號作"件",斯2200號作"件"。據業師研究,"伴"俗寫常作"件"②,與"件"極爲相似,因而學郎在抄寫時,誤把原卷"件"當作"件",而將其轉寫成正體"伴",以致訛誤。敦煌文書中"件"與"伴"常常互訛,本卷中"件"共出現6次,其中4次作"伴",1次作"件"(換旁俗書),1次作"件"(手寫之變),可想見其混淆程度。此種訛誤亦見於敦煌其他文獻,如斯6631號背《九相觀詩并序・盛年相第三》:"群迷曾未覺,結件恣歡遊。"其中"件"即爲"伴"之形誤。

豢₂—劣 本卷中"劣"多訛作"豢",如《謝賜物狀》:"厶散豢常材,謬蒙驅策(策)。涓塵無補,勞效未彰。"《賀四海朝友加官語・答》"天恩加官"下以雙行小字注云:"如職事即云:官位不與(以)厶乙容(庸)豢,特受(授)某職。"上揭兩例中"豢",斯2200號皆作"劣",伯2556號分別作"㓛""㓚",字形與"劣"小異,則"豢"當爲"劣"之形誤。然"劣"怎會誤作"豢"呢?這也與俗寫有很大的關係。"劣"俗寫或作"㓛",如伯3637號《新定書儀鏡・借馬書・答書》:"駕馬唯命付往,無嫌㓛也。"如此,再回頭仔細觀察上述異文在字形上的聯繫,可清楚地看到,"劣"誤作"豢"的演變軌迹爲:劣→㓛→㓚→豢。

衭₁—初 俗書"衤"與"礻"旁常相亂,故"初"俗寫或從"礻"。《字鑒》卷一魚韻:"初,楚居切,始也。從衣從刀。俗作衭。"[325][頁15]而"刀"

---

① 參秦公《碑別字新編》"新"條所引《唐鄭玄果墓誌》,頁242。
② 張涌泉《敦煌俗字研究》(上編),頁187-189。

隸變或爲"刀",故敦煌文書中"初"俗寫常作"㓛"①。本卷"初"共出現9次,其中8次作"㓛",1次作"杦"。《歲日相迎書》:"獻歲杦開,元正啓祚,入新改故,萬物同宜。"其中"杦",斯2200號作"㓛",即"初",是。"初"之誤作"杦",蓋源於其俗寫字形"㓛"與"杦"形近而致。

室₁—寒　"寒"在卷中或誤作"室"。《與弟妹書》:"春室,念汝住(佳)健。"句中"室",斯2200號、伯2556號皆作"寒",是。"寒"草書楷化或爲"宎",如伯3637號《新定書儀鏡·與夫書·答書》:"冬初微宎,惟次娘子動息兼勝,男女等佳致。"伯3442號《書儀·與婦書》:"春首猶宎,伏惟耶娘萬福,府君夫人康豫。"其中"宎"亦爲"寒"的草書楷化字。伯3442號寫卷中,"寒"共出現65次,其中58次作"宎",占其出現總次數的89%。可見,"寒"俗寫多作"宎",則"寒"之誤作"室",蓋由其草書楷化形式"宎"與"室"相似而致。

酒₁—須　"須"俗寫常作"湏"。《五經文字》卷中彡部:"須,音需,面毛也。今借爲須待字。本作䫇,今不行已久;或須,從水訛。湏,火外反,物湏爛之湏。"[263][頁32]本卷"須"共出現10次,皆作此形。"湏"與"酒"字形極爲相近,遂常彼此訛誤。如本卷《夫與妻書》:"憂念家中,豈可言述。好酒侍奉,男女嚴切教示,不得令其猖蕩。"其中"酒"當即"須"之誤字。另如斯5439號《季布歌》:"慢排須饌應難吃,久坐時多帶煩人。"句中"須"又當爲"酒"的形近誤書。

2. 增損偏旁、筆畫而誤

寫本中有不少字因增加或減損某些偏旁、點畫而誤作他字者,如上文所列:"塵"誤作"廑"、"笄"誤作"筓"、"佳"誤作"住"、"眷"誤作"眷"、"染"誤作"沖"、"迎"誤作"仰"等。

猒₁猒—猒　"猒",其左旁的"䏙",在本卷中或增"大"作"奠",或損"䒑"作"西",而使得"猒"誤成了"猒""猒"兩形,如《與未相識書·答書》:

---

①　張涌泉《敦煌俗字研究》(下編)"初"條,頁79-80。

"久藉芳猷,未遂披展。"《通婚書》"闕敘既久,頃(傾)臨(矚)良深"下以雙行小字注云:"如未相識,即云:久藉歲(徽)猷,未由展覿。"其中"猷""猷"皆爲"猷"的誤書。"芳猷""徽猷"都用來敬稱對方的美德。

麈₁—塵　"詹"旁俗寫或作"詹",如伯3419號《漢藏雙語千字文》:"徘徊瞻眺。"其中"瞻"即"瞻"的俗寫。"麈"與"塵",起首偏旁都是"鹿",受其影響,"塵"或有增"口"而誤作"麈"者。如本卷《端午獻物狀》:"前伴(件)物誠非珍異,輒敢獻上,用表野芹。麈黷尊嚴,伏增戰懼。"其中"麈"即爲"塵"的誤書。"塵黷"乃自謙之詞,言自己贈送之物玷污、冒犯了對方。"塵"之誤作"麈",亦見於其他敦煌寫卷,如伯4093號《甘棠集·謝恩賜曆日狀》:"唯專夙夜,庶效涓麈。"句中"麈"亦"塵"之誤。

泋₁—染　本卷"染"手寫作"泋"。如《謝蒙問疾并賜藥物狀》:"右某乙自拙將理,去某時忽泋某疾。"其中"泋",斯2200號作"泋",皆爲"染"之變體。而"泋"或省筆誤作"泋",如本卷"次五色綵,次束帛,次錢鑒"下以雙行小字注云:"隨多少,並須泋青麻爲貫索。"其中"泋",伯3284號作"泋",則"泋"當爲"染"省變之誤。

仰₁—迎　"迎"俗寫或從"仰"作"迎",本卷"迎"多作此形。"迎"省去"辶"即成"仰",如:"寒食相仰書:時候花新,春陽滿[路],節冬(名)寒食,冷飯三晨(辰)。"其中"仰",斯2200號作"迎",即"迎"的俗寫,本卷他處"迎"字多作"迎",則"仰"當爲"迎"的省筆誤書。

3. 涉上下文而誤

寫本或有因受上下文字形的影響而隨之增旁、換旁而誤者,此即謂"涉上下文而誤",本卷也不乏其例。如:

瘂₁—發　《謝蒙問疾并賜藥物狀》"右厶乙自拙將理,去某時忽染厶疾"下以雙行小字注云:"如固(痼)疾瘂動,亦任言之。"其中"瘂",斯2200號作"發","痼疾發動"謂舊病復發,作"發"是。那麼"發"怎會誤作"瘂"呢?原來"發"俗寫常作"發",受上字"疾"的影響而類化作"瘂",

省去聲符"癶"便成了"痰"。其變化途徑大致如右：發—發—癈—痰。如此輾轉訛誤，實在很難尋繹出它的正字。

溫$_1$—醖　《酒熟相迎書》："家溫清春，昨始新熟。深思知己，仰慕同筵。"例中"家溫清春"，斯 2200 號作"家醖清（青）春"，是。"醖"者，釀也；"清（青）春"乃其家所釀美酒之名，唐人多以"春"名酒。則"溫"當爲"醖"的誤字，而"清"又當爲"清"的偏旁混同字。正因"清"誤作了"清"，纔使得"醖"受其影響而類化作"溫"，即：（醖）溫←清（清）。

### 4. 起筆相同而誤

業師曾面授：有的漢字，因其起筆相同，書寫時也常致誤。誠然，本卷不少誤字即因起筆相同而致。如：

意$_1$—竟　"意"與"竟"起首偏旁皆爲"音"，書寫時二者常相混，如《冬至相迎書》："嘉節膺期，聊堪展思。意無珍異，祗待明［公］。"其中"意"即"竟"的誤書。

處$_1$—獻　"處"與"獻"起首偏旁都是"虍"，俗寫作"严"①。起筆相同的漢字，書寫易於致誤。如本卷《端午相迎書》："喜逢嘉節，端午良晨，處續同歡，傳自荊楚。"其中"處"，斯 2200 號作"獻"，是。"獻"乃"獻"之俗寫，"獻續"即"獻禮續壽，以祝人長壽"，本卷習用。如《賀冬至獻物狀》："右伏以黃鍾應節，三冬正中，輒申獻續之儀，敢賀延長之福。"或作"續壽"，如《賀端午獻物狀》："右伏以端午良辰，理當續壽。"可見，上揭"處"當爲"獻"之誤書。

### 5. 誤一字爲二字

承巳$_2$—晉　寫本或有一字析爲二字之誤者，如本卷："同牢盤，合承巳杯。帳中夫妻左右坐，主饌設同牢盤，夫妻各飯三口，儐相俠（夾）侍者詞（飼）之，則酌合承巳杯，杯以小瓢作雨（兩）行，安置拓子裏。"其中"承巳"兩字，伯 3284 號作"晉"，是。"合晉"乃古代婚禮中的一種儀

---

① 張涌泉《敦煌俗字研究》（下編）"虍"條，頁 451。

式,剖一瓠爲兩瓢,新婚夫婦各執一瓢,斟酒以飲。《禮記·昏義》:"婦至,壻揖婦以入,共牢而食,合卺而酳。"孔穎達疏:"卺,謂半瓢,以一瓠分爲兩瓢謂之卺,壻之與婦各執一片以酳,故云合卺而酳。"[135][頁1680下]則本卷"承巳"兩字乃"卺"分寫之誤。這種誤一字爲二字者,亦見於其他敦煌寫卷。如斯525號《搜神記》:"有一著白衫袴,徒跣,頭戴紫泉果頭者,手把文書一卷,是言弟父之人,即時臨向家訴來。"與此内容相應的下文作:"所著白衫袴衣,即是雞身;徒跣者,雞足;頭戴紫白巾裸頭者,責(幘)也。"將其對勘,不難發現:上句中"紫泉果頭"即下句"紫白巾裸頭","果"是"裹"的音借字,"裸"爲"裹"的换旁俗字;而"泉"與"白巾"對應,頗疑"白巾"乃"帛"分寫之誤,而"泉"則爲"帛"的形近訛誤。"紫帛"者言其"裹頭"之質料與顏色,例中喻指"雞冠"。

6. 誤二字爲一字

尕₁—二小　古書每有一字誤爲二字者,如析"弄(卡)"爲"上下"①,本卷也不乏此例。如:"函[使]未來間,先須於堂前鋪一張床,床上著桉(案)一。……兼令尕婢於案兩頭立,婚主於東階側立待函,依[儀]排備。"其中"尕"字,伯3284號作"二小",是,下文"二婢即昇案下階接函"之語可證。則此"尕"當爲"二小"兩字合文而誤。

(二)音誤

所謂"音誤"是指由於字音的相同或相近而引起的訛誤。本卷中的音誤字共51個,占總誤字的31%。今依"形誤"的排序形式將本卷所見"音誤字"臚列如下:

閣₂—閣;問₁—聞;暑₁—署;彫₁—凋;禮₁—體;壞₂—懷;憎₁—增;請₁—清;籠₁—攏;獫₁—儉;賤₁—錢;郡₁—裙;辱₁—褥;詞₁—飼;使₁—所;厇₁(所)—使;庚₁(庶)—序;與₁—以;容₁—庸;之₁—知;責₁—仄;與₁—巳;理₁—履;陽₁—楊;扵₁(於)—與;財₁—才;齊₁—濟;儀₁(儀)—宜;玄₁—炫;校₁—較;族₁—蔟;沽₁—姑;衣₁—依;齊₁(齊)—儕;監₁—濫;固₁—痼;申₁—呻;今₁—吟;監₁—鑒;登₁—澄;

---

①　方一新《中古漢語詞義求證法論略》,《浙江大學學報》2002年第5期,頁34。

無₁—蕪;成₁—誠;相₁—想;想₃—相;得₁—德;合₁—閤;南₁—楠;臁₁—聽;慈₁—玆;免₁—勉;俠₁—夾。

以上音誤字中,實際包括形音訛誤、音近訛誤兩種情況,茲分述如下:

1. 形音訛誤

形音訛誤指漢字中某些字的字形與字音都很接近,書寫時往往造成訛誤的現象,本卷中也不乏其例。如:

禮₁—體 《俗人與道士書》:"首春尚寒,伏惟尊師道禮康和。"其中"禮",伯3284作"體",是。"道體",書儀中常用來敬稱和尚、道士等有德者的身體,如伯3849號《黃門侍郎盧藏用儀例》:"凡與衆僧書云道體,末云和南。"斯1438號背《吐蕃占領敦煌初期漢族書儀》:"中(仲)秋已涼,惟闍梨道體勝常。"而"禮""體",皆從"豊",《廣韻》中皆屬"薺"韻,且"體"音他禮切[285][頁268],以"禮"爲反切下字,字形上"禮""體"二字也較爲接近。結合異文及形、音、義三方面來看,上揭"道禮"的"禮"當即"體"的形音誤字。

獫₁—儉 本卷:"函使去,各送上衣服及匹叚(段),隨豎獫與之。"其中"豎獫"二字,伯3284號作"豐儉",是。"豐儉"猶多少,"隨豐儉與之"意謂任隨多少,給之即可。卷中"豎"乃"豐"的形近誤書,而"獫"與"儉"皆從"僉"得聲,形旁"犭"與"亻"也極爲相近,則"儉"之誤爲"獫",殆由其形、音皆近而致。

2. 音近訛誤

音近訛誤,學界或稱爲"同音替代",指俗寫中將本要抄寫的正字誤成了與之音同、音近的字。敦煌寫卷中音近誤字較爲豐富,考察這些字的讀音,或可印證唐五代時期語音及當時西北方音的一些特點。如:

使₁—所;趴₁(所)—使 本卷中"使"與"所"的讀音相混無別。如:"今朝庭遵行元和新定書儀,其間數卷,在於凡庶,固無使施,不在於此。今採其要,編其吉凶,錄爲兩卷。趴童蒙易曉,一覽無遺。"句中"使"

"叚(所)",伯 2556 號分別作"所"與"使",是。在抄手心目中,"使""所"讀音完全相同,因而每每相混。如斯 3880 號《起居狀》:"不審近日尊重何似?伏惟倍加保重,是使望也。"其中"使"亦當爲"所"之音誤。而在《廣韻》中,"所""使"讀音並不相同:"所"疏舉切,屬語韻[285][頁258];"使"疏士切,屬止韻[285][頁252]。從反切看,其讀音僅聲紐相同(皆爲"生"母),韻部略有差異,一爲"語"韻,一爲"止"韻。而據羅常培研究,止、遇二攝有條件地混同,魚韻一部分字與止攝開口不分,這正是唐五代時期西北方音的特點①。

責—仄 《醉後失禮謝書》:"昨夜(日)飲多,醉甚過度,粗疏言詞,都不醒覺。朝來見諸人説,方知其由,無地容身,慚悚尤積。本緣少(小)器,致此滿盈,深及々責々。"其中"深及々責々",斯 2200 號作"深々及々仄々",斯 4761 號作"深々反々仄々",究竟孰是呢?從文意看,該句意謂:由於飲酒過多,言詞之間,冒犯了對方,清醒後聽人説起,不免深感不安。斯 4761 號"深々反々仄々"實即"深反仄,深反仄",而"反仄"即"惶恐不安"之義,習見於敦煌書儀。如伯 3691 號《新集書儀·客再謝》:"適來有過,反仄極多。塵瀆尊顏,倍[增]慚惡。"故當以斯 4761 號寫卷爲據,將本卷"深及々責々"校録作"深及(反)責(仄),深及(反)責(仄)"。則"及"當爲"反"的形近誤字,"責"應是"仄"的音近誤字。《廣韻》中,"責"爲側革切,莊母麥韻[285][頁514];"仄"爲阻力切,莊母職韻[285][頁528],其讀音僅聲母相同,韻部略異。但在當時的西北方音中,麥韻莊組字和職韻莊組字是混同不分的。

理—履 《妻與夫書》:"時候,伏惟某郎動止萬福。即此兒蒙推免,家內大小並得平怗,不審遠地得理如何?"其中"得理",斯 2200 號作"德

---

① 參羅常培《唐五代西北方音》,科學出版社,1961,頁 43-45;又邵榮芬《敦煌俗文學中的別字異文和唐五代西北方音》,《中國語文》1963 年第 3 期;又《中國敦煌百年文庫·語言文字卷》(一),頁 118-160。本文凡論及唐五代西北方音中×與×混同,若非特別注明,所據皆同此,不再重複出注。

理",是。"得""德"二字,在敦煌文獻中常彼此通用。而"理"當爲"履"的音近誤字。《廣韻》中,"履"爲力几切,來母旨韻[285][頁249];"理"爲良士切,來母止韻[285][頁252],二者聲同韻近。唐五代語音中,止攝支、脂、之、微四韻不分,故"履""理"可得通用。且在敦煌文獻中,其通用的例子也不少。如斯5623號《新集雜別紙·不赴打臘(獵)狀》:"右某昨日偶轉着脚,行履稍難,不獲倍(陪)奉台旃打臘(獵)。"斯5636號《新集書儀·問發損書·答書》:"自染疾苦,至甚尫羸。……行里稍通,即當參拜。"斯5804號背《僧智弁遣堂子送弔儀狀》:"忽聞孟闍梨母亡没,便合奔赴弔問。政(正)爲力不赴心,行李寸步不前。"上揭三例中"行履""行里""行李"皆爲行走、走動義,然其用字却各不相同,一爲"履",一爲"里",一爲"李"。結合字形,從詞義引申的角度看,這三字中唯"履"爲其正字。《説文·履部》:"履,足所依也。從尸,從彳,從夂,舟象履形。"[200][頁175]朱駿聲《説文通訓定聲》:"此字本訓踐,轉注爲所以踐之具也。"[228][頁603]則"履"本爲踐踏義,如《詩·小雅·小旻》:"戰戰兢兢,如臨深淵,如履薄冰。"[197][頁449下]由此"踐踏"引申又有"步行、行走"之義,如《易·履》:"跛能履,不足以有與行也。"[320][頁28]則"里""李"皆爲"履"的音近誤字。由此看來,在當時的語音中,其讀音是相混無別的,而"理"與"里""李"讀音相同①,自可相通。如《唐人月儀帖》:"八月仲秋:企望白雲,心歸故理(里)。俯思素友,情想披尋。"[234][頁6]斯2832號《文樣·皇甫長官病可事》:"帶(戴)朝星而李(理)務,侵夜月而退功。"此即其彼此通用之例。然則本卷"得理"即"德履",義同"體履",指德行、體況等。如歐陽修《與曾宣靖公》:"違别兹久,伏承德履甚休,可勝慰浣。"[170][頁1232]可資比勘。

可見,本卷中的音近誤字反映的往往都是當時或當地的語音特點:魚韻一部分字與止攝開口不分,如"所"與"使";麥韻莊組字和職韻莊組字不分,如"責"與"仄",這都是當時西北方音的特點;而止攝脂、之兩

---

① 《廣韻》中,"里""李"皆爲來母止韻[292][頁252],與上揭"理"讀音完全相同。

韻不分,如"履"與"理""里""李"等,反映的則是唐五代時期的語音特點①,此與前人的研究結果正好相符。

以上我們對本卷出現的俗字、誤字作了一個總體的分類描寫,也對其字數及比例作了一些粗略的統計,現將所得數據列表如下:

| 項　目<br>對　象 | 伯 2646 號《新集吉凶書儀》:合計 5445 字 | | |
|---|---|---|---|
| | 俗　字 | 訛　誤　字 | |
| | | 形　誤 | 音　誤 |
| 字　數 | 277 字 | 113 字 | 51 字 |
| | | 164 字 | |
| 占總字數的比例 | 5.1% | 3% | |
| 出現次數 | 1288 次 | 194 次 | |
| 占總字數的比例 | 23.5% | 3.6% | |

從表上可看出,伯 2646 號《新集吉凶書儀》寫卷中所見俗字與誤字的頻率是相當高的,真可謂"俗寫衆多,訛誤滿紙"。儘管敦煌文獻的俗誤情況會因抄寫者或文書性質的不同而存在個體差異,但由此也可想象當時俗寫訛誤泛濫的真切程度。只有對此有了整體的感性認識,校理敦煌文獻時纔會時刻警醒,真正做到精校確釋。不然,稍一疏忽,便會以訛傳訛,貽誤無窮。如伯 2992 號背/3《歸義軍節度使致甘州回鶻順化可汗狀》:"兄大王當便發遣一伴般次入京。"如上所言,敦煌文獻中"伴"與"件"常因形近而互訛,從文意看,例中"伴"即當爲"件"的形近誤書,而"件"爲量詞,用來形容"般次(使者)"。但《敦煌社會經濟文獻真迹釋錄》(第四輯)編者因不明"伴"乃"件"之誤,而將其錄作"兄大王當便發遣一伴,般次入京。"[47][頁395]這樣,就在原來"失校"的基礎上造成了誤斷;曾良在《敦煌文獻字義通釋》第 6 頁"般次"條引此爲證時,又因不察而沿襲其失校、誤斷之誤。可見,對於敦煌文獻中的誤字,切須進行精校,方可避免出錯。

此外,在統計的過程中,我們發現:今人視爲一體的"并""並"二

---

① 參王力《漢語語音史》,頁 253、257。

字,在本卷中有着明確的分工:"并"在本卷中共出現5次,都用作連詞,表示並列,用來連結關係相似的結構,如"姨舅并妻父母亦同";而"並"亦出現了5次,但皆用作範圍副詞,表示"全、都"之義,如"僧道書言詞輕重與俗並同"。可見,唐人對其意義和用法是有嚴格區分的①。同時對某些異體字的使用情況也偶有所得,如"禮"與"礼",據《説文》,"禮"古文作"祂","其左側從古文'示'字,'禮'即'祂'的變體,漢碑已多見'礼'字。"②則自漢以降,"礼"就已作爲"禮"之異體流行於民間了。《干禄字書》:"禮、礼,並正,多行上字。"[88][頁18]本卷中,"禮""礼"共現,使用頻率也相當:前者12次(其中1次爲"體"之誤),後者10次。其運用情況與顔氏所論相合。或許時人對"字體"的使用場合是十分明晰的。

## 第二節　特殊的抄寫符號

熟知敦煌寫卷的人大都知道,其中不僅訛俗盈篇,而且還有一整套殊異於今日的抄寫符號,這也是敦煌書儀的文本特徵之一。

據林聰明研究:今所見敦煌文書上的符號,約有十六類,如點讀符、重文符、省代符、乙倒符、刪除符、敬空符、篇名符、章節符、層次符、標題符、界隔符、絶止符等,其中或承襲前代用法而來,或爲當時流行的書寫習慣③,然皆爲寫本文書之特色。對於敦煌寫本書寫符號的研究,前輩學者已多有探研④,然其所論涉及書儀類文書者甚少。今特以

---

① 關於"并""併""並"三字在敦煌文獻中的分工,黄徵有詳細的考辨,參《敦煌字詁——並、并、併考辨》,《南京師範大學文學院學報》2000年第4期;又《敦煌語言文字學研究》,頁98-110。
② 張涌泉《敦煌俗字研究》(下編)"禮"條,頁395。
③ 林聰明《敦煌文書學》,頁246。
④ 參李正宇《敦煌遺書中的標點符號》,載《文史知識》1988年第8期,頁98-101;張涌泉《敦煌寫本書寫特例發微》,原載《敦煌吐魯番學研究論文集》,又《舊學新知》頁220-254。

敦煌書儀寫本爲例,揭舉其中尤具特色者言之。

## 一　敬空符

古人行文,常於表示敬意之處,空出一、二字,再接寫下文,所留空格即此所謂敬空符。唐人稱之爲"平闕",《唐六典》卷四"禮部郎中員外郎"條云:"凡上表、疏、箋、啓及判、策、文章,如平闕之式。"[237][頁113]"平"者,平出也,指某字書寫時應提行擡頭;"闕"即缺字、空格。敦煌書儀寫本中,編者不僅把公私文書中須要平闕之字一一列出,還時而在書札範本中以雙行小字注明其具體的平闕格式。斯6537號背/14《大唐新定吉凶書儀》的"公移(私)平闕式第三"中即列有許多須要平闕的語詞,如:"大道、至道、玄道、道本、道源、道宗;吴(昊)天、上天、天神、后土、地祇、上帝;皇祖、皇孝(考)、神靈、皇帝、天子、[皇]妣、穹蒼、五方帝、九天、乾象、乾符、坤道、坤紾(珍)、坤德、坤儀;天皇、天帝、太皇、太后、皇后、皇帝、天子、陛下、我太子、至尊、皇姚(祧)、廣(廟)號、我國家、我后。右已前件公中表奏,准式並平闕。……朝庭、震極、璽誥、慈旨、聖鑒、聖體、天睠(眷)、中旨、上宛(苑)、林期、詔書。右已前件公中表奏,准式闕二字。高祖、曾祖、祖、翁婆、外族耶娘、兹(慈)顔、尊親、尊體、動止、起居、寢善(膳)、伯叔姑舅(舅)姨、桑梓、墳壟。右前牛(件)家私書疏准式並平闕。"以上爲公私表奏書疏中須平闕的語詞。這在具體的書札範本中也有説明。如斯2200號《新集吉凶書儀·起居狀》:

孟春猶寒,伏惟　官位尊體動止萬福,即日某蒙恩。限以卑守,不獲拜伏,下情無任戀結之至。謹奉狀　起居。不宣,謹狀。
厶月厶日具官階姓名　狀上　官位閤下須開項書
謹空

上揭例中"官位""起居"前的空格即爲表敬意的"闕"式敬空號;"謹空"後注明"須開項書"的"開項"謂提行擡頭書寫。但究竟哪些字當"開項"

第二節　特殊的抄寫符號　225

書寫呢？這還得從當時實用過的書信格式來推求①。敦煌文獻中不乏其例，如伯2555號《肅州長史檢校國子祭酒御史中丞上柱國周弘直狀》：

　　季秋霜冷，伏惟
　　長史留後尊體動止萬福，即日弘直蒙恩，限
　　以所守，未由伏　　謁。謹專奉狀
　　起居，不宣，謹狀。
　　　　九月廿二日守肅州長史檢校國子祭酒兼御史中丞上柱國弘直狀
上
　　長史留後閣下
　　　　　　謹空

在同時期日本僧人的書信中也有類似的行文格式，如平安時期釋空海的《風信帖》：

　　風信雲書，自天翔臨。
　　披之閱之，如揭雲霧。兼
　　惠《止觀妙門》，頂戴供養，
　　不知攸厝（措）。已冷，伏惟
　　法體何如？空槳（海）推常。
　　……忽忽
　　不具。釋空槳（海）狀上。
　　　　　五月十一日
　　東嶺金蘭法前②
　　　　　　謹空

從以上實寄的兩封書信可看出：所謂"須開項書"，殆指收信人的稱謂"官位閣下謹空"等當提行擡頭書寫。而在書信草稿中，又可見到一些當空而未空之字，這些字的右上角，多標有"⌐"，此即抄手所施之"敬空符"。如伯3151號《沙州書狀稿》"今差曹某等一行上京進奉，克副來書。一則望聖澤以臨邊，一則感台情之重寄。經過貴道，希賜周旋，迴復甘州，

---

① 所謂實用過的書信，指具有真實的作書人與收信人，而不是以"某官、某"代稱的虛擬範本。
② 此帖載《書法》1986年第1期，頁1-2。

望獲平善"中,抄手分別在"來書""聖澤""台情""周旋"等詞前標注"㇇",表示當留空闕字,以爲尊敬之意。

## 二 删除符

書手抄寫時,凡遇錯字、衍字,則於該字右側,標注删除符號,以示廢去。敦煌文書中的删除符甚夥,有"、""●""卜""ㄟ""丨""]"諸形[1]。然就敦煌書儀寫卷而論,其中最常用者爲"卜","ㄟ""丨""▭"諸形也偶有用之。如斯5472號《朋友書儀》:"瓊ㄟ隱卜鳥隱瓊林,採涼風之舉翻。"伯2679號《朋友書儀》:"別後丨恨縈勞,寸陰如再(載)。"伯2646號《新集吉凶書儀》:"承賢厶女(男)未有伉儷,願存姻好紙謹楷書緊卷於函用梓木黃願託高援。……右修前件婚書,切須好紙,謹楷書,緊卷於函,[函]用梓木、黃陽(楊)木、南(楠)木等爲之。"上揭前二例中"瓊""隱""後"三字右側分別以"ㄟ""卜""丨"等删除符加以標注,以示廢置不用;後例中"紙謹楷書緊卷於函用梓木黃"等12字是因受下文影響而多抄出來的衍文,抄手發現後遂以"▭"將其删去。今以"卜"號爲例來探討删除符在敦煌書儀中的使用情形。根據"卜"號後是否補抄正字(對"誤字"而言),可將删除對象分爲"誤字"與"衍文"兩種。

(一)誤字

所謂誤字指書手抄了與底本不相符的字,即將甲字誤抄成了乙字。其發現後,往往以"卜"號將誤字删去,并在其後補抄上正字(與底本相符的字)。據其致誤之由,又可將敦煌書儀中所見"誤字"細分爲形近誤字、音近誤字、習語誤字等。

1. 形近誤字

衣隨戎變,語遂卜逐羌夷。(斯5472號《朋友書儀》)

---

[1] 參蔣宗福《敦煌禪宗文獻研究》,頁85—86。

第二節　特殊的抄寫符號　227

今因去信,聊附寸心,單封若會,願和ト知彼此。(同上)
　　夫與妻書:男女嚴切教示,不得令其搵ト猖蕩。(伯 2646 號《新集吉凶書儀》)
　　如無即以金銀東西盞子充,以五色綿(綫)墼(繫)足速ト連之。(同上)

上揭例中"ト"號兩側的正字與誤字,如"遂"與"逐"、"和"與"知"、"搵"與"猖"、"速"與"連"等,在字形上都極爲相近,書手抄寫時往往抄錯,發現後,只好以"ト"號將誤字删去,并在其後補上正字。敦煌寫本中這種以"ト"號删去形近誤字,後又補上正字的現象極爲習見。如斯 3491 號《百行章·弘行》:"若織(職)當高位,憂ト愛人如子。"斯 530 號背《文樣·殘弔唁文》:"身羸如六出之花,白ト皃(貌)悴[猶]九秋之葉。"以上句中"憂"與"愛"、"白"與"皃"都因字形相近而造成誤書,抄手發現後就在錯字右側加注"ト"號,表示廢棄,并重抄上與底本相符的正字。

2. 音近誤字

　　中ト終朝念切,隔朋友於關山。(斯 5472 號《朋友書儀》)
　　函使出,待女家受之ト諸色氎說(訖)。(伯 2646 號《新集吉凶書儀》)
　　堂前如ト二婢即與ト昇案下階接函,却昇上堂前床上安訖。(同上)
　　賀改官啓:伏承天恩,特家ト加榮命,伏惟慰感(感慰)。(同上)

上揭例中爲"ト"號删去的誤字,其讀音與正字大抵相同或相近。相同者如"家"與"加",在《廣韻》中其讀音皆爲古牙切[285][頁166];相近者如"與"和"昇","與"音余吕切,上聲以母語韻[285][頁256],"昇"音以諸切,平聲以母魚韻[285][頁68],二者僅聲調不同。其餘幾組正字與誤字的讀音,若以《廣韻》中反切來衡量,其間往往存在一定的差異;但若以當時西北方音的特點來檢驗,則若合符節。如:"中"與"終","中"陟弓切,平聲知母東韻[285][頁24];"終"職戎切,平聲章母東韻[285][頁24],與"中"聲母不同,而在唐五代西北方音中,三等韻的知、章兩組聲母不分,即"中""終"在當時的西北方音中是混同的。"如"與"二","如"人諸切,平聲日母魚部遇攝;"二"而至切,去聲日母至韻止攝,其間僅聲母相同。"之"與"諸","之"止而切,平聲章母之韻止攝;"諸"章魚切,平聲章母魚韻遇攝,其間韻部不同。然在唐五代西北方音中,魚韻一部分字與止攝開口不分。因而在敦煌書儀寫卷中,每有因讀音混同而致誤者,此亦見於別的敦煌寫卷。如伯 3174 號《古賢集》:"有幸得逢金(今)帝主,文王當喚召同居卜車。"例中抄手本打算寫"車",却寫成了"居",發現後只好在"居"右側加一"卜"號,以示廢去。"車"在《廣韻》中有兩個讀音,其中一個與"居"的反切相同,都是九魚切[285][頁66],正如今天象棋棋子中"車"仍讀如"居"一樣。可見,在抄手的潛意識中,"車"與"居"的讀音相混無別。

3. 習語誤字

與四海賀冬書:節氣卜初移易,風景差殊,彼此他鄉,願同休慶。(斯 329 號《書儀鏡》)

"節氣"是書儀中常見的固定詞語,爲抄手所習用,故而見到"節"便潛意識地寫下了"氣",後發現不對,便及時删除,補上正字"初"。敦煌寫本中因固定詞語的習慣影響而致誤的情形亦頗多。如伯 2607 號《勤讀書鈔》:"墨狄(翟)大賢,載文盈車;仲尼卜舒命世之才,不窺園井。"例中抄手本欲抄"仲舒",此句所寫爲董仲舒事。《史記·儒林傳》:"董仲舒,廣川人也。以治《春秋》,孝景時爲博士。下帷講誦,弟子傳以久次相受業,或莫見其面,蓋三年董仲舒不觀於舍園,其精如此。"[198][頁3127] 然抄手因受"仲尼"這個常用專名的影響而將"舒"寫成了"尼",發現後遂在"尼"字右側加注"卜"號,并補抄上正字"舒"。

寫卷中偶有將正字删去,而補抄誤字者。如伯 3502 號背/2《新集諸家九族尊卑書儀·與妻書·答書》:"拜別之後,道路遙長。賤妾憂心,形氵刑容憔悴。"其中正字"形"即用"氵"删去,而補抄上誤字"刑"。如此以"正"爲"誤"或有兩種原因:一是正字"形"與誤字"刑"在字形、讀音上都非常接近,寫卷中其往往通用無別,如斯 5558 號《勸善文》:"冥官依業斷形(刑)名,遮莫王公及宰相。"伯 3792 號《張和尚邈真讚》:"乃命丹青而仿佛,懇盼傑儀寫真刑(形)。"此即其彼此通用之例。正因爲如此,纔使得抄手書寫時難以分辨其正、誤,以至刪去正字"形",而改成誤字"刑"。二是或許抄手所據底本原先就作"刑容"而非"形容",當其發現所抄與底本不符時,便刪"形"從"刑"了,因爲我們在斯5636號《新集書儀·夫與妻書·答書》中也找到了相同的語句,句中即作"刑容"。據黃亮文考證,此書儀與《新集諸家九族尊卑書儀》似同出一源,故將它們都視作"張敖書儀"①,然則作"刑"不過是沿襲底本的用字罷了。

(二)衍文

"衍文"指因受上下文相關語詞的影響而多抄出來的字。對於衍文,抄手也常常在其右側加注"卜"號,以示刪除。如:

  ム乙邊荒邊卜憂悒,在蓬徑而相思;塞外情凄,寄沙庭而憶念。(伯2505號《朋友書儀》)
  如彼此有二親,云伏卜惟卜經改年,俯同歡慶;如彼此無父母,即云伏惟〔俯〕同,永感罔極。(伯2646號《新集吉凶書儀》)

上揭前例中"邊"受上文"邊荒"影響而衍,後例中"伏惟"受下文"伏惟〔俯〕同"影響而衍,故抄手發現後,便分別在其右側標注"卜"號,以示刪去。此種以"卜"號刪棄衍文的情形亦見於其他敦煌寫卷,如斯191號背《僧智盈請周法律共立論端文》:"但小卜蹧卜蹬卜而卜閑卜行卜佛卜法卜智盈萬人行中,最卑最小;千僧衆内,極癡極愚。自小蹧蹬而閑行,佛法分毫而無識。"例中"但"後面的"小蹧蹬而閑行佛法"八字是因受下文"自小蹧蹬而閑行,佛法分毫而無識"的影響而多抄出來的,抄手發現後便在其右側都加注"卜"號,以示廢去。

## 三 重文符

書寫過程中,遇有重複疊用的文字,書手爲了抄寫的簡便、快捷,往往多以重文符號代之。敦煌書儀寫卷的重文符號多作"ㄟ""ㄟ"兩形。清杭世駿《訂訛類編》卷三"重字不可作⸗"條:"篆書凡重疊字皆不

————————

① 黃亮文《敦煌寫本張敖書儀研究》,頁12-20。

複書,但作"",偏於字右。"乃古文上字,言同於上也,今作兩點者非是。"[36][頁99]其實,"ᒼ""ᘔ"皆爲""的手寫變體。敦煌書儀中重文符號多用以重複與之緊相鄰接的前一字。其重複字數有單字,也有兩字、三字,甚而四字者。

單字如:斯329號《書儀鏡》:"頻ᒼ使往,皆附音書;數ᒼ人來,無垂問及。"其中"ᒼ"即表示應分別重讀與之鄰接的前字"頻""數",則原句應錄爲:"頻頻使往,皆附音書;數數人來,無垂問及。"古書無標點,凡緊鄰之文,字有重複,皆可用之,即使今人看來是前後兩句之文也如是。如伯2646號《新集吉凶書儀》:"函[使]未來間,先須於堂前鋪一張床ᒼ上著案一。"句中"ᒼ"表示"床"字須重複,依文意此句當讀爲"先須於堂前鋪一張床,床上著桉(案)一"。經現代標點後,"ᒼ"所代表的"床"與前一"床"字就隔開來了。

兩字如:斯361號《書儀鏡》:"凡遭父母喪書,皆云'月日名頓ᒼ首ᒼ',結尾云'謹奉疏慰,慘愴不次,名頓ᒼ首ᒼ',小功以上單云'頓首'。"從前後文意看,"頓ᒼ首ᒼ"不當讀爲"頓頓首首",而當重複"頓首"作"頓首頓首",此乃二字詞語的重複方式。

在敦煌書儀的凶書弔答中,常可見到一些三字格或四字格的弔哀套語,作書者往往將這些套語重複言之,以表深切的哀悼與悲傷。如斯361號《書儀鏡·弔弟妹亡書·答書》:"不意凶衰,厶弟殞逝,羽翼彫(凋)落。難以爲懷,悲ᒼ痛ᒼ深ᒼ。"伯3442號《書儀·兄弟姊妹喪告答諸卑幼書》:"禍出不啚(圖),兄姊傾逝。……念哀痛酸切,何可堪勝,痛ᒼ當ᒼ奈ᒼ何。"例中"悲ᒼ痛ᒼ深ᒼ""痛ᒼ當ᒼ奈ᒼ何"應分別重讀爲"悲痛深,悲痛深""痛當奈何,痛當奈何"。另"痛當奈何"爲唐人弔書習語,已見於當時的俗語集成書,如伯3644號《俗務要名林》:"痛當乃(奈)河(何),深士(思)悲痛。"

在有的敦煌寫卷中,重文符號表示重出的字不一定是與之緊相鄰接的前字,而很有可能是前文中與之相隔一字或二、三字的。如斯525

號《搜神記》:"管輅語顏子曰:'北坐人是北斗,南坐人是南斗,ㄑ斗好生,北斗處死,見煞人即喜。"伯 3776 號《小類書·丈夫立身部》:"擊毬,打戲。放鷹,飛ㄑ。"從文意看,例中重文符號"ㄑ"重複的對象並不是與之緊相鄰接的前字"斗"與"飛",而是與之相隔一字的"南"和"鷹"。也有相隔二至三字者,這多出現在韻書或音義寫卷中。如伯 2494 號《楚辭音》:"調,徒調反;ㄑ,和也。"此時,"ㄑ"重複的是被注字。"重文符"的這種用法,林聰明稱之爲"省代符",并指出其作用與重文符略異①。竊以爲無論"重文"還是"省代",其實質都是在特定的語境(位置鄰近的同一字、詞)中進行簡省與替代,其唯一的不同就在於重複對象與重文符號之間距離的遠近:前者緊鄰而後者隔字,因而似不必分立兩名以稱之。

此外,重文符號"ㄑ",小書於字的右側,書手抄寫過程中常因疏忽而將其漏略,形成脱文。如伯 3284 號《新集吉凶書儀》:"押函婢向羣中取函箱,過與函ㄑ使ㄑ接得跪過與主人,云'某氏禮函'。主人亦跪接。"其中"ㄑ"即爲重文符號,居於"函""使"之後,表明"函使"當讀作"函使函使",則此句前部分當讀爲"押函婢向羣中取函箱過與函使,函使接得跪過與主人"。而伯 2646 號的書手或許因忽略了"ㄑ"的存在,而將其抄作"押函婢向羣中取函箱過與函使,接得跪過與主人",脱漏了"函使"二字,致使文意難明。

## 四 乙字符

文字書寫中難免有顛倒之處,遇此則於互倒二字之間的右側施一"√",表示上下兩字的位置應互移。斯 525 號《搜神記》中有言及乙字符之起源者,"南坐人曰:'借文案來看之,此年始十九,易可改之。'遂取筆乙復邊,語顏子:'放作九十年活。'自爾已來,世間有行文書顛倒者,

---

① 林聰明《敦煌文書學》,頁 252。

即乙復邊,田(由)此而起。"頗疑句中"復"乃"後"之形訛,此謂顏子命中注定只能活十九歲,後南斗取筆將"十"乙到"九"的"後邊",遂"作九十年活"了。則所謂"乙字符"是將前字"乙"後的符號。茲就敦煌書儀中所見乙字符"✓"舉例如下:

  又緣肅州、甘州,世界不安,亂✓鬭作惡。(斯526號《武威郡夫人陰氏上某和尚書》)

  而積(績)著陶榮✓鈞辭鼎鼐。(伯4093號《甘棠集‧賀淮南崔相公狀》)

例中"✓"爲乙字符,表示其前後的字應互乙。即"亂✓鬭"當作"鬭亂",乃"離間使争鬭"之義,爲唐五代時期俗語詞,習見於敦煌文獻。如斯3835號《太公家教》:"行不擇地,言不擇口,觸突尊長,鬭亂朋友。""陶榮✓鈞"當作"陶鈞榮",依文意,該句當讀爲"積(績)著陶鈞,榮辭鼎鼐"。"陶鈞"猶言"陶鑄",指陶冶、造就,比喻宰相的培養與提拔。宋趙昇《朝野類要》"陶鑄"條謂:"宰相擢用仕宦謂之陶鑄者,取造化之義。"[16][頁135]"陶鈞"此義,敦煌書儀習見。如斯5888號《記室備要‧使相》:"凡居中外,咸受陶鈞;不但華夷,皆霑煦育。"此謂中外官員皆曾受其提拔與擢用。

## 五　章節符

  敦煌文獻中表示某章某節的起始與終止時,常以章節符"┐""○"以標示之。敦煌書儀中或以"┐"表示一封信的開始,唐人書信之首往往先標明時節景候,即"先敍寒溫"。在斯5660號背《朋友書儀》第三部分——按十二月順序編排的往返書疏中,抄手多在"二月仲春漸暄""三月孟春盛暄""六月季夏毒熱"等語詞的右上角標以"┐",以提醒讀者下面爲另一封信的起首;在此部分之前的來往書信中,抄手又以"○"表示復信之起始,即表明此下内容爲答書。因爲凡"○"所標示之處,在另一抄本伯2505號中,皆作"答書"。然伯2505號中,書手抄錄時偶爾會漏略"答書"二字,如在"六月季夏"這封信中,即無"答書"以別其"往信"與"返書"。趙和平在詳審文意的同時,又根據上揭斯5660號背中提示"回信"的章節符"o"而將脫漏的"答書"二字補上①。可見,章節符有助於我們利用異本來補脫文。

## 六 點讀符

古人讀書,常於文辭休止處,以朱筆或墨筆進行點讀,其中較爲常用的點讀符爲"。",這在敦煌書儀中也偶有所見。如伯2814號《天成三年(928)二月都頭知懸泉鎮遏使安進通狀七件》之七《賀正獻物狀》:"酒 麨 胡林 胡棗 右伏以青陽肇啓。景福唯新。爰從獻歲之辰。用賀履端之慶。前件微尠。輒申陳納。將表野芹。伏乞台威特賜容納。"其中"。"即用於閱讀時的點讀。

以上我們對敦煌書儀寫本中習見的幾種殊異於今日的抄寫符號進行了舉例性的説明,以期對它們獲得整體、感性的認識,在校讀敦煌書儀寫本時,纔不至於觸處窒礙,以致失誤。

## 第三節 衆多的別本異文

敦煌莫高窟藏經洞所發現的寫本數量巨大,總數達五萬餘件,其中泰半爲佛經寫本,也有小部分爲經、史、子、集四部書及社會經濟歷史方面的文獻,這小部分中就有百餘件書儀寫卷。敦煌書儀主要作爲童蒙教材而得以留存下來,其中同一內容的寫卷,往往會有十來個不同的抄本,這些抄本在文字上表現出來的差異,便形成了豐富的異文。這就是敦煌書儀在語言文字上表現出來的又一文本特色——衆多的別本異文。

關於敦煌寫本的異文,黄徵進行過深入的研究,他從字形、字音、

---

① 趙和平《敦煌寫本書儀研究》校記[一二一]條,頁137。

字義等三方面對異文的形成類型作了綜合的分析①,然幾乎未及書儀類文書。這裏我們打算以敦煌書儀的《朋友書儀》作爲研究對象,在分析其類型的基礎上,著力探討異文在校理敦煌文書、弄清版本流傳、訓釋詞語、考察方音等方面的價值。敦煌文獻中現存《朋友書儀》類寫卷共有 15 件:伯 2505 號,伯 3375 號,伯 3466 號與伯 3420 號(此兩寫卷可綴合),伯 2679 號,斯 5472 號,斯 5660 號背;伯 4989 號背,斯 6180 號,斯 361 號背,斯 6246 號背,俄敦 5409 號,俄敦 10465 號,《貞松堂》本,上海圖書館本。這些寫卷中,最后一件筆者未見,現僅就所見來探討其異文的類型和價值。

## 一　異文的類型

敦煌寫本《朋友書儀》的異文,因其複本衆多、抄寫隨意、俗訛滿紙,異文間的關係至爲繁複:或一爲正體,一爲俗字;或一爲俗體,一爲誤字;或一爲形誤字,一爲音誤字,等等。但綜觀其致異的緣由,不外乎漢字的形、音、義三大要素及其他因素的影響。現以此爲據分類描述如下:

### (一)因字形關係而致異

《朋友書儀》中因字形關係而形成的異文比重最大,其中或因俗寫而致,或由形近而訛。

1. 因俗寫致異

因俗寫致異者,異文雙方或一爲正體,一爲俗寫;或同爲俗體。如:

①山高隔嶺,峻絶歸羮。(伯 2505、伯 3375 號)
②散誕閑庭,習莲篇而震金字。(同上)
③石磧三重,迥無村㐌。(同上)

上揭例①中"歸羮",伯 2679、伯 3420 號作"皈魚"。"皈"乃"歸"的

---

① 參黃徵《敦煌寫本異文綜析》,《敦煌語文叢說》,頁 17-40。

俗字,斯 388 號《正名要録》"正行者正體脚注訛俗"類"歸"下脚注"皈"。《龍龕手鏡·自部》:"皈,音歸。"[154][頁364]此可證"皈"爲"歸"的會意俗字。而"奠"又爲"魚"的俗體①。例②中"茬",伯 2679、伯 3420 號作"茬"。"茬"與"茬"都爲"莊"的俗寫。《干禄字書》:"疟、莊、莊,上俗中通下正。"[89][頁29]《五經文字》卷中艸部:"莊,作莊非。"[263][頁25]"莊"通俗作"莊",訛變作"茬"或"茬"②。上揭例③中"屇",伯 2679 號、伯 3420 號作"疧",而"屇""疧"皆爲"店"的俗體。俗寫從"广"與從"户"義近,可彼此换用,故"店"可换旁作"屇"。如俄弗 319 號《十二時普勸四衆依教修行》:"不論屇肆與人家,多是烹炮啗腥血。"其中"屇"與"肆"同義連言,即爲"店"的换旁俗寫。同時,"广"旁與"疒"旁又常因形近而互混,如《龍龕手鏡·广部》:"瘖,俗,倉故反,正作厝,置也。"[154][頁476]同樣,"店"俗寫也常訛作"疧",如斯 6836 號《葉浄能詩(書)》:"使人迴至疧中見浄能,具全傳岳神言語云:'皆奉天曹匹配爲定(第)三夫人,非敢專擅。'"可見,在敦煌本《朋友書儀》中,"店"皆作俗寫形式,或作"屇",或爲"疧"。然《漢語大字典》2261 頁"屇"、2665 頁"疧"下皆未言及其爲"店"俗體的用法。

2. 因形訛致異

敦煌寫本中或有因形近訛誤而致異者。如:

①今因去次,略附寸心;書若至賓,願知委典。(斯 5660 號背)
②絶使蓮舟有蘱,終朝對亦無歡。(伯 2505 號)
③每念共飲,長房之述先虧;欲往傳杯,吳公子飄而來官。(伯 2679 號)

上揭例①中"典",伯 2505 號作"曲","典"當爲"曲"的形近誤書。"委曲"者,詳情也。例②中"蘱",伯 2679 號作"藕",是。"蘱"乃"藕"的换旁俗寫③,而"藕"又爲"藕"的形近誤書。例③中"來官",斯 5660 號

---

① 張涌泉《敦煌俗字研究》(下編)"魚"條,頁 662。
② 同上,"莊"條,頁 508。
③ 同上,"藕"條,頁 521。

背作"未及",是。敦煌寫卷中,"未"與"來"常因形近而互訛。如斯525號《搜神記》:"兄以我來得學問,遣我向邊先生以下入學。"其中"來"即"未"之形誤。"官"草書楷化常作"伇",伯3449號《刺史書儀》中"官"常作此形,如"與本道伇員謝上書"中"伇",即爲"官"的草書楷化形式;該卷中"官"又或作"夂",如《問疾》:"昨者承知厶夂尊體小有違和,尋就平愈,伏惟慶慰。""官"之此形與"及"十分相似,難怪上揭《朋友書儀》中"及"會誤作"官"。然則例③中"來官",當是"未及"的形近誤書。

(二)因語音關係而致異

因語音關係而產生的異文實即音近訛誤而致①,這在《朋友書儀》中也不少。如:

① 慷慨之情,豈能潘割。(伯2505號)
② 彎弓引落月之形,發矢與飛星境色。(伯2505、伯3375號)

上揭例①中"潘",伯2679號、斯5560號背作"判"。"潘""判"皆爲"拌"的音誤字。《方言》卷一〇:"拌,棄也。楚凡揮棄物謂之拌,或謂之敲。"[72][頁919]《廣韻·桓韻》:"拌,棄也,俗作拚。"[285][頁127]今多寫作"拚"。"拌割"即割捨、捨棄。讀音上,"拌"與"潘"在《廣韻》中皆爲普官切[285][頁127],"判"爲普半切,屬去聲滂母換韻[285][頁404],與"拌"僅聲調不同,可得相通。"拌"之捨棄義,在敦煌文獻中常寫作"潘"或"判"。如斯6631號背《和菩薩戒文》:"見有貧窮來乞者,一針一草不能判。"其中"判",斯543號背作"潘",皆當讀作"拌"。例②中"境",伯2679、伯3420號作"竟"。"竟"爲"競"的俗體,《廣韻·映韻》:"競,爭也,強也,……渠敬切。竟,俗。"[285][頁429]然則當以"竟"爲是,而"境"則爲其音近替代字,"境"音居影切,上聲見母梗韻;"競"爲去聲群母映韻,二者讀音相近,可得相通。

(三)因詞義關係而致異

因詞義關係而致異者指異文雙方的詞義大抵相同或相近。如:

---

① 這裏所説的"音"近不僅限於中古音,還包括當時的西北方音。

①時因筆次,輒黷威顏。(伯 2679 號)
②秋首分飛,許即相見。公務牽逼,契闊(闊)於今。(同上)

上揭例①中"黷",斯 5560 號背、斯 5472 號作"觸",二者義皆可通。"黷"用作謙辭,謂自己的行為輕瀆、玷污了對方;而"觸"為冒犯之義,謙恭意味雖不及"黷"強,義也可通。且在敦煌書儀中,"黷""觸"都常與"冒"連言,表輕瀆、冒犯義。如斯 5953 號《奉唐寺僧依願上令公阿郎狀》:"右依願輒陳情懇,冒黷旌幢。"伯 4984 號《殘狀·端午送酒扇》:"前件物等謹充續壽,冒觸旌麾。"例中"冒黷""冒觸"皆用為謙辭,謂自己的行為輕瀆、冒犯了對方。可見,例①中無論"黷"與"觸",文意皆能貫通。例②中"牽逼",斯 5660 號背作"牽迫",斯 5472 號作"牽迶","迶"乃"迫"的換聲旁俗字①。就詞義而言,"逼"者,迫也,則"牽逼""牽迫"義同,皆指牽纏、忙碌,且這兩個詞亦見於同時代的其他書儀。如《杜家立成·與未相識書》:"某貧病交驚,公私牽逼。每思披霧,瞻望潛然。"[31][頁251]伯 4092 號《新集雜別紙》:"顧緣牽迫,復曠鱗鴻。"可見,無論"牽逼",還是"牽迫",都反映了唐五代時期的語言面貌。

**(四)因其他原因而致異**

《朋友書儀》中或有因上下文字詞的影響致異者。如:
①亦云頻移歲暑,云屢移歲序。(伯 2505 號)
②枕槍永執,犀甲恒披。(伯 2505、伯 3375 號)

上揭例①中"歲暑",斯 5660 號背作"寒暑",是。"歲暑"乃受下文"歲序"的影響而類化所致,"寒暑"者,寒冬暑夏,用以指代"年歲",與"歲序"詞義相當。例②中"枕",伯 2679 號作"枕",伯 3240 號作"抗",斯 5660 號背作"抗",究竟孰是呢?趙和平"疑當作'沈'"②。其所疑揭開了"枕槍"上籠罩的"類化俗字"的面紗,為我們展示了"沈槍"的真實面目:"枕"本作"沈",因受"槍"影響而棄"氵"旁從"木"旁,類化為"枕"。

---

① "百"音博陌切,幫母陌韻;"白"音傍陌切,並母陌韻。二者聲近韻同,可相置換。
② 趙和平《敦煌寫本書儀研究》校記[六九]條,頁 132。

其他各卷作"枕""抗""抚"者,又當爲"枕"的俗寫形訛。"枕槍"即"沈槍",乃"綠沈槍"之省。"綠沈"指濃綠色,凡器物之濃綠或被漆、染爲濃綠色者常以"綠沈"稱之,如"綠沈弓"。梁簡文帝《旦出興業寺講詩》:"吴戈夏服箭,驥馬綠沈弓。"[275][頁1936]其中"綠沈弓"即深綠色的弓。又有"綠沈槍",如杜甫《重過何氏五首》之四:"雨抛金瑣甲,苔卧綠沈槍。"仇兆鼇注:"《武庫賦》:'綠沈之槍。'《西溪叢話》:'綠沈,以調綠漆之,其色深沈,如漆調雌黄之類。'"[32][頁170]另如《全宋詩》卷一〇六林逋《新竹》詩:"粉環匀束綠沈槍,嫋露差煙巁巁長。"[182][頁1219]林逋以"綠沈槍"喻竹,可證"綠沈槍"即被漆成深綠色的槍。或徑省作"沈槍",伯3633號背《龍泉神劍歌》:"我皇親换黄金甲,周遭盡布強沈槍。"則"沈槍"爲詞已見於晚唐五代時期的敦煌寫卷,而《詞典》"沈槍"條引明代屠隆《曇花記·雲遊遇師》爲例,過晚。

## 二 異文的價值

以上我們舉例性地對《朋友書儀》的異文類型進行了分析闡述,管中窺豹,略見一斑:敦煌書儀異文的形成相當豐富。面對如此衆多的别本異文,我們當如何甄選利用呢?換句話說,這些異文有何價值呢?筆者以爲,就敦煌書儀而言,其價值有五:

(一)有助於我們校理敦煌文獻,盡可能真實地恢復古書原貌

衆所周知,敦煌石室中存留下來的文獻大多殘泐不全,加之抄寫者文化水平有限,寫本中文字的俗、訛、衍、脱、倒、殘觸目皆是,給閱讀利用敦煌文獻的人們造成了極大的障礙。而衆多的别本異文無疑正是療治這些殘損脱衍的靈丹妙藥。具體說來,異文在校理敦煌文獻方面的作用有:明誤由、正誤字,删衍文,補脱文。

1. 明誤由、正誤字

比勘各本異文,常常發現其中有偏離古書原貌的一方,也有保留古書原貌的一方,前者不妨稱之爲誤字,後者則可稱爲正字。結合文意,

第三節　衆多的別本異文　239

比勘異文,我們可擇正棄誤。異文豐富時,通過分析其字形、讀音間的相互關係,還可明其致誤之由。如:

①歲暮將終,青**物**應節。(伯 2679 號)
②襟前雙淚,恒爲友之長流;貯(眝)下兩泉,鎮猶(由)**刀**而永瀝。(伯 2679 號)
③別平河之南運,驟西武之**犕**輸。(斯 5472 號)

例①中"物",伯 2505 號作"陽",是。"青陽"指春天,《爾雅·釋天》:"春爲青陽氣青而温陽,夏爲朱明氣赤而光明……"[65][頁186]稱"春"爲青陽,殆因其"氣清而温陽"而得名。然"陽"何以會誤作"物"呢?勘斯 5660 號背作"揚",實乃"陽"之同音替代字,而"物"顯爲"揚"之形近訛誤。"陽"之誤作"物"殆由"揚"而致,其致誤過程,可簡示如下:

陽→(同音替代)→揚→(形近訛誤)→物

例②中"刀",斯 5660 號背作"用",斯 5472 號作"冃"。"用""冃"皆爲"朋"的俗寫訛變。伯 2679 號中,"朋"或寫作"刅",如:"與公等鳩車之歲,結刅友之連襟。"其中"刅"又爲"冃"之小變,則"刀"似當由"刅"減省訛變而來。其致誤過程,亦可簡示下:

朋→(俗寫訛變)→用、冃、刅→(減省筆畫)→刀

例③中"犕",乃"解"的俗寫變體,《干祿字書》:"觧、觧、解,上俗中通下正。"[88][頁18]《字鑒》卷三蟹韻:"解,佳買切。《説文》:判也,從刀判牛角。俗作觧、觧。"[325][頁82]用在句中與文意不適。比勘他本異文,伯 2679 號作"般",乃"般"俗寫之變。"般輸"即運輸,與前句"南運"相對,可謂文從字順。然"般"何以會誤作"犕"呢?此殆由斯 5660 號背寫作"厰"所致,"厰"乃"般"的俗寫訛變,斯 5472 號抄手則據之改作"犕",其致誤歷程亦不妨簡示如下:

般→(俗寫)→般→(訛變)→厰→(改寫)→犕

僅看處於兩端的字形,如"陽"與"物"、"朋"與"刀"、"般"與"犕",實在很難看出其原本爲一字之"異文",由此可見輾轉傳抄對古書原貌影響之深、之大,正所謂己亥成三豕也。在驚歎"傳抄"損害文本原貌

之餘,我們不妨充分利用這些異文來恢復其本真,因爲敦煌寫本的誤字並非無緣無故產生的,而是經由多次傳抄後,因俗寫形訛、音近替代所致,即在共時的異文中往往隱含着文字歷時的演變,因爲同一時代的抄本中,其文字形體的不同很有可能反映了不同時期漢字書寫的真實形態。也就是説,其中累積沈澱了漢字的歷時變化,根尋出它們變化的軌迹,則不難窺其本真矣。

2. 删衍文

抄手在行文中偶或會抄錯一些字,對這些錯字,他們有時會於其右側標注删除符號,以示廢棄;有時來不及删去,則徑在其後抄上正確的字。這樣,原來的錯字便存留在寫卷中成了衍文。校錄寫卷時,對勘别本異文,則可將其删除。如:

但厶乙迢迢萬里,似蓬轉於雲間;渺渺千山,等薜萍流之逐浪。(伯 2505 號)

上揭例中"薜萍",伯 2679 號、伯 3420 號作"蓱"。從文句的對仗看,"薜萍"二字中似有一字爲衍文,但究竟是誰呢?"蓱"通行俗寫作"萍",《干禄字書》:"萍、蓱,上通下正。"[88][頁14]或又省筆作"萍",如伯 3420 號《朋友書儀》:"邊城桃李,花開失邑(邑)之人;塞外洴蓮,葉散離鄉之客。"其中"洴",伯 2505 號作"萍"。伯 3765 號背《佛經字音》:"洴,音平。"《篇海類編·花木類·艸部》:"洴,草,無根,浮水生也。亦作萍字。"[173][頁93]則"洴"亦爲"萍"的俗寫①,而"薜"則當爲"蓱"的形近誤字,或許在伯 2505 號寫卷中,抄手本欲寫"萍",無意間寫成了與"蓱"形近的"薜",發現後不及删去,徑於其後抄上"萍",錯字"薜"便成了衍文,當删。

3. 補脱文

敦煌文書中文字的脱漏現象極爲嚴重,没有别本異文,原卷往往難

---

① 《漢語大字典》3224 頁"洴"同"萍",未引例證,可據補。

第三節　衆多的別本異文　241

以卒讀；而書儀寫卷，正因爲有了衆多的異本，纔使得不少脱文闕字得以補充完整，使寫本的原貌得以恢復。如：

①勝鄰（遊）濱水，望梓塞之魚；故往荒蘭（闌），訪蘇生之去雁。（伯2505號）

②邊城塞外，柳室蓬庭，朗月伴飛　　長遊，明星共鈎陳俱往。（伯2679號）

將例①中"望梓塞之魚"與"訪蘇生之去雁"相比勘，會發現前句"魚"前脱漏了一字，然所脱爲何字呢？借助於别本異文，此脱字便可補齊。此句伯2679、伯3420號皆作"望梓塞之歸魚"，則脱字爲"歸"，"歸魚"與"去雁"正好相對，皆用以代稱來往的書信。古人習以"魚""雁"稱書信，如宋汪元量《曉行》詩："西舍東鄰今日别，北魚南雁幾時通。"[183][頁43998]例②中"飛"後有一空格，從上下文句看，此似爲闕字，所闕何字呢？對勘别本，其闕字處，斯5472號作"菟"，斯5660號背作"菟"，"菟"爲"菟"的俗寫。依此，"飛"後可補一"菟"字。從文意看，"朗月"所伴爲飛"兔"，而非"菟"，故當校"菟"爲"兔"。

（二）有助於我們辨識疑難俗字

敦煌寫本俗寫滿紙，變化多端，讓人難於辨識。而在衆多的别本異文中，有爲正者，有爲通者，有爲俗者，以"通"求"正"，以"正"明"俗"，則獲其解矣。如：

①玉狼暫分，邊塞起千山之恨。（斯5660號背、伯2679號）

②荒庭獨欺，收淚思朋（朋）；草室孤惓，行啼憶友。（伯2679號）

上揭例①中"狼"，伯2505、伯3375號皆作"皃"。"皃"乃"兒"隸書之變①，《説文・兒部》："兒，頌儀也，從人白，象人面。……貌，籀文兒，從豹省。"[200][頁177]則"貌"爲"兒"的籀文。到了唐代，又出現一新興俗體"皂"，《干禄字書》："皂、皃、貌，上俗中通下正。"[88][頁26]施安昌以爲"皂""兒"本非同字，顔氏却將其視作俗、通關係，因而指責《干禄字書》

---

① 參張涌泉《敦煌俗字研究》（下編）"皃"條，頁589。

"通篇之中個別字例失於考校"①。其實,此種批評殆由不明當時俗寫而妄加。"皃"本爲"兒"篆文的變體,唐時用爲"貌"的俗體,這可從《原本〈玉篇〉殘卷》中得到印證,如該書卷廿七"糸"部:"繽,匹仁反。……繽繽,往來皃也。"[291][頁177]其中"皃"即"貌"的俗寫。《龍龕手鏡·白部》:"皃,又音兒,與兒同。"[154][頁431]而"狢"則爲"皃"的增旁俗字(或爲"貌"的換旁俗體),如斯5660號背《朋友書儀》:"思玉狢於堯都,悲傷心於外邑。"其中"狢"即"皃"的俗寫。《龍龕手鏡·犬部》:"貌、狢、猊、狠,四俗,音兒,儀同(容)也。"[154][頁317]《字彙補·犬部》:"貌,與貌同,亦作狢、猊。"[328][頁125]則"貌、狢、猊、狠"皆爲"貌"的俗字。《漢語大字典》未收"狢"。《中華字海·犬部》:"狢,同'貌',見《龍龕》。"[336][頁497]《中華字海》雖收載了該字,然所錄字形却有失本真,且無例證。例②中"悋",伯2505號作"嗟"。漢字從"忄"與從"口"義可相通。如"哀"從口,俗寫或又增"忄"旁作"悢"。《字彙·心部》:"悢,同哀。"[326][頁162]因爲悲哀之情往往結之於"心",形之於"口",故又增"忄"旁作"悢"。另如表憂傷感歎的"吁",或從"忄"作"忓"。可見,從"口"與從"忄",意義往往相通,故"悋"當爲"嗟"的換旁俗字,且"悋"在句中正好與"歎"對文,其爲"嗟"之俗體甚明。

**(三)有助於我們辨明不同的抄寫系統,弄清古書流傳的版本形態**

在敦煌文獻的衆多複本中,往往有不同的版本來源。如敦煌本《朋友書儀》,趙和平以爲,現存十三種寫本,大致可分爲三個抄寫系統:伯2505號、伯3375號、伯3466號、伯3420號等四件爲一個系統;伯2679號、斯5472號、斯5660號背等三件爲同一系統;這兩個抄寫系統各自錯誤的地方相同。伯4989號背存十五行,與斯5660號尾部十月至十二月部分字句相同,不同之處亦不少,顯係另有所本,應屬第三

---

① 施安昌《唐人〈干禄字書〉研究》,載《顏真卿書〈干禄字書〉》,頁93。

個系統①。筆者對《朋友書儀》中的異文進行了總體的考察,發現伯3420號(與伯3466號可綴合,此徑以伯3420號稱之)在字句上與伯2505號、伯3375號相差較大,而與伯2679號、斯5472號、斯5660號背非常接近,也就是說,伯3420號當屬第二個抄寫系統。茲將其異文舉例比勘如下:

①轉棹逐楊(陽)侯之波,看流避鼓鱗之浪。(伯2505、伯3375號)
②孔丘之言唯習,馬融之語聞(闕)尋。(同上)
③才高志峻,悵藻天生;挺秀孤標,人志窮有截。(同上)
④執卷筆翰(翰)掃於日下。(同上)

上揭例①中"流",伯2679、伯3420號、斯5660號背皆作"倨",當以"流"爲是,"倨"乃"流"的同音誤字。例②中"唯",伯2679、伯3420號都先寫作"早",後於其右側小書一"乖",以示改之;"聞",伯2679、伯3420號皆作"闕","聞"爲"闕"的俗字。"乖"與"闕"對文同義,故當以"乖"爲是。例③中"悵藻",伯2679號作"挾操",伯3420號、斯5560號背作"挾藻",是。"悵藻"之"悵"爲"悵"俗寫,此爲"挾"的音近誤字;"挾操"之"操"乃"藻"受"挾"偏旁類化而成。"人志窮有截",斯5560號背作"人間罕有",而伯2679、伯3420號皆作"人間窂有",并於"窂"右旁小書一"罕",以示改之。"窂"乃"罕"的俗寫,"窂"又爲"罕"的形近誤書,故此句當讀爲"人間罕有"。將其與例③中"人志窮有截"對勘,可知此句或爲兩種版本的混合,即抄手本欲據第一種版本抄作"志窮有截",却無意間抄成了第二種版本的"人(間窂有)",發現後,及時打住,不及删去"人",而徑續抄"志窮有截",遂成了伯2505、伯3375號中"人志窮有截"的混合句式。例④伯2679、伯3420號作"執卷東皋,筆澣(翰)掃於日下",即例中"執卷"後脱"東皋"二字,"東皋"即"東皋",本指田園、原野,此用陶潛《歸去來兮辭》"登東皋以舒嘯,臨清流而賦詩"之典,以對方文才比於陶潛,言其"筆澣(翰)掃於日下",天下無敵。

---

① 趙和平《敦煌寫本書儀研究》,頁124-125。

由以上異文的對勘，不難發現：伯3420號寫卷與伯2505、伯3375號字句出入較大，而與伯2679號、斯5660號背的字句十分接近，即使錯訛改寫之處也與之相似，所以我們認爲伯3420號當屬後一抄寫系統。

### （四）有助於我們準確地理解訓釋詞語

敦煌文獻中有許多詞語的含義，因爲帶有濃郁的俗寫訛誤色彩，而使其詞義難於索解。衆多別本異文的出現，則引發我們深思其"異"之所由。正如邊星燦所言："異文引導能給我們訓釋詞義帶來方便：有異文引導時，我們進行的是定向思維：甲是否確實具有與乙相同的這個意義？沒有異文引導時，我們進行的是泛向思維：甲具有什麼意義？無疑，定向思維要比泛向思維簡捷，尤其是當甲的詞義非常費解時更爲明顯。"①同樣，敦煌書儀中的異文對於我們正確理解訓釋詞語含義也具有不可估量的價值。如：

①飛蓬獨轉，彌添旅客之悲。況阻隔關山，能不耿歎。（伯2679號）
②惆悵憫悝（默），無［處］申［陳］，搔首彷徨，轉加浣際。（伯2505、伯3375號）

例①中"耿歎"，不見載於目前的大型辭書，亦鮮見於其他文獻典籍，其詞義頗難索解。勘他本異文，斯5472號、斯5560號背作"慨歎"。"慨歎"者，感慨歎息也。由此不難推知"耿歎"之義。然仔細推敲，似乎作"耿歎"更佳。"耿"者，憂也、悲也，"耿歎"即憂歎，言語間傳達出一種欲見不能的憂傷與無奈；而"慨歎"義雖可通，然唯感無奈，不見憂傷，故當以"耿歎"爲優。且敦煌書儀中，"耿歎"一詞習見，如斯5472號《朋友書儀》："何期阻隔，言念間然。憂慮之勞，耿歎無極。"斯329號《書儀鏡》："翹翹之心，何止晨夕？但多耿歎，札豈能宣？"例中"耿歎"皆爲憂傷歎息之義，表達了一種欲相見而又無法相見時的情感。

---

① 邊星燦《論異文在訓詁中的作用》，載《浙江大學學報》（社科版）1998年第3期，頁140。

例②中"浣際"令人費解,勘別本異文,伯2679號作"㳘際",伯3420號、斯5560號背皆作"沱際"。趙和平謂"不知孰是"①,陳靜以爲當以"沱"爲是②。後者所言極是。"沱際"即"佗僚",雙聲聯綿詞,義爲憂傷失志貌。《廣韻·禡韻》:"佗,佗僚,失志,見《楚詞》。"[285][頁422]《楚辭·九章·惜誦》:"心鬱邑余佗僚兮,又莫察余之中情。"王逸注:"楚人謂失志悵然住立爲佗僚也。"[20][頁124]是其例。至於別本作"㳘""浣"者,則爲"沱"之形近誤字。

可見,對於敦煌文獻語詞的訓釋,必須做到精校確釋,即充分利用衆多的別本異文及相關的訛誤字來進行校勘訓釋。

(五)有助於我們考察印證唐五代西北方音

對於唐五代西北方音,前輩學者已多有研究,早在三十年代,羅常培利用敦煌石室遺書中的漢藏對音擬測出唐五代西北口語的語音,寫成《唐五代西北方音》;六十年代,邵榮芬從敦煌俗文學抄本的別字、異文中總結出了唐五代西北方音的特點,寫成《敦煌俗文學中的別字異文和唐五代西北方音》;八十年代,張金泉又利用《敦煌變文集》中的同(近)音通借字來考察變文假借字的韻部系統,并將其結論編成《變文假借字譜》,大大方便了學者的研究。經過幾代學者的研究積累,唐五代西北方音的面貌已日趨明朗。此處,筆者僅據敦煌書儀中異文所反映的方音特點來與前輩學者的結論進行比較,發現二者異常吻合。對於邵榮芬置於括弧中的沒有把握的結論③,下面所舉異文或能助證其說。

①嬌鸚百轉,旅客羞聞;戲鳥遊林,鴟賓嬾見。(伯2679號)
②榆多役士,長懸勝苻(府)之憂;寧遠行人,鏡抱豐都之恨。"(斯5472號)

---

① 趙和平《敦煌寫本書儀研究》校記[九六]條,頁135。
② 陳靜《書儀研究》,頁48。
③ 邵榮芬在《敦煌俗文學中的別字異文和唐五代西北方音》一文中說"沒有把握的結論放在方括號裏",載《中國敦煌百年文庫·語言文字卷》(一),頁158。筆者在敦煌書儀的異文誤字中每每發現與邵氏括弧中的結論相合者,此或可助證其說。

例①中"懶",伯2505號作"赧"。趙和平以爲:"赧"爲"赧"的異寫,作"赧"與"嬾",意皆可通①。謂"赧"乃"赧"的異寫,極是。《廣韻·潸韻》:"赧,慚而面赤,俗作赧。奴板切。"[285][頁286]然言"赧""嬾"意皆可通,筆者却不敢苟同。"赧"者,羞愧也,與上文"羞"正好對文同義;而"嬾",俗作"懶",乃怠惰之義,與"羞"意不相屬,自不可通。竊以爲"嬾"當爲"赧"的音近誤字。《廣韻》中"赧"屬泥母潸韻,"懶"爲來母旱韻[285][頁284],二者韻近紐異:一爲泥母,一爲來母。而據邵榮芬研究,唐五代西北方音中,"泥""來"兩母似有混同的趨勢,本例或可助證其説。例②中"鏡",伯2679、斯5660號背作"鎮",是。"鎮"者,長也,敦煌文獻中,"鎮"多與"常""長"對文或連文,如斯2204號《太子讚》:"北門見真僧,袈裟常掛體,瓶缽鎮隨身。"斯3287號《李涉法師勸善文》:"身口意業都不善,高心我慢鎮長爲。"故"鏡"當爲"鎮"的音近誤字,《廣韻》中"鏡"音居慶切[285][頁429],見母映韻梗攝三等;"鎮"音陟刃切[285][頁393],知母震韻臻攝三等,而唐五代西北方音中,梗攝三等與臻攝三等也呈混同趨勢,此例亦可助證其論斷。

以上我們從紛繁的俗寫訛字、特殊的抄寫符號、衆多的別本異文等三方面對敦煌書儀的文本特色進行了粗略地介紹,以期引入對其內容特色的了解。

---

① 趙和平《敦煌寫本書儀研究》校記[五四],頁131。

# 第四章 敦煌書儀的内容特色

相對於書儀的文本特徵而言,其内容特色主要指書儀在文體、用語及時代三方面表現出來的殊異於其他文獻的特點。文體上,序例説明、正文夾注,駢散兼行、以駢爲主,格式謹嚴、自成一體;用語上,構成豐富,雅俗並重,行文中格式套語常常省略,運用時表現出嚴格的級别差異;時代上,既有表現唐五代時期現實生活題材的豐富語彙,又有表現當時特定用字習慣的典型實例。

## 第一節 書儀的文體特色

所謂文體,指文章的風格、結構或體裁。書儀,作爲人們寫信參考的程式、規範,它在内容編纂、行文規律、結構格式等方面都呈現出鮮明的文體特色。這主要表現在以下三方面:

### 一 序例説明,正文夾注

書儀,顧名思義就是以書札範本爲主,兼有典禮儀注的一種實用文書。内容編纂上,編者既要撰集一封封適用於不同場合、不同對象的書信,又須以序例説明或正文夾注的方式敍述書札行文用語中涉及的禮儀規範。兹舉例説明如下:

①奉口馬奴婢書:先陳節序,已下即言:家生一駒,稍堪調習。不敢私畜,胃(冒)責輕觸;伏願檢領。(斯329號《書儀鏡》)

②他鄉相屈:他鄉經寒歲云歲節,冬云冬節,惟同感戀,錫粥歲云羊酒,冬云餛飩奉屈,降駕爲幸。(伯2619號背《新定書儀鏡》)

③凡五服内答哀書皆依吉儀,不用謹封之語,云几前、座前。凡五服内凶

書之末,皆稱拜,不合有頓首之語。凡婦人修内族吉凶書之末皆云再拜,不云不宣、不具之語。(伯3637號《新定書儀鏡》)

④右修前件婚書,切須好紙,謹楷書緊卷於[函中],函用梓木、黄陽(楊)木、南(楠)木等爲之。函長一尺二寸<sub>像十二時</sub><sup>象弟子</sup>,函闊一寸二分<sup>象十二時</sup>;函板厚二分<sub>儀</sub><sup>象二</sup>;函蓋厚三分<sub>(才)</sub><sup>象三木</sup>;函内闕(闊)八分<sub>節</sub><sup>象八</sup>。其函了,即於中心解作三道路,一以五色綫纏縛。(伯2646號《新集吉凶書儀》)

上揭四段文字中,例①②爲書儀編者撰集的兩封書札,一封爲"奉口馬奴婢書",標題後注明"先陳節序,已下即言",此謂作者應根據具體的時節景候填入相應的寒暄話語,如"孟春猶寒,伏惟××"等;另一封爲"他鄉相屈"書,編者於書札正文間以雙行小字標注不同時節應使用的語詞,如"歲云羊酒,冬云餛飩"等。例③是編者以凡例形式對凶書弔答中語詞使用所作的規定;例④乃編者於所撰婚書後,對修寫婚書所須注意的儀節規範作的補充説明。可見,書儀中並不僅僅只是書札的範本,還包含有各種相關儀節規範的説明,因而在編纂上,往往採用序例説明與正文夾注並重的方式。

## 二　駢散兼行,以駢爲主

如前所述,書儀在内容上是以書札範本爲主,兼有典禮儀注的實用文書;與此相應,行文上,它又呈現出駢散兼行、以駢爲主的風格特色。即:書儀的主體——書札,承襲的是齊梁以來的駢儷文風,而儀注採用的則是先秦、兩漢以降的敍事散文傳統。駢文乃有唐一代的"時文",人或稱之爲"今體",與散體"古文"相對。當時許多文章家皆擅長駢文賦體,如令狐楚、李商隱輩都是駢文大家。即使是大力提倡古文運動的韓愈,其集中也不乏四六時文,可想見"駢文"在當時的重要地位。而書儀作爲唐文之一體,行文上自然難免其時代風氣的影響,尤其是產生於開元、天寶時期的《朋友書儀》,它上承齊梁駢文之餘緒,具有典型的駢文特色。《朋友書儀》屬"月儀"類書儀,編排上以月爲序,每月安排兩通書札,前一封爲塞外遊子寫給内地朋友的,後一通則是内地朋友的回

## 第一節 書儀的文體特色

信，前詳而後略，內容多抒寫朋友間的離情別緒。茲摘引四月兩通（往返各一通）如下：

四月孟夏上旬云漸熱,中旬云薄熱,下旬云已熱,仲昌千里相思,恨朋書之隔絕；關山萬忍（仞），怨友信之長乖。想玉㒵（貌）於堯都，悲傷心於外邑。他鄉迢遞，羈旅難申；邊境彷徨，將心無處。朝朝東望，唯見風塵；日日相思，愁心轉切。雲臨月徑，倍更愁多；霧氣（起）晨昏，彌加增劇。且桃無散錦，花飛王母之園王母桃花若千林之變色；柳苑新莊（妝），葉落陶潛之室。又沙漠路遠，土廣人稀；石磧三重，迥無村店。朝看煙火，夜望風雲，彎弓引落月之形，發矢與飛星境（競）色。杭（沈）檜永執，犀甲恒披，轉棹逐楊（陽）侯之波，看流避鼓鱗之浪。懼赤眉於西北，思密友於東南；悲結念於濱水之前，哀傷心於柳絮之下。相（想）上官遊之晉地，披玉袂而輟（綴）瓊璋；散誕閑庭，習莊篇而震金字。更復連鑣逐友，軒駟馬於追交。顧孟樂於九醖之前，擲舞〔舞〕於三清之後。隨歡逐樂，誰念行人；自縱自由，豈思役士？某乙邊荒憂悒，在蓬徑而相思；塞外情淒，寄沙庭而憶念。山高隔嶺，峻絕歸魚。恒懸欲斷之腸，每歎分襟之友。

〔答書〕曩者分飛，本言暫別；何期一阻，遂歷三春。況夏景新臨，炎風漸扇，眷望之積，伊何可言。每睹行雲，恒瞻風鳥。思眷不已，憶念增深。筵（延）顧白雲，希垂一字。（伯2505號《朋友書儀》）

在往返的兩通書札中，往信顯然是一篇典型的四六駢文，其對仗工整，抒情婉轉，辭采華麗，長於用典。在描寫節候變化、地異景遷的同時，盡情渲染其思友戀朋的情懷。答書則皆為四言，音韻鏗鏘而頓挫有力。與《朋友書儀》去信行文風格相近的是晚唐五代時期盛行的"表狀箋啓書儀"，如伯4093號《甘棠集‧賀正上四相公狀》：

伏以節及建寅，時當降祚，青陽啓肇，玄律唯新。相公業茂濟川，才應命代。親觀盛禮，首荷明君。鸞池之瑞日初穊，最宜三接；雞樹之祥風漸暖，彌暢萬機。永踐台階，常承睿渥。某叨蒙厚獎，獲被殊榮，臨郡邑以分憂，每慚旌旆；企門軒而莫及，但激（竭）愚衷。從結下誠，何酬重德！限以官守，不獲隨例拜賀。

這封書狀字句上四六相間，錯落有致，讀來古雅可頌，多呈駢儷趨勢。可見，中唐時期提倡的古文運動，對書儀駢體文的行文風格並沒產生多大影響。書儀在緊跟時代潮流的同時，也沒放棄對傳統文風的繼承。一方面，在書札正文中，它仍以散體古文的形式來敍述禮儀規範或注解詞語典故。如：

①口弔儀：凡人有子，先須教弔孝之禮。竊見凡庸（傭）之流弔人，未殮已前，皆拜喪兼孝子等，如此切不可也。唯尊者執卑者手，孝子唯知哭踴，[不]合敘語祇對。凡欲弔四海孝，不問輕重，先須修名紙，具某郡姓名，即著白襴衫往。先令人將名紙入，孝子見名，復位哭，其名送[安]靈筵前箱子內，執事即出，引弔人於西階，徐行入營（堂），先於靈前哭三五聲，合拜即拜，拜訖即弔孝子。餘但臨時裁而行之。（伯2622號《吉凶書儀》）

②昔孫通、趙延二人爲友，值天下大暑，通遇患，兩脚皺縮。延乃天災，遂患雙目。二人俱患，不更東西，遂爲獨輪車，遣孫上坐，延乃推行。至中路遇逢一大樹，二人俱飢困，不能前進。通語延曰："與二（汝）朋友，忽被天災，乏少糧食，於私如何方計？"通又語延曰："樹上有鵲兒三個，由（猶）未解飛，汝何（可）上樹取之，同飡救命。"延遂上樹，攪（攬）得黃鋌，鵲兒化爲大蛇，即咬延手，遂乃驚怕，兩目俱開，落入通懷。通兩脚俱展，其蛇落地，化作黃金一挺（段）。二人病差，忻喜無已。既見黃金，相讓不取，南行百步，乃逢鋤人王連。通曰："吾今朋友兩人，逢一鋌金黃（黃金），相讓不取。你與我二人一頓食，我與你此黃金。"王連遂供二人飯訖，往取黃金。至於樹下，其金從地變成大蛇而走，王[連]揮鋤斬[蛇]兩斷。連乃却迴，至其本處，謂通、延曰："二人朋友情深，見金相讓不取，我與公二人分了。"其二人俱往，見金兩斷，各取一挺（段），此之是也。（伯2505號《朋友書儀》）

上舉兩則短文皆爲散體敘事文，其中例①講述的是吉凶書儀中有關口弔的禮儀規範；例②乃《朋友書儀》七月信中"巢下斷金，王連分而兩絕"句下的雙行小注。該注長達三百來字，以委婉的筆觸講述了孫通、趙延交友情深的故事，儼然一篇傳奇小說。然而在書儀中，這樣的散體文終究是片鱗半爪。另一方面，在吉凶書儀的書札範本中，仍以自《詩經》以來的古老的四字格爲主體。如：

醉不得書：去日侍讌，倒載而歸。小器易盈，遂乖操袂。釋醒之後，面目無施，不拜餞離，鮑叔知我，畏途阻險。惟跋涉勞止，此某恒遣。不忘傾蓋，時及德音。因某使還，不宣，謹狀。（伯2619號背《新定書儀鏡》）

這封書信以四言體爲主，間以五言或二言，顯得簡潔直白、古樸典雅，風格與《朋友書儀》的答書極爲一致。此或爲書儀原本的面貌，在現存最早的書儀——索靖《月儀帖》中，其行文皆爲四言體。如：

## 第一節 書儀的文體特色

正月具書。君白：大蔟布氣，景風微發。順變綏寧，無恙幸甚。隔限遐途，莫因良話。引領託懷，情過采葛。企佇難將，故及書問。信李廳廳，俱蒙告音。君白。[178][頁899]

這是索靖《月儀帖》中的第一封，信中除首尾格式套語"君白"外，其餘各句皆爲四字格。由此可見敦煌書儀與《月儀帖》之間的傳承關係。總的説來，敦煌書儀在行文上呈現出一種駢散兼行、以駢爲主的風格特色。

書儀這種行文風格對於我們了解書儀的用語特色極爲有利，因爲駢體文的最大特點便是句多儷偶而用典頻繁，這在《朋友書儀》和表狀箋啓書儀中表現得尤爲突出。"儷偶"就是對仗，駢體文講求對仗工整。在以駢文爲主的敦煌書儀中，每多字數相同、文意相對的句子，這些句子中的語詞往往同義或反義相應，形成"對文"，它們在詞性、結構上具有鮮明的一致性。可以説，"儷偶"有助於我們繫聯同義詞，正確理解詞語的含義及其内部結構。因爲彼此相對爲文的語詞，往往具有相同的含義，以此爲綫索，可繫聯出一個較大的同義詞系統。茲以敦煌書儀中表"比擬、如同"義的語詞爲例來繫聯相關的同義詞。

齊→等　伏願皇帝壽齊海岳，福等江河，奸宄屏除，萬方安泰。（伯3921號《靈武節度使表狀集》）

齊→比　賀册徽號：致君而化齊湯禹，輔政而功比伊皋。（伯3723號《記室備要》）

齊→並　賀季秋：伏惟某官功齊魏（衛）霍，業並韓彭。（同上）

比→方　賀雜端：某官珪璋比德，瑚璉方仁。（同上）

比→倫　賀九寺卿：某官德冠朝儀，行爲人表，松筠比節，環璧倫姿。（同上）

與→比　賀兩軍副使：峨峨勳岳，與天地而齊（豈）休；浩浩恩波，比滄江而不息。（同上）

同→若　賀中尉：誠同皎日，上贊聖明；恩若春波，下霑襲俗。（同上）

如→若　賀兩軍副使：明如曉鏡，潔若秋霜。（同上）

比→同　伏惟司空令比風雷，恩同雨露。（伯4092號《新集雜别紙》）

體→同　伏以員外九莖應瑞，六像標奇，操體松筠，韻同金石。（同上）

等→儕　　伏以仆射澄被（波）等量,寒玉儕人。（同上）
儕→擬　　伏以司空守量無儕,材謀絕擬。（同上）
同→共　　鑒靈[光]而[水]鏡同明,質瑩净而冰壺共潔。（伯4093號《甘棠集·賀沈舍人權知禮部[狀]》）
類→若　　侍御：迥立清朝,類蓬瀛之獨鶴；高翔丹闕,若霄漢之迴鸞。（伯3451號《記室備要》）

從上揭例句中,我們繫聯出了"齊、等、比、並、方、倫、與、同、若、如、體、儕、擬、共、類"等15個同義詞,其間往往又可相互構組成同義並列的雙音詞。如"方"與"類"可組合成"方類",伯3723號《記室備要·賀僻仗使》："忻忭之誠,難以方類。"句中"方類"爲"比擬"義。"倫"與"比"又可組合成"倫比""比倫",同卷《賀僻仗使》："荷恩榮而獨無倫比,量勳德而迥處崇高。"又《賀左右僕射》："文儒之盛,無以比倫；仕（士）族之榮,固難方喻。"後例中"比倫"與"方喻"對文,可知"方喻"即"比喻",義爲比擬。"喻"有"如同、好像"之義,伯2385號背《文範》："惟願壽齊太華,福喻滄溟。"斯516號《歷代法寶記》："又引《涅槃經》云：'家犬野鹿,家犬喻妄念,野鹿喻佛性'。……又云：'水不離波,波不離水。波喻妄念,水喻佛性。'"前例中"喻""齊"對文,其"如同"義不言自明；後例以形象的比喻來解説佛教中抽象的義理,其中"喻"猶言"好比"。則"方喻""比喻"皆爲同義並列,由此不難推知敦煌變文中習見的"喻如""喻若""喻似"等詞也當爲同義複詞。另外,"倫"與"等"又可用爲名詞,表示同類而相對爲文。如伯3723號《記室備要·賀西院直公》："恩光異等,慶澤逾倫。"其中"等""倫"儷偶。同樣,它們也可組合成同義複詞。如斯78號背《縣令書儀》："某叨蒙恩獎,實異等倫。欣忭之誠,造次難喻。"伯2539號背《後唐朔方節度使書啓底稿·前袁州司徒》："某早忝眷私,實逾倫等。欣慰之至,無以喻名。"例中"等倫""倫等"皆指"同類"。

由以上同義詞的繫聯及其組成的複合詞結構的分析可知：同義儷偶有助於加深我們對一些字面普通的詞語的内部結構的理解,如"倫等""倫比""喻若"等詞。駢文除句多儷偶外,還用典頻繁。敦煌表狀箋啓書儀中幾乎每首皆有用典,真可謂無一語無來處。兹舉例説明如下:

①伏以長官才唯通濟,道著廉平,早彰避雨之仁,克振戴星之譽,忽聞留犢,欣愜倍深。(斯78號背《縣令書儀》)

②謝兩樞密笏記:某蒙恩除授刺史,某素無勤迹(績),幸契休明,曾叨隼戟之榮,再忝熊車之任。(伯3864號《刺史書儀》)

③賀門下令狐相公狀:雲清鶴態,長親天子之光;雞樹鳳池,首冠台臣之位。(伯4093號《甘棠集》)

上揭例①中"留犢"語出《晋書·羊祜傳》,"帝以祜兄子暨爲嗣,暨以父没不得爲人後。帝又令暨弟伊爲祜後,又不奉詔。帝怒,並收免之。太康二年,以伊弟篇爲鉅平侯,奉祜嗣。篇歷官清慎,有私牛於官舍産犢,及遷而留之。"[118][頁1024]而伯2524號《語對·刺史》"留犢"條云:"羊暨爲青州刺史,暨牛産一犢,及遷官,留犢而去之。胡威爲汝南太守,牛産一犢,亦留而去。"依《晋書》所言,留犢者當爲羊篇,即羊暨之弟,而非羊暨,頗疑伯2524號《語對》所記有誤。然從中也可知,留犢者不止一人。後人多以"留犢"喻居官清廉。

例②中"隼戟"和"熊車"都用作州郡長官"刺史"的代稱。"隼戟","隼"指隼旟,爲畫有隼鳥的旗幟,乃古代州郡長官所建。語出《周禮·春官·司常》:"鳥隼爲旟,龜蛇爲旐……州里建旟,縣鄙建旐。"[310][頁826中]伯2524號《語對》"刺史"下列有"隼旟",注云:"旟,幡(幡)旗也,畫以鷹隼。"而"戟"指棨戟,爲古代官吏出行時用作前導的一種儀仗,用木製成,形狀似戟,上有赤黑色繒衣。崔豹《古今注·輿服》:"棨戟,殳之遺象也。《詩》所謂'伯也執殳,爲王前驅'。殳,前驅之器也,以木爲之。後世滋僞,無復典刑,以赤油韜之,亦謂之油戟,亦謂之棨戟。公王以下通用之以前驅。"[85][頁2]如伯3864號《刺史書儀·謝本道節度使笏記》:"某蒙恩除授某刺史,……伏蒙聖慈,再叨睿渥,獲保舜堯之代,兼榮棨戟之前."其中"榮戟"即用作其出任刺史的標誌。"熊車",即熊軾,本指有伏熊形的車前橫木,因以指代有熊軾的車,古時爲顯宦所乘。徐陵《徐孝穆文集》卷一〇《司空章昭達墓誌》:"前旂熊軾,後乘龍轎。"[278][頁5]後多用來指稱"刺史",伯2524號《語對》"刺史"條列有"熊軾",注云:"刺史車,畫其熊。"唐人多如此用,錢起《江寧春夜裴使君席送蕭員外》詩:"主人熊軾任,歸客雉門車。"[180][頁595]詩中以"熊軾"指稱主人裴使君。例②中以"隼戟"和"熊車"對文,代稱"刺史"。

例③中"雞樹"指古代的中書省,典出《三國志•魏書•劉放傳》"帝獨召爽與放、資俱受詔命,遂免宇、獻、肇、朗官"裴松之注引晉郭頒《世語》:"放(劉放)資(孫資)久典機任,獻(夏侯獻)、肇(曹肇)心內不平。殿中有雞棲樹,二人相謂:'此亦久矣,其能復幾?'指謂放、資。"[201][頁460]伯2524號《語對•公卿》"鳳池"條注云:"中書名也,又曰雞樹。"則唐人習稱中書省爲"雞樹",如伯2945號《權知歸義軍節度兵馬留後使曹元德狀稿》:"分皇主之憂勤,龍旌稟節;副蒼生之禱祝,雞樹重棲。"或又以"雞樹"稱贊居相者的德行,如伯4093號《甘棠集•賀裴相公加戶部尚書[狀]》:"曹參之唯務至公,鸞墀日下;邴吉之不容非法,雞樹生風。"對此,宋錢易在《南部新書》中指出:"今之人講德於宰相,多使雞樹,非嘉也。唐賢箋啓,往往有之,誤也。"[166][頁145]由此可知,以"雞樹"頌揚相公之德雖有不嘉,然却習見於唐代書狀箋啓中,并一直沿用到宋代。

由上揭諸例可知,表狀箋啓書儀的語詞多有典故來源。其中所用詞語典故每每與敦煌類書伯2524號《語對》中所列語詞相合。《語對》的功用與《初學記》相當,乃教學童屬詩作文的教材,其中注解簡明直白,通俗易懂。由此不難推知:書儀編者或許早在孩童時代便對這些詞語典故耳熟能詳了,以至運用起來得心應手,觸處皆是。這也從一個側面表明,書儀用語多源於當時"語對"式的童蒙讀物,是唐人習用如常的。

### 三　格式謹嚴，自成一體

　　作爲一種專門的應用文體，書儀在結構上具有固定謹嚴的格式。今人作書，信首須頂格稱呼對方；然後另起一行，空兩格進行寒暄問候；之後另起一段進入正文；結語祝頌對方，祝頌之語須頂格書寫，以示尊敬；最後於信之右下角署上姓名，再於其下注明日期。

　　那麼，唐人作書的結構格式又是怎樣呢？其稱呼、問候、結語、署名、封題等格式與今人有何不同呢？關於"書狀"的結構，河西節度使掌書記張敖曾作過精煉的概述："先標寒暑，次贊彼人，後自謙身，略爲書況。"[①]此謂信首應先標明時節景候，其次祝願對方身體健康，最後謙陳自己的狀況。如斯361號《書儀鏡·重書》："孟春猶寒，伏惟　官位公尊體動止萬福，即此蒙恩。"此爲書札範本，其行文格式與張敖所言完全一致，其中"孟春猶寒"爲"標寒暑"，"伏惟　官位公尊體動止萬福"爲"贊彼人"[②]，"即此蒙恩"爲"自謙身"。原卷於"蒙恩"後以雙行小字注云："如有事意，即於蒙恩之下論。"可見，"蒙恩"前所言乃書信必備之格式套語，而其後則爲論具體事宜的正文。不過斯361號《書儀鏡》畢竟只是範本，難以窺其全貌。只有在具體實用的書信中，我們纔能真切地了解到唐人書狀的行文格式。茲引録斯4473號背/1《散都頭張進遇上三傅狀》如下：

　　　季秋霜冷，伏惟
　　　三傅尊體動止萬福，即日進遇蒙恩。不審近日
　　　體氣何似？伏惟倍加
　　　保履，下情祝望。謹奉狀，不宣。
　　　謹狀。
　　　九月　日從表散都頭張進遇狀上
　　　三傅　閣下
　　　　　　謹空。

---

① 伯3502號背/2《新集諸家九族尊卑書儀》。
② 其中"官位"是對收信人的稱呼，其前空格爲敬空符，説明具體書信中，該詞當提行擡頭。

不難看出,這封書狀在内容、格式上都較上揭書札範本更爲充實、直觀。其中除去信首用來"標寒暑、贊彼人、自謙身"的格式套語外,還增添了許多新的内容:正文(問候近況,表達祝頌),結語,署名,稱謂等。此外,還有一些值得關注的細節:言及收信人及與之相關的事物或行爲時,須"平出",即提行擡頭書寫,如上揭書狀中"三傅""體氣""保履"等,而敍及作書人自身時則小寫其名,如"進遇";以"不宣、謹狀"等套語結尾;署名時,日期居於作書人姓名之前,并於其尾綴以"××狀上"的字樣,然後另起一行署上收信人的姓名或稱謂。由於"中國古代位卑者對於尊者不敢'指斥',或用對方近旁之地爲代稱,如陛下、殿下、左右之類,或用近旁之人爲代稱,如侍者、記室之類。在書札中推而廣之,成爲對於對方表示尊敬的形式。……《啓札青錢》把這類稱謂列爲'台座事目'"①。因而稱呼對方時,往往須在姓名、稱謂後綴以"閣下""麾下""左右""侍者""几前""座前"等台座事目。關於這些台座稱謂的具體運用,敦煌書儀中也有嚴格的規定。伯 2646 號《新集吉凶書儀》:"如非内外族即合云'几前、座前'等語,但看前人高位。如重即言'合(閣)下',如是節度使亦云'節下',武官職即云'麾下',平懷亦[云]'記室',次亦'侍者、執事',餘任臨時酌量輕重行用。"另外,還須在書札末尾寫上"謹空"或"敬空"字樣。宋沈括《夢溪補筆談》:"前世風俗,卑者致書於所尊,尊者但批紙尾答之曰'反'。故人謂之'批反',如官司批狀,詔書批答之類。故紙尾多作'敬空'字,自謂不敢抗敵,但空紙尾以待批反耳。"[160][頁28]此謂古人作書於尊者,紙尾多作"敬空"字以待"批反"。然就敦煌書儀看,在一些尊者寫給卑者的信末也附有"敬空"字樣。如斯376號《某年正月廿四日尚書與鄧法律書》:

---

① 周一良《唐代的書儀與中日文化的關係》,《唐五代書儀研究》,頁334。

猶寒,敬惟
鄧法律動止康吉,即此尚書與娘子蒙
免,不委近者
雅況若何？尤希善自
保調,是所望也。……
並總封印付送。不具。尚書（鳥押）書送鄧法
律 左右
敬空

從署名及稱呼看,這是一封尚書寫給鄧法律的信;據伯3502號背/2《新集諸家九族尊卑書儀》,"伏惟者謂前人尊於己並可言之;如平懷空言惟;如前人卑小即言敬惟、敬願",從信中"敬惟"等書札套語的運用看,這更是一封尊者寫給卑者的信。則此信結尾處所用"敬空"已失去它原本的含義——空紙尾以待批答,變成了僅表謙遜的一種形式。此外,唐人作書於"封題"亦很考究,須根據不同的對象採用不同的封題樣式,"絕重云:謹謹上某官閣下,某乙狀（謹）封;次重云:謹通上某官閣下,某乙謹封;次云:謹上某官記室,某乙狀封;次云:通上[某官]執事,某乙狀封;次云:通送某官左右,某乙敬封。"[1] 茲將其差異列表如下：

| 級別<br>用語 | 絕重 | 次重 | 次 | 次 | 次 |
| --- | --- | --- | --- | --- | --- |
| 呈送語 | 謹謹上 | 謹通上 | 謹上 | 通上 | 通送 |
| 台座稱謂 | 閣下 | 閣下 | 記室 | 執事 | 左右 |
| 封題語 | 狀（謹）封 | 謹封 | 狀封 | 狀封 | 敬封 |

從表中可看出:隨着收信人身份地位的高低不同,其封題用語也呈現出逐級遞減的趨勢。

由上面的論述,不難看出:唐人書信的行文格式非常謹嚴、考究,這種謹嚴的格式乃其作為實用文書之一體的形式標誌。

## 第二節　書儀的用語特色

業師曾在筆者博士論文的開題報告上談到:某一特定體裁的文體

---

[1] 伯3502號背/2《新集諸家九族尊卑書儀》。

在語言上往往有自己的特色。對體裁語言的研究不但可以更深入地把握這種文體語言的特點,也可爲全面地描寫一個時代的詞彙系統打下堅實的基礎。書儀,作爲實用文書之一體,它有自己的用語特色,這主要表現在以下幾方面:

## 一　構成豐富,雅俗並重

據趙和平研究,敦煌石室中所藏書儀品種齊全、內容豐富,既有以寫景、抒情見長的朋友書儀,又有以內容廣泛著稱、涉及唐代士庶生活各個方面的吉凶書儀,還有專門用於公務往來的表狀箋啓書儀[1]。多樣的書儀品類必然借助於豐富的語彙纔能表達,因而書儀用語在構成上表現出豐富、複雜的特色:既有固有詞,也有外來詞;既有書面語彙,也有口頭語詞;既有承古而來的歷史詞,也有重新組構的新造詞。"正因爲詞是由各種不同特徵構成的複雜統一體,所以詞的分類是一項非常困難的工作。其中難免會有相互滲透、相互牽涉之處。"[2]例如,"分別口語詞彙和書語詞彙並不意味着前者只能用於言語的口頭形式,而後者只能用於言語的書面形式。比方說,劇本和小說中的對話就是書面形式的口語,而演說、報告、講課等正式的公開談話就往往是口頭形式的書語。"[3]儘管如此,分類還是十分必要的。敦煌書儀中多是典雅莊重的書面語彙,然在敍寫現實生活情節時,也時常會運用一些當時流行的口頭語詞,讀來通俗淺顯。

### (一)書面語彙

根據書儀中書面語彙的語義類別及語用場合,可將其分爲謙敬語、套語、稱謂語和節候語四類。

1. 謙敬語

---

[1] 參趙和平《敦煌寫本書儀略論》,《唐五代書儀研究》,頁 1—7。
[2] 顏洽茂《佛教語言闡釋》,頁 45。
[3] 張永言《詞彙學簡論》,頁 99。

## 第二節 書儀的用語特色

　　學界論及謙敬語時往往將其分立爲謙詞、敬詞來分別加以命名和研究，如洪成玉曾將謙詞、敬詞定義爲："謙詞是用謙卑的言詞謙稱自己或與自己有關的人或事；敬詞是用尊敬的言詞敬稱他人（主要是對方）或與他人有關的人或事。"① 這樣區分固然在構詞、語用上明確了謙詞與敬詞的意義歸屬，然而却忽視了一個重要的方面：無論謙詞還是敬詞，其語用的最終目的都是表達對他人（主要是對方）的尊敬。二者只是表達方式、手段的不同：前者通過謙稱自己來敬稱他人，後者則直接採用敬稱來表示對他人的尊敬。而且，就謙敬語的產生而言，它們也是人類進行言語交際中遵循同一語用原則——禮貌原則的結果。交際之初的遠古時代，或許並没有所謂的謙敬語。然而當人們的交際達不到預期效果時，他們便會改變自己言語表達的方式，設法在交際中使用一些尊敬譽美之詞來敬稱對方，以謙卑平庸之語來謙稱自己，使對方聽了欣悦滿意，從而達成交際目的。後來，人們便不斷有意識地去選用這樣的語詞來表達，日積月累，便形成了語言中特有的一類語詞——謙敬語。鑒於此，本書將其並稱爲"謙敬語"，指爲了表達對別人的尊敬而使用的帶有謙己或揚他的感情色彩的語詞。

　　漢語中謙敬語的運用由來已久。早在先秦時期，就已在人們生活中廣爲使用了，如王侯常以"孤""寡""不穀"等謙稱自己。構詞上也形成了特有的表謙敬意味的語素，如"卑、鄙、弊、愚、拙、貧、微、淺、薄；尊、貴、高、賢、華、榮、寵"等。謙敬語的分布異常廣泛，可以説，凡有言語交際之處皆有運用，無論文獻典籍之中，還是日常會話之時，都可追尋到它們的蹤迹。然而就唐五代時期各種文體而論，謙敬語運用最集中、表現最完備的莫過於書信了。其原因有二：一，書信本身是一種"以書代面"的交流形式，其交流的初衷往往都是有所爲的，即具有明確的交際目的，只有表現謙恭，遵循"禮貌原則"，纔能達成有效交

---

① 洪成玉《謙詞敬詞婉詞詞典・自序》，頁7。

流,實現自己預期的目的;二,作爲書信參考用的"書儀",同時又是"繁綜浩大"的"禮經"的通俗、簡化形式,其中負載了許多"禮儀"的内容。斯6537號背/14《大唐新定吉凶書儀•序》云:"人之有禮則安,無禮則危,此識材通明於儀禮。是以士大夫之家,吉凶之重用,而諸禮經繁綜浩大,卒而難於檢尋。乃有賢士撰集纂要吉凶書儀,以傳世所用,實爲濟要。"由於禮經"繁綜浩大",難於查找,只有將其簡化爲方便實用的"書儀",纔能傳世所用。於是書儀便取代禮經,成爲唐代士大夫們的行爲規範和生活準則。《禮記•曲禮上》:"夫禮者,自卑而尊人。"[135][頁1231下]這是説,在人們的日常交往中,"禮"的基本原則是"自卑而尊人",反映在書札用語上,便是大量謙敬語的運用。如伯3691號《新集書儀》:

> 屈朝友及諸相識:來日就某乙弊居,空備小飲,叩瀆仁私。伏惟不吝玉股,希垂降重。　答屈:某乙卑賤無勞,未施尠效。累蒙貴宅頻邀,重賜珍饌,深奉高情,謹專祇候。　局席罷散謝:某乙貧居,至乖祇待,空持薄酌,虛降單筵。伏惟不罪空杯,萬生感戴。答客(客答):某乙微賤,伏蒙特賜高筵,咸(盛)歡竟日。杯興九藴,傾飲非常;饌烈(列)七珍,含香百味。難勝珍重,深謝破除,丘岳同酬,終生感戴。局席弟(第)二日[謝]:早上起居:昨朝謬爲置備,至無杯筵,虛坐久時,計當疲乏,不委夜來尊體萬福。　答:昨朝久倍(陪)歡讌,深受杯筵,至夜方歸,寢膳甚適,未委夜來萬福。

上舉往復對答的六封書札中,無論主客,自敍時都極力地貶抑自己,語詞上多用謙卑的言辭,如"弊居、空備、小飲、叩瀆、卑賤、貧居、薄酌、單筵、微賤、謬";談及對方時却極力地褒揚他們,所用語詞多含有恭敬意味,如"仁私、玉股、降重、貴宅、珍饌、高情、高筵"。當然,無論抑己還是揚他,其目的都是爲了尊敬對方。可以説,書儀中幾乎每個詞語的使用都染上了"尊上卑下、謙己揚他"的感情色彩,其謙敬語使用的多樣化和豐富性是任何其他文體都難以企及的。

然而,目前學界的研究大多集中在口語詞上,關注謙敬語者寥寥無幾。這是值得我們深思的:是人們對它已經研究透了呢,還是覺得它自古而然,無甚變化,不能反映詞彙發展的真實面貌,没有研究價值?其

## 第二節　書儀的用語特色　261

實,無論什麼語詞,只要它與歷史同生死、共命運,其存在就必然會打上時代的烙印。如上舉"單筵"的"單",在敦煌書儀中可用作謙詞,義爲"單少",常與相關名詞語素結合,構成"單禮""單信""單酌"等詞,用來謙稱自己的禮物或酒食微薄。如:

賀正別紙:前件物等,聊陳單禮。(伯 3906 號/4《書儀》)

前者[某]乙盤(般)次某手上寄某匆(物)小(少)多,寮(聊)充單信,不忘心。(斯 4654 號背《起居狀》)

相迎宴樂書:今具單酌,輒諸邀迎,幸願同飲,希垂降顧。(斯 5636 號《新集書儀》)

上揭例中"單禮""單信"皆指"薄禮","信"有"禮物"義;"單酌"猶言"薄酌",謙稱自己的酒食微薄。"單"用作謙辭,當由其"獨、只"義引申得來。可是在《詞典》"單"字條目下却未收載其表"謙稱"的義項,在代表最新研究成果的《謙詞敬詞婉詞詞典》中也找不到"單"的蹤影。另如:

【弊藩　弊封　弊府　弊舍】

貴府人使至,所示勾取弊藩入貢般次事,今差曹某等一行上京進奉,克副來書。(伯 3151 號《沙州書狀稿》)

但以弊封素無奇産,雖粗陳於往復,實懷愧於單微。(伯 3931 號《靈武節度使表狀集》)

因率梯航,遠陳土膔,路由弊府,猥恧名駒。(同上)

自到弊舍,是事索然,至於祗奉,多有疏遺。(斯 76 號背/5《宗緒與從兄狀二通》)

按:"弊"者,敝也,此用爲謙詞。例中"弊藩""弊封""弊府""弊舍"等,皆由謙詞"弊"加上表轄境、部封、宅舍義的語素構成,用以謙稱自己所在的地界及住所。這類詞語亦見於傳世文獻,如《桂苑筆耕集》卷一一《答襄陽郄將軍書》:"滿城軍食,猶仰給於弊藩。"[91][頁 100]歐陽修《與蘇丞相》之八:"承齎舲下汴,首及弊封,當得親受約束,面布懇誠。"[170][頁 1237]《大金弔伐録‧行府與楚書》:"既來命之克勤,何弊府之敢吝。"[35][頁 455]宋王十朋《梅溪王先生後集》卷七《九日不登高與兄弟鄰里就弊舍飲菊》:"中秋對明月(原注:中秋亦就家賞月),九日逢黄花。節物豈不好，而況身在家。"[162][頁8]前三例中"弊藩""弊封""弊府"皆用來謙稱自己轄境；後例中詩題謂"就弊舍飲菊"，詩句云"而況身在家"，注曰："中秋就家賞月"，則"弊舍"即自"家"的謙稱。

【拜覿　拜睹　拜展】

　　久不拜覿，無任馳情。（斯361號《書儀鏡·與妻姨舅姑書》）
　　限以職役，拜睹未期。（伯3906號/4《書儀·與未相識狀》）

按："覿""睹"皆爲"見"義；"拜"爲敬詞，起表敬作用，用在"覿""睹"前表示"拜見"義。其中"拜覿"的對象爲尊長，而"拜睹"則爲平輩友人。如《文苑英華》卷六六七蕭穎士《爲李中丞作與虢王書》："未由拜覿，增以勤係。"[264][頁3428]范仲淹《尺牘》卷下"孫元規"："未拜睹間，伏覬爲國自愛。"[78][頁4]由此亦可見其用語間的級別差異。或作"拜展"，如：

　　未相識：生年雖未覿此，頗以藉甚。思一拜展，良無由緣。（伯2619號背《新定書儀鏡》）

　　慰停職書：物（初）來有限，未由拜展。（斯5636號《新集書儀》）

上揭前例是寫給不相識者的書信。信首云雖未謀面，却已久聞其名，故常思"拜展"。從文意看，"拜展"即"拜見"。"展"有"見面"義，如伯4050號《書儀·與平懷相與書》："一日不展，有若三秋，況乃累旬，實深勤渴。"其中"一日不展"，常言作"一日不見"，"展"即"見"也。

【頂奉　頂伏】

　　春季暄甚，惟仙官上人道體兼祐。……頂奉未卜，空勞夢魂。（斯1438號背《吐蕃占領敦煌初期漢族書儀》）

　　孟春猶寒，伏惟和尚尊師尊體動止萬福。……未由頂伏，無任馳結。（斯2200號《新集吉凶書儀·弟子與和尚尊師狀》）

按："頂"本指"頂禮"，即雙膝下跪，兩手伏地，以頭頂尊者之足，乃佛教徒最崇敬的禮節。而在僧道吉書儀中，"頂"常用爲敬詞，猶世俗所言"拜"。"頂奉""頂伏"，猶言"拜奉""拜伏"，是拜見、侍奉僧道尊長的恭敬説法。此外，對僧道等表示感謝，須言"頂荷"。如伯2700號背《法真狀》："法真[未]迴中間，阿娘孤獨老年，小小伏望垂情，時往檢校……此之恩德,終身頂荷。"例中法真遠行在外,懇請對方時常去看望他母親,他將終身感戴。其中"頂荷"即"感戴"。可見,"頂"乃專施於"僧道"的敬詞。

【高弟　高苐】

吾賢遷轉高弟,深承獲安。(斯5636號《新集書儀·暖房相屈·答書》)

昨者專擬令人相送歸高苐,忽見二郎到,兼奉緘題,倍增銘感。(斯76號背/5《宗緒與從兄狀二通》)

按:"高"者,高大、尊貴也,常用爲敬詞,放在相關的名詞性語素前,用以敬稱與對方相關事物。"弟"本指次第,此指官邸、宅第;"苐"乃"弟"的俗寫,後變"草"從"竹"作"第"。"高弟""高苐"皆用來敬稱對方的宅第。

以上所舉謙敬語,多不見載於現行辭書,亦不曾有學者論及。可見,目前學界對"謙敬語"的研究還遠遠不夠。在漢語發展的歷史長河中,謙敬語並不是一成不變的,它是隨着時代的發展而不斷推陳出新,以適應人們表達需要的。因此只有加強謙敬語的研究,跟蹤追尋其時代特色,纔能用以指導我們的辭書編纂,爲漢語詞彙史的斷代研究提供更多的材料與證據。而敦煌書儀中豐富的謙敬語,恰好爲我們的研究提供了絕好的材料。

2. 套語

作爲公私往來的應用文書之一,書儀的行文往往具有固定的程式。程式中位於固定位置、專門用來寒暄應酬的話語即套語。敦煌書儀中既有虛擬的書札範本,又有具體實用的書札,將其比勘,發現:範本中往往省去了描寫現實情節的話語,存留的只是一些位於書信開頭或結尾處的格式套語。爲從根本上把握"套語"的形式及內容,茲分別引錄一封虛擬範本(斯2200號《新集吉凶書儀·起居狀》)和實用書信(伯3277號背/2《陽願進狀》)對比如下:

斯2200號

孟春猶寒,伏惟
官位尊體動止萬福,即日某蒙恩。
　　(原卷"蒙恩"下無空,

伯3277號

仲春漸暄,伏惟
指揮尊體起居萬福,即日願進蒙恩。不審近日尊體何[似]? 伏惟順時善加

| | |
|---|---|
| 此爲便於比較而留出）<br>限以卑守，不獲拜伏，下情無任戀結之至。 | 保重，下情懇望。在此家内並總平善，不用遠憂。今者人使速發，不及附信。 |
| 謹奉狀<br>起居。不宣，謹狀。 | 因人次，空奉狀<br>起居。不宣，謹狀。 |
| 某月某日具官階姓名狀上 | 二月廿一日陽願進狀上 |
| 官位 閤下<br>謹空 | 指揮 謹空<br>座前 |

從以上兩通書札的對比中，不難看出：標寒暑、贊彼人、自謙身乃"起居狀"開頭必備的格式套語。實用書信中，只須據格式臨時斟酌填入表示"寒暑""彼人""自身"的語詞。範本中"蒙恩"後所寫爲書信正文，斯 361 號《書儀鏡·重書》"蒙恩"下，以雙行小字注云"如有事意，即於蒙恩之下論"。由此可知伯 3277 號《陽願進狀》中"不審"至"不及附信"等語句爲書信正文。範本中"限以卑守……戀結之至"亦爲書狀套語，可臨時酌情套用。其後的"謹奉狀起居……謹空"等爲書札必備的結尾套語，在實寄書狀中須據實填入相應的內容。可見，書狀中除正文及表示節候、稱謂的用語外，其文辭多爲格式套語，此亦爲書儀用語的一個顯著特色。下面略舉數例，以窺其概貌。

【揣分　省分　循涯】

上河中令狐相公狀：瞻恩而夢繞旌幢，揣分而淚沾襟袖。（伯 4093 號《甘棠集》）

謝不許讓兼賜告身[狀]：某詞異精能，學無憂（優）贍，從來揣分，不望登科。（同上）

謝[賜]端午衣表：時當五月，澤降九霄，省分增慚，載（戴）恩無力。（同上）

軍容答：忽蒙獎問，實荷殊私，省分循涯，難任兢悚。（伯 3723 號《記室備要》）

按：例中"揣分""省分""循涯"都指省察、衡量（自己能力的）限度。"揣"，量也；"省"，察也；"循"亦有省察義，如杜光庭《廣成集》卷六《李綰常侍九曜醮詞》："循懷省己，常持兢慎之心。"[92][頁4]例中"循""省"同義對舉。文獻中"循"又可與"省""揣"同義連言，如韓愈《潮州謝孔大夫狀》："承命苟貪，又非循省之道。"[107][頁731]《舊五代史·唐書·

第二節　書儀的用語特色　265

明宗紀五》:"今旦重誨敷奏,方知悉是幼童爲戲,載聆讜議,方覺失刑,循揣再三,愧惕非一。"[120][頁533]例中"循省""循揣"皆爲尋思、反省之義。"涯""分"都有邊際、界限的意思。《莊子·養生主》:"吾生亦有涯,而知也無涯。"[312][頁28]《淮南子·本經》:"古者天子一畿,諸侯一國,各守其分,不得相侵。"高誘注:"分,猶界也。"[101][頁602]故而文獻中"涯分"可同義連用,如《隋書·董純傳》:"先帝察臣小心,寵踰涯分。"[206][頁1539]例中"涯分"皆指限度。由此可見,"揣分""省分""循涯"即指省察、衡量(自己能力的)限度,即進行自我反省,思量所受恩寵和褒獎是否超逾了應有的限度。

這三詞習見於唐人詩文,尤其是書狀表啓中。如陳子昂《陳伯玉文集》卷四《爲武奉御謝表》:"鴻私曲被,殊寵降臨。……循涯揣分,實所非圖。"[11][頁4]顔真卿《顔魯公文集》卷二《謝戶部侍郎表》:"聖澤頻繁,叨戴斯授。循涯省分,盈量則多。"[295][頁8]例中"循涯"或與"揣分"連言,或與"省分"並舉,其義顯明。以上皆爲書狀表啓的用例,其運用之頻繁,已然成了書儀中表自謙的習用套語。後也移用於詩歌中,白居易《答故人》詩:"顧慚虛劣姿,所得亦已多。散員足庇身,薄俸可資家。省分輒自愧,豈爲不遇耶?"[2][頁366]例謂以自己的能力來省察所得俸禄,已深感慚愧。其中"省分"亦指省察、衡量(自己能力的)限度。由這組詞可看出,書狀表啓的用語往往彼此模仿,習用成套,此或爲"書儀"普遍使用、廣泛影響的結果。

書儀套語大多承襲前代而來,字面極爲普通,含義却不易尋繹。對此,顔之推早已論及:"世中書翰,多稱匆匆,相承如此,不知所由,或由妄言此忽忽之殘缺耳。"①如:

【拜洩　奉洩　撫洩　集洩　斂洩】

姑兄姊亡弔父母伯叔書:次姑忽嬰疾疹,冀漸瘳豫,何圖藥物無效,奄遘

―――――
①　參顏之推《顏氏家訓》,王利器集解(增補本),頁229。

凶禍。……未由拜洩，伏增悲戀。(伯3637號《新定書儀鏡》)

舅姑喪告答夫書夫之兄弟姊妹附之：凶疊招禍，先舅棄背，攀慕無及，五情縻潰。……有限，未獲奉洩夫兄姊云拜洩，望夫推慰。(伯3442號《書儀》)

夫喪妻喪告答兒女書：不圖凶禍，汝父傾逝。……未即撫洩，更增悲塞。(同上)

女喪告答[女]壻書：猶寒，比何如？名諸疹少理。集洩未即，望增哽咽。(同上)

[姊妹喪告答姊妹夫書]：不圖凶禍，某姊傾逝。……未即敍洩，倍增摧咽。(同上)

按：上揭例中"拜洩""奉洩""撫洩""集洩""敍洩"爲書儀弔書中的習用套語，詞義頗難尋繹。但從句意看，每句皆言：對方經喪，悲痛難勝，而自己却不能親往慰問和寬解，則"洩"("泄"的避諱字)可解作"排遣、疏散(愁苦)"之義。其中"拜洩"乃對尊長而言，指通過拜見對方以排遣其悲痛，寬慰其心；"撫洩""集洩"對卑幼而言，指通過撫慰、會面以疏散對方之憂心；"奉洩""敍洩"對平輩而言，指通過奉對、敍話來排遣對方的痛苦。這在傳世文獻中也每有用例，如《魏書·彭城王勰傳》："今遣主書劉道斌奉宣悲戀，願父來望，必當屆京，展洩哀窮。"[261][頁84]駱賓王《與親情書》："存没寂寥，吉凶阻絶。無由聚洩，每積淒涼。"[143][頁293]前例中"展洩"爲同義連用，指抒發排遣；後例中的"無由聚洩"，陳熙晉箋注："言無從聚會，而洩其契闊之思也。"[143][頁294]則"聚洩"義同"集洩"，指通過聚會來排遣因多年阻隔而鬱積在胸的愁悶。同樣的語義在王羲之雜帖中可用"言散"來表達，如王羲之《雜帖》："追尋傷悼，但有痛心。……省卿書，但有酸塞。足下念故言散，所豁多也。"[178][頁224]例言王羲之經喪痛心，對方來信寬慰，遣其悲懷，所豁良多，故例以"言散"來表達這種感受。書儀中也保留有此種用法，如伯3637號《新定書儀鏡·問馬墜書》："適承馬墜，不審如何？在於中心，憂愕未已。……答書：少閑，無惜馬蹄，一來言散爲幸。"去書言得知其墜馬，心中"憂愕未已"；回信則望對方"一來言散爲幸"，則"言散"的應是對方心中的擔心與憂慮。另在《文心雕龍·書記》篇中，作者明確提出書信的功用在於以言語來解憂散愁。"詳總書體,本在盡言,言有散鬱陶,託風采,故宜條暢以任氣,優柔以懌懷。"[260][頁278]"鬱陶"者,煩悶、憂愁也,"散鬱陶"即排憂解悶。也可以稱"散懷",如晉孫綽《〈遊天臺山賦〉序》:"不任吟想之至,聊奮藻以散懷。"[178][頁634]在初唐的《杜家立成》中,則多以"寫"來表此義,如《與知故別久書·答書》:"忽蒙垂訪,暫寫鬱陶。"[31][頁249]又《與未相識書》:"欽承令問,爲日已深。會寫無由,實勞寐想。"[31][頁251]前例中"寫鬱陶"指對方的來訪,使自己心中思慕的愁苦得以釋懷;後例謂久聞對方美譽,向往日深,而無緣當面敍寫。其中"寫"皆指排遣、消散。"寫"者,瀉也,其與"洩"音近義通,故頗疑書儀中"洩"的用法是承繼初唐"寫"而來。

套語所處格式較爲固定,出現的語境大都相同。據此,可排比類似的用例,聚合大量的同義詞,如上揭"拜洩""撫洩""集洩""敍洩""展洩""聚洩",從中歸納其共有義素,便可推尋出其中隱晦的含義。同時,套語多是相承沿用、因襲成套的,即其在此前的文獻中往往有與之類似的用法,如"拜洩"等,在雜帖中可作"言散",在唐初的書儀中,可用"會寫"。詞雖不同,所表之義却大抵一致,或是唐人習用"寫""洩",魏晉六朝人多用"散"。如此,又可通過套語的源流演變來考察詞語的時代特色,爲漢語史斷代研究提供有力的證據。

3. 稱謂語

既是寫信,自然免不了稱謂語的使用。因而在產生之初,書儀便對稱謂語使用的輕重差異作了規定:"江南輕重,各有謂號,具諸書儀。"① 書儀中稱謂語每封必見,既有親屬稱謂,又有職官稱謂,還有表示敬意的台座稱謂。親屬稱謂多見於內外族吉凶書儀中,而職官稱謂習見於賀狀中,台座稱謂則多見於書狀結語及封題中。唐代親屬稱謂每與排行共現,受其影響,職官稱謂有時也與行第並稱,以表親切。如:

---

① 顏之推《顏氏家訓·風操》,王利器集解(增補本),頁78。

與姒娌書：冬初雪寒，惟伯母動靜兼勝。即此大君大家動止萬福，兒粗勝推免，男女等無恙。……因使，不宣，謹狀。月日某氏次新婦狀通次伯母侍者　謹空　　謹通次伯母侍者　　某氏次新婦狀 有群(郡)名任稱 封（伯3637號《新定書儀鏡》）

今者三十一舅方及，顯蒙芳示，仍敦異獎，曲有貺霑。（伯4092號《新集雜別紙》）

孟冬漸寒，伏惟給事三郎子動止萬福，某乙蒙恩。（斯361號《書儀鏡》）

按：上揭書儀中"伯母"乃對夫兄之妻的稱呼。周一良指出："唐代姒娌之間依照自己子女的稱呼，稱夫兄之妻爲伯母，自用謙稱新婦；稱夫弟之妻爲叔母，而自稱伯母。"①"大君大家"是對夫之父母的稱呼。斯361號《書儀鏡》："凡舅孤（姑）存日稱大君大家，歿後稱先舅先姑。""兒"爲唐代婦女的自稱，"男女"乃對兒女的稱呼，"新婦"亦爲作書者自稱之詞；"侍者"爲台座稱謂；"三十一舅"乃排行與親屬稱謂的並稱，而"給事三郎子"則爲官位、排行及親屬稱謂的並舉。"次"爲"次第"的簡稱，此用以表示不確定的排行。書儀，作爲人們寫信參考的範本，每當涉及具體的稱謂語時，編者往往以泛指代詞"某""某乙"及其他表示排行的不定代詞或名詞，如"幾""若干""次第""次"等置於親屬稱謂詞前，以便參考者臨時換用。如：

名第某息某乙，未有伉儷，承賢若干女令淑[有聞]，願託高媛（援），謹因姓某官位，敢以禮[請]。（伯3442號《書儀·通婚書》）

某第幾男未有伉儷，伏承第幾小娘子令淑有聞，願託高援。謹因媒人某乙，敢以禮請。（伯3502號背/2《新集諸家九族尊卑書儀·通婚書》）

賀四海男女婚姻書：承若干賢郎納某氏之良媛，聞問喜悅倍深。（斯329號《書儀鏡》）

伯叔祖父母喪告答祖父母姑書：次第翁婆年雖居高，冀憑靈祐，何圖奄遘凶禍。（伯3442號《書儀》）

與妻姨舅姑書：孟春尚寒，伏惟次姨動止康念，即此某及娘子男女等無恙。（斯361號《書儀鏡》）

---

① 周一良《"賜無畏"及其它——讀〈敦煌變文集〉札記》，《魏晋南北朝史論集續編》，頁283。

例中"第某""某乙""某""第幾""若干""次第""次"皆代指不確定的"排行",其中"某""某乙"爲泛指代詞,代替作書人自己或不確指、不願明說的人;"幾"與"若干"本用以指稱不確定的數字,此引申表次第的不定指。"次第"本指次序,爲名詞,此亦用來表示不確指的排行,而"次"爲"次第"的簡稱。書儀中這些表不定指排行的語詞,在實用書信中都須換成具體的數字,表示確定的排行。如伯4764號背《書狀》:"季春極暄,惟判官廿七郎動息休暢。"伯4093號《甘棠集·答歸補闕書》:"補闕十九郎,志本孤貞,道全終始。"例中稱謂語"判官廿七郎""補闕十九郎"都是官稱與行第並舉,其中數詞表示確定的排行。稱親屬以行第,起於六朝,而盛行於唐代,以至擴展成員僚間彼此的稱謂,此爲唐人書札稱謂之一顯著特色①。

　　唐五代時期,員僚稱呼除了以官稱與行第並舉外,彼此間還常用別名相稱,這在敦煌書儀中多有反映。如伯3723號《記室備要》中"賀雜端",在伯3451號背作"雜端公",則"雜端"即"雜端公"。宋葉夢得《石林燕語》卷五:"唐三院御史,謂侍御史與殿中侍御史、監察御史也。侍御史所居曰'臺院',殿中曰'殿院',監察曰'察院',此其公宇之號,非官稱也。侍御史自稱'端公',知雜事則稱'雜端';而殿中、監察稱曰'侍御',近世'殿院''察院',乃以名其官,蓋失之矣。而侍御史復不稱'臺院',止曰'侍御';'端公''雜端'但私以相號,而不見於通稱,各從其所沿襲而已。"[218][頁73]如上所言,則"雜端公"乃"端公"中主管雜事之人。那麼何以稱侍御史爲"端公"呢?唐杜佑《通典·職官六》卷二四"侍御史"條:"侍御史之職有四,謂推、彈、公廨、雜事,定殿中、監察以下職事及進名、改轉,臺內之事悉主之,號爲'臺端',他人稱之曰'端公'。其知雜事者,謂之'雜端',最爲雄劇。"[239][頁672]由此可知,呼之曰"端公"者,是因爲"臺內之事悉主之",即"端"者,"專"也,言凡事專主於一

---

① 參吳麗娛《唐禮摭遺》,頁314-326。

人也。而"雜端"因其主管各種"雜事",故又爲其中最"雄劇"者,其地位之顯貴可想而知,故而《記室備要》稱其爲"位崇憲雜,望重臺端"。此外,敦煌書儀中還有一些普通稱謂語。如:

【阿師子】

　　孟春猶寒,伏惟靈圖陳和尚尊體起居萬福,即日昌富蒙恩。……今於氾法師手上紫草一斗,又細布一角,乾棗一袋子,充阿師子信,聊表卑儀,請莫怪也。(斯1284號《西州釋昌富上靈圖寺陳和尚狀》)

　　仲春漸暄,伏惟兄宋都頭、阿婆、陰家姨、阿師子、都頭、法律、八娘子、二娘子、苟奴合家大小尊體起居萬福。……又生絹兩匹,並在二人手上,内壹匹阿師子收取。(斯4362號《肅州都頭宋富松家書》)

　　按:前例是昌富寫給靈圖寺陳和尚的書信,信中稱對方爲"阿師子",則"阿師子"應是對僧人的稱呼。唐人多以"阿師"稱僧人,如段成式《酉陽雜俎》卷五:"李乃白座客:'某不免對貴客作造次矣。'因奉手袖中,據兩膝,叱其僧曰:'麤行阿師,爭敢輒無禮,拄杖何在?可擊之。'"[241][頁598]例中叱其僧爲"麤行阿師",則"阿師子"爲"阿師"的派生形式,即在其後綴以"子"尾。此亦見於同時代其他文獻,如《法苑珠林》卷六二:"初作沙彌時,有一相師善能占相,語琰師:'阿師子雖大聰明,智慧鋒銳,然命短壽,不經旬日。'"[74][頁457中]例中"阿師子"即是對沙門琰師的稱呼。稱謂語既加前綴"阿",又附後綴"子",在唐代較爲習見,書儀中還有"阿嫂子"之稱。

【從表】

　　季秋霜冷,伏惟三傅尊體動止萬福,即日進遇蒙恩。……九月日從表散都頭張進遇狀上三傅閣下。(斯4473號背《散都頭張進遇上三傅狀》)

　　按:"從表"乃親屬稱謂,多用來指稱父親堂房姊妹或母親堂房兄弟姊妹的子女。如朱熹《祭劉子禮文》:"從表具位朱熹,謹以清酌時羞奠於近故劉君子禮六十七兄之靈。"[111][頁4088]其中"從表"即用來指稱自己與對方的親屬關係。

　　由此可見:敦煌書儀中豐富多彩的稱謂語,充分地反映了唐代稱謂語運用的時代風尚。其中官稱與排行並舉的現象,從側面反映了當時

第二節　書儀的用語特色　271

行第之稱的盛行,即已經從具有血緣關係的家族走向官場;同時官稱別名的流行也反映了當時人們對該職位的認識與見解。作爲名詞的一種特殊類別,稱謂語雖僅只是一個個的語詞,其中却包含了紛繁的人際關係和複雜的文化背景,是我們了解唐五代社會狀況的一面鏡子。

4. 節候語

所謂節候語是指書儀中用以標明節氣、景候、寒温的語詞,爲書儀行文結構所必備,即"先標寒温"。如此行文殆有兩方面的原因:一,自然景候的各種細微變化常常觸動分隔兩地的親友的"思念"情結。在可以暢敍情懷的書信中,人們往往一提筆就描寫時候景致,藉以引入抒寫思親戀友的情懷。二,寒暑的更迭、氣候的變化,常常對人們的身體造成不良影響,稍不注意保養,便會感到不適,即"寒暑不時則疾"①。書信作爲人們弔哀候疾的載體,自然須在信首標明時節寒温,望對方順時保重身體。如斯4677號《某年六月廿七日楊法律與僧戒滿書》:"季夏極熱,伏惟僧兄戒滿尊體起居萬福,即日弟僧楊法律且得平善,不用遠憂。法體何似? 伏惟以時倍加保重,遠城(誠)所望也。"

正因爲這樣,書儀自産生之日起就與"節候語"結下了不解之緣。早在《敦煌漢簡》所存"私牘"中,"節候語"的運用便已露其端倪。如:"息子來卿叩頭多問丈人毋恙,來卿叩頭叩頭。春時,風氣不和,來卿叩頭,唯(惟)丈人慎衣,數進酒食,寬忍小人、愚者。"②信中結合時景"春時,風氣不和",表達希望:願丈人"慎衣,數進酒食,寬忍小人、愚者"。此較之唐人書札的"伏惟以時倍加保重,遠城(誠)所望也"更爲真切、具體,或許是後來習用成套的緣故吧。因此無論在初唐的朋友書儀,還是中唐的吉凶書儀中,都專列有"年敍凡例"的內容,用以指導人們根據季節月份的不同選用合適的"節候語"。如斯6537號背/14《大唐新定

---

① 《禮記·樂記》,《十三經註疏·禮記正義》,頁1534中。
② 《敦煌漢簡》(上)"圖版柒三"第779條;"釋文"參該書(下)頁249第799條。

吉凶書儀》中，編纂者鄭餘慶將書儀内容分爲三十部類，居於首者即"年敍凡例"，現摘録其春季如下：

年敍凡例第一。……春曰青陽、春景、三春、九春、陽春、青春、芳春、紹春。正月孟春，敍云：春首、初春、早春、上春、光春、春日、春景、春辰、春氣；時云：猶寒、餘寒、尚寒、春寒。二月仲春，敍云：中春、仲春、春天、春時、春容、芳春、春月；時云：漸暄、已暄、稍暄、微暄、和暄。三月季春，敍云：暮春、晚春、末春、春景、春媚、春晏、春末；時云：極暄、暄劇、甚暄、漸暄。

以上所録爲春季節候用語，夏、秋、冬三季格式大抵如此。節候語的使用多爲月份與時候相結合，如伯2646號《新集吉凶書儀·賀改官啓》："孟春猶寒，伏惟官位尊體動正（止）萬福。"或徑用時候語，如伯2619號背《新定書儀鏡·借馬書·答書》："毒熱，惟動静兼勝。"或徑以名詞"寒温"、"時候"代之，以示參考者臨時根據時節景候選詞替换，如伯4050號《書儀》："寒温，惟侍奉外清泰。"斯766號《書儀·與四海平懷書》："時候，伏惟某官動止康和。"

節候語爲書信之格式用語，其使用往往較爲頻繁，乃書儀結構所必備，即使是以官場應酬爲主體的表狀箋啓類書儀，其中也不乏節候語的運用。如伯4093號《甘棠集·賀冬與翰林學士兼丞即（郎）給舍書》："節當迎日，慶屬書雲，稍换光陰，潛蘇動植。"書題爲"賀冬"，謂慶賀冬至的來臨，狀中云"節當迎日"、"慶屬書雲"，其中"迎日""書雲"皆爲"冬至"的别名①。稱"冬至"爲"迎日"殆源於《易通卦驗》："冬至始，人主與群臣左右從樂五日，天下之衆，亦家家從樂五日，以迎日至之禮。"②古人以爲天地間有陰陽二氣，每年到夏至日，陽氣盡而陰氣始生；到冬至日，則陰氣盡而陽氣開始復生，故有"冬至一陽生"的説法。"迎日"即"迎接一陽"的到來，後來人們遂以爲"冬至"的别名，習見於"賀冬"類表狀書啓中。斯78號背《縣令書儀》："屬書雲之合（令）節，當迎日之佳

---

① 以"書雲"稱冬至，本書前文已有詳論，參頁74。
② 《初學記》卷四"冬至"第一二"肆樂"條，頁83。

辰。"《桂苑筆耕集》卷一〇《前宣歙裴虔餘尚書》:"伏以禮稱迎日,傳載書雲,當寰中賀聖之晨,是水外寢兵之際。"[91][頁85]其中"迎日"皆指"冬至"。可見,"節候語"的運用亦爲書儀用語之一特色。

(二)口語詞

書儀的實用性不僅僅表現在對人們的言語行爲進行"禮"的規範,更重要的是人們常用它來"述往來之情,通溫涼之信"①,即以書代面,用幾行短書來弔哀候疾、敍暌離、通訊問。作爲信息傳輸的載體,書儀除了用來傾吐心聲、互訴衷曲外,還可用來表達道歉、討債、邀請等日常生活瑣事,如在斯5636號《新集書儀》中,即收録有"酒後收過書""索債書""問遭官事書""寒食相迎屈上墳書""慰停職書""洗軾相屈""暖房相屈"等書札及其答書,幾乎涉及了唐代士庶生活的方方面面,反映了當時社會交際的大致風貌。所以"寫本書儀雖是用駢體文字,但比較通俗,是當時習用文體,有些詞語是在唐人文獻中常見的"②,正所謂"世間尺牘,幸不違俗也"③。現略舉一二,窺豹一斑。

　　適奉書誨,深認台私。所謂前年中迴沐鈞恩,遠差人使,特持禮幣,迄屆遐方;尋差使人邁赴復禮,至於中路,逢迴鶻大段般次,以兹人使却迴,信物之屬半遭蕃部偷劫,禮既不備,深若(著)在懷。況忝殊休,合伸(申)懇素。謹專修書啓聞陳謝。(伯3151號《沙州書狀稿》)

　　酒後收過:昨日酒後,去就有乖。疏遺之時,都不醒覺;朝來訪問,方知如斯。小器易盈,致此狼狼。院長通人見察,免至深責,慚靦之外,餘無所云。候似堪扶持,即冀面謝。謹附狀,不宣,謹狀。(伯3691號《新集書儀》)

　　問馬墜書:適承馬墜,不審如何,在於中心,憂愕未已。尋合就問,緣尊者處分少事未了,了即奔赴。未間,注心無捨。故使往,不宣,謹狀。(伯3637號《新定書儀鏡》)

以上三件書札,或申述禮物之被劫,或致歉酒後之失禮,或問訊馬墜之情由,大抵皆是敍述日常生活中實實在在的事情,所用語詞都是一些緊

---

① 伯3502號背/2《新集諸家九族尊卑書儀序》。
② 周一良《寫本書儀考(之一)》,《唐五代書儀研究》,頁67。
③ 顔之推《顔氏家訓·書證》,王利器集解(增補本),頁516。

跟時代步伐的口頭語詞,如"人使、大段、般次、却迴、信物、去就、疏遺、醒覺、朝來、處分、未間"等,使得書儀具有更爲濃郁的生活氣息和更強的實用價值,也體現了書儀用語的又一特色——豐富的口語詞。

書儀中大量使用的口語詞,多爲一般傳世文籍不載或是字面普通而義別的。因此,對書儀口語詞的探討將有助於漢語詞彙史的研究和某些大型辭書的編纂。如:

【馳屑　迫屑　驅屑　驅碌　驅驅】

  屬以新冬,故同慶於初寒,惟履清泰。仆馳屑,異常煎迫。(斯 329 號《書儀鏡》)
  彼此他鄉,願同休慶。仆弊務迫屑,披集未期,不審何當一此會面?(同上)
  履納之顏,固用同慶。仆驅屑,可以意量。(同上)
  朝夕微寒,惟履珍祐;仆王事驅碌,況不足言。(同上)
  某乙所恨驅驅,不及頻届貴居。(伯 3691 號《新集書儀·暖房相屈·答書》)

按:以上例中"馳屑、迫屑、驅屑、驅碌、驅驅"等,皆用來描述奔走忙碌的情貌①。其中"驅""馳"皆謂疾行,"迫"指急促,其義相通。"屑"與之義近,猶言"勞碌",《廣雅·釋詁》:"屑,勞也。"王念孫疏證:"《說文》:'屑,動作切切也。'《方言》:'屑屑,不安也。'郭璞注云:'往來之貌也。'又'屑、往,勞也。'注云:'屑屑、往來,皆劬勞也。'……《後漢書·王良傳》云:'何其往來屑屑不憚煩也。'"[86][頁31]另"驅驅"在書儀中還可換成與之音近或義近的"棲棲、屑屑、匆匆、卒卒",伯 3442 號《書儀·與平懷書》:"春首猶寒,願清勝也。王事之餘,想多暇豫,名驅驅耳。"原卷於"驅驅"下注云:"至如屑屑、棲棲、匆匆、卒卒,此例亦廣,不能遍舉。"謂這些詞語的含義相同,在具體的書信中任選其一,也不會影響文意。

【使次　信次　人次　般次】

  孟冬盛寒,惟兄嫂動止勝常。……未由拜謁,伏增馳結,無任下情。謹因

---

① 陳静《書儀研究》,頁 30。

使次,謹附狀不宣。(伯3945號《從心與兄嫂書》)

使次之間,不絕音耗。(斯766號《新集書儀·與四海告別書·答書》)

常見要少乳,即此難求,承彼邊有。……委知與足下非外,幸方使諮求,市三五兩,深要也。儻遂使次,早垂惠及。(斯329號《書儀鏡》)

按:"使次"本指使者(出行的)批次,此則徑用來指稱來往通行的使者,前二例"使次"用以捎信,後例用來帶物。使者出行往往依批次發遣,故例中云"倘遂使次",即恰好遇到順路的使者,則託他們帶上。"使次"表使者之義亦見於傳世文獻,如歐陽修《賜夏國主贖大藏經詔》:"省所奏,伏爲新建精藍,載請贖大藏經帙籤牌等。其常例馬七十匹,充印造工直。俟來年冬,賀嘉祐四年正旦使次附進。"[170][頁645]例謂印造大藏經帙等所須工價,待來年冬賀嘉祐四年正旦的使者帶來。其中"使次"指每年派遣的賀正使者。"使次",或又作"信次",如:

謹因信次,修狀起居陳謝。(斯76號背/4《某年十二月廿四日潘☐致秀才十三兄狀》)

今因信次,附狀代申卑懇,諸容續更有狀。(斯76號背/5《宗緒與從兄狀二通》)

"信"在魏晉六朝以至唐初,多指傳書送信的"使者"。如《世說新語·文學》:"司空鄭沖馳遣信就阮籍求文。籍時在袁孝尼家,宿醉扶起,書札爲之,無所點定,乃寫付使。時人以爲神筆。"[202][頁245]例中前謂"遣信求文",後云"乃寫付使","信"即"使"也。又斯5472號《朋友書儀》:"今因去信,附塞外之行書;如有迴人,往邊城之寸札。"例中"去信"與"迴人"相對爲文,"信"亦指傳書送信的人。正因爲如此,敦煌書儀中纔以"信次"來指稱使人。又或稱爲"人次",如:

今欲附信物,緣人次發速,不及封裹法前。(上圖17號《家書》)

例謂本打算請使者帶些禮物,因走得太急,而不及送上。其中"人次"相當於"使次""信次"等。從上面的例證不難看出,敦煌書儀中關於"使者"的語詞尤爲豐富,這是由它的文體內容所決定的,既是寫信,必然牽涉到傳書送信的使人。書儀中又或以"般次"來傳遞書信,即"官私書信往往也'因般次出發'而隨之捎出"①。如：

> 自前或有逃人經過，只是有般次行時發書尋問，不曾隊隊作賊偷劫。（伯2155號背/1《曹元忠與回鶻可汗書》）

> 已前西頭所有世界事宜，每有般次去日，累曾申陳，計應上達。（伯2992號背/3《歸義軍節度使致甘州回鶻順化可汗狀》）

> 昨者某專甲般次到來，伏蒙使頭遠垂委曲，兼惠信□(物)。（伯4766號《使頭與官健往復書》）

例中"般次"皆指傳書送信的使者，殆由其本義"運輸的批次"引申而來。"般"，今作搬，"般次"即"搬次"，本指運輸的批次。如陸贄《唐陸宣公集》卷一八《蓄軍糧事宜狀》："縱絕江淮輸轉，且運此米入關，七八年間，計猶未盡。況江淮轉輸般次不停，但恐過多，不慮有闕。"[238][頁13]句中"般次"指從江淮運米入關的運輸批次。也可擴大指其他批次，如《冊府元龜》卷一二二《帝王部・征討第二》："仍委子儀差人先於諸道計會，分般次進發。"[15][頁1460]例中"般次"泛指批次。由此引申，又可實指成批的人，即各種隊伍，當然也包括使團在內。故敦煌書儀中或徑用"般次"來指稱來往通行的使者。如：

> 當道今差使人入貢□(朝)庭，經過路途，到汝部落地界之時，一仰准例差遣人力防援般次。（伯4525號《曹節度使委曲》）

> 白玉一團。賜沙州節度使男令公，汝宜收領，勿怪輕尠，候大般次，別有信物，汝知。（伯2826號《于闐王賜沙州節度使白玉一團札》）

前例中先言"差使人入貢朝庭"，後云到對方地界時，希他"差遣人力防援般次"，用詞雖有不同（一爲"使人"，一爲"般次"），其所指却都是曹節度使派遣的入貢使臣。後例中"大般次"謂大隊的人馬、使團等，言待大批般次出行時，將別有信物贈送。由此可見，時人多託使團寄送禮物或貢品等，故"般次"又可轉喻指使人捎帶的"禮物或貢品"。如：

> 貴府人使至，所示勾取弊藩入貢般次事，今差曹某等一行上京進奉，克副

―――――――――

① 張廣達《唐末五代宋初西北地區的般次和使次》，《季羨林教授八十華誕紀念論文集》，江西人民出版社，1991，頁969-974。

来书。(伯3151號《沙州書狀稿》)

前件般次,累付書典,計合達上。(伯2529號背《書信》)

例中"般次",一指貢物,一指贈品。另如《文獻通考》卷三三五《四裔考》:"吐蕃遺俗……居板屋,富室以氈爲幕,貢獻謂之般次。"[270][頁2630]可資比勘①。

上揭"使次""信次""人次""般次"皆可用來指稱傳書送信的使者。而敦煌書儀中,最爲習用的是"般次",僅筆者所見就有24例。或許唐五代時,人們多憑靠"般次"來傳輸信息,互通有無,然而這些詞語多不見載於現行辭書。由此可見,書儀口語詞的運用,不僅可補辭書之闕遺,還能間接反映當時信息傳輸的主要方式——般次,對我們了解唐代的社會風貌大有裨益。

總的説來,書儀用語的構成是極爲豐富的,既有典雅莊重的書面語,如謙敬語、套語、稱謂語、節候語等,也有通俗淺顯的口頭用語。這是由其根本特性"實用性"決定的,因爲"書之爲體,起於實用,它一開始就顯示出其固有的特性:對象性、敍述性和傳遞性"②。對象性指寫信都有特定的對象,對上,對下,遠近親疏,尊卑貴賤,用詞各不相同,這樣便出現了紛繁的稱謂語;敍述性謂作書者多借書信以敍寫情懷、傾吐心聲,用通俗易懂的口頭語詞來表述思想,正所謂"尺牘書疏,千里面目也";傳遞性指書信不僅僅是作書者表白心迹的園地,也是人們傳達問候、致以祝福的載體,因而其中含有不少結合時景問候對方的節候語。而"書儀"之爲體,亦起於實用,爲了以"書"載"禮"、寓"禮"於"書",其中便產生了大量謙己以尊人的謙敬語,同時在書體格式上也形成了特定的套語。謙敬語、稱謂語、節候語、套語的運用使書儀呈現

---

① "般次"條的釋義及所引《册府元龜》《文獻通考》的例句,皆蒙王鍈師批示,謹致謝忱。另參曾良《敦煌文獻字義通釋》"般次"條,頁6;董志翹《敦煌社會經濟文獻詞語略考》"般次"條,《語文研究》2002年第3期,頁22。

② 參黃維華《書信的文化源起與歷史流變》,《江海學刊》1996年第3期,頁170-173。

出典雅、莊重的風格；口頭語的採用，又讓書儀顯得通俗、平易，此即書儀用語的總體風格——雅俗並重的"通"體①。

## 二　格式套語，減省縮略

書儀中撰集的大量書札範本，其中往往省去了敍寫實際生活情節的話語，存留的多是一些位於固定位置（開頭或結尾）的格式套語。這些套語多爲當時的書札所習用，因而當類似的套語重複出現時，書儀編者在撰集範本時每每用表示省略的詞語"云云"代之。如伯 3864 號《刺史書儀·問疾》：

> 某啓：竊承某官尊體小有不安，蓋緣節氣未調，惟望善加攝理。某但緣縈拘職役，難果躬問寢興。謹奉狀咨候體氣，伏惟云云。

其中"伏惟云云"的"云云"即表示該處省略了特定的格式套語。有時則連"云云"也省掉而徑作"伏惟"，如同卷：

> 昨者近知尚書得染疾，醫療不損，藥餌無徵，聞言身故。……今因人使，謹修狀陳慰，伏惟。

例中"伏惟"後顯有所省略。然而被省略的究竟是什麼呢？若將上揭例句與完整的書儀或具體的書信相對照，即可推知被省略的部分，從而將其補足。如伯 3449 號《刺史書儀·借館驛別紙》："某切以上下人多，兼及頭匹不少，每至宿程之處，店司安泊稍難。須具啓陳，罔避干瀆。欲投館驛安下，全冀隆私，俯垂允容，感銘下懇。謹修狀咨聞，伏惟照察。謹狀。"伯 3438 號背《沙州官告國信判官將仕郎試大理評事王鼎狀四件》之四："昨日伏蒙支借打顋（顐）玉壹團，當時於郊野分付客都宋僕射訖。謹修狀啓聞陳謝，伏惟照察，謹狀。"上舉兩例中，前爲完整書儀，後爲具體書信，比照其狀尾，可知上揭伯 3864 號例中"伏惟"後省略了"照察，謹狀"這樣的結尾套語。

然而須要注意的是，"云云"作爲套語的代稱，在不同的文書中，它

---

① 顔元孫在《干禄字書·自序》裏將文字的俗、通、正與不同體裁的公文緊密聯繫起來，認爲"通"體，"相承久遠，可以施表奏、箋啓、尺牘、判狀"。其實，文字的俗、通、正與語言的俗、通、正具有同步性，即"表狀、箋啓、尺牘"之類屬於"通"體。

所指代的對象是不同的。如斯1040號《新集吉凶書儀》:"父母初修(終)祭文:維某年歲次某月朔某日辰,孤哀子等謹上清酌之奠,敢昭告於考妣之靈,某等不孝深重,上延考妣,攀慕慈顏,不敢獨違禮,故謹上清酌之奠。伏惟尚饗。……大小祥祭文:云云,上延考妣,不自殞滅,日月逾邁,奄及祥禮,五内屠裂,號天叩地,哀摧罔及。禮程有限,不敢獨違,以今日吉辰大小祥制,不勝痛絕,云云。已前數［首］頭尾並初終祭文同。"例中"云云"既用來指代祭文開頭部分的"維某年歲次某月朔某日辰……某等不孝深重",又用來代稱結尾部分的"故謹上清酌之奠。伏惟尚饗"。因此在具體的書狀中,須比照内容相似、結構完整的書儀將省略了的套語補齊,即將"云云"置換成它所替代的部分。也正因為如此,在同一内容的不同抄本中,其格式套語有以"云云"替代者,也有以具體内容顯示者,如伯3723號《記室備要·賀散騎常侍》:

　　某官河岳間賢,國朝重德。……今者位居獻可,秩冠貂蟬;曳裾之步迴高,鳴佩之聲獨朗。天階咫尺,台席匪遥。久屬聖情,必副群望云云。

其中"云云",别本伯3451號背作"某忝承眷受(愛),欣忭尤深"。此殆即"云云"所替代的賀狀中表自我感受的格式套語,因為在同卷的《賀諫議大夫》、《賀給事中》等書狀的相應部分,此句分别作"某忝受眷私,倍深虔禱""某忝承眷愛,忻慰無涯",所用語詞大抵相同。可見,格式套語的省略乃書儀用語行文的特色之一。

### 三　尊卑差異,等級森嚴

　　書儀用語多是在固定的格式框架中填入内容相似的語詞,這便使其語彙在構成上表現出鮮明的系統性,易於形成同義詞;而這些同義詞在具體的運用中又往往體現出嚴格的規範和顯明的差異[①],即在什麼場合、對什麼人選用什麼語詞,書儀的序例說明都作了具體嚴格的規

---

① 關於書儀中的同義詞,本文第六章將進行詳細探討,此則舉例說明其運用中表現出來的"等級"差異。

定,如伯 2616 號背《刪定儀諸家略集并序例弟(第)一》:

> 凡下情不[任]、不具、不宜、伏惟、伏願、珍重等語,通施尊長,自敍皆云蒙恩;若患指陳其狀,不得劣劣等語。凡唯(惟)、傾仰、馳係、曠奉、辭奉、安念、奉問等語通[施]小重,白(自)敍等云挽(推)免;凡傾仰、枉問、白書、勤仰、諸敍、翹企、所履、清適、休宜、敬重、敬厚等語皆平懷,自敍得云諸弊等語。凡如宜、佳適、佳致、敍對等語皆小輕。論卑下云佳健、無恙。凡憶念、佳宜、不多、不悉皆施卑下。

上揭序例根據受書人的不同(尊長、小重、平懷、小輕、卑下)對其語詞運用作了嚴格的規定,體現出鮮明的級別差異。若將此規定與具體的書札用語加以對勘,會發現其間大多相合。茲舉例說明如下:

> 與子侄□(孫)書:不見汝久,憶念纏懷<sup>亦云盈懷,亦言憶念不可言</sup>。比絕書疏,增以懸念<sup>亦曰懸戀</sup>。猶寒,念無恙<sup>佳健</sup>。即此翁婆萬福。吾如常,汝父母並健<sup>此語謂與諸親</sup>,餘大小推度。未即見汝,歎滿何極。好自愛慎<sup>謹慎</sup>,及此不多。(伯 3442 號《書儀》)

這是一封寫給子侄孫的書信,受書者屬"卑下"類,將其中用語同上揭序例中相關語詞比勘,發現大多密合無間,如問候對方用"無恙",并注云"佳健",此謂兩者皆可,結語用"不多"。由此不難想象,書儀的序例說明乃編者從衆多實用書信中總結出來的用語規範,并以此指導書札範本的撰集。因而書札範本中語詞的運用,也體現出嚴格的規範化和鮮明的差異性。如伯 3442 號《書儀》:

> □(與)妻父□(族)書妻<sup>□(姑)姊附之</sup>:名言伯叔姑<sup>亦言伯叔姑云</sup>:違覲<sup>伯叔姑云曠覲,姊(妹)云曠奉</sup>,稍久,馳係唯積<sup>伯叔姑云延誠,姊云延仰</sup>。奉問,伏慰下情。孟春猶寒,伏惟翁婆萬福,府君夫人康豫,兄姊清宜,郎娘佳適;即此耶娘安和,某娘<sup>謂妻</sup>及名寧侍<sup>無父母云蒙恩</sup>,男女等佳健。拜覲<sup>妹(妹)云拜奉</sup>未期,伏增馳結<sup>妹(姊)云惟增延結</sup>,伏願珍重。

這封信的受書對象級別不一,既有尊行的翁婆(妻之祖父母)、府君夫人(妻之父母),又有小重的伯叔姑,還有長行的兄姊、幼輩的郎娘(妻之弟妹),因而在選詞用語上各有不同。如敍及"別離"時,對妻之祖父母、父母用"違覲",對其伯叔姑言"曠覲",而對其姊則云"曠奉";同樣,"贊彼人"時,妻之祖父母用"萬福",父母用"康豫",兄姊用"清宜",弟妹用"佳適";謙陳己方情況時,自己的父母用"安和",妻子與自己用"寧侍"(有父母)或"蒙恩"(無父母),子女則用"佳健"。書儀語詞運用的級別差異,由此可見一斑。

## 第三節 書儀的時代特色

敦煌藏經洞中保留下來的一百餘件書儀寫本,撰寫時間從武則天當政時期至五代沙州歸義軍曹氏執政時期,前後延續近三百年①。這時期正是漢語語音、詞彙、語法產生重大變化的時期,即漢語史上近代漢語形成的初期②。敦煌書儀作爲這一特定歷史時期的產物,其用語必然深深地打上那個時代的烙印,具有一定的時代特色。

所謂時代特色指書儀作爲唐五代時期的產物,其用語反映出來的那個時代的社會面貌。書儀雖然只是時人書狀、信札的匯集和相關儀注,但所涉及的內容決不僅僅是寒暄問候或抒寫離別情緒,幾乎涵蓋了當時社會生活的方方面面。因而其詞彙構成異常豐富,除了習用成套的格式用語及承古而來的歷史詞外,還有大量反映現實生活題材的詞彙。不僅如此,在記錄語詞的文字上,也深深地打上了唐五代時期的烙印,反映出當時的用字習慣。

### 一 反映唐五代時期現實生活的語彙

#### (一)稱謂詞

寫信,自然少不了有所稱謂,書儀中人名稱謂主要有親屬稱謂、職業稱謂、台座稱謂等三大類。反映當時親屬稱謂的語詞有:阿郎、阿家、阿孃、阿婆、阿嫂、阿師子、阿翁、表弟、表弟妹、表姑姨、表外

---

① 參趙和平《唐五代書儀研究·序》,頁1。
② 學界關於近代漢語的上限還存有某些爭議,或以爲晚唐五代,或以爲唐初(參袁賓等編著《二十世紀的近代漢語研究》,頁3-9),而敦煌書儀的撰寫時間正跨其間,此姑稱其爲"近代漢語的初期"。

甥、表兄、表兄姊、表丈人、表侄、表姊、伯母、伯叔、從表、大伯、大哥、大家、大君、大門、高門、姑子、家門、家叔、家兄、親家翁母、舍弟、同門、外舅外姑、小娘子等。

職業(身份)稱謂的語詞有：般次、伴賊、本使、本典、書手、手力、脚家、長行、驛戶、丞郎、城使、大尹、都監、都僧統、都頭、都衙、都知、都指揮使、端公、供奉、觀察、觀風、觀軍、官健、管軍、管押、給舍、給事、監軍使、節察、節兒、節判、軍容、留後、親從、人使、人信、上佐、使長、使頭、使相、使主、侍御、天使、通引、團判、威儀、押牙、亞相、亞尹、院長、雜端、指揮、天公主、水南大王、捉道人、子將等；除此而外，在伯3723號《記室備要》中，還涉及許多官名及相應的別稱，如：左右僕射(左右揆)、散騎常侍(左右貂蟬)、御史大夫(亞相)、雜端、鹽鐵使、度支使、宮苑使、東都留守、使相、節度使、統軍、諸衛將軍、兩神策軍馬步使、中尉、軍容、長官、兩軍副使、飛龍使、飛龍副使、內園使、莊宅使、宣徽使、僻仗使、仗內使(令)、翰林使、西院直公、總監使、省令、瓊林等使、牛羊使、諸司使、監軍使、供奉官等職官名，這些官職多是唐五代時期纔出現的。

台座稱謂的語詞有：節下、麾下、閣下、足下、記室、執事、侍者、左右、座前、几前、妝前、服前、苫前、凷前等。書儀中台座稱謂或繼承前代而來，或爲唐五代時期新興的。

由上舉稱謂語可看出，書儀中積聚了許多唐五代時期習用的稱謂詞，其中某些語詞明顯帶有當時當地的特色，如"節兒"，乃吐蕃在河隴等占領區的官名，相當於唐代的刺史；有一些稱謂詞一直沿用到今天，如"大伯""大哥"等；有的則反映了晚唐五代時期"使職"泛濫的官制狀況，如"飛龍使""內園使""莊宅使""牛羊使"等。

(二)名物詞

書儀作爲表狀箋啓等文書的集成，其中也匯聚了不少有關文書名稱及其格式的語詞。如：牓子、報狀、狀報、表本、表函、表啓、別幅、別狀、別紙、大狀、短封、公憑、公狀、笏記、後狀、後幅、記事、箋表、門狀、名紙、牌子、疏子、委曲、平闕、開項、前件、前人、前物、上件、前頭、結尾等。

此外，還有許多名物詞，如：野味、團扇、團粽、草豉子、草料、茶酒、節料、冷陶、冷飯、暖子、暖座、長行局、官布、鋼鐵、花單等。在伯3723號《記室備要》卷下的目錄中，列有許多贈送他人的物品。如：書籍、古畫、詩篇、藥方、障子、花鳥障、州縣圖、牙笏、木笏、劍、衣段、毛襖段、襆頭、榖子、靴栽具、生蕉、竹鞋、琴、阮咸、鏡子、棋局、長行局、弓箭、竹柱杖、鞍轡、鞭、緘紙、角器、越器、硯瓦、竹簟、水蔥席、筆、墨、毬杖、扇子、氈、簷子、氈車子、簷子女二人、蒲扇、蠅拂、衣香、口脂、生藥、木枕、交牀、暖座、櫻桃、藕子、蒲桃、筍、薹蘿、甘橘、杏子、甘蔗、桃子、李柰、柰栗、橄欖子、烘柿、樧樝、梅子、林檎、棗子、石榴、茶、酒、馬、鷹鷂、獵狗、猧子、鶴、鸚鵡、茶酒等。從這些物品可窺知晚唐五代時人們日常生活的大致面貌。

上揭文書類詞語反映了當時信息傳輸的主要手段及方式，如"報狀""狀報"，實即"邸報"，是溝通朝廷與地方的紐帶；其中某些格式語詞則反映了當時文書製作的真實情況，如"平闕""開項"等。名物詞或反映當時飲食起居、衣著穿戴，如"野味""冷陶""口脂""襆頭""暖座""簷子"等，或反映當時娛樂方式，如"毬杖""棋局""長行局"等，無一不折射出當時人們的日常生活習慣。

### （三）事爲詞

除稱謂詞、名物詞外，書儀中還有大量表示動作行爲的語詞。如：安泊、安下、安存、安恤、伴讀、絆縈、報知、畢終、畢盡、稟依、逋違、部統、部領、部付、參問、藏避、茶藥、差攝、差遣、常調、唱說、陳賀、持送、持孝、除禪、除授、除替、詞理、辭違、從依、從使、催趁、催驅、存濟、打劫、打疊、打毬、打戲、打賊、點率、弔孝、調護、闘合、闘亂、發赴、發離、發臨、發遣、發去、發書、發送、發邀、罰配、防秋、防送、防援、訪學、放捨、分付、分割、分惠、分襟、分顏、分張、封裹、奉差、奉託、復禮、附寄、附送、改官、干撓、干聒、告臨、告謝、公參、供給、勾當、勾取、顧録、顧憐、怪訝、管顧、過訪、光降、和斷、和許、歡慶、回避、回戈、擊拂、羈制、集見、給付、記録、記念、寄附、加重、檢到、檢訪、檢校、檢尋、見面、健羨、將理、將攝、將治、獎借、降顧、降駕、降重、交納、鉸剪、較量、接話、結親、結姻、成禮、就禮、矜容、開解、看侍、寬假、款話、暌間、暌離、留念、羅塞、慢防、面話、面謝、面敍、暖房、排備、排比、潘割、攀留、攀送、攀延、攀依、攀附、攀緣、披豁、披會、破除、破散、剖陳、鋪舒、起發、起服、起復、起赴、起建、牽絆、牽逼、牽迫、牽仍、牽縈、戕煞、挈提、屈請、趨參、取覓、痊除、却答、却復、却回、上墳、上任、攝理、申謝、申展、省問、侍奉、收領、收留、收納、收認、收什、收贖、收受、疏遣、損動、歆美、歆賞、提持、提擢、體察、帖職、統壓、團聚、團圓、推延、託附、違拗、維挈、維持、委任、委知、洗拂、洗軟、下檐、下鄉、相交、脅取、謝賀、行履、形迹、醒覺、修表、修函、修寫、修承、敍會、敍對、懸念、淹延、延屈、延受、邀勒、邀屈、邀迎、依從、依賴、殷重、縈逼、縈拘、縈仍、優勞、圓就、允諾、允許、允容、展話、展接、照悉、徵迫、支分、支濟、支借、祗待、祗候、指撥、指引、周備、主轄、佇待、佇候、佇聆、佇聽、佇望、佇迎、注擬、追賞、咨告、咨候、咨聞、咨問、咨迎、諮邀、諮屈等。

上揭事爲詞多是唐五代人習用的語詞，其中或有見載於辭書者，然其用例多晚於書儀或與書儀同時。其中某些語詞的運用往往反映出唐人對某種娛樂活動的喜好，如"打毬""打戲""擊拂"，表明當時打馬毬的盛行；還有些語詞則反映了當時的習俗風尚，如"暖房"，説明當時已有賀人新居的習俗；"洗拂""洗軟"，表明當時已有爲人接風洗塵之風習；"下檐"，又説明時人有贈給遠方行人酒食、錢物的習俗；"上墳"則説明當時寒食節盛行"掃墓"之俗。總之,書儀中幾乎每個表事爲的語詞都打上了當時的印記。

(四)情貌詞

書儀中的情貌詞多是表達思慕、悲傷情懷的詞①。除此而外,還有一些表示容貌情態的語詞。如:白净、逼促、草草、蹭蹬、差殊、孱劣、猖蕩、麁惡、單進、單微、惡弱、惡拙、繁屑、繁綜、反仄、甘新、羈蹇、煎撓、煎迫、盡底、苦剋、寬弘、寬快、困懸、困重、忙怕、忙迫、平怗、迫屑、棲屑、輕微、驅碌、驅驅、驅屑、任情、上好、疏索、疏易、醒醒、懸絶、懸危、專擅等。其中一些語詞反映了時人表現某種情貌時共有的認知方式,如以"驅"表示辛苦忙碌,以"忙"表示心慌,唐人還習用"驚忙"一詞。個別語詞一直沿用到今天,如"上好"表頂好、最好。

以上我們粗略地列舉了敦煌書儀中帶有時代特色的語詞,旨在説明書儀中存有不少反映現實生活題材的語彙。"書札"是人們交流信息的工具,既是信息,當然多是與現實生活緊密相關的,而作爲傳達信息的載體——書札語詞,自然也就具有了相當程度的現實性。

## 二 反映唐五代時期特有的用字習慣

書儀中用以記録語詞的文字形式往往反映出當時的用字特色。所謂用字的時代特色其實有兩層含義:一是某個語詞在不同的時期選用不同的漢字形體來記録,在字形上表現出一定的時代差異,即古今用字的不同;二是某個語詞在特定的時期常借一個與之讀音相同或相近的詞來表示,即"通假字"的時代性。每個時代都有它特定的用字習慣,而在鉛字流行的今天,清一色的規範用字,淹没了古籍文獻中各色各樣的

---

① 有關書儀中表示悲傷、思慕情懷的語詞的詳細探討,參本書第五章之"隱喻構詞",頁 313-317。

用字情況,以致後人欲了解歷史上各個時代的用字習慣,幾乎成了不可實現的夢想。隨着寫本文獻的出土,這種夢想又變成了現實。上世紀初敦煌文書的發現,爲我們探研唐五代時期的用字習慣提供了絶好的材料。敦煌書儀作爲這時期的寫本文獻,其中某些語詞的文字記錄形式往往帶有那個時代的烙印,真實地再現了當時的用字習慣。如:

例1,体—笨

奉口馬奴婢書:馬一匹,某毛色。……不揆麁駘,而造華厝(櫪)。下情伏增惶悚,願不棄麁体,見垂檢領。(斯329號《書儀鏡》)

按:例中"体"與"麁"同義連用,指粗劣、笨拙,此義在中古以下的文獻中多借"笨"表示。"笨"原指竹子内層的白色薄皮。《説文·竹部》:"笨,竹裏也。"段玉裁注:"謂其内質白也。又有白如紙者,《吴都賦》注謂之竹孚俞。"[226][頁190]後多借來表"粗劣不精"之義。如北魏賈思勰《齊民要術·煮膠》:"近盆末下,名爲'笨膠',可以建車;近盆末上,即爲'膠清',可以雜用;最上膠皮如粥膜者,膠中之上,第一黏好。"繆啓愉校釋:"笨,粗而不精,'笨膠',猶言粗膠、濁膠,和'清膠'相對,猶酒麴之有'笨曲',與'神曲'相對。"[179][頁551]"笨"此義見於韻書則較晚。《集韻·混韻》:"笨,竹裏;一曰不精也。"[121][頁365]唐宋時期,人們又專門造了一個從人、本聲的"体"字來表此義,即在表示"粗劣不精"這一意義上,"体""笨"爲古今異體字。"体"此義亦見載於當時的韻書、字典,伯2011號《刊謬補缺切韵·混韵》:"体,麁皃。"《廣韻·混韻》:"体,麤貌;又劣也。"[285][頁283]《龍龕手鏡·人部》:"体,蒲本反,劣也。"[154][頁30]而在文獻中却難見其蹤迹,偶有所見,也晚於敦煌書儀,如《資治通鑑·唐懿宗咸通十二年》:"春正月辛酉葬文懿公主,……凡服玩每物皆百二十舆,以錦繡珠玉爲儀衛,明器輝焕三十餘里,賜酒百斛,餅餤四十橐駝,以飼体夫。"胡三省注:"体,蒲本翻。体夫,舁柩之夫也。"[321][頁1738]可以説,敦煌書儀中"体"字形、義的運用,真實地再現了當時的用字情況,爲韻書、字典提供了準確適時的用例。

例2，荼—搽

　　更乞好自保持，善爲荼藥。(伯3864號《刺史書儀》)
　　伏惟以時強爲荼藥，卑情懇望。(斯529號《同光二年(924)五月定州開元寺僧歸文狀五通》)

按：例中"茶"在敦煌文獻中或作"荼"，如《敦煌變文校注·李陵變文》："人執一根車輻棒，著者從頭面淹沙。登時草木遭霜箭(剪)，是日山川被血荼。"[42][頁130]此文韻腳字爲"沙""霞""鴉""家"等，皆屬"麻"韻，故知"荼"音 chá。斯1171號《金光明經最勝王經卷一音義》："荼，宅加反。"清顧炎武《音學五書·唐韻正》"茶"下云："茶，宅加切，古音塗。……《說文》：荼，苦茶也，從艸、余聲。臣鉉等曰：此即今之茶字……"[303][頁270]即"茶"本音"塗"，後語音演變，分化出 chá 音，遂專造一"茶"字記錄之。"茶"是"荼"字減去一筆而成的分化字，大概唐代纔出現①。然無論"荼"還是"茶"，表"塗抹"義時，其本字皆當爲"塗"。如斯2144號《韓擒虎話本》："某乙等弟兄八人別無報答，有一合龍膏度與和尚，若到隨州使君面前，已(以)膏便塗，必得痊差。"唐宋時期，由於語音的變化，"塗"由原來的"同都切"分化出 chá 音，《漢書·東方朔傳》"老柏塗"顏師古注："塗，音丈加反。"[102][頁2846]是知唐人已讀"塗"爲"茶"。此音亦見於《廣韻·麻韻》，"塗，塗飾，又音徒。"[285][頁168]而"塗"字此音此義在敦煌文獻中又常借"荼""茶"來表示，因而上揭例中"荼藥"即今之"搽藥""塗藥"，指在傷口處塗抹藥物，以求早日康復。其中"塗"爲本字，"荼"爲借字，而"搽"則又爲"茶"在表"塗抹"義上的後起區別文。可見，在"塗藥"與"搽藥"之間，曾有過"荼藥"的階段，正是敦煌書儀中真實的用字情況，揭示了其間彼此的關聯。另"荼(塗)藥"一詞的音、義至今還保留在西南官話中。

例3，丹—單

　　右謹寄上，聊表下情。誠愧丹微，深懷悚灼。(伯2539號背《後唐朔方節度使書啓底稿·三司院營田案院長書》)

---

①　裘錫圭《文字學概要》，頁226-227。

聊無(附)丹信,到望收納。(俄敦 1384 號《押牙李文繼書狀》)

按:例中"丹"當讀爲"單",用爲謙詞。"丹微"即"單微",謙稱自己的禮品單薄、細微;"丹信"即"單信",猶言"薄禮",用以謙稱自己的禮品微薄。讀音上,"丹""單"在《廣韻》中皆音都寒切[285][頁121],聲、韻、調完全相同,可得相通。且這兩詞在敦煌書儀中常寫作"單微""單信",如伯 3906 號/4《書儀·寄信別紙》:"前件物聊充遠信,實愧單微,伏乞收留。"斯 4654 號背《起居狀》:"前者[某]乙盤(般)次某手上寄某勿(物)小(少)多,寮(聊)充單信,不忘心。"可見,上揭例中"丹"當爲"單"的同音借字。

例 4,賀—荷

今請捨官出家,伏[乞]相公無障聖道。則小人與(以)身報賀,萬死酬恩。(斯 1438 號背《吐蕃占領敦煌初期漢族書儀》)

囑四海求事意書:往沐深恩,竟未答賀,常愧於心。(斯 329 號《書儀鏡》)

右今月[日]奉宣,守本官充翰林學士者。某伶俜之羽,忽騫青雲;蹭蹬之鱗,將游碧海。以榮以懼,賀寵若驚。(伯 4093 號《甘棠集·上三相公狀》)

按:例中劃綫部分的"賀"皆當讀爲"荷","報荷""答荷"即報答、感激之義;"賀寵若驚","賀"者,荷也,義同"受寵若驚"。從語音看,"賀""荷"在《廣韻》中,一讀胡賀切,匣母個韻[285][頁419];一音胡可切,匣母哿韻[285][頁304],聲同韻近,可得相通。且敦煌文獻中,"賀"多借作"荷"。如斯 6032 號《王梵志詩》:"新人食甘果,愧賀種花人。"其中"愧賀"即"愧荷"。又如斯 2578 號/1《某年十一月十九日押衙薛九安謝張索二都頭狀》:"昨九安遠聞男員通遂往南山,手内把却……忽若二都頭勾當得員通離得南山,遠到鄉井,九安拜賀無限。"句中"拜賀"亦當讀爲"拜荷",乃表示感激的敬詞。

例 5,訊—信

女適事:伏承小娘子與某氏親姻,財訊已過,奉助感慰。(伯 3691 號《新集書儀》)

按:例中"財訊"費解,疑"訊"爲"信"的同音借字。同卷與此類似的語句中即作"信",如:"平懷相賀兒婚:伏承賢郎君與某氏親姻,已過財信,伏惟感慰。""財信"即"財禮"。且讀音上,《廣韻》中"訊""信"皆有息晉切一音[285][頁392],可洪《新集藏經音義隨函錄》卷一《摩訶般若波羅蜜經》音義第一四卷:"問訊,音信。"[280][頁575]可洪徑以"信"給"訊"注音。可見,"訊""信"讀音相同,可得相通。且敦煌文獻中就有其彼此通借的例子,斯516號《歷代法寶記》:"相公頓身下階,作禮合掌,問信起居。"其中"信"即當讀爲"訊","問訊"即"問候"。

例6,若—弱

厶乙卑門若女,每事無閑,□□伏事親家翁高門,下情無任喜躍。(伯2652號背《諸雜謝賀》)

按:句中"若"當讀爲"弱",《廣韻》中二者皆音而灼切[285][頁502],讀音相同,可得相通。敦煌寫卷中"弱"常寫作"若",如伯3931號《靈武節度使表狀集》:"恩威振處,羌戎之稽首歸心;撫若淩強,外國之願追盟耗(好)。"句中"若"與"強"相對爲文,顯爲"弱"之音借字。另斯6631號背《蘭若讚》:"從此病生救不可,直至羸若命身終。"其中"若"字亦當讀爲"弱"。或許以"若"代"弱"乃唐人的用字習慣,正因爲這樣,敦煌文獻中纔如此頻繁地將"弱"寫作"若"。或許也正因爲如此,日本漢字中纔會以"若い(わかい)"來表示"弱(年輕的、幼小的)"的意思。當然,日語中"若い(わかい)"的詞義較"年輕的、幼小的"更爲複雜,此或是後來使用過程中,日本人賦予它的特定文化含義。

以上我們從文體、用語、時代等三方面對敦煌書儀的內容特色進行了粗略的介紹,旨在對研究對象獲得整體的把握和感性的認識,引入對其中詞語、含義的形成和由來進行探討。

# 第五章　敦煌書儀新詞新義研究

中國古代社會發展到唐五代時期，經濟、政治、文化等各個領域都發生了較大變化。與此相應，漢語的詞彙也有了很大的改變。這主要體現在兩個方面："一是作爲信息的載體，隨着社會政治經濟文化的發展，詞彙負荷量增大，勢必產生許多新詞；二是作爲詞的核心——詞義的發展，即'一個形式向一種新意義的伸展'。"[1]敦煌書儀作爲這一特定歷史時期的產物，也涌現了大量的新詞新義。然而這些新詞從哪兒來的，新義是怎樣產生的，其詞義變化的内在機制如何？這些都是本章所要探討的内容。

## 第一節　書儀新詞新義的概貌

本書所謂新詞新義指敦煌書儀中出現的唐五代時期新興的詞語及含義。具體確定新詞新義時，我們主要參照《漢語大詞典》《唐五代語言詞典》《謙詞敬詞婉詞詞典》。標準是：一，見於敦煌書儀而以上三"典"皆未收者；二，較這三"典"首見例更早的詞及詞義；三，以上兩條標準都符合時，則以電子版《四部叢刊》中文獻進行檢驗，若其中有較敦煌書儀所得"新詞新義"更早的用例[2]，則此"新詞新義"捨而棄之。關於敦煌書儀中新生的詞、義，我們在第二章討論書儀語言對辭書編纂的作用時已有所涉及，此則對其整體面貌進行簡要介紹。考察新詞新

---

[1] 董志翹《〈入唐求法巡禮行記〉詞彙研究》，頁91。
[2] 所謂更早指隋以前的用例，因爲詞彙的變化往往呈現出漸變的過程，《四部叢刊》等電子版文獻中的唐五代用例，我們一律視作與敦煌書儀同時之例。

義的過程中,我們發現書儀中新生的詞、義有許多殊異於其他同時代語料之處。

## 一　語體風格的典雅性

書儀中出現的新詞新義數量大,種類多,風格多樣。與其他口語性較強的文獻相比,書儀中新生的詞、義顯得更爲莊重、典雅,故而常常爲研究口語詞的人們忽視。如:

【塵獻】

賀重陽:少許饌酒,素非精濃,芹子之誠,敢此塵獻。(伯3723號《記室備要》)

按:"塵"本指"塵埃",此用爲謙詞,猶"玷污"。"塵獻"謂自己進獻之物玷污了對方。另如《文苑英華》卷六一一韓愈《進元和聖德詩表》:"輒依古作四言元和聖德詩一篇,……謹冒昧塵獻,無任惶悚之至。"[264][頁3167]蘇轍《薦呂陶吳安詩劄子》:"謹采衆論,冒昧塵獻。乞更加採察,特賜録用,不勝幸甚。"[150][頁945]此皆其例。

【款晤】

昨者軒車到州,方獲款晤。(伯4092號《新集雜別紙·知客》)

款晤未期,詠戀徒積。(斯6234號背《河西都防禦判官將仕郎何成狀二通》)

按:"款晤"謂親切會面,誠摯交談,亦見於後代文獻。如朱熹《答翟仲至》:"承欲冬間謁告還浙,千萬迂轡爲數日之留,當得款晤,以盡所欲言者。"[111][頁3100]陸九淵《與楊守》:"屬者修敬,數獲款晤,深慰積年傾渴之懷。"[153][頁122]其中"款晤"亦其義。

【念惜】

[弔]四海奴婢亡書:復承傷財,聞問追惜。傷之倍深。惟念惜,不至悲愴。(斯329號《書儀鏡》)

弔四海傷犬馬之(亡)書:雖財之云亡,抑亦人道亭矣,惟寬念惜,不至纏心。(同上)

按:例中"念惜"爲同義複詞,指對失去的人(身份輕小者)或物表示傷心、憐惜。伯3849號《黃門侍郎盧藏用儀例》："凡重喪云攀慕,中云哀慟,輕云傷悼念惜。"亦可表對某種事態的出現感到傷痛和惋惜,如陳子昂《陳伯玉文集》卷八《上蜀中事》："臣伏惟松潘諸軍自屯鎮已來,……竟未聞盜賊大侵,而有尺寸之效。今國家甘心竭力以事之,臣不知其故,伏惟念惜。"[11][頁9]是其例。

【平懷】

凡惟[傾]仰、馳係、曠奉、辭[奉]、安念、奉問等語,皆是平懷施小重,自敍亦可云推免。凡傾仰、枉問、白書、勤仰、諮敍、翹企、所履、清適、休宜、敬重、敬厚等語皆平懷。……凡書末,尊行皆告,……平懷云咨。……凡尊長通稱吾,小重平懷皆稱名,平懷已上通用謹字。凡題書,父母云几前,尊長云座前,小重云前或云謹通,平懷云謹咨,小重云呈簡,卑幼云省,子孫云發。(伯3637號《新定書儀鏡·通例第二》)

按:例中"平懷"猶"同輩"。上揭例中"平懷"多與"尊重""尊長""小重""卑幼"相對而言,體現了書儀中尊卑、長幼、輕重、遠近、親疏的嚴格區別。"平懷",習見於敦煌書儀,宋代書儀中却改成了"平交"。司馬光《書儀》卷一"私書"《上尊官時候啓狀》下注云:"裴文有四海吉書,分五等,以父之執友、疏屬、尊親、受業師爲極尊;年紀高於己或職掌稍高及姊夫妻兄之屬爲稍尊;齒爵相敵者爲平懷;年小於己官卑於己及妻弟妹夫爲稍卑;先曾服事及弟子之類爲極卑。今……以齒爵極遠者爲尊官,與極卑不甚相遠者爲稍卑,改平懷爲平交。"[213][頁462]此可證"平懷"即"平交",指年齡、官爵相當者。"平懷"亦見於初唐佛典①,但不及書儀普遍習用。

【欽依】

賀雜端:今者位崇憲雜,望重臺平(端)。……凡居中外,孰不欽依。(伯3723號《記室備要》)

賀國子祭酒:今者任當黌敎,政美成均。……群生瞻戴,時哲欽依。(同上)

---

① 參王紹峰《初唐佛典詞彙研究》,頁84。

## 第一節　書儀新詞新義的概貌　293

按：後例中"欽依"與"瞻戴"對文同義，指敬佩仰慕。"欽"有敬佩義。《爾雅·釋詁下》："欽，敬也。"[65][頁46]"依"，本指依傍，此引申爲仰慕。"欽依"爲近義連言，習見於書狀中。如《桂苑筆耕集》卷一〇《新羅探候使朴仁範員外》："忽奉公狀，備睹忠誠。慰愜欽依，但增衷抱。"[91][頁81]例中"欽依"亦表敬佩仰慕之義。

【欣愜】

伏以長官材唯通濟，道著廉平。……忽聞留犢，欣愜倍深。（斯78號背《縣令書儀》）

今則疊勞翰誨，令再赴筵；兼從打顟（顆），倍增欣愜。（伯3438號背《沙州官告國信判官將仕郎試大理評事狀》）

按："愜"，快也。"欣愜"，謂欣慰快意，多用來表示聽聞喜訊時的心情。如《桂苑筆耕集》卷一二《海陵鎮高霸》："報高霸：得進奏院狀報，知轉授右散騎常侍。永言欣愜，霈然滿懷。"[91][頁113]歐陽修《與趙康靖公》："伏承榮被制書，入司天憲。中外欣愜，以謂肅政綱以重朝廷，於茲有望焉。"[170][頁1245]例中"欣愜"皆謂欣喜快意。

【長行】

凡與兄書云：白疏、馳結、連（違）奉、體内勝常等語，自餘長行準此。（伯3849號《黃門侍郎盧藏用儀例》）

凡外生（甥）與舅書稱謂依長行。（同上）

按："長行(zhǎngháng)"，猶長輩。"長"謂年紀大，"行"指"輩分"，"長行"即用來指稱與自己同輩而年長於己者，亦可徑稱作"長"。伯3849號《黃門侍郎盧藏用儀例》："凡父之黨稱尊，兄弟（衍）之黨稱長，[今]流俗皆謂父爲尊長，失之遠矣。"

由上舉諸例可知，敦煌書儀中新生的詞、義，每屬字面普通而義別者。其風格較爲典雅，多用於規範的書面語中。

## 二　語彙構成的系統性

書儀中新生的語彙以雙音節爲主，使用中表現出嚴整的系統性。

一方面，形成了各種義類的同義詞系統；另一方面，也出現了一批組合能力極強的構詞語素。兹舉例如下：

【當克　當任　當勝　勝堪】

　　所留盛刺，焉敢當克。（斯4571號背《某年十月衙內都部署使馮某謝僧狀》）

　　迴中門大狀：豈謂仁私，迴賜公翰。顧唯幽末，何以當任。（伯4092號《新集雜別紙》）

　　迴洺州團判短封：伏蒙仁私，以月旦垂榮示。……短封過儀，難已（以）當勝。（同上）

　　忽奉來書，深當愧荷。殷勤招迓，何以勝堪。（斯5636號《新集書儀·相迎宴樂書·答書》）

按：例中"當克""當任""當勝""勝堪"皆爲同義連用的並列複詞，言難以承當對方的盛情，以顯自己的謙卑。"當"即"承當"，例多不煩舉。"克""任""勝""堪"皆爲"勝任"義。《説文·克部》："克，肩也。"徐鍇繫傳："肩者，任也。……任者，又負荷之名也。……能勝此物謂之克。"[210][頁140]徐鍇對"克"的解釋，説明"克""任""勝"三者皆爲"能勝此物"之義。常用在否定或反問句中，表示難以"承當"。傳世文獻中"當克""克當"並可言之，如司空圖《司空表聖文集》卷四《答孫郃書》："是足下勤於吾道，必欲起而振之也，何以克當？"[209][頁2]歐陽修《與韓忠獻王》："蒙公愛念，贈以嘉篇。語重文雄，過形褒借，何以當克。"[170][頁1227]與此結構語義相似的詞還有"克任"，鮑照《謝秣陵令表》："猥承宰職，豈是闒懦，所能克任。"[177][頁2690]句中"克任"亦爲擔當、承受義。

【荒淺　荒虛　荒拙】

　　謝充學士［狀］：［臣］業唯荒淺，器實凡庸，已困風塵，敢期霄漢。（伯4093號《甘棠集》）

　　才非通變，學本荒虛，素無夢筆之祥，唯有雕蟲之譽。（斯78號背《縣令書儀》）

　　但道猷特呈卑狀，冒瀆台顏，不避愆尤，敢施荒拙。（北大185號《靈圖寺寄住僧道猷狀牒》）

按："荒"本指田地荒蕪，無人耕種，引申有荒廢無能義。書儀中

第一節 書儀新詞新義的概貌 295

"荒"多與義近之詞連用,謙稱自己的學識淺陋、拙劣,上揭"荒淺""荒虛""荒拙"即其例。此亦見於同時期其他文獻,如伯2292號《維摩詰經講經文》:"適來蒙世尊不以智惠淺劣,詞辯荒虛,敕往方丈室中,慰問有疾菩薩。"孫光憲《北夢瑣言》卷四:"某幸得齒在賓次,唯以文字受眷。雖愧荒拙,敢不著力。"[241][頁80]例中"荒虛"、"荒拙"都用於自謙。

【貴道　貴藩　貴封　貴境　貴邑　貴州】

貴道倘聞留滯,弊藩不免效尤。(伯3931號《靈武節度使表狀集‧別紙》)

舍弟某近除卑秩,幸在貴藩,獲託蔭庥,豈任忻蹈。(斯5623號《新集雜別紙》)

今者徑赴本任,已達貴封。(伯3449號《刺史書儀‧經過州郡節度啓狀》)

近承得還,途遊貴境。(斯329號《書儀鏡》)

某官往某州,路由貴邑,望爲東道,所望所望。(斯5613號《書儀》)

昨因聖皇差遣,寵陟貴州。(伯2804號背《開寶六年丁守勳牒兩件》)

按:"貴",尊貴,敬詞,用在表示行政區劃或轄境的語詞"道""藩""封""境""邑""州"前,敬稱對方的轄區或領地。

【披賀　披慶　披啓　披剖　披説　披會　披集　披冀　披晤】

朝夕微寒,惟履佳也,僕推遣。可草草間,未期披賀。(斯329號《書儀鏡》)

四海平蕃破國慶賀書:限以監後,未果披慶,增快志也。(同上)

五日已來,許容接話,謹復狀披啓兼申陳謝,伏惟照察。(斯5575號《書儀》)

早者安山胡去後,倍切攀思。其於衷腸,莫盡披剖。(伯2703號背/2《曹元忠狀二通》)

屬以阻遙,未即往慰,故勒馳狀先賀。三五日間,冀當披説。(斯329號《書儀鏡》)

僕弊務煎迫,可以意量。未即披會,增勞企。(同上)

僕弊務迫屑,披集未期,不審何當一此會面?(斯329號《書儀鏡‧與四海賀冬書》)

限以逕阻,披冀未期。(斯329號《書儀鏡》)

未由披晤,北望消魂。(伯4050號《書儀》)

豈期軒騎經由當州,獲伸(申)披晤之懇。(斯5623號《新集雜別紙》)

按:"披"有張展、打開之義。書儀中"披"是一個非常活躍的構詞語素,常與表示慶賀、陳説、聚會、見面義的語素構詞表義,上揭"披賀""披慶""披啓""披剖""披説""披會""披集""披冀""披晤"即其例。

【展對　展覿　展會　展集　展接　展話　展款　展訴　展豁　展賀】

　　足下銜命,綏輯(緝)西塞。上差弔(調),復乖展對。(斯329號《書儀鏡》)

　　未期展覿,空增健羨也。(斯5613號《書儀》)
　　常思展會,竟未遂心。(斯329號《書儀鏡》)
　　各限公務,展集未由。(斯5613號《書儀》)
　　限以官守,展接未由,空增瞻戀。(斯766號《新集書儀》)
　　深思展話,難遂於心。(斯5613號《書儀》)
　　限以所役,展款未由,空積思慕。(斯2200號《新集吉凶書儀》)
　　欲趨高弟(第),面謝丘恩,轉慮饕煩,專候展訴。(斯5636號《新集書儀》)
　　限以所守,展豁未從。(斯1438號背《吐蕃占領敦煌初期漢族書儀》)
　　各限職守,展賀未由。(伯4050號《書儀》)

按:"展"有"見面"義,故能分別與表示見面、交談、叙話、祝賀義的語詞連言,謂由於職務所限,不能親自前往拜會、祝賀對方,與之交談、叙話。"展"的構詞能力極強,其功用近似於敬詞"拜",其後所跟語素都是謂詞性的。

## 三　語義表達的形象性

書儀中一些新生的語詞,意義表達具有鮮明的形象性。語義表達的形象性,其實是人們思維產生相似聯想的結果。這類詞多是凶書儀中表達悲痛的情貌詞,以及吉書儀中表達思慕情結的語詞[①]。如:

【抽切】

　　弔人弟妹侄孫書疏:某頓首頓首:不意凶故,賢弟妹等殞逝,惟哀念抽切,

---

①　表達"思慕"情結的語詞分析,參下節"隱喻構詞",本書頁313-317。

## 第一節　書儀新詞新義的概貌　297

何可堪處？（伯 2622 號《吉凶書儀》）

　　妻亡告妻父母叔伯書：某娘子盛年，素無積疾，何圖以某月日忽奄凶禍。……伏惟追念抽切，何可爲懷？（斯 1040 號《新集吉凶書儀》）

　　按："抽切"多用在凶書弔答中，表示傷心之極，痛苦之深，有如抽割般難以忍受。其構詞方式、表達效果與"切割""割裂"相似，都爲隱喻構詞。

【悲割　悲裂】

　　禍出不圖，尊太府君棄背，下情悲割，不能自已。（伯 3442 號《書儀》）
　　憶汝寸斷肝腸，哭汝涕淚成血。嗚呼哽咽，傷心悲裂。（伯 2622 號《吉凶書儀·父祭子文》）

　　按：例中"悲割""悲裂"，構詞上都由"悲"加上表"割裂"義的語素構成，表示悲痛如"割"（以刀切割）、如"裂"（以手撕裂）的深切程度，真可謂悲痛之極。如此構詞表義，不僅準確真切，而且形象可感。這類語詞多見於祭文與弔答往來的凶書中。如白居易《祭弟文》："禮制云終，追號永遠。哀纏手足，悲裂肝心。"[2][頁3716]例中也以"悲裂"形容手足之喪的悲痛。

【摧割　摧切　摧噎　摧咽　摧殞】

　　禍故無常，伏承某官傾背。……唯（惟）哀慕摧割，何可堪忍。（伯 3864 號《刺史書儀》）
　　禍出不圖，次第翁婆傾背；悲慟摧切，不能自勝。（伯 3442 號《書儀·伯叔祖父母喪告答祖父母姑書》）
　　不圖凶禍，尊顏傾背，哀慕摧噎。（伯 3691 號《新集書儀》）
　　不圖凶禍，翁婆棄背。……未由拜侍，伏增摧咽。（伯 3442 號《書儀》）
　　私門凶釁，翁婆傾背，不勝哀慕摧殞。（斯 1040 號《新集吉凶書儀》）

　　按："摧"有"悲痛、哀傷"義，李陵《録別詩》之五："長歌正激烈，中心愴以摧。"[275][頁338]句中"以"爲連詞，常用來連接兩個意義相當的詞，則"摧""愴"皆爲"悲傷"義。李白《丁都護歌》詩："一唱《都護歌》，心摧淚如雨。"[145][頁331]其中"摧"亦此義。可見，"摧"之"悲傷"義習見於中古近代文獻。上揭書儀例中，"摧"分別與表示"切割""哽咽""殞絶"義類的語素並舉連用，表示悲痛憂傷的深切程度。

## 四　語詞運用的地域性

敦煌書儀作爲"敦煌"地區的産物，其中語詞的運用往往反映出唐五代時期西北邊地的特色風貌，具有鮮明的地域性。如：

【打臘】

不赴打臘(獵)狀：右某昨日偶轉着脚，行履稍難，不獲倍(陪)奉台旆<u>打臘(獵)</u>，卑情無任惶灼之至。(斯 5623 號《新集雜別紙》)

<u>打臘(獵)</u>迎司空狀：右伏審司徒<u>打臘(獵)</u>却迴，衝冒日月，涉風寒霜。(同上)

按：例中"打臘"當爲"打獵"之誤。敦煌寫卷中"獵"常誤作"臘"，如伯 2985 號背《開寶五年(972)十二月右衙都知兵馬使丁守勳狀》："右守勳伏蒙大王台造，特垂寵喚出<u>臘</u>。"其中"臘"即"獵"之誤。"出獵"指外出狩獵，習見於漢以後的文獻。如《史記·匈奴列傳》："居頃之，冒頓出<u>獵</u>，以鳴鏑射單于善馬，左右皆射之。"[198][頁2888]則上揭"打臘"當校爲"打獵"，指在野外捕殺鳥獸，如此方可與例中所云"衝冒日月，涉風寒霜"等語義相諧。可見，早在唐五代時期的敦煌書儀中，"打獵"一詞就已出現。宋代偶有沿用，但多出現在與北人相關的場合，如葉適《水心先生文集》卷二六《宋故中散大夫提舉武夷山沖佑觀張公行狀》："虜今日<u>打獵</u>，明日巡綽，率用千餘騎，豈慮警動我耶。"[219][頁12]句中"今日打獵，明日巡綽"所述即爲北人的生活習慣。這或許是"地域"的因素在起作用，即"打獵"一詞反映的是北方遊牧民族的生活習俗，具有典型的地域色彩，故多見於與"北人"相關的場合。

【烽鋪】

玉關驛户張清等從東煞人，聚徒逃走，劫馬取甲，來赴沙州。……東道<u>烽鋪</u>，煙塵莫知。(斯 1438 號背《吐蕃占領敦煌初期漢族書儀》)

右今十日已前，當鎮所有諸處<u>烽鋪</u>、捉道、踏白及城上更宿房門，一依官中嚴旨，倍加謹急。(伯 2814 號《天成三年(928)二月都頭知懸泉鎮遏使安進通狀》)

右某月鎮使李某甲奉帖上州去後，鎮縣內外並平安。……捉道、<u>烽鋪</u>不

第一節　書儀新詞新義的概貌　299

敢怠慢,向東一道更無息耗。(斯 5606 號《鎮使不在鎮內百姓保平安狀》)

按:"鋪"在唐代有"哨所"義①,故"烽鋪"爲近義複詞,指烽燧、哨所,常與"捉道、踏白"等共同構成邊防偵察警報系統,具有濃郁的地方特色。在傳世文獻中偶爾一見,如張九齡《唐丞相曲江張先生文集》卷一二《敕天仙軍使張待賓書》:"近知賊下燒此,安然即去,竟無斥候,來不預知,如此防邊,無乃疏闊。……向若烽鋪稍明,復與北庭計會,相與來擊,賊可無遺。"[235][頁7]句中"烽鋪"亦指報警用的烽燧、哨所。上揭末例中"捉道、烽鋪",有學者將其連讀,釋爲"掌管道上的烽火臺"②,不確。"捉道"乃"捉道人"省稱,或稱"把道人",指把守道路的人,爲唐五代色役之一。其在要道口把守巡查,發現異常情況,立即走報駐防軍事機關。如伯 2814 號《懸泉鎮遏使安進通狀七件》:"右今月廿日,當鎮捉道人走報,稱於八虞把道處有賊騎馬蹤,共貳拾騎以來,過向北山何頭林木內潛藏不出。"是其例。

此外,某些語詞在運用中還表現出一定的時代差異,如:

【持孝】

如遠地有拘(拘)役,奔喪不及,服有除晚者,則於舍外別立惡(堊)室,持孝哭泣。(伯 2622 號《吉凶書儀》)

按:"持"者,守也,"持孝"即"守孝",古今用語不同而已。如《景德傳燈錄》卷二八"越州大殊慧海和尚語":"有法師問:'持般若經最多功德,師還信否?'師曰:'不信。'曰:'若爾靈驗,傳十餘卷皆不堪信也。'師曰:'生人持孝,自有感應,非是白骨能有感應。經是文字,紙墨性空,何處有靈驗?靈驗者在持經人用心,所以神通感物。'"[123][頁582-583]范仲淹《尺牘》卷上《與指使魏佑》:"如且要守墳持孝,即待支莊課供贍,一切取伊穩便。"[78][頁11]前例以"持孝"喻"持經",可想見"持孝"在當時的通俗和習用;後例以"守墳"和"持孝"並舉,其義更爲顯明。古人習用"持

---

① 參《唐五代語言詞典》"鋪"條,頁 290。
② 曾良《敦煌文獻字義通釋》,頁 42。

孝",今人常言"守孝",構詞上表現出一種歷時的同義替換。

由此可見,敦煌書儀中新生的詞、義有其自身的特點。然而這些新詞是怎樣形成的呢,新義又是怎樣衍生出來的呢?下面兩節將對此進行詳盡的探討。

## 第二節　書儀新詞的產生途徑

王力指出:"所謂新創詞語,嚴格説來,是不存在的。一切新詞都有它的歷史繼承性;所謂新詞,實際上無非是舊詞的轉化、組合,或者向其他語言的借詞,等等。"①敦煌書儀中豐富的新詞,其實也是在原有語言單位及結構關係的基礎上重新組合、割裂、縮略、轉換而成。細加分析,其成詞的方式主要有以下幾種:

### 一　同義複合

唐五代時期漢語複音詞急劇增加,敦煌書儀作爲這一時代的產物,其中出現的新詞也多是複音詞。書儀中新生的複音詞主要有兩種構成方式:一是由語義相同、相類的語素複合而成,即同義複合;二是由表謙敬意味的語素和相關的名詞、動詞性語素組合而成,這類詞語的產生和運用有其特定的語用背景(詳下文)。這裏我們先討論第一種"同義複合"。

書儀中通過同義複合構成的新詞,根據其構成成分的語義關係,又可分爲同義複詞、類義複詞兩類。

(一)同義複詞

同義複詞指構成這個詞語的兩個語素都含有某個相同的義位。如:

---

① 參王力《漢語史稿》,頁579。

## 第二節　書儀新詞的產生途徑　301

【情誠　情懇　情志】

今有少情誠,遠陳干擾。有一小莊子在部封,淤占年多,近方收認,尚乏物力,悉是荒閑。特賜眷私,曲垂庇及。(伯4092號《新集雜別紙》)

今則尚茲縶滯,猶曠門牆。雖託緘封,未彈(殫)情懇。(同上)

因寓緘封,代申情志。(同上)

按:"情",實也;"誠""懇"亦爲實義;"志"者,至也,亦有誠懇之義。故"情誠""情懇""情志"皆爲同義複詞,指衷誠、誠懇。如杜光庭《廣成集》卷一《賀黃雲表》:"臣躬深睿獎,疊睹殊祥,敢謠詠以抒情誠,劾謳歌而頌聖德。"[92][頁8]黃滔《翰林薛舍人》:"某伏以十一日纔除主文,旋瀝情懇。"[172][頁236]《大唐西域記》卷九:"象子曰:'我母盲冥,累日飢餓,今見幽厄,詎能甘食?'王愍其情也,故遂放之。"[29][頁702]後例中"也",季羨林校云:"《石本》《宋本》《資福本》《磧砂本》《明南本》《徑山本》也並作志。"竊以爲作"志"是。"志"者,至也,虔誠、誠懇之義。如斯6836號《葉淨能詩(書)》:"淨能年幼,專心道門,感得天羅宮帝釋差一神人,送此符本一卷與淨能。令淨能志心勤而學,勿遣外人知也。""志心"即"至心",謂誠心。如《觀世音靈驗記三種》:"道人至心喚觀世音,遂劫斫之不入。"董志翹注:"至心:誠心,專心。"[87][頁83]則上揭書儀用例中"情誠""情懇""情志"皆指衷誠、誠懇。

【疾弊　疹弊】

與四海賀冬書:初寒,惟履休適,某乙疾弊少理,可以意量。(斯329號《書儀鏡》)

中春已暖,惟體內何如?某疾弊。(斯1438號背《吐蕃占領敦煌初期漢族書儀》)

季夏毒熱,惟嫂動靜支祐,某諸疹弊。造慰未由,但增悲係。(同上)

弔妻亡書:春寒,惟動靜兼祐,限以疹弊,造慰未由,[但]增悲仰。(斯361號《書儀鏡》)

按:"疾弊""疹弊"皆爲書札習用的自敍語,言自己近來身體不適,染病在身。"疾"猶"病"也,而"疹",與"疾"義同。《集韻·屑韻》:"疹,疾也。"[121][頁702]《國語·越語上》:"令孤子、寡婦、疾疹、貧病者,納宦其子。"[84][頁571]"疾疹"連言。"弊"本指破舊。《老子》第二二章:"窪則盈,弊則新。"[136][頁92]引申有"壞、劣"之義。《周禮·夏官·司弓矢》:"句者謂之弊弓。"鄭玄注:"弊,猶惡也。句者惡,則直者善矣。"[310][頁856中]物之"惡、不善"者稱"弊",同樣,人之"不佳、不好"亦可謂"弊"。漢魏六朝文獻中,"弊"常用來指"身體不好,患有疾病"的意思。如王羲之《雜帖》:"僕下連連不斷,無所一欲,噉輒不化消。諸弊甚,不知何以救之。"[178][頁227]"諸弊甚"言"各種病痛都加重了"。可見,"弊"亦有"疾病"義,故"疾弊""疹弊"皆爲同義複詞。

【封部】

經過州縣別紙:朝近天顔,再趨紫闕,經過封部,將遂披雲。(伯3449號《刺史書儀》)

賀季春:某忝鄰封部,早孰(熟)恩私。禱望之心,與日俱積。(伯3723號《記室備要》)

按:"封部"乃同義複詞,指所轄區域、地界,即轄境。唐五代文獻習見,如白居易《與茂昭詔》:"朕以卿當管軍鎮,寄重事殷,實藉撫綏,用安封部。"[2][頁3311]《舊唐書·高駢傳》:"廣陵之師,未離封部,忠臣積望,勇士興議。"[119][頁4708]例中"封部"皆爲"轄境"義。又作"部封",如斯5623號《新集雜別紙》:"有一小莊子在部封,淤占年多,近方收認。""部封"乃"封部"的同素異序詞。另如陸游《渭南文集》卷七《賀吕知府啓》:"凡在部封之内,舉同抃舞之情。"[269][頁12]亦其例。

【標表】

某官英特冠時,雅量超世;爲士林之標表,作儒族之楷模。(伯3723號《記室備要》)

按:句中"標表"與"楷模"對文同義。"標",本指樹梢。《玉篇·木部》:"標,木末也。"[203][頁233]《管子·霸言》:"大本而小標,地近而攻遠。"尹知章注:"標,末也。本大而末小,則難崩。"[83][頁6]"標"與"本"相對爲文。樹梢居於最頂端,是最"突出、顯露"的部位,故可引申爲"標誌"之義。徐鍇《說文繫傳·木部》:"標之言表也。《春秋左傳》謂路旁樹爲道表,謂遠望其標以知其道也。"[210][頁111]《文選·郭璞〈江賦〉》:"標之以翠翳,泛之以遊菰。"李善注:"標,猶表識也。"[141][頁242]"標誌"性的人物往往會成爲人們的"榜樣、模範",故而"標"又有"楷模、表率"之義。如《晉書·王羲之傳》:"亡叔一時之標,公是千載之英。"[118][頁2104]"表",與"裏"相對,最初指外衣。外在的往往也是最突出、顯明的,故而"表"亦可用來作爲"標記、標識"。如《管子·君臣上》:"民有疑惑貳豫之心,而上不能匡,則百姓之與閒,猶揭表而令之止也。"尹知章注:"表謂以木爲標,有所告示也。"[83][頁9]同樣,具有"標識"性的人物常常被人們視作"表率"。如《世說新語·賞譽》:"王參軍人倫之表,汝其師之。"[202][頁439]可見,"標""表"皆有榜樣、表率之義,故而可複合成"標表",與"楷模"同義。另如杜牧《上吏部高尚書狀》:"伏惟尚書秩高天爵,德冠人倫,爲縉紳之紀綱,作朝廷之標表。"[75][頁238]句中"標表"亦其例。

【陳獻】

　　進鷂子狀:右件鷂子,夙稟殊姿,無慚勁氣;心輕草樹,目斷雲霄。……干冒陳獻,[無任]兢惶。(伯4093號《甘棠集》)

　　玉壹團,重壹斤壹兩,羚羊角伍對,硇砂伍斤。……輒將陳獻,用表輕懷,干黷鴻私。(伯4638號《曹仁貴狀》)

　　按:"陳",謂展現、呈遞。《正字通·口部》:"呈,下以情陳於上曰呈。"[327][頁139]句中以"陳"釋"呈",可見其意義相同。"陳"有呈獻義,如《後漢書·延篤傳》:"大將軍椒房外家,而皇子有疾,必應陳進醫方,豈當使客千里求利乎?"[104][頁2104]例中"陳進"同義連言,指進獻、呈獻。故上揭例中"陳獻"爲同義複詞,指進獻,習見於表狀箋啓類文獻。如元稹《進詩狀》:"既仰燭龍之光,難逞聚螢之照,欲爲陳獻,益自慚惶。"[296][頁406]《桂苑筆耕集》卷一八《獻生日物狀》:"前件藥物,採從日域,來涉天池。……不揆輕微,輒將陳獻。"[91][頁181]例中"陳獻"皆其義。

【浼塵】

　　右謹送上,聊表賀儀。雖無逐日之蹤,願則朝天之騎。浼塵視聽,深切慚惶。(伯2539號背《後唐朔方節度使書啓底稿》)

前件物等,實慚輕尠。粗表浼塵,伏冀檢納。(伯3931號《靈武節度使表狀集·賀端午》)

按:"浼",汙也。《説文·水部》:"浼,汙也。從水,免聲。《詩》曰:'河水浼浼。'《孟子》曰:'汝安能浼我?'"[200][頁235]"塵"本指灰塵、塵土,引申則有污染、使受污辱之義。如《後漢書·楊震傳》:"外交屬託,擾亂天下,損辱清朝,塵點日月。"[104][頁1761]句中"塵點"同義連言。故"浼塵"爲同義複詞,指玷污、污辱。"浼塵"也見於別的文獻,如蘇轍《代李諫議謝二府啓》:"頃者得遇監司,造爲浮謗。浼塵上聽,紛然罪戾之多。"[150][頁1094]言各種流言謗語有辱對方聽受。

【鬭合】

近三五年來,兩地被人鬭合,彼此各起讎心。(伯3633號《辛未年(911)七月沙州百姓等一萬人狀上回鶻大聖天可汗狀》)

按:"鬭合"爲同義複詞,本指兩物鬭攏、拼合,此引申爲"爭鬭"義,謂本不相關的兩地,被人挑撥發生爭鬭。"鬭合"又可作"合鬭",如斯5641號《王梵志詩》:"東[家]能涅(捏)舌,西家好合鬭。"或作"鬭嘴合舌",如劉崇遠《金華子雜編》:"韓三十五老大漢,向同年覓得一副使,而更學鬭嘴合舌!"[241][頁1758]"鬭嘴合舌"即將嘴舌鬭合,使發生爭吵。

【間違】

間違眷私,未經旬朔。瞻詠之誠,莫離卑抱。(伯3727號/2《內親從都頭知常樂縣令羅員定狀》)

某伏自間違,恒深攀仰。(伯3449號《刺史書儀·與司馬徒》)

按:"間"本指間隙,引申有隔離、分別之義;"違",《説文·辵部》:"違,離也。"[200][頁41]《詩·邶風·谷風》:"行道遲遲,中心有違。"毛傳:"違,離也。"孔穎達疏:"心中猶有乖離之志,不忍即別。"[197][頁304上]書儀中"違離"可表"別離"義,如斯5636號《新集書儀·弟子與和尚書》:"違離已久,無任馳結。"其中"違離"猶離別,故"間違"乃同義複詞,義爲分別、隔離。

【鉸剪】

只半張紙,切須鉸剪齊正,小書字。(伯3449號《刺史書儀》)

第二節　書儀新詞的產生途徑　305

按：例謂牓子的製作只須半張紙，須裁剪整齊。"鉸剪"即裁剪，爲同義複詞。"鉸"本指"鉸刀"。《廣韻·巧韻》："鉸，鉸刀。"[285][頁320]又稱交刀、剪刀。《釋名·釋兵》："封刀、鉸刀、削刀，皆隨時用作名也。"王先謙疏證補："剪刀兩刀相交，故名交刀耳，隨時用作名自無妨。"[199][頁1087]《正字通·金部》："鉸，即今婦功縫人所用者，俗呼剪刀。"[327][頁1197]唐人即稱剪刀爲"鉸刀"，如李賀《五粒小松歌》詩："綠波浸葉滿濃光，細束龍髯鉸刀剪。"[180][頁982]由此引申，"鉸"可表"剪"義，如《齊民要術·養羊》："白羊，三月得草力，毛牀動，則鉸之。"[179][頁341]例中"鉸"即剪也。故書儀稱裁剪爲"鉸剪"。或作"剪鉸"。如梅堯臣《宛陵先生集》卷四四《依韻和宣城張主簿見贈》詩："君方佐大邑，美錦同剪鉸。"[265][頁4]"鉸剪""剪鉸"乃同素異序詞。

【統壓】

昨近十月五日聖天恩判，補充都統大德兼賜金印，統壓千僧，爲緣發書慰問。（伯 3672 號背《都統大德致沙州宋僧政等書》）

按："壓"，亦作"押"。"壓"者，鎮攝、統管之義，殆由其本義引申而來。文獻中"壓"多借"押"表之①，如唐代稱統管儀仗侍衛的官員爲"押牙"。"押"又可與"領"連言，表"率領"義，如伯 3627 號/2《狀啓集》："伏審朝騎行李將及近地，某乙今差將軍暉，押領人馬於前路攀迎。"故"統壓"爲同義複詞，指率領、統管，或作"統押"，習見於唐宋文獻。如《大金弔伐録·回謝書》："燕京知院侍中統押漢軍，續次待來。"[35][頁153]其中"統押"亦爲率領、統管的意思。

【屖劣】

賀冬與翰林學士兼丞即（郎）給舍書：某自惟屖劣，叨領藩垣。……悚戀之誠，造次難喻。（伯 4093 號《甘棠集》）

按：例中"屖劣"謙稱自己淺陋拙劣。《廣韻·山韻》："屖，屖劣貌。"

----
① 業師教示：文獻中常借"押"爲"壓"，如"壓座文"作"押座文"、"壓油"作"押油"。借"押"表"壓"，至今仍存於日本漢字中。

[285][頁129]以"孱劣"釋"孱",可見"孱劣"在當時的通行習用。"孱"字本作"孨"。徐灝《說文解字注箋》"孨"下云:"此當以弱小為本義,謹為引申義。三者皆孺子,是弱小矣。孨、孱蓋古今字。"[227][頁509]"孱"由體質的"弱小"可抽象引申為性格的"懦弱、怯弱"。《韓非子·外儲說》:"鉅者,齊之居士;孱者,魏之居士。"陳奇猷集釋:"孱者,蓋謂怯弱者。"[99][頁694]由"懦弱"又可進一步引申為"淺陋、無能"之義。元稹《為嚴司空謝招討使表》:"臣誠雖懇到,性本孱愚,任重憂深,驚惶失據。"[296][頁200]"孱愚"近義連言,指鄙陋愚拙。"劣",亦"弱"也。《說文·力部》:"劣,弱也。"[200][頁292]《論衡·效力》:"秦漢之事,儒生不見,立劣不能覽也。"[139][頁736]由"弱"又可引申為"鄙陋、拙劣"義。《廣雅·釋詁五》:"劣,鄙也。"[86][頁736]故"孱劣"可同義連用,謙稱自己淺陋無能。

**(二)類義複詞**

構成這個詞語的語素意義往往彼此相關,擁有一個共同的上位概念。如:

**【黯戀】**

朕(睽)闊未逾於五日,瞻翹以(已)似於三秋;黯戀之誠,一二寧既。(伯4092號《新集雜別紙·書記》)

按:例中"黯戀"謂感傷依戀之情。"黯"本指深黑色,《說文·黑部》:"黯,深黑也。"[200][頁211]引申可指事物"昏暗、沒有光澤"。如《論衡·無形》:"人少則膚白,老則膚黑,黑久則黯,若有垢矣。"[139][頁66]心情鬱悶感傷時,人們也多以"黯"形容之,如《文選·江淹〈別賦〉》:"黯然銷魂者,唯別而已矣。"劉向注:"黯,失色貌。"[141][頁306]故而"黯戀"為類義複詞,多用來表達闊別後心中感傷依戀的複雜心情。另如宋釋契嵩《鐔津文集》卷一一《與祖龍圖罷任杭州》:"某山林遘病,不能遠郊馳送,徒增黯戀。"[248][頁17]此亦謂憂傷依戀的情懷。傳世文獻中或又作"依黯",如蘇軾《與寶月大師五首》:"請補外,蒙恩除杭倅。……愈遠鄉里,何勝依黯。"[214][頁1887]依,戀也,故"依黯"即"黯戀",指闊別後的感傷和依戀。

## 第二節　書儀新詞的產生途徑　307

【甘新】

維年月日朔某謹薦少牢之甘新,敢昭于祖考之靈。(伯 2619 號背《新定書儀鏡》)

春祭:敢薦甘新,伏惟尚饗。(伯 3637 號《新定書儀鏡》)

按:"甘"指甜美,"新"謂新鮮,例中以"甘新"連言指甘美新鮮的食物。歐陽修《班荆館賜契丹賀正旦人使到闕酒果口宣》:"卿等夙戒軺軒,薦修信好。顧凝嚴之在候,宜宴錫以申恩。頒以甘新,彰予眷遇。"[170][頁615]秦觀《徐君主簿行狀》:"君事親至孝,四時甘新,未進不以輒嘗。"[184][頁696]亦其例。

【獎借】

謬忝聖恩,再分符竹。……此皆司空每賜保持,常垂獎借。(伯 3449 號《刺史書儀·與本道官員謝上書》)

按:"獎"謂賞識;"借"者,助也,扶持之義。斯 133 號背《秋胡小説》:"朕聞有天有地,方(萬)惣(物)生焉,君(群)臣助借。"例中"助借"同義連言。則"獎借"乃賞識扶持義,爲類義複詞。另如斯 5623 號《新集雜別紙》:"伏自去年春,幸偶行軒,經由當州,遂通末刺,獲拜高明。慰平生傾仰之誠,沐殊常獎借之分。"可資比勘。

【驚惻】

凶孽無常,大師崩背,奄棄榮養,聞問驚惻,不能已已。(斯 1438 號背《吐蕃占領敦煌初期漢族書儀》)

伏承團判端公奄違照(昭)代,聞問驚惻,酸愴莫任。(伯 4092 號《新集雜別紙》)

按:"驚"謂震驚,"惻"指悲痛,《説文·心部》:"惻,痛也。"[200][頁222]《廣雅·釋詁》:"惻,悲也。"[86][頁89]書儀中多以"驚惻"來形容聽到親友喪亡時的心情,既感到震驚,又爲之悲痛。"驚惻"爲類義複詞,如《舊唐書·孝敬皇帝弘傳》:"時義陽、宣城二公主以母得罪,幽於掖庭,太子見之驚惻,遽奏請令出降。"[119][頁2829]句中"驚惻"亦指震驚而痛心。

## 【寧侍】

□(與)妻□(父)族書:孟春猶寒,伏惟翁婆萬福,府君夫人康豫,兄姊清宜,郎娘佳適。即此耶娘安和,某娘及名寧侍(原注:無父母云蒙恩),男女等佳健。(伯3442號《書儀》)

與夫書:孟春猶寒,體內何如?即日府君大家康和,伏寧侍左右(原注:無府君大家云此推度),大小無恙,願珍重。(同上)

按:"寧"本指安寧、安定,後引申指已嫁的女子回娘家探望父母。《左傳·莊公二十七年》:"冬,杞伯姬來,歸寧也。"杜預注:"寧,問父母安否。"[313][頁1780下]"寧"指"問父母安否",則"寧侍"爲類義複詞,指時常侍奉父母左右,問其安否。上揭書儀例中"寧侍"後都特別注明"無父母"或"無府君大家"(丈夫的父母)時當云"蒙恩"或"推度",則"寧侍"專指侍奉父母。

## 【輕觸】

送客下擔橫過使:右前件物,謹令馳送,聊充翌日草料當直。……伏惟不責輕觸,俯賜領納。(斯5636號《新集書儀》)

有少野味,謹勒馳送,惟檢領,無責輕觸,幸也。(斯329號《書儀鏡》)

按:"輕"謂輕慢,"觸"指冒犯,"輕觸"爲類義複詞。書儀中多用爲謙詞,言自己贈送的禮品微薄,輕慢冒犯了對方,乞不責怪。如駱賓王《上兗州啓》:"輕觸威顏,不遑流汗。"[143][頁242]例中"輕觸"用爲謙詞,謂啓中所言輕慢、冒犯了對方。而在其他文獻中則徑指輕慢冒犯之義,如斯5637號《文樣·入宅》:"或恐驚動土公,輕觸神將,凡力匪(非)能消伏,聖德[方]可殄除。"是其例。

## 【徵迫】

索債書:某乙科稅之明,縣司徵迫,家無貯積,乏斗備充,忙忙之誠,文不能述。(斯5636號《新集書儀》)

按:"徵"謂徵收,"迫"指催逼,"徵迫"即徵收催討義,爲類義複詞。如白居易《奏請加德音中節目二件》之一《緣今時旱請更減放江淮旱損州縣百姓今年租稅》:"百姓未經豐熟,又納今年稅租,疲乏之中,重此徵迫。"[2][頁3339]或作"徵催",又《論和糴狀》:"比來和糴,事則不然,但令府縣散配戶人,促立程限,嚴加徵催。苟有稽遲,則被追捉。"[2][頁3334]例中

"徵迫""徵催"皆爲徵收催逼的意思。

## 二　語用構詞

書儀中大量的複音詞,除因同義複合而成外,還有不少是由語用構詞而得。所謂語用構詞,指人們在言語交際中爲了表達某種特殊意義而刻意創造的詞[①]。書信交流中,作書者爲了表達對對方的尊敬,常常會使用一些表示謙卑或恭敬的語詞,這些詞語經過人們長期不斷地使用,便會固化成詞。書儀中通過語用構造而得的詞語,主要是謙敬語。其中謙敬語的構成主要有兩種情況:

(一)名詞中心式:由表尊敬或謙卑的詞加名詞構成,如以"卑"爲構詞語素構成的謙詞有:卑抱、卑誠、卑懷、卑懇、卑吏、卑寮、卑門、卑情、卑守、卑素、卑儀、卑役、卑職、卑秩、卑志、卑衷、卑狀;以"貴"爲構詞語素構成的敬詞有:貴道、貴藩、貴房、貴封、貴府、貴境、貴居、貴土、貴邑、貴宅、貴州等。

(二)動詞中心式:由表尊敬或謙卑的詞加動詞構成,如以"叨"爲構詞語素構成的謙詞有:叨班、叨塵、叨持、叨除、叨瀆、叨繁、叨逢、叨奉、叨荷、叨接、叨居、叨領、叨蒙、叨撓、叨權、叨守、叨受、叨衘、叨幸;以"拜"爲構詞語素構成的敬詞有:拜覿、拜睹、拜奉、拜伏、拜賀、拜接、拜款、拜慶、拜侍、拜洩、拜謝、拜展等。

不難看出,語用構詞具有很大的能產性,往往一個表示謙、敬義的構詞語素可以置於很多相關的名詞或動詞性語素前,與之一起構成謙敬語。也就是説,這些表謙敬意味的語素具有很强的構詞能力,以"衹"字而論,書儀中構成的新詞就有:衹待、衹對、衹荷、衹賀、衹款、衹

---

[①] 韓陳其在《漢語詞彙論稿》中曾將"詞綴"分成語音化詞綴、語法化詞綴和語用化詞綴。語用化詞綴,指充當詞綴的詞素在語用方面對其所構成的派生式複音詞產生作用(頁357-375)。受此啓發,筆者發現書儀中有不少詞語是在言語交際中爲了達到某種特殊的語用效果而專門創造出來的詞,姑且稱之爲語用構詞。

領、衹留、衹受、衹敍、衹迎等10個。如：

　　冬至相迎書：佳節膺期，聊陳思展。竟無珍異，衹待明公。（斯5636號《新集書儀》）

　　春寒，惟動息清宜，此某常遣。何當衹對，但摇然。（斯361號《書儀鏡》）

　　某今月某日已到本州赴任訖，衹荷渥恩，不任感懼。（伯3449號《刺史書儀·上任了謝書》）

　　限以公務，衹賀未由。但增瞻仰，寧任勤情。（斯329號《書儀鏡·四海平蕃破國慶賀書》）

　　弟久處荒塞，仰計觸目難爲。不日軍迴，衹款在近。（同上）

　　昨日伏蒙大師恩造，特垂令本曲子，謹依榮示衹領訖。（斯5575號《書儀》）

　　方積哀摧，迴垂慰問之緘封，特遣弔儀之厚禮。……已依仁旨衹留訖。（斯4571號背《某年三月隨使宅案孔目官孫延滔謝僧弔儀狀》）

　　昨者某叨蒙台造，差主兵權，衹受鈞慈，不任感懼。（伯3864號《刺史書儀·謝主務》）

　　未議衹敍，但增馳係。（伯3637號《新定書儀鏡·與妯娌書》）

　　屈客：來日於居處備冷淘衹迎，伏希光降。（斯5623號《新集雜別紙》）

　　按："衹"者，敬也，常用作敬詞，置於相關的動詞前，表示自己施及對方的動作行爲。例中"衹待"用爲"招待、款待"的敬詞；"衹對"是表會面應答的敬詞；"衹荷"爲表示承受（恩惠）的敬詞；"衹賀"猶言恭賀，用爲祝賀的敬詞；"衹款、衹敍"爲表示"懇談、敍話"的敬詞；"衹領、衹留、衹受"都是表"領受"的敬詞；"衹迎"猶言恭迎，表示迎候的敬詞。由此可見，書儀中"衹"是一個非常活躍的構詞語素。

　　另一方面，不同的謙敬語素加上意義相同的名詞或動詞性語素又容易形成同義詞系統。如書儀中用來謙稱自己心意和情懷的詞，最常用的是"下情"。此外還有：卑抱、卑懷、卑懇、卑情、卑素、卑志、卑衷、鄙誠、鄙情、輕懷、微懇、微心、狠衷、下誠、下懇、愚誠、愚懇、愚衷等18個。如：

　　瞻詠之誠，莫離卑抱。（伯3727號/2《内親從都頭知常樂縣令羅員定狀》）

　　其於銘感，但佇卑懷。（伯3864號《刺史書儀·謝主務》）

第二節　書儀新詞的產生途徑　311

　　某忝承眷念,常荷殊私,喜忭之誠,倍盈卑懇。(伯 3723 號《記室備要·賀賜緋》)
　　伏惟順時善加保重,卑情所望。(伯 2690 號背/7《僧保福書狀》)
　　攀戀悚惶,叢集卑素。(伯 3449 號《刺史書儀·得官後辭人書平交》)
　　既未遂於丹誠,但空虔於卑志。(伯 3449 號《刺史書儀·謝狀》)
　　今則聊寫卑衷,輒飛专介。(伯 2539 號背《後唐朔方節度使書啓底稿》)
　　更乖奉狀,莫達鄙誠。(伯 4092 號《新集雜別紙》)
　　善加將攝,以慰鄙情。(伯 3502 號背/2《新集諸家九族尊卑書儀》)
　　前物等……輒將陳獻,用表輕懷。(伯 4638 號《曹仁貴狀》)
　　正月賀:虔祝之情,倚積微懇。(伯 3931 號《靈武節度使表狀集》)
　　自從拜別已來,微心戀憶,未得報賀恩德。(斯 4677 號《某年六月廿七日楊法律與僧戒滿書》)
　　今則輒將匪禮,聊表猥衷。(伯 2539 號背《後唐朔方節度使書啓底稿》)
　　悚戢之至,難申下誠。(伯 3691 號《新集書儀·賞藝能·答書》)
　　望風而未卜披雲,仰德而唯增下懇。(斯 78 號背《縣令書儀》)
　　輒煩天聽,用表愚誠。(斯 1438 號背《吐蕃占領敦煌初期漢族書儀·進繡像等》)
　　喜忭之誠,唯積愚懇。(伯 3449 號《刺史書儀》)
　　企門軒而莫及,但激(竭)愚衷。(伯 4093 號《甘棠集》)

　　按:上揭"卑抱、卑懷、卑懇、卑情、卑素、卑志、卑衷、鄙誠、鄙情、輕懷、微懇、微心、猥衷、下誠、下懇、愚誠、愚懇、愚衷"諸詞,詞義表達上,都用來謙稱自己的心意和情懷。"猥",鄙陋也。《廣韻·賄韻》:"猥,鄙也。"[285][頁271]此用爲謙詞。《正字通·犬部》:"猥,凡自稱猥者,卑辭也。"[327][頁662]語詞結構上,皆由謙詞"卑、鄙、輕、微、猥、下、愚"加上表"心懷""誠意"的語素"抱、懷、懇、情、素、志、衷、誠、心"組合而成,故都爲偏正結構。其中部分詞語,在傳世文獻中也有使用,如韓愈《與鄂州柳中丞書》:"是以前狀輒述鄙誠,眷惠手翰還答,益增欣悚。"[107][頁225]《桂苑筆耕集》卷九《都統王令公三首》之二:"某常銜曡顧,況捧溫言。朝禱暮祈,可量卑懇。"[91][頁72]王安石《臨川先生文集》卷七八《與王宣徽書》:"北都衙校偶至北山,得聞比日動止康豫,深慰鄙情也。"[149][頁2]但總的説來,不及敦煌書儀這樣豐富和集中,這恰好體現了敦煌書儀用語的特點——謙敬語的廣泛應用。

然而須要注意的是,無論是名詞中心式還是動詞中心式,其目的都是爲了達到"謙己以尊人""尊人以敬之"的表達效果,因而當言及對方的事物或行爲時,作書者就會極力使用華麗、美好的言辭或恭敬的動作;而當談到自己時則盡量運用一些不雅的言語或卑微的動作。這樣,謙敬語在詞義表達上就顯得前虛後實,即前者是表尊敬或謙卑的構詞成分,僅帶有感情色彩的意義,後者是詞義的主要承擔者。因此在訓釋詞語及編纂辭書時切須注意,以免出錯。下面略舉幾例以申説之。

【冰彩　冰容　冰姿　冰慈　清姿】

方思**冰彩**,俄捧瑶緘。(伯 4092 號《新集雜别紙》)

數日不睹**冰容**,彌增攀戀。(伯 3906 號/4《書儀·屈知聞吃飯狀》)

累日不睹**冰姿**,倍深攀戀。(伯 3931 號《靈武節度使表狀集》)

自間**冰慈**,恒深攀望。(伯 3864 號《刺史書儀》)

伏緣家事羈軀,因兹難睹**清姿**,所以久乖談話。(伯 3552 號《未相識書》)

按:例中"冰彩""冰容""冰姿""冰慈""清姿"都用以敬稱對方的容顔和風姿。構詞上皆由"冰""清"加上表示慈顔、容貌、風姿的語素構成。"冰、清"皆謂潔白無瑕,此用爲敬詞。類似的詞語還有"厚顔",如斯 5613 號《書儀》:"僕忝沐厚顔,誠多欣慰。"其中"厚顔"義同"尊顔"。厚者,重也、尊也,故不能將它與"厚顔無恥"之"厚顔"等而視之。

【華刺　盛刺　盛銜　清銜】【弊刺　末刺】

封門狀迴書尊:伏蒙司空獎念過深,又垂寵訪,恰值出入,不果迎門。……所留**華刺**,莫敢捧當。(伯 3449 號《刺史書儀》)

伏蒙法眷,特垂訪及,偶闕佇迎之禮,但增佩荷之誠。所留**盛刺**,焉敢當克。(斯 4571 號背/2《某年十月衙内都部署馮某謝僧狀》)

封門狀書一通:伏蒙仁私,特賜垂寵訪。……所示**盛銜**,不敢當捧。(伯 3449 號《刺史書儀》)

封門狀迴書平交:伏蒙恩私,特垂檢訪,少事出入,有闕衹印(迎)。……所留**清銜**,謹專封納陳謝。(同上)

迴中門大狀:昨日專衹候起居,不面冰玉,遂留**弊刺**,奠(冀)達聽聞。(伯 4092 號《新集雜别紙》)

伏自去年春幸偶行軒,經由當府,遂通末刺,獲拜高明。(同上)

按:上揭兩組詞中,"華""盛""清"爲敬人之詞,"弊""末"乃自謙之詞。"刺"即名刺,是古代人們用來通名求謁的名帖,上書其官爵及鄉里,功用與今之名片相當。《釋名·釋書契》:"畫姓名於奏上曰畫刺,作再拜起居字,皆達其體,使書盡邊,徐引筆,書之如畫者也。……又曰爵里刺,書其官爵及郡縣鄉里也。"[199][頁1077]因上所書多爲官銜,故又以"銜"名之。這樣,在語用上,"華刺、盛刺、盛銜、清銜"與"弊刺、末刺"就形成了一對意義相反的語詞,即前者用於敬稱他人的名帖,而後者用來謙稱自己的名帖。可見,書儀中"卑己以尊人"的禮儀往往貫穿到每一個詞語的選用上。因而訓釋謙敬語時,千萬不能鑿實。

由這兩組詞可看出,在特定語用場合中創造的新詞往往具有鮮明的"臨時性",其最終是否真正成詞,還得看它是否爲人們所常用。爲人們用得越多,其成詞的幾率越大。相反,則很可能只是曇花一現。

## 三　隱喻構詞

書儀中許多難以言傳的抽象感情,如"思慕""想望""憂傷""悲哀"等,往往都是用具體可感的行爲動作來表達。認知語言學者以爲,這是人們意識從一個具體的認知域向一個抽象的認知域投射的結果(詳下文)。如"結"本指在條狀物上打疙瘩或用這種方式製成物品,而書儀中卻多以"結"喻"憂思",言思念、憂傷之情"纏結"於心,難以釋懷。這樣,"結"便成爲一個活躍的構詞語素,與其他表示思念、憂傷的語素一起共同組構成雙音複詞,如"勞結""涕結"等(詳下文),此即所謂"隱喻構詞"。這種構詞法有極大的能產性,書儀中不少新詞就由此組構而成。現以其中表現"思慕"和"憂傷"情懷的語詞爲例說明如下。

"思慕"與"憂傷"是人們非常熟悉却又難以言傳的抽象感情。闊別已久、分居兩地的親友,難免會產生思慕之情,思慕不得,則"憂"從心生,因而敦煌書儀中匯聚了一大批表現"思慕""憂傷"情懷的語詞。從

這些詞中,我們或可看出時人表達情感的方式或途徑。據筆者考察,書儀中"思慕""憂傷"情懷的表達主要有以下三種方式:

(一)以直觀的動作來展現

【顧眷　延係　瞻翹　傾翹】

　　執辭雖近,顧眷彌深。(斯329號《書儀鏡》)
　　曠奉稍久,延係唯積。(伯3442號《書儀》)
　　膽(暌)闊未逾於五日,瞻翹已似於三秋。(斯5623號《新集雜別紙》)
　　或於賤翰之間,稍闕鱗鴻之寄。傾翹徒切,啓導無由。(伯4092號《新集雜別紙》)

按:前例以"彌深"形容"顧眷"的程度,則"顧眷"並非實指"回頭看",而是通過直觀的動作來表現分手後,心中對對方的思慕和想望。即不斷回首以往共處的情景,其思慕之深切可想而知。次例"延"謂引首而望,"係"指用繩子牽繫,言別離後,其不斷地引頸遠望,心中一直牽繫着對方。"延係"也形象地展示了對對方的依戀、思慕之情。第三例中"瞻"指仰望,"翹"謂舉首遠望,言離別雖近,而自己却不斷地翹首遠望,可見其心中思慕之切。末例中"傾"指倒斜,與"翹"連言,以傾倒、舉首的直觀動作,隱喻思慕、向往的抽象感情。"顧眷""延係""瞻翹""傾翹"原本都是一些具體直觀的動作,作書人以之來表現心中的思慕情懷,既形象可感,又真切自然。書儀中類似的語詞還有"延馱、延望、延仰、引望、傾馳、傾係、瞻傾、瞻仰"等。

(二)以抽象的感情、直觀的動作加具體的形象來展現

【結戀　結思　延結　悲結　戀結　感結】

　　拜荷未期,空增結戀。(伯3931號《靈武節度使表狀集》)
　　未由拜伏,戀結增深。(伯3502號背/2《新集諸家九族尊卑書儀》)
　　愁眉開葉裏(裹)之前,結思起飄蓬之後。(斯5472號《朋友書儀》)
　　拜謁未期,伏增延結,願珍重。(伯3442號《書儀》)
　　未由拜奉,唯增傾結。(同上)
　　未由拜洩,倍增悲結。(同上)
　　痛絶手足,纏綿感結。(伯2622號《吉凶書儀》)

## 第二節 書儀新詞的產生途徑

按:"結",本指在絲繩上打疙瘩,書儀中常用以指思念、憂傷、悲哀之情鬱積於心,在心中累積成"結",故稱"結戀""結思""延結""悲結""傾結""戀結""勤結""感結"。這些詞語中,"戀""思"指思慕的情懷;"延""傾"爲表現思慕情懷的直觀動作;"悲""感"指哀傷的情懷;而"結"則是表現"思慕""憂傷""悲哀"情懷的形象標誌。類似的表達方式還見於其他書札,如《樓蘭尼雅出土文書》第24號:"相見無緣,書問疏簡,每念茲叔,不捨心懷,情用勞結。"[140][頁32]《吐魯番出土文書》(貳)阿斯塔那二四號墓文書《唐貞觀二十年(646)趙義深自洛州致西州阿婆家書》:"奉拜未期,唯增涕結。"[256][頁172]其中"勞結""涕結"亦喻指憂傷的情懷。

(三)以切身的感受來比擬

【思渴 傾渴 馳渴 渴仰 想渴 攀渴】

執別已久,思渴每深。(伯3368號背《押衙王慶元致判官書》)
近曠馳緘,每深傾渴,瞻思雅用,無暇朝昏。(伯3864號《刺史書儀》)
久陪行末,乍此暌離,談謔既乖,宿心馳渴。(伯4050號《書儀》)
雖未拜奉,渴仰每深。(斯766號《新集書儀》)
一間恩重,幾變歲寒,想渴仁隆,倍勞蝶夢。(伯3931號《靈武節度使表狀集》)
自間恩私,徒深攀渴。(伯3449號《刺史書儀·與進奏書》)

按:以上這組詞中都含有一個共同的語素——"渴"。即它們都以"口渴"的切身感受來比喻心中的思慕情懷。這在下面的書札中表現得更爲明朗,伯3552號《未相識書·別紙》:"久欽盛德,未挹冰風。如渴思漿,不離夢寐。"一句"如渴思漿",形象生動地展現出了作書者心中的"向往"與"渴慕"。以"渴"喻"思",與貴州話中以"欠"表示想念具有異曲同工之妙。"欠"者,缺也,正因爲缺纔"想"。

【勤情 勤誠 勤渴 勤結 勤企 勤慕 勤係 勤望 勤詠】

限以公務,祇賀未由,但增瞻仰,寧任勤情。(斯329號《書儀鏡》)
近不奉問,無慰勤誠。寒溫,伏惟動止安勝。(伯4050號《書儀》)
一日不展,有若三秋,況乃累旬,實深勤渴。(同上)

>         使至,遠貶緘封,慰浣勤結。(伯 3715 號《類書草稿》)
>         限以逕阻,披冀未期,但亦(益)馳情,無慰勤企。(斯 329 號《書儀鏡》)
>         未由頂謁,勤慕之至,難以喻言。(斯 2200 號《新集吉凶書儀》)
>         展賀未由,勤係之情,筆墨難喻。(斯 5613 號《書儀》)
>         使至辱問,以解勤望。(斯 1438 號背《吐蕃占領敦煌初期漢族書儀》)
>         久不奉問,馳望誠深,忽枉芳書,頓豁勤詠。(斯 5613 號《書儀》)

按:以上這組詞中也都含有一個共同的語素——"勤"。"勤"者,憂也。《書·召誥》:"上下勤恤。"孔傳:"言當君臣勤憂敬德。"[196][頁 213 下]揚雄《法言·修身》:"聖人樂天知命。樂天則不勤,知命則不憂。"[71][頁 50]句中"勤""憂"對文同義①。上揭例中"勤情""勤誠"皆指憂傷的情懷;"勤渴""勤企""勤慕""勤係""勤望"中,"勤"都與表示渴慕、想望的語素組合在一起,表示思慕而不得的憂思;"勤詠"乃同義複詞,"詠"者,歎也,乃"憂思"的外在表現,即憂而生歎,故曰"勤詠"。以"勤"類語詞表思慕而不得的憂思,乃書儀習慣的表達方式。如《唐人月儀帖》:"如何一別,便阻三冬。斷絶音書,無慰勤積。"[234][頁 11]圓仁《入唐求法巡禮行記》卷二:"先日伏蒙慈流存問,殊慰勤慕,無任感慶。"[191][頁 77]其中"勤積"謂憂思鬱結,"勤慕"指思慕不得的憂思。然而人們怎會以"勤"表"憂"呢?竊以爲:此也是以切身的感受來比擬抽象的思慕之情。"勤"者,勞苦也,謂心中一直不斷地思念着對方,覺得很苦、很累,故而人們常説"苦苦思念"。如此辛苦地思念而不能釋懷,故而生憂,即人們以"辛苦、勞累"的切身感受來隱喻思慕的憂心。與此類似的還有"勞企""勞望",如:

>         未即披會,增勞企。(斯 329 號《書儀鏡》)
>         關山[遥]阻,覬覿猶賒,緬想帷屏,倍增勞望。(伯 3442 號《書儀》)

上揭二例言分隔兩地,未能相見,徒增"勞企""勞望"。"企""望"皆是表達思慕的直觀動作,而"勞"則指思慕而不得的憂傷與痛苦。書儀中

---

① 參王雲路《六朝詩歌語詞研究》下編"釋詞"之"憂勤"條,頁 348。揚雄例亦轉引自王書。

類似的話語還有"企望成勞""延企成勞"。如伯3375號《朋友書儀》："期信遠臨,還同面敍。披文敬想,<u>企望成勞</u>。"斯1438號背《吐蕃占領敦煌初期漢族書儀》:"頂謁未卜,<u>延望成勞</u>,人李待訪,因使還狀。""企望""延望"者,謂踮起腳跟、伸長脖子遠望,形象地描繪出心中思慕、想望之深切。然而望啊望啊,始終難睹其面,思慕不得,不免憂從心生,正所謂"瞻望弗及,實勞我心",此即"企望成勞""延望成勞"情感模式的由來,亦即"勞企""勞望"兩詞的義源所在。"勤""勞"本都指辛苦、勞累,以切身的生理感受"苦、累"來喻抽象的心理情感"憂思",從《詩經》到書儀,再到今人的"我想你想得好苦",人們一直都在用最樸實、最原始的方式表達難以言傳的抽象感情。

可見,在敦煌書儀中,人們表達情感的方式異常豐富,既有直觀的動作,又有具體的形象,還有切身的感受,有時甚至是兩種方式的綜合運用。書儀作爲人們敍寫心曲的園地,其中自然會出現大量因隱喻而產生的新詞。

## 四　化用古語

中國自先秦以迄六朝時期的古籍汗牛充棟,其中許多經典文獻如《詩經》《禮記》《左傳》等往往是唐五代時期士大夫們耳熟能詳的。書儀作爲一種實用性的駢體文,其特點便是用典頻繁。書儀編纂者在撰集書札範本時往往喜用一些淵源有自的語詞,但運用時,他們並非一成不變地照搬古籍文獻中的語詞,而是截頭掐尾或攔腰截斷式的割裂其中相鄰語詞來表示一種與原句相關的新興意義。也就是説,創造性地用典也是書儀新詞產生的途徑之一。如:

【慶資】

　　賀鳳翔裴尚書[狀]:今者榮承渚(睿)澤,寵拜鄰封,以户欣之尊崇,换刑曹之簡貴。……率土普天,咸知<u>慶資</u>。(伯4093號《甘棠集》)

　　賀門下令狐相公狀:今者新膺紫韶,益表皇恩,由聖主之生知,獨居黃閣;

總仙曹之重任,再起清風。率土之人,咸知慶資。(同上)

按:"慶資"即"慶賴","資"與"賴"相通。"賴"音落蓋切,來母泰韻;"資"音洛代切,來母代韻,唐五代西北方音中,哈、灰兩韻和泰韻不分。因此,"賴""資"二字讀音在當時完全相同,可得相通。且敦煌書儀中就有其通用的例子,如伯4093號《甘棠集·賀中書杜舍人》:"今者榮辭錦帳,寵拜綸闈。……凡在縉紳,孰不瞻資。""瞻資"即"瞻賴",意爲仰望并依賴。那麽"慶賴"一詞怎麽來的呢?考《書·呂刑》:"一人有慶,兆民賴之。"孔傳:"天子有善,則兆民賴之。"孔穎達疏:"我天子一人有善事,則億兆之民蒙賴之。"[196][頁249]"賴",贏利、好處之義。《説文·貝部》:"賴,贏也。"[200][頁130]《廣韻·泰韻》:"賴,利也、善也。"[285][頁382]"蒙賴"即得到好處、獲得利益,如《三國志·吳書·陸遜傳》:"縣連年亢旱,遜開倉穀以振貧民,勸督農桑,百姓蒙賴。"[201][頁1342]句中"蒙賴"即獲益、得利。則"慶賴"本指一人有善事,衆人獲利益。《法苑珠林》卷二七:"先是沙門寶澄滿初,初於普濟寺創營大像。……不卒此願,而澄早逝。鄉邑耆艾請積繼之,乃惟大像造之未成也。引七寶而崇樹之,修建十年,雕裝都了。道俗慶賴,欣喜相并。"[74][頁203下]王禹偁《小畜集》卷二三《賀御樓肆赦表》:"伏睹今月某日皇帝御丹鳳樓大赦天下者。……凡在照臨,同深慶賴。"[282][頁4]其中"慶賴"皆謂一人有善事而衆人獲益。同樣,"慶資"亦有此義,如張九齡《唐丞相曲江張先生文集》卷一三《請御注道德經及疏施行狀》:"非陛下道極帝先,勤宣祖業,何能迴日月之晷度,鑿乾坤之户牖。……凡在率土,實多慶資。"[235][頁11]例中"慶資"謂皇上御注道德經及疏,此舉善事,令率土之人皆獲利益。

善事往往又是值得慶賀的好事、喜事,故在賀人改官的書狀中,也多用"慶資"表示一人有"喜慶",衆人亦隨之受益獲利。上揭《甘棠集》中"慶資"皆用於祝賀對方改官的書狀中,表示其一人之慶,令普天之人亦隨之同喜獲益。由此引申,"慶資"又可表慶賀、賞賜之義。宋真德秀《西山先生真文忠公文集》卷二一《賜起復正議大夫右丞相兼樞密使

第二節 書儀新詞的產生途徑 319

兼太子少師史彌遠辭免特授正奉大夫加食邑食實封恩命不允詔》:"具悉國朝之制,凡大<u>典禮</u>、大<u>慶貲</u>,丞相率居其先焉。"[286][頁23]例中"慶貲"受形容詞"大"的修飾,句法上構成與"大典禮"平列的偏正結構,顯然已固化并轉類爲一個名詞,義爲慶賀、賞賜。又如《國朝文類》卷五〇張起巖《濟南路大都督張公行狀》:"公嗣子元節,……嘗爲征西元帥府薦充都元帥,國家有大<u>慶貲</u>,恩數與諸王等。"[94][頁20]例中"慶貲"亦爲慶賀、賞賜義。《詞典》"慶貲"條引《宋史·樂志十五》"純禧霈品彙,<u>慶貲</u>浹窮荒"[113][頁4332]爲例,釋爲"對賞賜的敬稱",近是而不確,殆未考其源所致。

## 【爲霖】

賀冬與翰林學士兼丞即(郎)給舍書:丞郎恩深北闕,位重南宫。……方當視朔之歡,更速<u>爲霖</u>之命。(伯4093號《甘棠集》)

賀冬上四相公狀:伏以相公道冠雪霜,望華廊廟;已播<u>爲霖</u>之業,更當迎日之辰。(同上)

賀使相:今者任尊茅土,位顯台階。……遠布<u>爲霖</u>之澤,便及生靈;遙殲寇孽之功,即歸廊廟。(伯3723號《記室備要》)

按:例中"爲霖"皆用於賀狀中,稱對方已(或將)任居相位,輔佐聖君,"爲霖"救旱。"爲霖"之語,典出《國語·楚語》:"(武丁)如是而又使以夢象旁求四方之賢,得傅說以來,升以爲公,而使朝夕規諫,曰:'……若天旱,用女作霖雨。啓乃心,沃朕心。'"韋昭注:"天旱,自比苗稼也。雨三日已上爲霖。啓,開也。以賢者之心比霖雨也。"[84][頁503]此謂殷高宗武丁將自己比作久旱的苗稼,把傅說比作霖雨,希望他常常規諫自己,開啓傅說之心,澆灌自己的心田。後人因以"爲霖"作賢相輔佐名君之典。如楊炯《中書令汾陰公薛振行狀》:"高宗求於朕夢,得良弼於傅巖。若歲大旱以<u>爲霖</u>雨,若濟巨川以爲舟楫者也。公含天地之間氣,依日月之末光,……韶齡之際,羞言覇道,詞賦之間,已成王佐。"[294][頁159]此以傅說喻中書令汾陰公,乃明主之良弼。其中"爲霖"雖尚未成詞,却是用典之始。另如錢起《送王相公赴范陽》詩:"受脤仍調鼎,<u>爲霖</u>更洗兵。幕開丞相閣,旗總貳師營。"[180][頁599]《桂苑筆耕集》卷七《吏部裴瓚尚書》之二:"萬乘夢思於隱霧,四方渴望於爲霖。"[91][頁57]其中"爲霖"喻對方已(或將)爲賢相輔佐明主。

【渭陽】

不意凶衰,某乙𠀡逝喪。貫割痛楚,難以爲懷。念汝渭陽,悲悼何極!時寒,念佳吉,吾支常。……次姊告某。(伯3637號《新定書儀鏡·外生(甥)亡弔姊書·答書》)

按:這是一封《外甥亡弔姊書》的回信,信中自稱爲"姊",稱對方曰"渭陽",由此可知"渭陽"乃"舅舅"的代稱。"渭陽"語本《詩·秦風·渭陽》:"我送舅氏,曰至渭陽。"毛傳:"母之昆弟曰舅。"鄭箋:"渭,水名也。秦是時都雍,至渭陽者,蓋東行送舅氏於咸陽之地。"[197][頁374中]後因以"渭陽"指稱舅氏。如孫光憲《北夢瑣言》卷四"畢舅知分"條:"唐畢相諴,家本寒微,其渭陽爲太湖縣伍伯。相國恥之,俾罷此役,爲除一官。"[241][頁73]句中以"渭陽"稱畢相之舅,正與標題中"畢舅"相合。可見,唐五代文獻習用"渭陽"稱舅氏,對此唐人早有發現,李匡乂《資暇集》卷上"渭陽"條:"徵舅氏事,必用渭陽,前輩名公,往往亦然。"[319][頁6]作爲當時的書儀,自然不能免其時尚,故其中也以"渭陽"稱舅父。

【野芹】

端午獻物狀:前件物誠非珍異,輒敢獻上,用表野芹。(斯2200號《新集吉凶書儀》)

獻土儀狀:前件微尠,邊城所出,聊表野芹。(斯766號《新集書儀》)

按:例中"野芹"都用來謙稱自己所送禮品。"野芹"之稱,或出於《文選·嵇康《與山巨源絕交書》》:"野人有快炙背而美芹子者,欲獻之至尊,雖有區區之意,亦已疏矣。"李善注:"《列子》曰:宋國有田父,常衣濕麕,至春自暴於日。當爾時,不知有廣夏、隩室、緜纊、狐貉,顧謂其妻曰:'負日之暄,人莫知之。以獻吾君,將有賞也。'其室告之曰:'昔人有美戎菽、甘枲莖芹萍子,對鄉豪稱之。鄉豪取嘗之,蜇於口,慘於腹,衆哂之。'"[141][頁804]後人因以"野芹"喻指微薄的禮物。如張九齡《唐丞相

## 第二節　書儀新詞的產生途徑　321

曲江張先生文集》卷一五《謝賜御書喜雪篇狀》："伏望許臣等進食以申微誠,雖廚簋每搖,而野芹徒獻。"[235][頁12]洪邁《容齋隨筆》卷三"蔡君謨帖"："又有送荔枝與昭文相公一帖,云:'……閩中荔枝唯陳家紫號爲第一,輒獻左右,以伸野芹之誠,幸賜收納。'"[192][頁39]例中"野芹"都用來謙稱自己的禮物微薄①。

【瞻依】

某近曠音容,稍疏牋翰,瞻依嚴重,但積卑誠。(伯4092號《新集雜別紙》)

賀莊宅使:某官久茂寵勳,早揚休令;文閫幽邃,武庫深沈;百辟瞻依,四方欽賴。(伯3723號《記室備要》)

按:"瞻依"者,瞻仰依恃也,語出《詩·小雅·小弁》："靡瞻匪父,靡依匪母。"鄭玄箋："此言人無不瞻仰其父取法則者,無不依恃其母以長大者。"[197][頁452下]後人多以"瞻依"連用表對尊長的瞻仰和依恃,上揭例中"瞻依"即表示瞻仰和依恃對方。又如歐陽修《亳州到任謝兩府書》："上爲廟朝,精調寢膳。瞻依之懇,敷述奚周。"[170][頁762]可比勘。

【阮路】

書記:繾綣龍頭,已馳蝶夢。相軒車於阮路,恨不聯鑣。……脧(暌)闊未逾於五日,瞻翹以(已)似於三秋;黯戀之誠,一二寧既。(伯4092號《新集雜別紙》)

按:"阮路"喻指別離憂傷之路,語本《晋書·阮籍傳》："(籍)時率意獨駕,不由徑路,車迹所窮,輒慟哭而返。"[118][頁1361]寇準《忠愍公詩集》卷中《再歸秦川》："阮路何方盡,西歸興未勞。"[322][頁34]或作"阮籍途""阮途",喻指令人悲哀的末路。如杜甫《早發射洪縣南途中作》詩："茫然阮籍途,更灑楊朱泣。"[32][頁955]羅鄴《聞友人入越幕因以詩贈》："正哭阮途歸未得,更聞江筆赴嘉招。"[180][頁1652]是其例。

---

① 類似的詞還有"獻芹",參本書頁371。

## 五　縮略成詞

董志翹指出："由短語的凝縮進而詞化,這是漢語詞彙發展中經濟原則的具體體現。"① 敦煌書儀中某些新詞新義的形成和出現,即由短語縮略而來。就其實質,敦煌書儀中語詞的縮略主要有兩類:

### (一) 官稱縮略

敦煌書儀中每每涉及一些唐五代時期的官名,時人往往省而稱之。這種省稱又有兩種情況:一是獨立的官稱省略,減省其中的中心語,以其修飾成分代稱之,或縮略其中次要部分,存其要者以代之;二是兩個官名並稱,減省其中某些次要成分,存其要者構組成詞。如:

【長行】

　　當道賀正專使押衙陰信均等押進奉表函一封,玉一團,羚羊角一角,犛牛尾一角。十二月廿七日晚到院,廿九日進奉訖。謹具專使上下共廿九人,到院安下及於靈州勒住人數分析如後:一十三人到院安下:押衙陰信均、張懷普、張懷德,……十將康文勝,長行王養養、安再晟;一十六人靈州勒住:衙前兵馬使楊再晟,……長行一十一人。……賀正專使押衙陰信均、副使張懷普等二人正月廿五日召於三殿對設訖,并不赴對及在靈州勒住軍將、長行等各賜分物錦綿、銀器、衣等。……長行十三人各五匹,絁綿衣各一副。"(伯 3547 號《上都進奏院狀》)

按:"長行(chángxíng)",乃"長行官健、長行健兒"的省稱,爲唐代邊防士兵之一種,因長期出行在外戍守邊鎮而得名②。《唐六典》卷五"兵部郎中"條"天下諸軍有健兒"下注云:"開元二十五年敕,以爲天下無虞,宜與人休息,自今已後,諸軍鎮量閑劇、利害,置兵防健兒,於諸色征行人內及客户中召募,取丁壯情願充健兒長住邊軍者,每年加常例給賜,兼給永年優復。"[237][頁157] 從各種出征行人及客户中召募來長期

---

① 董志翹《〈入唐求法巡禮行記〉詞彙研究》,頁 207。
② 暨遠志《張議潮出行圖研究(續)——論沙州歸義軍的長行官健制和蕃漢兵制》,《敦煌研究》1992 年第 4 期,頁 79—80。

第二節　書儀新詞的產生途徑　323

駐守邊鎮,此即"長行"的由來。"長行"作爲唐宋時期邊防兵制的主要形式,習見於同時期文獻。如李德裕《李文饒文集》卷一六《天井冀氏行營狀》:"今請獲賊都頭賞絹三百匹;獲正兵馬使賞絹一百五十匹;獲副兵馬使、都虞候賞絹一百匹;都虞候已上仍並別酬官爵;如是官健仍優與職名;獲賊十將賞絹七十匹;獲賊副將賞絹三十匹;獲賊赤頭郎及劉積新召宅内突將賞絹十匹;獲賊長行賞絹三匹;如是土團練、鄉夫之類不在此例。"[146][頁6]例中論及抓獲賊兵的獎賞級別,依被俘者職位高低而定,按"都頭""正兵馬使""副兵馬使""都虞候""十將""副將""長行"等依次排下,抓獲賊人"長行"者賞賜最少,僅三匹,可見其地位之低下。

【本使】

　　賀本使加官語:天書遠降,寵袄(袟)西臨。尚書功業所彰,特加朝命。(斯 3399 號《雜相賀》)

　　謝外客到軍州供給:惠廣等庸賤,奉本使驅馳,幸過貴土。(斯 5713 號《惠廣雜謝狀抄》)

　　按:例中"本使"乃"本道節度使"的簡稱。敦煌書儀中也有用全稱者,如伯 3449 號《刺史書儀》:"辭本道節度使狀:右某自獲趨參,過承台念。……今取旨發赴本任,謹隨狀詣衙祗候辭。"或是出於簡捷及詞彙雙音化的趨勢,唐五代文獻中多以"本使"代稱"本道節度使"。如斯 1156 號《光啓三年(887)沙州進奏院狀》:"其宋閏盈、高再盛、史文信、李伯盈不肯,言:此時不爲本使懇苦論節將去,虚破僕射心力。"榮新江謂:例中"僕射"爲"本道節度使"張淮深的代稱①,則句中"本使"亦爲"本道節度使"的簡稱。這也見於同時代的傳世文獻,如陸贄《唐陸宣公集》卷一《平朱泚後車駕還京大赦制》:"應諸道諸軍將士有身死王事者,委本道本使具名銜聞奏,即與褒贈,仍以在身官爵授其子孫。"[238][頁11]亦其例。

---

①　參榮新江《歸義軍史研究》,頁 85。

【丞郎】【給舍】

賀冬與翰林學士兼丞即(郎)給舍書：丞郎恩深北闕,位重南宫；給舍望高山岳,位重掖垣。(伯4093號《甘棠集》)

按：據趙和平研究,"此是劉鄴於大中八年(或九年)冬至前代高少逸擬與朝中翰林學士、尚書左右丞、尚書諸省侍郎、給事中、中書舍人的賀冬書。"①則例中"丞郎"爲尚書左右丞、尚書六曹侍郎的合稱,即分别省略了其前面的"尚書左右"和"尚書六曹",而僅存留"丞""郎"二字,將其凝縮合併,便成了"丞郎"；同樣,"給舍"也是由給事中、中書舍人縮略而得。此種縮略稱謂,始見於唐代文獻。白居易《大官乏人策》："臣伏見國家公卿將相之具選於丞郎給舍,丞郎給舍之材選於御史遺補郎官。"[2][頁3490]陸游《老學庵筆記》卷八："唐所謂丞郎,謂左右丞、六曹侍郎也。尚書雖序左右丞上,然亦通謂之丞郎,猶今言侍從官也。"[152][頁110]《資治通鑑·唐代宗大歷三年》："上時衣汗衫蹋履過之,自給舍以上,及方鎮除拜、軍國大事皆與之議。"胡三省注："給舍者,謂給事中、中書舍人,皆典正五品官也。"[321][頁1533]後代也有沿用,宋朱弁《曲洧舊聞》卷六"晁以道給舍封駁太多"："近來給舍封駁太多,而晁舍人特甚,朝廷幾差除不行也,君可語之。"[186][頁168]另外,"給事中"一職,唐人或省爲"給事",如斯329號《書儀鏡》："孟冬漸寒,伏惟給事三郎子動止萬福。"可見,唐人於官名喜用省稱。

(二)**套語縮略**

書儀中一些處於固定位置的格式套語,經過人們長期不斷地使用,已沿襲成套。在書信收授雙方彼此熟悉的語境中,縮略部分詞語既不會影響語義表達,也不會導致理解困難。因而書儀格式套語常常發生縮略,即簡省其中一些交際雙方彼此明了的語義成分,存其要者固化爲詞。有時,某些縮略套語的出現是爲了保持句式的整齊。如：

---

① 趙和平《敦煌本〈甘棠集〉研究》,頁105。

## 第二節 書儀新詞的產生途徑 325

【未間】【未前】

問疾[書]：少選，冀馳問。未間，尚多憂積。（伯 2619 號背《新定書儀鏡》）

面會既近，預慰勤情。未間，但益企[望]。（斯 329 號《書儀鏡》）

如事了，即當奔赴。未間，但多馳戀。（伯 2700 號背《法真狀》）

按：例中"未間"乃書儀習用套語，表示前面所述情況未發生前的一段時間，實由"未……間"縮略而來①。唐五代文獻中，或可見到"未間"的完整形式，如《杜家立成·歲日喚知故飲酒·答書》："既登獻歲，幸履芳辰。未到之間，已欲馳駕。"斯 610 號《啓顏錄》："錄事乃令其弟將棗來，送與刺史宅。已通，刺史未取棗間，其弟乃自吃棗總盡。"伯 3774 號《僧龍牒呈明與大哥析產牒》："未得牛中間，親情知己借得牛八具，種澗渠地。"《朝野僉載》卷三："韋庶人悲慟，欲依鬼教與之。未處分間，有告文智詐受賂賄驗，遂斬之。"[11][頁63]從例中"未到之間""未取棗間""未得牛中間""未處分間"諸結構，不難看出書儀中"未間"的由來，即當"未……間"中的動作行爲前文已有交代時，爲避免重複，後文徑可言"未間"。如上揭書儀中"少選，冀馳問。未間，尚多憂積"，"未間"實即"未馳問間"的縮略，因前文已及，爲避免重複，遂凝縮成"未間"。

與此相似，書儀中又有"未前"一詞，亦當由"未……前"縮略而來。如：

更勞芳翰，慚悚實深。續即趨參，未前瞻仰。（斯 5636 號《新集書儀·屈客飲酒書·答書》）

例中"未前瞻仰"，實際應讀爲"未前，瞻仰"，言"未趨參前"，心中仰慕不已。"未前"這種用法也見於傳世文獻，如《桂苑筆耕集》卷九《都統王令公》之三："恭俟捷音，專申賀禮。未前祝望，不暇啓陳。"[91][頁72]其中"未前祝望"，實亦爲"未專申賀禮前"，祝望不已。與"未間"不同的是，"未前"常與表感受的語詞（如"瞻仰""祝望"等）結合爲一個整體出現。"未間"

---

① 參董志翹《〈入唐求法巡禮行記〉詞彙研究》，頁 210-211。

凝縮成詞後，往往獨立成句，如《太平廣記》卷二三五"顏蕘"條引《北夢瑣言》："顏給事蕘謫官，歿於湖外。未間，自草墓誌。"[245][頁1805]考"未間""未前"又可置於動詞短語之後，表示該動作行爲發生前的情況。如《入唐求法巡禮行記》卷三："伏以客事，不獲專詣，勤慕空積。奉顏未間，但增馳結。"[191][頁145]"奉顏未間"指未拜睹對方容顏之前。又《桂苑筆耕集》卷八《史館蕭遘相公》："唯期激勵，少報生成。拜賜未前，懷仁益切。"[91][頁68]"拜賜未前"指未拜領對方賜教前。這兩個結構之中並無省略，只是發生了移位，將"奉顏""拜賜"從"未……間""未……前"這兩個結構中提取出來移到前面去了，即它們原來的形式應爲"未奉顏間""未拜賜前"。爲什麼會出現這樣的現象呢？竊以爲，這是爲了取得行文上的統一和格式上的對應而導致的。敦煌書儀中，在表示某種行爲未能實現時，通常有兩種格式：一是"……未由"，二是"未由……"。如：

拜賀未由，難勝感戀。（伯4093號《甘棠集》）
展款未由，空積思慕。（斯2200號《新集吉凶書儀》）
未由拜奉，伏增馳積。（斯361號《書儀鏡》）
未由頂伏，無任戀結。（斯5636號《新集書儀》）

由以上諸例可看出，書儀在表達某種行爲不能實現時，所用都是四字格，在此格式的"整體規範"下，遂出現了"奉顏未間""拜賜未前""未前瞻仰""未前祝望"等形式。

## 六　類比構詞

在同義複合、語用構詞、隱喻構詞、化用古語、縮略生詞的基礎上，書儀中的新詞還可比照固有的或新生的結構，通過類比，置換其中個別語素而成，置換的語素間意義往往相同或相類，故也不妨稱之爲同（類）義替換，即在相同的結構中，以同（類）義的語素相替代。

【愛景　畏景】

伏以時當子位，律應黃鍾；是趙襄愛景之辰，乃周代歲初之首。（斯78號背《縣令書儀》）

## 第二節　書儀新詞的產生途徑　327

伏以黑帝司辰,玄冥戒序,初逢愛景,已認寒雲。(伯3931號《靈武節度使表狀集》)

伏以畏景熬然,炎威赫爾,節纏(躔)終伏,氣節新秋。(伯3723號《記室備要》)

伏以律應蕤賓,時當畏景,雲物壯峰巒之勢,曦光扇炎熾之威。(同上)

按:例中"愛景"①"畏景"分別用來指稱"冬日之日"和"夏日之日",此殆由"愛日""畏日"的語義結構類比置換語素而得。唐五代文獻中習用"愛日""畏日"來表示"冬天的太陽"和"夏天的太陽"②。受此影響,人們或將"日"換成與之意義相近的"景(日光)"來表達。李德裕《李文饒別集》卷七《懷松樓記》:"延清輝於月觀,留愛景於寒榮。"[146][頁7]張籍《夏日可畏》詩:"火威馳迥野,畏景鑠遙途。"[180][頁959]其中的"愛景""畏景"也分別指冬天的太陽和夏天的太陽,可以比勘。

【遲景】

賀仲春:伏以日居營室,律膺夾鍾,遲景漸暄,和風遠布。(伯3723號《記室備要》)

賀季春:伏以遲景將深,暄風漸盛,節迎朱夏,氣茂青陽。(同上)

按:這兩首賀狀所描寫的季節景候,一爲仲春,一爲季春,月份雖異,季節却同,都是春季,故例中皆以"遲景"指稱"春日",此亦由"遲日"類比而得。"遲日"指"春日",乃化用《詩經·豳風·七月》"春日遲遲"而來。杜甫《絶句二首》:"遲日江山麗,春風花草香。"[33][頁1134]句中"遲日"與"春風"相對,即指"春日"。後人或換"日"爲"景",以"遲景"表"春日"。張九齡《唐丞相曲江張先生文集》卷五《折楊柳》:"遲景那能久,流芳不及新。"[235][頁5]張耒《張右史文集》卷一五《感春》:"暖風遲景一日功,萬萼千葩爛相照。"[323][頁13]其中的"遲景"皆指"春日"。後例題爲"感春",詩中以"遲景"與"暖風"連言,其義更爲明顯。

---

① 《漢語大詞典》4336頁之"愛景",與此所論"愛景"只是字形上的偶合,其中"愛"實爲"曖"的借字。

② 參本書第二章第二節例37"愛(藹)日"條,頁116。

【人李】

　　　介使西來,寂無簡牘。引領東望,空餘涕零。……人李西轅,垂訪存歿。
（斯1438號背《吐蕃占領敦煌初期漢族書儀》）
　　　頂奉未卜,空勞夢魂。人李西征,音塵勿間。（同上）
　　　限以所守,展豁未從,人李西流,音塵勿間。（同上）

　　按:例中"人李"皆指(從東土去往西邊)傳遞書信的使者。關於"人李"的來源,董志翹以爲:人李"猶言'人吏',本指百姓與官吏,如唐韓愈《順宗實錄一》:'勇於殺害,人吏不聊生。'……《敦煌社會經濟真迹釋錄》中用例甚衆,但一般均指來往之使者,此猶'行李'亦作'行吏',指來往使者相似"①。其釋"人李"爲"來往之使者",極是;然論及其來源時,却將它與"行李"進行類比:"行李"亦作"行吏",指來往使者,那麼表"來往使者"的"人李"亦當同"人吏",本指"百姓與官吏"。竊以爲如此類推,極爲不妥。因爲其類比的對象不具有相似性:"行李"亦作"行吏",但其所表意義相同,都指"使者";而董文中所舉"人吏",皆指"百姓與官吏",沒有一例是表"使者"義的,那麼又怎能説"人李"猶言"人吏"呢? 愚以爲:"人李"一詞應是斯1438號背《書儀》作者自己新造的詞,因爲它雖然出現了9次,但只見於該件書儀。據趙和平考證,這件書儀"反映的是瓜沙地區被吐蕃占領後不久的情況"②,故其用詞較別的書儀或有不同。那麼,"人李"又是怎樣造出來的呢? 竊疑此亦爲類比造詞,因爲在敦煌出土的其他書儀中,多用"人使""人信"來指稱"使者"。如斯329號《書儀鏡》:"一自執辭,屢易晦朔。人使駱驛,音問傾乖。"斯5472號《朋友書儀》:"想念未歇,積恨爲勞。人信如流,希垂一札。"例中"人使""人信"都指"使者",結構上,都由通名"人"加專名"使""信"構成,"人李"大概就是由此類比造成的,因爲"李"自古以來,就有"使者"之義。如《左傳・僖公三十年》:"若捨

――――――――――
　　① 文中波紋綫爲筆者所加。參董志翹《敦煌社會經濟文獻詞語略考》"人李"條,《語文研究》2002年第3期,頁22。
　　② 參趙和平《敦煌寫本書儀研究》,頁471。

鄭以爲東道主,行李之往來,共其乏困。"杜預注:"行李,使人。"[313][頁1831上]索靖《月儀帖》:"隔限遐途,莫因良話。……信李廑廑,俱蒙告音。"[178][頁899]例中"行李""信李"的"李"皆指"來往的使者"。正因爲如此,斯1438號背《書儀》的作者纔可能比照"人使""人信"的結構,仿造出"人李"一詞。可見,即使是僅見於書儀的語詞,也是比照原有語詞的結構,通過類比,置換其中個別語素而形成的。

【窮春】

三月:爰自窮春,更延殊祉。(伯4092號《新集雜別紙》)

按:例中"窮春"指三月,殆由其爲春季之最末一月也。耶律楚材《是日驛中作窮春盤》詩:"昨朝春日偶然忘,試作春盤我一嘗。"[324][頁135]詩題中"窮春"亦指暮春三月。稱暮春三月爲"窮春",或是比照"窮秋""窮冬"等詞類比創造而得。典籍中或稱季秋九月爲"窮秋"。如蕭統《錦帶書十二月啓》:"無射九月:屬以重陽變敍,節景窮秋。"[315][頁238]書儀節候語中也以九月爲"窮秋"。如斯6537號背/14《大唐新定吉凶書儀》:"九月季秋,敍云:暮秋、杪秋、末秋、秋末、窮秋、秋盡。"同時,文獻中又或稱季冬十二月爲"窮冬"。如《齊民要術》卷六"養豬":"八、九、十月,放而不飼。所有糟糠,則畜待窮冬春初。"[179][頁328]或稱爲"窮陰"。《文選·鮑照〈舞鶴賦〉》:"於是窮陰殺節,急景凋年。"李善注:"《禮記》曰:'季冬之月,日窮於次。'《神農本草經》曰:'秋冬爲陰。'"[141][頁268]伯3723號《記室備要·賀季冬》:"伏以律昇大吕,節及窮陰。"例中"窮陰"皆指季冬十二月,冬盡年終之時。因此,我們以爲書儀中的"窮春"乃是仿照"窮秋""窮冬""窮陰"等詞類比創造而來。

除此而外,一些短語由於語義的專門化,以及人們頻繁地使用也可能最終固化爲專有名詞。如"浴蘭令節"本是一個偏正短語,指端午節,因端午節是人們以蘭湯沐浴的佳節,故稱。如李商隱《爲安平公赴兗海在道進賀端午馬狀》:"右臣伏以浴蘭令節,采艾嘉辰,百辟合祝於堯年,萬方宜修於禹貢。"[76][頁105]伯4093《甘棠集·端午進馬并鞍轡狀》:"右伏以"角黍良辰","浴蘭令節",徒思獻壽,且阻朝天。"例中"浴蘭令節"與"采艾嘉辰""角黍良辰"相對爲文,可見其在結構上仍爲偏正短語,意謂浴蘭之佳節。因其都用來指稱"端午節",語義的專門化及人們的頻繁使用,使其最終固化爲"端午節"的異名,宋吴自牧《夢粱録·五月》:"(五月)五日重午節,又曰'浴蘭令節'。"[161][頁21]

## 第三節　書儀新義的衍生機制

爲了準確而適時地反映出社會生活的點滴變化,漢語的詞彙一直不停地發生着變化,一方面出現了大量的新詞,另一方面也滋生出許多新義。新義的衍生,不僅由詞義發展的内部動因引發,更是因爲人們的思維基於共同的認知模式,易於在不同的概念間產生相似、相關聯想的結果。

### 一　聯想生義

漢語中許多新義的出現,有時是不同概念間發生相似或相關聯想的結果。這種聯想往往是由"隱喻""轉喻"兩種認知方式發動的。"隱喻"是基於概念結構的相似性從一個認知域到另一個認知域的投射,如"脚"本是人體的部位,後來根據相似性將其應用於其他認知領域,於是就有"山脚"之類的説法。"轉喻"則是基於相關性從一個認知域到另一個認知域的過渡,比如"編輯"由指一種工作變爲指做這種工作的人,就是由於轉喻引起的語義變化,因爲工作和工作的完成者在認知上是密切相關的兩個範域①。書儀中不少新義的產生,即由其原義發生"隱喻""轉喻"而來。

【下流】

　　屈客飲酒書:欲謀一歡,常思知己。……謹令小使,奔往發邀。勿棄卑

---

① 董秀芳《詞彙化:漢語雙音詞的衍生和發展》,頁97-98。

第三節　書儀新義的衍生機制　331

微,下流光顧。(斯5636號《新集書儀》)

　　索債書:某乙科稅之明,縣司徵迫,家無貯積,乏斗備充。……足下先有所欠,都不合言,已(以)此催驅,方敢諮白。下流處置,濟此懸絕。(同上)

　　某乙素無勤恪,非次改職。內慚瑣嘣,外覥荒蕪。恩重命輕,不任戴荷。下流示及,皈(反)仄空深。(同上《賀加官職書·答書》)

　　某乙孱屚(懦)之人,謬沾吏職。寡旆(於)謀略,甘分退身。下流置書,不勝悚愧。(同上《慰停職書·答書》)

　　按:例中"下流"與其常用義"低級、末品"義有所不同,因爲其後都帶有動詞或動詞性短語,如"光顧""處置""示及""置書"等。趙和平指出:"這裏的'下流'是尊稱,對方涉及寫信人的行動。"①此言極是。"下流",顧名思義就是向下流逝。如《楚辭·九懷·昭世》:"榜舫兮下流,東注兮磕磕。"[20][頁314]此指河水向下流逝。兩漢以後,或有以"下流"比喻君王的恩澤自上而下地流布於民,如《淮南子·主術》:"君德不下流於民,而欲用之,如鞭躑馬矣。"[101][頁649]《後漢紀·孝桓皇帝紀下》:"故勢在臣下則地震坤裂,下情不通則日月失明,百姓怨恨則水旱暴興,主上驕盈則澤不下流。"[103][頁425]例中"下流"皆指帝王的恩澤向下流布。書儀中的"下流"就是由此引申來的。它們都在句中作狀語,修飾其後的動詞或動詞性短語,用來敬稱對方施及自己的動作行爲,言其"光臨""置辦錢物"或"來信"如水流般自上而下地貫注於作書人。也就是說,這一從"恩澤下布"至"敬稱對方施及自己的行爲"的詞義引申過程,實際也是一個隱喻的過程:將對方比作君上,高高在上;把自己視作臣民,俯首於下,對方施及自身的行爲,就好比君上的"恩澤下流"於臣民一樣。由此可見,從"向下流逝"到"君上的恩澤流布於民",再到"敬稱對方施及自身的行爲","下流"一共經歷了兩次"隱喻"引申。隱喻發生前,"下流"的詞義非常具體實在;發生後,其意義則變得越來越空靈,以至最後變成了表恭敬意味的"敬詞",修飾相關的動詞或動詞性短語。

---

①　趙和平《敦煌寫本書儀略論》,《唐五代書儀研究》,頁31。

此或即學界所謂"詞義虛化"的過程。

【驅馳】

　　謝下擔：惠廣等微賤，奉本使驅馳，幸達貴土。未蒙拜伏，特賜重擔。（斯5713號《惠廣雜謝狀抄》）

　　謝所到州供給：某乙等庸賤，奉本使驅馳，幸過貴土，伏蒙沿路管界州鎮特賜供備(給)倍常，某乙等下情無任感恩惶懼。（伯3691號《新集書儀》）

　　按：例中"驅馳"義爲差遣。"驅馳"本指策馬疾行，如《史記·絳侯周勃世家》："壁門士吏謂從屬車騎曰：'將軍約，軍中不得驅馳。'"[198][頁2074]是其例。"驅馳"由指馬施之於人，則是以物喻人，比喻人們爲其主子奔走效力。如《三國志·蜀書·諸葛亮傳》："先帝不以臣卑鄙，猥自枉屈，三顧臣於草廬之中，諮臣以當世之事，由是感激，遂許先帝以驅馳。"[201][頁920]斯5804號《僧智弁請賜美柰狀》："伏望參君（軍）特賜美柰一頓，智弁願盡驅馳，轉念感恩，生死榮幸。"例中"驅馳"皆喻奔走效力。其實，對"馬"而言，所謂"驅馳"只是任其主人使喚罷了。同樣，就"人"而論，"驅馳"也是受其主子差遣、驅使而已。斯1655號背《白鷹呈神詩二首并序》："太初小吏，瑣劣不材，奉命驅馳，倍增戰汗。"例中"驅馳"便是"奉命"而行。正因爲如此，"驅馳"又可表"差遣"的意思。伯3150號《慈惠鄉百姓吳慶順典身契》："癸卯年十月十八日慈惠鄉百姓吳慶順兄弟三人商擬，……今將慶順己身典在龍興寺索僧政家。……自取物後，人無雇價，物無利頭，便任索僧政家驅馳。"其中"驅馳"即差遣、使喚之義。差人如喚馬，此即"驅馳"差遣義的由來。

　　爲人差遣、使喚，不免奔走忙碌、辛苦勞累，故而"驅馳"又可隱喻指奔走忙碌、辛苦勞累之義。如斯78號背《縣令書儀》："伏緣某自到奬(弊)邑，公事殷繁，日夕驅馳，略無閒暇，以此未早有狀陳謝。"句中"驅馳"即其義，謂自到任後，公務繁忙，日夜奔走忙碌，全無半點空閒，因而未能及早去信。另如元孫仲章《勘頭巾》第二折："張鼎，我聽得你替俺官府每辦事的當，又各處攢造文書，一年光景，好生驅馳！與你一個月假限，休來衙門裏畫卯。"[302][頁675]其中"驅馳"受程度副詞"好生"修飾，顯爲"辛

第三節　書儀新義的衍生機制　333

苦、勞累"的意思。

有時,對某個人的思念也會感覺心裏很"辛苦、勞累",因爲大腦裏裝滿了對方的身影,其一舉一動都在我們的腦子裏來回地"驅馳"。所以,人們又或以"驅馳"隱喻"思念"的情懷。如斯 766 號《新集書儀·與四海極尊重狀》:"限以所守,拜伏未由,無任驅馳。"其中"無任驅馳"在同卷《與四海稍尊狀》中作"但增瞻戀",則"驅馳"即思念、想望義。

【塵末】

　　謝主務:昨者某叨蒙台造,差主兵權。祗受鈞慈,不任感懼。但量塵末,實覺非才。(伯 3864 號《刺史書儀》)

按:"塵末"本指塵埃、微末,此用爲謙詞,稱自己微不足道,才無所取。另如孟郊《送魏端公入朝》詩:"大賓威儀肅,上客冠劍鮮。豈惟空戀闕,亦以將朝天。局促塵末吏,幽老病中絃。徒懷青雲價,忽至白髮年。"[180][頁943]詩中稱對方爲"大賓、上客",而稱自己却說"塵末",亦用作謙詞。"塵末"此義,殆由隱喻而得。

【記録】

　　今因信往,略寄單行,幸垂記録。(斯 5472 號《朋友書儀》)

按:"記録"猶言"記挂、記念",此殆由其本義引申而來。"記録"本指用筆將所發生的人事變化等記載於書册。如《後漢書·班彪傳》:"又有記録黃帝以來至春秋時帝王公侯卿大夫,號曰《世本》,一十五篇。……漢興定天下,太中大夫陸賈記録時功,作《楚漢春秋》九篇。"[104][頁1325]句中"記録"皆指記載、登録。當記録的對象特指某人,記録的場所變成心懷時,"記録"的詞義就發生了隱喻引申,即從原來的具體動作"記録"變成了抽象的情感行爲"記念"。"記録"此義習見於當時的狀啓中,如《桂苑筆耕集》卷一七《謝生料啓》:"豈料司空相公俯念海人,久爲塵吏,特垂記録,繼賜霶濡。"[91][頁162]黃滔《代陳蠲謝崔侍郎》:"豈料侍郎堅垂記録,確賜憫傷。"[172][頁225]前例中"記録"在語義上與前文的"俯念"相呼應,後例中"記録"與"憫傷"對文,皆謂承蒙對方"記念在心"。

## 【微誠】

端午送酒扇：右伏以嘉辰令節，合獻微誠。前件物等，謹充續壽。（伯4984號《殘狀》）

禮賓引進内省書：今則有少微誠，具則別幅。……具馬。右謹送上，聊表賀儀。（伯2539號背《後唐朔方節度使書啓底稿》）

按："微誠"，顧名思義就是微小的心意，書狀多用來謙稱自己的心意。庾信《爲杞公讓宗師驃騎表》："伏願覽青蒲之奏，曲允微誠；詔鳳皇之池，特收嚴召。"[293][頁548]例中"微誠"即用以謙稱自己内心的想法。今人常言，小小禮物，略表心意。古人也常以"微誠"來謙稱自己贈禮的微薄，上揭書儀例中"合獻微誠""有少微誠"的"微誠"皆指自己呈獻的薄禮，如"酒扇""馬"等。另如獨孤及《爲獨孤中丞天長節進鏡表》："以去年五月五日於淮陽鑄上件鏡，欲獻之行在，爲聖皇壽，冀申犬馬之意、臣子之心。……臣幸逢佳節，願展微誠。謹遣某乙進上件二鏡，一獻聖皇，一獻陛下。"[171][頁8]其中"願展微誠"言希以二鏡來表示自己微薄的心意。由此轉喻引申，"微誠"便滋生出"薄禮"義來了。另如上博48號《清泰四年曹元深祭神文》："今既吉晨（辰）良日，奉設微誠：五彩信幣、金銀寶玉、清酒肥羊、鹿脯鮮魚、三屠上味，惟願諸神留恩降福，率領所部次第就座，領納微獻，賜以嘉福。"例中"微誠"作"奉設"的賓語，所指爲"五彩信幣、金銀寶玉、清酒肥羊、鹿脯鮮魚、三屠上味"等供品，言希神靈領受"微獻"。《桂苑筆耕集》卷一〇《田令孜軍容送器物》："右竊以氣噎未銷，道途尚梗，久乖專信，略達微誠。……前件器物，貨非難得，器實易盈。"[91][頁88]例中"微誠"表面看來雖是表達自己的心意，實際所指爲寄獻的"器物"。此即其詞義演變的根源所在：禮物微薄，略表心意，故以"微誠"轉指薄禮。其實，不僅漢語如此，日語也有類似的轉喻引申，如"すんし（寸志）"在日語中有兩個義項：①寸意，寸心；②菲薄的禮品。"寸心"即微薄的心意，由此轉喻，又可用以謙稱自己菲薄的禮品，如：寸志ですがぉ納め下さい——不成敬意請您收下吧。① 據日本學

---

① 《日漢辭典》，頁1087。

## 第三節　書儀新義的衍生機制　335

者荒見泰史說,送禮物時,日本人往往會在禮盒上標寫"寸志"二字,意謂禮物微薄,略表心意。

【常例】

　　伏乞大夫念以淹延外府,凡事闕如,計盡(畫)求夕饗,稍開惻隱,廣被陰功。知恩不獨於古人,當代豈無於義士。已磨鉛鈍,力副提攜;馳心粗蓄於歲寒,秉志豈辜於德守。兼有少<u>常例</u>,謹具別狀。(斯78號背《縣令書儀》)

按:上例乃作書人請託長官提攜扶持的書啓。啓中云:若獲對方提攜,必定知恩圖報。故於信末云"有所常例,謹具別狀",即將表示感謝的"常例",具寫於另一張紙上。如此看來,所謂"常例"實是用以行賄的禮品或錢物。然而人們何以稱之爲"常例"呢? 竊以爲,此殆由其"常規"義轉喻引申而來。"常例",本指"常規"。唐五代時期,每逢正旦、端午、冬至等節日屬僚都得按"常規"向官長進獻禮品,這可從敦煌書儀"獻物狀"中窺見一斑。如伯2646號《新集吉凶書儀‧賀端午獻物狀》:"某色目物。右伏以端午良辰,理當續壽。顧惟遠役,拜賀無由。前件物誠非珍異,輒敢獻上,用表野芹。"也就是說,給官長送禮對屬僚而言,已成一種常規、常例。故而書儀中徑以"常例"來指稱送給長官的禮物,由此可見當時行賄之風的盛行。"常例"此義在宋以降文獻中更爲習見,如朱熹《三朝名臣言行錄》卷六之二"丞相荊國王文公":"神宗聞安石之貧,命中使甘師顏賜安石金五十兩,安石好爲詭激矯厲之行,即以金施之定林僧舍,師顏因不敢受<u>常例</u>,回具奏之。上諭御藥院牒江寧府,於安石家取甘師顏<u>常例</u>。"[216][頁19]例中"常例"即師顏向王安石索取的"服務費"。"常例"習用日久,又演化成了官員、吏役向百姓勒索的名目。《京本通俗小說‧拗相公》:"若或泄漏風聲,必是汝等需索地方<u>常例</u>,詐害民財。"[124][頁54]或稱爲"常例錢"。《水滸傳》第三七回:"節級下在這裏了。正在廳上大發作,罵道:新到配軍如何不送<u>常例錢</u>來與我!"[223][頁510]可見,"常例錢"之稱實源於唐五代時期的"常例",並非"常例"

乃"常例錢"的略稱①。

【高援】

弟(第)幾男年久成立,未有婚媾,承賢弟(第)某女令淑有聞,四德兼備,願結高援。(伯2646號《新集吉凶書儀‧通婚書‧別紙》)

某郎年已長大,[未]有婚媾。伏知承賢小娘子某女淑德有聞,願託高援。(伯3909號/2《今時禮書本‧別紙》)

按:"援",助也。"高援"本指來自地位、聲望高者的援引和幫助。如《抱朴子外篇‧疾謬》卷二五:"或因變故,佻竊榮貴;或賴高援,翻飛拔萃。"[1][頁630]敦煌書儀通婚書中則多以"高援"來指稱"結親"的雙方。一方面,古人用語喜謙己以尊人,與對方結爲婚姻,就好比高攀而得到援助一樣;另一方面,"結親"講求的是門第與聲望,須門當户對,以便互相援助。如《三國志‧魏書‧張邈傳》:"(袁)術欲結布爲援,乃爲子索布女,布許之。"[201][頁324]此即爲求"援"而結親,故敦煌書儀婚書中多以"高援"稱呼與之結親的門第。此亦見於傳世文獻,如李商隱《爲裴懿無私祭薛郎中文》:"庇孤根于高援,許嘉姻於弱植。"清馮浩注曰:"《國語》:'董叔將取於范氏曰:欲爲繫援焉。'此言結姻也。"[76][頁361]宋陳淵《代沈家下定書》:"修盟舊好,更資河潤之餘。益愧寒門,復攀高援。"[163][頁25]上揭例中"高援"皆其義。敦煌書儀中"高援",或作"高媛"。如:

名弟(第)某息名,未有伉儷。丞(承)弟(第)若干女令淑有聞,願託高媛。(伯2619號背《新定書儀鏡‧通婚函書》)

某娘盛年,作嬪高媛,冀憑靈祐,以保終吉,何圖奄至此禍?(伯3442號《書儀‧□(女)喪告□□(答親)家□□(舅姑)書》)

"媛",本指"美女",取義於"援",《説文‧女部》:"媛,美女也。人所援也。從女,從爰。爰,引也。"[200][頁262]因婚書多是男方託媒人傳與女方的,即受者爲女方,故"援"或從"女"作"媛"。而凶書告答中"媛"或是沿用其形,或是受"嬪"類化所致。

---

① 《漢語大詞典》"常例"之義項②,頁1755。

## 第三節　書儀新義的衍生機制　337

【色物】

忽聞孟闍梨母亡没，便合奔赴弔問。……白羅壹段、紫絁壹、緋紬壹段，色物三事，謹遣堂子卿爲奴送赴。（斯5804號背《僧智弁遣堂子卿送弔儀狀》）

按：例中以"色物三事"總述前文列舉的禮品：白羅壹段、紫絁壹、緋紬壹段，則"色物"爲各種布帛綢緞的總稱，這在敦煌社邑文書中極爲習見。如斯2894號背《壬申年十二月廿一日親情社轉帖》："右緣裴昌奴妻亡，合右（有）贈送。人各面壹斤、油壹合、粟壹斗、柴壹束、鮮净綾絹色物三丈。幸請諸公等，帖至，限今月廿二日卯時在官樓門前取齊。"斯2242號《親情社轉帖》："右緣張昌進身亡，准例合有弔酒一瓮，人各粟一斗，褐布色物二丈。"例中"色物"皆以"丈""匹"稱量，顯爲布帛綢緞的總稱。且都爲助葬弔孝所用，或許當時民間習俗，喪禮常以"色物"爲贈，此俗至今猶存於貴州某些縣邑鄉村。"色""物"本指各種事物的顔色、品類，此專用以指布帛綢緞等，蓋因布帛等皆爲染色之物，故此稱之。就像漢字中不少表顔色的字都從"糸"一樣，因爲"絲織品"是色彩的最佳體現者。

【記室】

春寒未減，惟動静兼祐，此某常度云云。頻狀往，計有達者。……月日姓名狀通某郎記室。（斯361號《書儀鏡·與姊夫書·答書》）

今具單酌，輒敢諮邀，幸願同歡，請垂降顧。……專佇望，專佇望。謹奉狀，不宣。某乙狀上某官記室。（伯3502號背/2《新集諸家九族尊卑書儀·相迎宴樂書》）

按："記室"本爲官名，掌章表書記文檄，或稱爲記室參軍，相當於今所謂"文秘、秘書"。敦煌書儀中多用作台座稱謂，即綴於受書人稱謂後，表示不敢直接指稱對方，而只能與他手下的"記室"打交道，其用意在於"因卑達尊"，以此表示對對方的尊敬。上揭書儀用例中"記室"即用作敬詞，其功用類似於人們常説的"執事"。敦煌書儀中關於這類台座稱謂的使用往往具有嚴格的規定。斯6537號背/14《大唐新定吉凶書儀》："凡前人官至郎中已上，並須云'閣下'；員外已下至縣令，並云

'記室';如賜緋云'記室',賜紫[云]'閣下';六品已下云'執事'。"可見,書儀中"記室"並非用作官名,而是用以敬稱收信人,即以其身邊的"記室"轉指對方,此殆亦由轉喻引申所致。

【門館　門宇】

　　賀冬上杜相公狀:某早違門館,限守藩垣。拜賀無由,兢惶倍切。(伯4093號《甘棠集》)

　　上馮舍人[狀]:舍人每因公議,曲被恩私,遽出泥塗,盡由門館。(同上)

　　按:"門館"本指舊時權貴招待賓客、門客的館舍,此則用以敬稱對方,表示不敢直接指稱對方,而借用與之相關的處所來轉指其人,以示尊敬。上揭二例中"門館"皆用來敬稱受書者。另如杜牧《上李中丞書》:"一自拜謁門館,似蒙獎飾。"[75][頁183]例中"門館"作"拜謁"的賓語,顯然也用來敬稱對方。類似的敬稱還有"門宇"。伯4093號《甘棠集·謝賜緋上白令公及三相狀》:"某才不過人,智非周物,因緣門宇,驟出泥塗。"句中"門宇"猶言門牆,此亦用來指稱受書人,言因為對方的幫助提拔,纔得以脫離困境。這種以處所代稱與之相關的人物,也屬轉喻引申。

## 二　相因生義

書儀中某些詞語的外形可能是語言中原有的,但其新義的獲得並不是從原有意義的基礎上引申得來,而是受當時某些意義相同、相近語詞的構詞表義的影響而衍生出來的。如:

【輕塵】

　　交代送土宜:右謹專送上。……輒敢輕塵,深慚容易。(伯3449號《刺史書儀》)

　　右件物等,實異珍華,深慚輕尠。……輕塵棨戟,甘俟罪尤。(伯3723號《記室備要》)

　　前件油面等,聊申節料之儀,以表丹誠之禮。希垂不誚輕塵,俯賜留納。(伯3931號《靈武節度使表狀集》)

　　按:例中"輕塵"用為謙詞,義為輕慢、玷辱,言所送禮物輕慢、玷辱了對方。"輕塵"此義習用於書狀表啓,如王勃《上郎都督啓》:"賑給之義,既惟其常;厚薄之差,伏希俯訪。輕塵視聽,倍增兢惕。"[262][頁145]句中"輕塵"亦用爲謙詞,言自己啓中所言輕慢、玷辱了對方的視聽。"輕塵"本指易於飛揚的塵土,如晋木華《海賦》:"輕塵不飛,纖蘿不動。"[178][頁1111]例中"輕塵"即指質輕易飛的塵土。而上揭書儀中"輕塵"並非由此引申得來,而是受當時"輕瀆""塵瀆"等詞的影響衍生得來。"輕瀆",指輕慢褻瀆,爲近義複詞。如劉禹錫《爲京兆李尹降誕日進衣狀》:"輕瀆宸嚴,無任兢惶。"[147][頁200]又有"塵瀆"一詞,如伯3449號《刺史書儀·送土宜物色本道官員》:"前件物雖非珍異,粗表土宜。不避塵瀆,輒敢持送。""塵"本指灰塵、污垢,此引申爲玷辱義。"塵瀆"爲近義複詞,指玷辱褻瀆。受其影響,語言中原有的"輕塵"一詞遂孳生出一新興義項——輕慢玷辱。

【矜假】

謝假:某乙不幸,某親凶訃。伏蒙某官仁恩,特賜矜假殯送,下情無任惶懼。(伯3691號《新集書儀》)

按:"矜假"原指"驕矜虛僞",如《世説新語·排調》:"范啓與郗嘉賓書曰:'子敬舉體無饒縱,掇皮無餘潤。'郗答曰:'舉體無餘潤,何如舉體非真者?'范性矜假多煩,故嘲之。"[202][頁814]句中以"矜假"承言"非真","矜假"顯指驕矜虛僞,爲類義複詞。不同的是,上揭書儀例中"矜假"却指寬容、放免,亦見於傳世文獻。如《舊唐書·畢構傳》:"今之從職,……或交結富豪,抑棄貧弱;或矜假典正,樹立腹心。"例謂今之做官者寬容、放縱下屬,以結爲心腹。"矜假"此義從何而來呢?竊以爲是受"寬假"影響所致。敦煌書儀中表示"寬容、放免"時常用"寬假"一詞,如伯3691號《新集書儀·謝假》:"某乙自拙將治,染疾數旬。伏蒙某官仁恩,特賜寬假將息,下情無任惶懼。"伯2652號背《諸雜謝賀·謝患痊》:"某乙自拙將治,微疾纏身,伏蒙司空寬假,以得醫療。"例中"寬假"義同"矜假",謂因疾病纏身而得到長官的"寬容、放免"。"寬假"此義習見於漢魏以降文獻。如《三國志·魏書·華佗傳》:"若妻信病,賜小豆四十斛,寬假限日;若其虚詐,便收送之。"[201][頁802]《新唐書·杜佑傳》:"初,佑決雷陂以廣灌溉,斥海瀕棄地爲田,積米至五十萬斛,列營三十區,士馬整飭,四鄰畏之;然寬假僚佐,故南宫傅、李亞、鄭元均至争權亂政。"[284][頁5088]例言杜佑寬容、放縱下屬而致亂。"寬",本指房屋寬敞,引申有"寬容、放免"義;《漢書·常山憲王劉舜傳》:"舜,帝少子,驕淫,數犯禁,上常寬之。"[102][頁2434]而"假"本義爲"借",引申也可表"寬容"義①,如《戰國策·燕策》:"北蠻夷之鄙人,未嘗見天子,故振慴,願大王少假借之。"[314][頁1138]句中"假""借"同義連用,指寬容、體恤。由此可見,"寬假"爲同義複詞。而"矜"也有"大"義,如《國語·晉語二》:"今矜狄之善,其志益廣。"韋昭注:"矜,大也。"[84][頁275]由"大"引申,亦有"寬容"義,如《舊五代史·周書·世宗紀二》:"禮部侍郎劉温叟失於選士,頗屬因循,據其過尤,合行譴謫,尚視寬恕,特與矜容,劉温叟放罪。"[120][頁1528]例中"矜容"與"寬恕"義近相承,"矜容"顯爲"寬容、放免"義。然則"矜假"此義並非由其原有意義"驕矜虚僞"引申得來,而是受習用已久的"寬假"影響所致。

## 三 歧解生義

新義的增多,一方面豐富了人們語義的表達,另一方面也爲人們對語句進行重新分析提供了可能,而"重新分析"的結果便是"歧義"的出現。從某種意義上説,"歧義"也是一種新義。《詞典》中個别語詞的歧義便是因"重新分析"而產生的。今以敦煌書儀爲例説明如下:

【清和】

四月:伏以三月既謝,九夏方臨,令叶玉燭之調,序順清和之美。(伯3931號《靈武節度使表狀集》)

按:例爲"四月"賀狀,狀中以"清和"指稱"四月",此習見於唐宋時

---

① 漢語中有"借"義的詞,大都可引申出"寬"義,如"假""借""貸""貰"本義都爲"借",引申都有"寬大、寬容"之義。詳細的論述,參郭錫良主編的《古代漢語》上册第373頁。

### 第三節 書儀新義的衍生機制 341

期文獻。如白居易《初夏閑吟兼呈韋賓客》:"孟夏清和月,東都閑散官。"[2][頁2183]司馬光《温國文正公文集》卷五《首夏二章呈諸鄰》:"首夏木陰薄,清和自一時。"[266][頁5]例中詩題或言"初夏",或稱"首夏",詩句又分別以"孟夏""首夏"與"清和"並舉或對文,"清和"顯指農曆四月。清代學者對此却頗爲疑惑。袁枚《隨園詩話》卷一五:"張平子《歸田賦》:'仲春令月,時和氣清。'蓋指二月也。小謝詩因之,故曰:'首夏猶清和,芳草亦未歇。'今人删去'猶'字,而竟以四月爲'清和'。"[224][頁507]袁枚以爲"清和"本指二月,而人們却以"四月"當之。《詞典》據此,將"清和"釋爲"農曆四月的俗稱……一説指農曆二月"[113][頁3286]。二説中究竟孰是呢?

今按:張衡《歸田賦》中"時和氣清"只是對仲春二月景候的描寫,並未直接將二月稱爲"清和"。而謝靈運詩"首夏猶清和"的出現,則爲人們稱首夏爲"清和"提供了良好的契機:謝詩中"猶"與"亦"相對,顯然用作副詞,義爲"仍舊,還";而"猶"本身另有"如同、就是"之義,當讀者對"猶"字的意義產生不同的理解,即將它視作動詞"如同、就是"時,便會產生"首夏即清和"的印象。正是"猶"字本身的多義性,爲人們對"首夏猶清和"進行重新分析和解讀提供了語義上的可能性。也正因爲如此,纔產生了"首夏仍清和"與"首夏即清和"的歧義結構,而後一結構正是引發"清和"獲得指稱"農曆四月"這一新義的内在動因。在這一動因的驅動下,便出現了庾信文集中"首夏清和,聖躬怡裕"[293][頁564]的語句。這句話的出現,直接孕育了"清和"爲"首夏四月"的含義。後來隨著文人的爭相效仿,以"清和"指稱"四月"便習以爲常了。如楊萬里《誠齋集》卷一三《三月二十七日送春絶句》:"只餘三日便清和,盡放春歸莫恨他。"[17][頁10]詩題言"三月二十七日送春",詩句謂"只餘三日便清和",可見在詩人心目中,"清和"便是"四月",少一天都够不上此稱。元王惲《秋澗先生大全文集》卷一八《送李士觀還壽春幕府》:"去年首夏別燕城,今歲清和會汳京。"[189][頁5]例以"去年首夏"與"今歲清和"相對爲文,

"清和"亦顯指"首夏四月"。可見,"清和"作爲"農曆四月的俗稱",是後人在謝詩的影響下逐漸約定俗成的,唐宋時期便已定型,並非始於袁枚所言的"今人"。

與此類似的還有"長至"。敦煌書儀中每以"長至"來指稱"冬至"。如:

<blockquote>
冬至日相迎書:長至初開,三冬正中,佳節應期,聊堪展思。(斯 2200 號《新集吉凶書儀》)

冬至:長至日,空[酒]餛飩,故勒馳屈,降趾爲幸。(伯 3637 號《新定書儀鏡》)

冬至賀語:伏以玄律方中,節臨長至。(伯 3691 號《新集書儀》)
</blockquote>

按:例中書題皆云"冬至",信中則以"長至"來指稱。或許,唐五代時期又稱"冬至"爲"長至"。然先秦文獻中多以"長至"爲"夏至"的別名。《禮記·月令》:"(仲夏之月)是月也,日長至,陰陽爭,死生分。"孔穎達正義:"長至者謂此月之時,日長之至極,太史漏刻,夏至畫漏六十五刻,夜漏三十五刻,是日長至也。"[135][頁 1370]《吕氏春秋》卷六"音律":"仲冬日短至,則生黃鍾。……仲夏日長至,則生蕤賓。"高誘注:"冬至日,日極短,故曰日短至;夏至日,日極長,故曰日長至。"[137][頁 328]而在魏晉以降的文獻中,又或以"長至"稱"冬至"者。如《太平御覽》卷二八引後魏崔浩《女儀》:"近古婦人常以冬至日上履襪於舅姑,踐長至之義也。"[246][頁 132]唐戎昱《謫官辰州冬至日懷》詩:"去年長至在長安,策杖曾簪獬豸冠。"[180][頁 674]爲何會出現兩種截然不同的認識呢?竊以爲這也是由一詞多義引起歧義,而歧義又導致後人對文本產生重新分析而造成的。"至"有兩個主要的義項:"到"和"極點"。從孔穎達正義看,稱"夏至"爲"長至"者,殆取其後義"極點",謂夏至這一天,日長達到"極至";而謂"冬至"爲"長至"者,殆以其本義"到"解之,指冬至這一天,日長開始"到來"。《孔子家語·郊問》:"郊之祭也,迎長日之至也。"王肅注:"周人始以日至之月,冬日至而日長。"[133][頁 4]王肅注謂周人以仲冬之月爲一年之始,蓋以冬至日"日長"到來的緣故。後來,人們則徑以"長至"爲

"冬至"的別稱了。如《顏氏家訓·風操》:"已孤而履歲及長至之節,無父,拜母、祖父母、世叔父母、姑、兄、姊,則皆泣。"王利器集解:"長至,冬至。"[292][頁102]白居易《冬至宿楊梅館》:"十一月中長至夜,三千里外遠行人。"[2][頁785]例中詩題云"冬至",首句言"十一月中長至夜",此"長至"顯即"冬至"。可見,也正由於"至"的多義性而使得人們對"日長至"這一結構產生了不同的理解:"日長(達到)極至"和"日長(開始)到來"。這種不同的理解用今天時興的術語來説便是"重新分析",其表層結構完全一致,都是主謂結構,而底層結構則出現了變異,這種變異即源於"重新分析",重新分析的結果便是新義的產生——以"長至"指稱"冬至"。

## 四 轉換生義

詞義的演變,除了語言自身及人們認知的原因外,詞語使用場合的轉變也往往會導致詞義發生變化。就敦煌書儀而言,其中既收錄有書面的信札,亦撰輯有供人們正規禮儀場合使用的口頭參考文字,而後者往往是前者在口頭場合的直接運用。從書面到口頭,雖然只是語用場合的轉換,漢語史上一些詞義的變化却因此而引發。

研究中古近代漢語的學者,每每在其著作中有意識地區分口語詞與書面語詞,并根據其語感對文獻中的語料成分進行鑒別。凡是文獻中的"口語詞",都格外受到青睞,被搜羅殆盡;而其中的"書面語詞",却未得到應有的重視。不可否認,這樣的區分確實填補了歷來口語詞研究的空白,改變了原有那種"一貧如洗"的狀態。但是,這同時也造成了漢語史研究的殘缺,因爲歷史上任何時期的語言,都應該是"口語詞"與"書面語詞"並重的。而且,作爲"史"的研究,"書面語詞"從它產生之日起,也或多或少地發生了變化。重"語"而輕"文",不可避免地會造成漢語史研究的不完整。再説,古人"書面"與"口頭"之分,今人是很難判別的,而且古人使用時也不是截然分別的。就敦煌書儀而言,許多今天看來十分典雅的、屬於書面的詞語,在當時的口頭場合亦有使用。

敦煌書儀中規範的口頭用語其實只是書札用語在正規場合的口頭運用。這些語詞的運用,從共時而言,只是經歷了一個從書面到口頭的語用場合的轉換;然而從歷時的演變而言,這種轉換却往往孕育着詞義的變化,或者説是引發詞義變化的一個契機。因此,我們不應該有意識地將口語詞與書面語詞的研究對立起來,厚此薄彼;而應該等而視之,并試圖從語用場合的轉換上來尋求其間曾經被割裂或被掩蓋了的詞義關聯。面對面的口頭交際,與書面上的信札往來,其中所論大多是寒暄問候。敦煌書儀中有關寒暄問候的語詞甚多,如"起居""萬福""勝常""不審"等,下文即以此爲契機來探討因語用場合轉換(從書面到口頭)而引發的詞義變化,亦即書面語怎樣過渡到口語,雅言怎樣俗化的問題。

【起居】 "起居"本是一個由反義語素"起""居"複合而成的雙音詞,義爲舉動、行爲。如《禮記・儒行》:"雖危,起居竟信其志。"鄭玄注:"起居,猶舉事動作。"[135][頁1670]引申之,則泛指一切與飲食起居相關的日常生活情況。如《漢書・哀帝紀》:"臣願且得留國邸,旦夕奉問起居,俟有聖嗣,歸國守籓。"[102][頁334]《後漢紀・孝明皇帝紀上》:"(宋均)每疾,百姓耆老皆爲禱請,旦夕至府問訊起居。"[103][頁178]例中"起居"皆作"奉問"或"問訊"的賓語,謂問候其日常生活狀況,此皆用於敍述體。或有用於詢問句者,如《世説新語・言語》:"顧司空時爲揚州別駕,援翰曰:'王光禄遠避流言,明公蒙塵路次,群下不寧,不審尊體起居何如?'"[202][頁98]此殆爲書札問候語之例,其中"起居"雖仍用爲名詞,但其出現的句法環境、語用場合已較上揭用例有所不同:開始處於"問候"的語境。

唐代以後,"起居"之用於"問候"語境,日漸普遍。如李白《爲趙宣城與楊右相書》:"首冬初寒,伏惟相公尊體起居萬福。"[145][頁1236]伯2690號背/7《僧保福書狀》:"孟秋(春)猶寒,伏惟家兄尊體起居萬福。"久而久之,習用成套,"起居"在"問候"的語境中便凸顯出"問候"的語義來。如伯3591號背/1《韓屋等狀牒四件》:"今因小子屆府,謹專附狀陳謝起居。"斯5623號《新集雜別紙》:"近以月旦曾附狀起居,伏計已達尊聽。"其中"附狀起居"皆謂託人帶信問候。"問候"乃書札的主要內容,幾乎無書不及,唐鮑溶《會仙歌》詩:"青毛仙鳥銜錦符,謹上阿環起居王母書。"[180][頁1227]這樣"起居"之問候義就漸漸固定、沿用開來,并在一些書札末尾形成了"奉狀起居"的套語。如伯3502號背/2《新集諸家九族尊卑書儀·翁婆父母狀》:"時候,伏惟翁婆耶娘尊體萬福。……未由侍奉,戀結伏增。謹奉狀起居。"書儀稱這類專申問候的書狀爲"起居狀",如斯2200號《新集吉凶書儀》:"起居狀:孟春猶寒,伏惟官位尊體動止萬福,即日某蒙恩。限以卑守,不獲拜伏。謹奉狀起居。"此即"起居狀"的行文體式。墨守陳規、泥古不化者往往視此種"問候"的"起居"爲誤用,於理有乖。李匡乂《資暇集》卷中"起居"條:"又卑致書,將結其語,云'附狀起居',狀字下直加'候'字也。案:王肅云:'起居,猶動靜也。'若不加'候'字,其可但言附狀動靜乎?語既不了,理遂有乖,末更短啓亦然也。"[319][頁342]李涪《刊誤》卷下"起居"條:"今代謁見尊崇,皆'謹祗候起居'。起居者,動止,理固不乖。近者復云:'謹祗候起居某官。'其義何在?相承斯誤,曾不經心。"[134][頁176]皆其例。殊不知,其中"起居"已由"問候"的語境滋生出"問候"的語義來了。

既然遠隔兩地的人可以通過書札來問候起居,那麽近在咫尺的人們彼此問候或代他人傳達問候時便可徑用"起居"問候了。如伯3691號《新集書儀》:"局席弟(第)二日[謝],早上起居:昨朝謬爲置備,至無杯筵。虛坐久時,計當疲乏,不委夜來尊體萬福。"此爲請客宴飲的第二天,主人問候客人夜來起居情況的話語,其中"起居"即"問候",與"不委夜來尊體萬福"相照應。又同卷:"初對聖人起居:臣等起居聖躬萬福。"此爲問候皇帝的話語,其中"起居"用於口頭致辭,其後帶有賓語及相應的補足語"聖躬萬福",猶今所謂"問安致意"。

在敍述直接問候的文獻中,"起居"其實是唐人"問安"的習用語,常與"禮拜"同現,即一邊做"禮拜"的動作姿勢,一邊口陳"問安"的言辭"起居"。如《太平廣記》卷三四〇"盧頊"條引《通幽錄》:"良久,摳衣闊步而入,若人騎馬狀,直至堂而拜曰:'花容起居!'"[245][頁2697]其中"起居"即隨"拜"而言。由此可見,唐人問安往往"禮拜""起居"同時進行,如斯5439號《季布歌》:"季布幕忠(中)而走出,起居再拜敘寒溫。"《法苑珠林》卷一二:"彼比丘即共普賢來至佛所,禮敬起居,却住一面立。"[74][頁102下]例中"起居"皆與"禮拜""禮敬"連言,表示致禮問候。這種習俗還可從斯2114號背《醜女金剛緣》中描述的情形得到印證,"於是貧仕(士)蒙詔,跪拜大王以(已)了。叉手又說寒溫,直下令人失笑。更道下情無任,得仕(事)丈母阿嫂。起居向前進步(進步向前),下情不勝憐好。"其中描寫貧士拜見大王的程式是:跪拜→叉手寒暄→道下情無任。直觀具體地展現了時人參拜的禮儀程式。又如上圖16號《歡喜國王緣》:"夫人聞説,遂向山中禮拜此僧,乞延壽命。……夫人曰:'……適聞人説,和尚慈悲,故故起居,乞延受(壽)法。'"例中前云"禮拜此僧",後言"故故起居","起居"與"禮拜"在語義上前呼後應。以此爲準,則可更深入地理解《敦煌變文校注・李陵變文》中"起居我北堂慈母,再拜吾南面天子"[42][頁130]的語義。此句實爲互文見義,猶言"再拜起居我北堂慈母與南面天子",簡短的兩句告別語中,李陵之"忠"與"孝"已躍然紙上。

由上可知,唐人使用"起居"時,已賦予它一種特殊的含義——向尊長問安致意。且這種含義極爲普遍,上至詩人杜甫《奉送蜀州》詩中已有"遷轉五州防禦使,起居八座太夫人"[32][頁1578]之句,下至斯4129號《崔氏夫人訓女文》中已有"早朝堂上起居了,諸房伯叔並通傳"之語,其習用可見一斑。綜觀其實質,"起居"詞義的演變,蓋由語用場合的轉換(書面敘述→口頭詢問→問安致意)而使然。

【萬福】"萬福"猶言多福,常用作祝禱之詞。《詩經・小雅・桑扈》:"彼交匪敖,萬福來求。"鄭玄箋:"彼,彼賢者也。賢者居處恭,執事敬,

第三節　書儀新義的衍生機制　347

與人交,必以禮,則萬福之祿,就而求之。"[197][頁480下]漢趙曄《吳越春秋》卷七:"於是范蠡與越王俱起,爲吳王壽,其辭曰:'……大王延壽萬歲,長保吳國。四海咸承,諸侯賓服。觴酒既升,永受萬福。'"[259][頁100]例中"萬福"用爲祝禱之詞,謂萬福來臨,永享多福。魏晋六朝時期,"萬福"則開始由祝禱之詞轉變爲問候祝願之語,且多用於書啓表文中。陸雲《與戴季甫書》之一:"惟夏始暑,願府館萬福,疾病處遠。"[178][頁1083]《高昌書儀·與弟妹書》:"伏願耶婆萬福,吾違離扶侍,夙夜思戀,無寧情相(想)。"[255][頁234]例中"萬福"皆用作祝福語,願對方幸福安康。

　　唐以後,"萬福"這種語義和功能在書札中運用日漸普遍。如皎然《晝上人集》卷九《贈包中丞書》:"孟春猶寒,伏惟中丞尊體萬福。"[318][頁10]韓愈《與孟尚書書》:"未審入秋來眠食何似,伏惟萬福。"[107][頁211-212]敦煌書儀中則更爲習見,可謂滿紙皆是。如伯4065號《表文范式》:"仲冬嚴寒,伏惟皇帝陛下聖躬萬福。"斯4473號背/1《散都頭張進遇上三傅狀》:"季秋霜冷,伏惟三傅尊體動止萬福。"例中"萬福"皆用來祝福對方,願其身體起居健康多福,適用對象上至皇帝,下至普通百姓。其運用之廣,影響之遠,已波及到域外人士,圓仁《入唐求法巡禮行記》中就曾多次以"萬福"來問候祝願對方,如卷二:"仲春漸暄,伏惟押衙尊體動止萬福。"[191][頁78]

　　"萬福"在書札中的廣泛應用,使其成了"健康多福"的代稱,這在敍述體文獻中較爲常見。《梁書·尋陽王傳》:"即日聖御年尊,儲宮萬福,汝久奉違顔色,不念拜謁闕庭。"[144][頁614]《北齊書·元海傳》:"皇太后萬福,至尊孝性非常,殿下不須別慮。"[5][頁183]《舊唐書·李正己傳》:"師古近得邸吏狀,具承聖躬萬福。"[119][頁3538]例中"萬福"分别指皇太子、皇太后、皇上身體健康。

　　"萬福"作爲"健康多福"的代稱,唐人或用作見面時的問候語。如斯3399號《雜相賀·參天使語》:"時候,伏惟常侍□□(尊體)起居萬福。"此用爲參見天使的問候語。另如伯2292號《維摩詰經講經文》:

"光嚴纔見,趨驟近前,五體投誠,虔恭便禮,重重禮敬,問訊起居:'不審維摩尊體萬福。'""不審維摩尊體萬福"即"問訊起居"的具體內容,其中"萬福"即用爲問候語。有時,則徑用"萬福"來彼此問候,如《太平廣記》卷三四一"道政坊宅"條引《乾䐞子》:"老人呼曰:'四娘子何爲至此?'老母應曰:'高八丈萬福。'"[245][頁2707]又卷四三六"盧從事"條引《河東記》:"傅素因省其槽櫪,偶戲之曰:'馬子得健否?'黑駒忽人語曰:'丈人萬福。'"[245][頁3541]例中"萬福"皆用以問候對方。另如《敦煌變文校注·漢將王陵變》:"盧綰得對,拜舞禮訖,霸王便聞(問):'漢主來時萬福?'答曰:'臣主來時萬福。'"[42][頁70]例中"萬福"則用來問候或報告漢主劉邦的身體起居狀況。可見,唐人口頭致辭中,也多以"萬福"來問候對方及他人的身體起居狀況。

　　宋以後,"萬福"作爲問候語,則多用於女性。如《張協狀元》三五出:"(白)萬福!借問些小事。(末)娘子有甚事,但説不妨。……(旦)萬福!(浄)且是假夫人。"[129][頁588]例爲貧女尋夫的情節,句中貧女見人便道"萬福"以致問候。而女性問候時,往往施以敬禮。如《水滸傳》第三回:"那婦人拭着眼淚,向前來深深的道了三個萬福。"[223][頁44]例中"萬福"不僅只是見面問候,口稱"萬福"的同時,還伴隨着行禮,與上文"禮拜起居"相似。這種致"萬福"問候并伴以行禮的儀節,早在唐代就已嶄露頭角。牛僧孺《玄怪録》卷三"吴全素"條:"全素至燈前,拱曰:'阿姨萬福。'"[241][頁399]其中"萬福"即是拱手而致的問候。由於宋以後"萬福"多用來指婦女行禮問候,因而它又可指婦女行的敬禮,如巴金《春》六:"婉兒也只好照淑花的意思萬福還禮。"[23][頁99]

　　"萬福"由祝禱之詞變爲書札問候祝願之語,後則徑用作見面時的問候語,猶今言"你好",又進而變爲婦女見面行禮的代稱。其中詞義和功能變化較爲顯著的便是從書面祝願到口頭問候的轉變,可以説,語用場合的轉換直接導致了其詞義的最終演變。

　　【勝常】　書儀中敍及自己的身體狀況時稱"如常",而祝願對方身體起居時則言"勝常"。如斯 2200 號《新集吉凶書儀·與弟妹書》:"春寒,念汝佳健。此吾如常。"伯 3442 號《書儀·與伯叔書》:"孟春猶寒,不審尊體何如? 伏願動止勝常。""如常"謂像往常一樣,用於自謙;"勝常"則指超過平常,用以祝願他人的起居狀況。"勝常"用作祝願之詞,猶言"安好",始見魏晉書啓表狀。如《淳化閣帖·魏太傅鍾繇書》:"雪寒,想勝常。"[14][頁76]謝靈運《答范光禄書》:"晚寒,體中勝常。"[177][頁2611]例中"勝常"皆用爲書札問候語,祝願對方身體安康,超過平常。"勝常"這種用法在唐代書札中尤爲習見,如伯 3590 號《故陳子昂遺集·爲建安王與遼東書》:"初春向暖,願動静勝常。"伯 3442 號《書儀·與兄姊書》:"孟春猶寒,不審兄姊體履何如? 惟嫂、姊夫勝常。"例中"勝常"即"安好",用爲問候之詞。

書札中"勝常"一詞的頻繁運用,使人們一見其面,便知其義,因而不免跳脱其原有的語境——書札問候,而應用於其他場合。如斯 2922 號《韓朋賦》:"使者答曰:'我是宋王使,共朋同有(友),朋爲公曹,我爲主簿。……'阿婆迴語新婦:'兒(如)客此言,朋今事(仕)官(宦)且得勝常。'"例言韓朋母親聽説兒子官爲公曹時,對新婦説"朋今仕宦且得勝常"。其中"勝常"即"安好",用於敍述。另如伯 3350 號《祝願新郎文》:"錦羅千重,飲食常餐,百味濟濟蒼蒼,快樂勝常。"此爲新婚之夜祝願新郎的話語,其中"勝常"與"快樂"並舉連言,義也相當,指"安康"。另如斯 4366 號《大般涅槃經》卷一二題記:"故減徹身口衣食之資,敬寫《涅槃經》一部,願轉讀之者,興無上之心;流通之者,使衆或(惑)感悟。又願……現在家眷,四大勝常,所求如意。"此亦用爲祝願之語。可見,"勝常"已不限於書札問候之用。

與"萬福"相似,"勝常"也可專指婦女見面問候之語,如唐王涯《宫詞》:"新睡起來思舊夢,見人忘却道勝常。"[180][頁858]"勝常"用爲"道"的賓語,顯爲問候之詞。或作"昇常",如《敦煌變文校注·長興四年中興殿應聖節講經文》:"人間大小莫知聞,去就昇常並不存。"[42][頁624]蔣禮鴻謂:"昇常,也就是勝常。"是女子見到人的問候用語①。朱彝尊《曝書亭集》卷二四《玉樓春》:"從前翻恨是相逢,剛道勝常看又去。"[174][頁6]例中"勝常"皆爲婦女見面時的問候語。關於"勝常"此義的由來,陸游《老學庵筆記》卷五引王涯詩云:"勝常,猶今婦人言'萬福'也。前輩尺牘有云'尊候勝常'者,勝字當平聲讀。"[152][頁64]可見,"勝常""萬福"在詞義演變上,呈現出相同的趨勢,具有類似的引申脈絡。

【不審】 "不審"即不知。《戰國策·楚策四》:"不審君之聖,孰於堯也?"[314][頁572]《史記·黥布列傳》:"不審陛下所謂。"[198][頁2600]其中"不審"義爲"不知",用以領起發問。魏晉六朝以後,"不審"開始用於詢問對方的身體狀況。如《淳化閣帖·晋王渙之書二嫂帖》:"不審二嫂常患復何如?"[14][頁131]韓愈《與華州李尚書書》:"比來不審尊體動止何似?"[107][頁227]例中"不審"義雖仍爲"不知",但因處於問候的語境,而略帶有"問候"的語用色彩。如斯5472號《朋友書儀》:"孟春漸熱,不審體內如何?"即用爲書札中間候對方身體狀況的習用套語。

"不審"由詢問對方身體起居的書札套語,又進而變爲見面時的問候語。如伯2324號《難陀出家緣起》:"(難陀)合掌(掌)禮拜起居:'不審師兄弟(萬)福。'"斯2073號《廬山遠公話》:"樹神亦(一)見,當時隱却神鬼之形,化一個老人之體,……高聲:'不審和尚。'遠公曰:'萬福。'"《祖堂集》卷七"巖頭和尚":"夾山有僧到石霜,纔跨門便問:'不審。'"[320][頁161]宋普濟《五燈會元》卷五"漸源仲興禪師":"師後住漸源,一日在紙帳內坐,有僧來撥開帳曰:'不審!'"[268][頁290]以上例中"不審"皆用作見面問候之語。宋釋贊寧《大宋僧史略》卷上《禮儀沿革》云:"又如比丘相見,曲躬合掌,口曰'不審'者何? 此三業歸仰也,謂之問訊。其或卑問尊,則不審少病少惱、起居輕利不?……後人省其辭,止曰'不審'也。大如歇後語乎?"[33][頁239]此則道出了"不審"之爲問候語的

---

① 蔣禮鴻《敦煌變文字義通釋》"昇常"條,《蔣禮鴻集》卷一,頁124。

來歷。《五燈會元》卷四"東山慧禪師":"師同大于、南用到茶堂,有僧近前不審。"[268][頁 197]同卷"國清院奉禪師":"(僧)曰:'如何是出家人本分事?'師曰:'早起不審,夜間珍重。'"[268][頁 244]例中"不審"皆表致敬問候的動作①。

　　以上我們對書儀中習用的問候語"起居""萬福""勝常""不審"的詞義演變軌迹進行了粗略的勾勒,發現其詞義變化呈現出共同的趨勢:書札問候語→口頭問候語→問候的具體動作(就文獻用例而言,"萬福""勝常"僅用於婦人)。爲何會產生如此相似的演變軌迹呢?或以爲乃句法成分省略所致②,或以爲這類詞義演變是一種從言語到言語行爲的演變③。前説雖有一定道理,却不能統而釋之;後説雖從認知的角度闡明了這類詞義演變的内質,但就書札用語而言,這類詞義演變的前提和關鍵更在於:其語用場合發生了轉換,即都經歷了從書面詢問到口頭問候的語境的轉變。從來源看,"起居""萬福""勝常""不審"等詞最初都是極爲典雅的書面語詞,後因處於書札"問候"的語境纔帶有些微的"問候"義,長期、廣泛地運用,使其適用範圍從書面的"詢問"擴展到了面對面的口頭"問候"。這樣,其原先模糊的"問候"義便得以凸顯出來;加之口語交際中,人們往往會省略一些説話人與聽話人彼此都明了的成分,并助之以特定的動作姿勢,此即"起居"等表示日常生活中問候之語及致敬之禮的由來。

　　由於這些問候語今人已不再使用,很難即時明白其由來。至於今天仍在使用的一些口頭語,從它們身上,或許能較爲清晰地看出由書面

---

　　① 關於"不審"在禪籍中的特殊含義,參項楚《敦煌變文語辭劄記》,《四川大學學報》1981 年第 2 期,又《敦煌文學叢考》頁 144-186;蔣紹愚《〈祖堂集〉詞語試釋》,《中國語文》1985 年第 2 期,《漢語詞彙語法史論文集》,頁 38-39。
　　② 參董志翹《〈入唐求法巡禮行記〉詞彙研究》,頁 248。
　　③ 李明《從言語到言語行爲——試談一類詞義演變》,《中國語文》2004 年第 5 期,頁 403-404。

語向口頭語轉變的脈絡。如：

【榮幸】"榮幸",榮耀而幸運,今人在正規禮儀場合常常使用,如"躬逢盛會,不勝榮幸之至"。同樣,敦煌書儀的口頭致辭中也有類似的用法。如斯3399號《雜相賀·賀天公主語》："某乙久承門蔭,恩寵日常。蒙天公主以作周旋,特加指麾美號。下情無任千生榮幸。"例中"榮幸"即用於參見天公主時所説的感謝之辭。其實,"榮幸"最初多用於書面的表啓中。如庾信《賀平鄴都表》："臣忝竊榮幸,菦政東藩,不獲躬到闕庭,預觀大慶,不勝凫藻踴躍之至。"[293][頁508]例中"榮幸"用於表狀中,表示因某事而深感光榮、幸運。後來人們則將它用於正規的禮儀場合,成爲今人習用的表達感受的口頭用語。在其由書面語向口頭語過渡的歷程中,書儀便是溝通它們的紐帶和橋梁。

可見,書面語和口頭語並不是截然分割的,其間存有千絲萬縷的聯繫,尋覓這些聯繫,深究其根源,或可明了書面語是怎樣過渡到口語,即雅言是怎樣介入人們的日常生活的。由上面的論述可看出,"書札"雖不是面對面地交流,但"尺牘書疏,千里面目也",遠隔兩地的人們多借它來代申心曲,傳達問候。正是"書札"爲人們提供了書面交流、問候的語境,纔使得近在咫尺的人們得以襲用其中用語來表示口頭的問候致意及内心的感受。應該説,"書札"是聯繫書面與口頭的界面與紐帶,從中或可窺見漢語中因語用場合轉換而引起的詞義演變。

社會生活是豐富多彩的,新詞新義產生的方式、途徑也是豐富多彩的,以上我們只就敦煌書儀新詞新義的主要來源進行了探討,容或有不盡周備之處,待後再作增列。

# 第六章 敦煌書儀同義詞研究

書儀作爲一種專門的應用文體,行文上具有固定謹嚴的格式①。千差萬別的書札內容,其實只是在同樣的框架格式中填入不同的語詞罷了。因此,若以書儀固有的格式爲據,去解讀每首書札,即可從中離析出豐富的同義詞,形成各種語義類別的同義詞系統。同時,書儀語詞在運用中又往往表現出嚴格的級別差異,若將聚合得來的同義詞還原到它們出現的語境,又可窺探出個中的細微差別。

## 第一節 同義詞產生的語境
## ——書儀的固定格式

書儀中豐富的同義詞,來源於其中千篇一律的固定格式。關於書儀的行文格式,張敖曾在伯3502號背/2《新集諸家九族尊卑書儀》中作過精煉的概括:"先標寒暑,次贊彼人,後自謙身,略爲書況。"而在實際往來的書信中,其格式內容往往較此更爲複雜。不僅內容上有吉凶之別,而且行文上亦有尊卑之異。今以敦煌書儀中保存書札範本最多的伯3442號《書儀》爲例,來探討書儀的固定格式②。

### 一 吉書儀格式

所謂吉書指非凶喪場合往來的書信,其行文格式與凶書有所不同。

---

① 此所謂格式,僅限於"信函",不包括"封皮"。
② 本節下文所引信札皆源於此卷,不再注明出處。

書信作爲人們互相傳遞消息、交流思想感情的工具，製作時往往都有特定的對象，對上，對下，對一般朋友，遠近親疏，尊卑貴賤，須根據不同的對象選用不同的行文格式。大略分來，敦煌吉書儀的書體形式主要有尊、卑兩種：

### (一)給尊長或平懷以上的信函

與祖父母父母書：名言：違離已久，思戀無比，絕不奉誨，無慰下情。孟春猶寒，不審翁婆耶娘尊體何如？伏願動止勝常，即日名蒙恩。觀省未由，唯增馳結。今因信往，謹言疏不具。名言。

這封書狀中，信首具名，稱"名言"；次敘寫離別後的思念及未收到對方來信的心情，謂"違離……下情"；後則結合時節寒暄問候，祝願對方身體健康，謙陳自己的情況，言"孟春……蒙恩"；然後再次表達不能拜會，心中無限思慕的情懷，云"觀省……馳結"；最後以"今因……名言"結束。

### (二)給卑幼的書信

與子侄□(孫)書：不見汝久，憶念纏懷。比絕書疏，增以懸念。猶寒，念無恙；即此翁婆萬福，吾如常，汝父母並健，餘大小推度。未即見汝，歎滿何極。好自愛慎，及此不多。翁婆耶娘次第伯叔姑告。

這封與子侄孫的書信和上揭與祖父母父母的書狀相比，格式略有不同：信首不具名，直入主題。其他格式大致相同：先敘寫久不相見又無來信的心情，"不見……懸念"；次結合時景寒暄問候，望對方無恙，告訴他己方情況，言"猶寒……推度"；後則敘寫未即相見的憂慮心情，"未即……何極"；最後表達希望，願其保重，綴上結尾套語，云"好自愛慎，……告"。儘管行文格式上，寫給尊長和卑幼的書信沒有什麼太大差異，但在與卑幼的信中，言辭間却傳達出一種居高臨下的氣勢，如"猶寒，念無恙"，較之"孟春猶寒，不審翁婆耶娘尊體何如"，其作書者與受信人的尊卑關係便不言而喻了。

## 二　凶書儀格式

凶書儀是指在凶喪場合來往的書信，如告哀書、弔答書等，多是敘

第一節　同義詞產生的語境——書儀的固定格式　355

寫亡人之死,表達悲哀之情,其書儀處處以亡人爲重,格式、用語都與吉書儀有所不同。就内容而言,有告哀與弔答之别;就體式來説,有單書與複書之别,用語上亦有尊卑之異。總的説來,凶書儀的書體形式必須根據死者身份、年輩,及與告哀人、告哀弔答對象彼此諸關係而定,其基本原則是死者是活人的尊長用複書,否則用單書。複書規格比單書高,用複書表示隆重、崇敬之義①。今分别舉例説明如下:

(一)尊長喪告尊長書

　　祖父母喪告答父母伯叔姑書:月日名言:不圖凶禍,翁婆棄背,追慕無及,五情分割。伏惟攀號擗踊,荼毒難居。酷當奈何,痛當奈何!未由拜侍<sup>伯叔姑</sup><sub>云拜覲</sub>,伏增摧咽。謹言疏悲塞不備<sup>伯叔姑</sup><sub>云不次</sub>。名再拜。名言:翁婆年雖居高,冀延遐壽,何圖奄遭凶禍<sup>若告哀即論狀以</sup><sub>某月日奄遭凶禍</sub>,悲痛哀慕,不自堪忍。伏惟攀慕號踊,觸目崩絶;永痛奈何!甚痛奈何!孟春猶寒,不審尊體起居<sup>伯叔姑不</sup><sub>用起居字</sub>何如?哀毁過禮,下情悲灼。名言。

此爲複書。信首標明時間、名字,稱"月日名言";次敍寫親人喪亡,追思不及的心情,謂"不圖……分割";然後料想對方亦悲痛難勝,并寬慰之,言"伏惟……奈何";後又敍寫喪中不及侍奉對方的心情,云"未由……摧咽";最後則以"謹言疏不備,名再拜"結束。此殆爲複書之第一首。第二首則徑以"名言"開頭;次接敍親人突然喪亡的心情,謂"翁婆……堪忍";後也設想對方無比悲傷,附以套語寬慰,言"伏惟……奈何";然後結合時景問候對方,表達自己憂慮其哀毁過禮,言"孟春……悲灼",最後仍以"名言"結束。由此可見,告哀書中爲表達對亡者的尊重,採用複書,不免語涉重複。

(二)尊長喪告卑幼書

　　兄弟姊妹喪告答諸卑幼書:耶娘伯叔告<sup>與弟妹</sup><sub>書云報</sub>:禍出不圖<sup>弟妹喪云</sup><sub>不意凶禍</sub>,兄姊傾逝<sup>弟妹云</sup><sub>殞逝</sub>,悲痛傷切,不能自忍。念哀痛酸切,何可堪勝,痛當奈何,痛當奈何!兄姊<sup>弟妹盛</sup><sub>年</sub>,冀憑靈祐<sup>續</sup><sub>善</sub>,何圖奄至此禍。某乙<sup>亡者</sup><sub>子女</sub>一朝孤露,撫視增悼,不自勝忍,痛當奈何,當復奈何!猶寒,比何如?吾乍經哀哭,情況甚不能好。集見未由,增

────────
①　參吴麗娱《唐禮摭遺》,頁270。

以悲咽。遣書鯁塞不次。耶娘伯叔告^(弟妹云報)。月日。

此爲單書。信首標明稱謂,次敍寫親人喪亡的悲痛心情,後料想對方也哀痛難忍,故予以寬慰;然後追敍亡者突然喪亡,兒女孤露,不覺更加悲痛,故又以套語相寬解;之後結合時景問候并告訴對方自己的情況;後則表達不能相見的悲傷;最後以"遣書鯁塞不次"結束,并署上稱謂及月日。與複書相比,單書顯得較爲簡潔。其格式上的不同,就是"凡複書以月日在前,若單書移月日在後,其吉(告)書尾語亦移在後"①。

### (三)卑幼喪告尊長書

子侄及孫喪告答尊長書:名言^(告兄姊云白):非意食(倉)卒,某子侄夭折,悲念傷悼,不自勝任。伏惟哀念傷慟,何可爲懷。痛當奈何,痛當奈何!子侄^(盛年冀幼),冀就成立,何期奄至斯禍!悲悼傷切,不能自已。伏惟哀慟抽割,何可堪處。痛當奈何,當復奈何!孟春猶寒,不審尊體何如^(祖父母父母用起居字)? 即日名如常,未由拜洩,伏增悲戀^(祖父母云伏願珍和,尋續言疏)。謹言白疏鯁塞不次^(祖父母云不備)。名再拜,月日。

此亦爲單書,其行文格式與上封《兄弟姊妹喪告答諸卑幼書》大抵相同,不同的是用語略顯謙恭,如敍及自己的狀況時用"名如常",而上封書狀却用"吾乍經此哀哭,情況甚不能好",含有高居於上的意味。

## 第二節　書儀同義詞例釋

如前所論,敦煌書儀中衆多的書札範本其實只是在固定格式中填入意義相同或相近的語詞。以吉書儀爲例,有表別離的,如"違離""辭違""執別"等;有表思念情懷的,如"思戀""憶念""馳想"等;有表示書信的,如"告勒""書疏""誨示"等;有表未收到來信時的憂慮、牽挂心情的,如"憂耿""焦灼""憂憶"等;有稱對方身體起居的,如"動止""起居""動息"等;有祝願對方安好的,如"勝常""萬福""無恙"等;有謙陳

---

① 伯3849號《黃門侍郎盧藏用儀例》。

自己身體狀況的,如"蒙恩""推免""如常";有敍述他人身體狀況的,如"萬福""健""推度";有表見面的,如"覲省""拜覲""集會";有表不能相見時的向往、憂慮情懷的,如"馳結""戀結""歎滿";有表傳書帶信的使人的,如"信""人信""人使"等;有希望對方保重的,如"愛慎""珍重""敬重"等;還有書信結尾套語,表言不盡意的,如"不具""不宣""不多"等。以此爲據,去解讀敦煌書儀中每一首書札,即可從中離析出豐富的同義詞,將它們繫聯起來,就會形成各種語義類別的同義詞系統。本節即運用同義繫聯的方法從中抽取出"書信"和"禮物"類的語詞來進行微觀探討。

## 一 "書信"類同義詞

"時風重書札,物情敦貨遺"[180][頁445],這是唐代詩人韋應物在《答故人見諭》詩中對當時風俗民情的簡要概括。唐代館驛制度極爲發達,各地使人的來往也頗爲頻繁,分隔兩地的人們多通過"使人"來傳遞書信,互敍衷曲。信中他們彼此問候,抒寫離情別緒;有時還託來往的使者給遠方的親友捎上一些土儀物產,以表"微誠"。敦煌書儀中存留下來的一封封書信,形象地展示了韋應物詩中描述的風俗民情。如斯4677號《某年六月廿七日楊法律與僧戒滿書》:

季夏極熱,伏惟僧兄戒滿尊體起居萬福,即日弟僧楊法律且得平善,不用遠憂。法體何似?伏惟以時倍加保重,遠城(誠)所望也。自從拜別已來,微心戀憶,未得報賀(荷)恩德。今於當寺僧承智手上,且充丹(單)信,草皷(豉)子壹袋子,到日收取,莫責輕微。因人往,空附舟(丹→單)書起居。不宣,謹狀。六月廿七日弟僧楊法律。

書中首先結合時景問候對方、通報己之情況,并願其多加保重,其次敍寫別後的思念,最後則請託使人承智帶"草皷(豉)子"以充"丹(單)信"。正因爲唐五代時人們常在"書信"中託人寄送"禮物"以表誠意,敦煌書儀中便匯集了大量有關"書信"和"禮物"類的語詞。

既是以"信"達意,其中自然免不了有關"書信"的語詞。據筆者考察,敦煌書儀中"書信"類語詞共有如下一些:誨、問、狀、書、信、告誨、告約、告勒、誨示、示問、問及、示及、翰誨、示翰、書誨、書示、書疏、音問、旨教、札示、金玉、瓊瑤、瓊華、寵翰、寵示、芳符、芳函、芳翰、芳誨、芳及、芳緘、芳示、芳書、芳問、芳音、芳猷、芳札、華翰、華緘、榮翰、榮函、榮誨、榮緘、榮示、榮問、琅函、瓊章、尊誨、台函、刀翰、刀簡、刀札、翰墨、翰簡、牋封、牋管、牋函、牋翰、牋毫、牋簡、牋章、緘封、緘題、簡牘、魚牋等65個語詞。據其是否帶有感情色彩,可將這些詞語分爲敬稱、中性兩類。

(一)敬稱類"書信"語詞

書儀是禮經的簡化形式,而禮的基本原則就是"自卑而尊人",因而書儀中言及對方的來信時,總是用一些尊敬美譽之詞去指稱,這樣就使得其中出現了大量的敬稱類"書信"語詞。上揭65個語詞中,敬稱類有45個,占69%。45個詞中,僅"誨""問"爲單音詞,其餘皆是複音詞。書儀中每用"誨""問"來敬稱對方來信,如:

與極尊書:奉某月日問,伏慰下情。(伯3442號《書儀》)
與夫之祖父母父母書:奉某月日誨,伏慰惶悚。(同上)

從以上兩例不難看出:"誨""問"皆施於極尊者,因爲尊長的來信大抵皆是詢問之言與教誨之語,故此稱之。除此而外的43個雙音詞,據其語素間的結構關係,可將其分成並列式與偏正式兩種。

1. 並列式

並列式敬稱類"書信"語詞,其構成語素間關係是平等的。根據其語義關係,又可分爲三組。如:

【告誨　告約　告勒　誨示　示問　問及　示及】

姓位至,奉月日告誨,伏慰下情。(伯3637號《新定書儀鏡·與新婦書·答書》)

違侍已久,不奉告約,下情不勝惶戀。(同上《上阿家狀》)

違離已久,戀結伏深。不奉告勒,無任焦灼。(斯2200號《新集吉凶書儀·上祖父母及父母狀》)

第二節　書儀同義詞例釋　359

違今已久，伏增馳結。不奉誨示，無慰下情。（斯766號《新集書儀·與四海極尊重狀》）

驚惶未定，示問俄來。悚荷之誠，無以爲喻。（伯3723號《記室備要·供奉官答》）

自顧何人，蒙賜問及，不勝惶悚。（斯329號《書儀鏡·謝尊人問疾書》）

下流示及，戾(反)仄空深。（斯5636號《新集書儀·賀加官職書·答書》）

按：例中"告誨、告約、告勒、誨示、示問、問及、示及"皆由動詞性語素複合而成，經過轉類後用以敬稱對方的來信。"告"謂告諭，特指上對下。《釋名·釋書契》："上敕下曰告。告，覺也，使覺悟知己意也。"[199][頁1077]"誨"指教而曉示之。《玉篇·言部》："誨，教示也。"[203][頁164]"約"本指纏縛，後引申爲約束、節制。"勒"本指馬籠頭，後亦指約束、限制。"示"謂曉示、指示。"問"指詢問。"及"指示及，書儀中常用來敬稱對方來信，如"芳及"（詳下文）。這些語素，或可單用表"書信"之義，如前文所舉"誨"與"問"。另如"告"，二王雜帖中，多單用，王獻之《雜帖》："思戀，無往不慰。省告，對之悲塞。"[178][頁267]書儀中，它們多並列複合以敬稱對方來信，如"告誨"用以稱公婆的來信，"告約"稱婆婆的來信，"告勒"稱祖父母、父母的來信，"誨示"稱極尊者的來信，"示問"稱官長的來信，"問及"指尊者的來信，"示及"敬稱對方來信。書儀中，這類表尊者來信的詞語，皆須平闕。斯6537號背/14《大唐新定吉凶書儀》"公移(私)平闕式第三"中即收有"姆(誨)示、告勒、問及、示問、約(約)束、處分"等，可見其多施於尊長。

【翰誨　示翰　書誨　書示　音問　旨教　札示】

今則疊勞翰誨，令再赴筵。（伯3438號背《沙州官告國信判官將仕郎試大理評事王鼎狀四件》）

忝承厚眷，祝戀徒深，特蒙仁私，猥垂示翰。（伯3449號《刺史書儀》）

適奉書誨，深認台私。（伯3151號《沙州書狀稿》）

忽得書示，增慰延佇。（伯3502號背/2《新集諸家九族尊卑書儀》）

人使駱驛，音問傾乖，深訶薄情，何吝刀翰。（斯329號《書儀鏡》）

前載得可汗旨教，始差朝貢專人。（伯2945號《權知歸義軍節度兵馬留後使曹元德狀稿》）

魚雁,莫吝札示,幸甚幸甚。(伯3730號《書札》)

按:例中"翰誨、示翰、書誨、書示、音問、旨教、札示"皆由表示教誨、訓問、指示義的動詞性語素"誨、示、問、教"與表示書札、音信、意旨類的名詞性語素"翰、書、音、旨"組合而成,用以敬稱對方來信。

【金玉　瓊瑤　瓊華】

　　頻枉金玉,慰喻何深,但仰止。(斯361號《書儀鏡》)
　　會有使來,兼枉金玉,何幸如之,適我願兮。(伯2619號背《新定書儀鏡》)
　　會爲姻婭,得接顔色,間無金玉,無慰乃心。(伯3637號《新定書儀鏡》)
　　豈謂令公慈憐顯降,特辱瓊瑤。(伯3931號《靈武節度使表狀集》)
　　疊蒙恩念,累賜瓊華。捧承丘岳之言,益認滄波之眷(睠)。(同上)

按:"金玉"本指黃金和珠玉,引申指美好、珍貴。唐五代時期,人們多用"金玉"來形容聲音的清越美好。如伯4093號《甘棠集·與同院李判官名湯[書]》:"伏以判官門傳積慶,神授英姿;泛金玉之清音,挺松篁之雅操。"例中稱頌對方話音如金玉般清越,品德像松竹一樣高雅。正因爲如此,書儀中常以"金玉"來敬稱對方的言辭,即來信。"瓊華""瓊瑤"本指珍珠、美玉等,此亦用來敬稱對方來信,謂對方言辭如珍珠、美玉般清越美好。

2. 偏正式

偏正式敬稱類"書信"語詞,其構成語素往往一偏一正,一爲修飾語,一爲中心語。據其修飾成分的不同,又可分爲下面幾組:

【寵翰　寵示】

　　專人忽臨,寵翰兼捧,仰認獎憐之分,倍多翹頌之私。(伯4092號《新集雜別紙》)
　　伏蒙尊慈,特垂寵示,但盈感荷,無以情誠。(伯3723號《記室備要·賀孟夏》)

按:"寵",榮也。此用爲敬詞,置於表書信義的語素"翰""示"前,敬稱對方來信。

## 第二節　書儀同義詞例釋　361

【芳符　芳函　芳翰　芳誨　芳及　芳緘　芳示　芳書　芳問　芳音　芳猷　芳札】

　　忽枉芳符，有同會面。（斯1438號背《吐蕃占領敦煌初期漢族書儀》）
　　豈謂恩念，特示芳函，不任悚荷之至。（伯4092號《新集雜別紙》）
　　辭奉稍久，傾矚良深，忽辱芳翰，殊慰乃懷。（斯2200號《新集吉凶書儀》）
　　豈謂司空過賜知憐，再[誦]芳誨。（伯4092號《新集雜別紙》）
　　人信之次，時希芳及，幸也。（斯329號《書儀鏡》）
　　忽奉芳緘，特形華翰。（伯2155號背/1《曹元忠與回鶻可汗書》）
　　今者三十一舅方及，顯蒙芳示。（斯5623號《新集雜別紙》）
　　忽辱芳書，并蒙惠賜，愧慰雙集，莫知所酬。（斯5613號《書儀》）
　　離別索居，屢經晦朔，近沐芳問，深豁懸情。（斯329號《書儀鏡》）
　　乖敍曠久，企望增勞，不辱芳音，何解馳望。（同上）
　　闕奉曠久，傾眷尤深，不辱芳猷，何以爲慰。（同上）
　　歲暮祁寒，故當清勝，屢蒙芳札，惠以德音。（斯5472號《朋友書儀》）

按："芳"，香美芳潔之義，常用在名詞性語素前，敬稱與對方相關的事物。上揭"芳符、芳函、芳翰、芳誨、芳及、芳緘、芳示、芳書、芳問、芳音、芳猷、芳札"，皆由"芳"加上表"音符、書札、言辭、教誨、訓示"義的語素構成，用以敬稱對方來信。"符"謂"音符"，指音信，如《杜家立成‧與知故在京書‧答書》："加以敍會尚賒，益增歎滿。所願珍重。念存人信，勿吝音符。"[31][頁253]斯33號背《秋胡小説》："其秋胡妻自從夫遊學已後，經歷六年，書信不通，陰符隔絶。"例中"陰符"，當讀爲"音符"，與"書信"變文同義。"及"謂言及，"芳及"言芳函言及，此亦用來敬稱對方來信，義同"芳示"。"猷"，《爾雅‧釋詁下》："猷，言也。"郭璞注："猷者，道；道亦言也。"[65][頁51]則"芳猷"即芳香清美的言辭，此用以敬稱對方來信。

【華翰　華緘】

　　忽奉華翰，深蒙旨呼，兼聞家醑新香，同飲竹葉。（斯5636號《新集書儀》）
　　繼飛專介，疊示華緘。（伯2539號背《後唐朔方節度使書啓底稿‧沙州令

公書》）

按："華"，光彩華麗之義。此用爲敬詞，放在表"書信"義的語素"翰""緘"前，敬稱對方來信。

【榮翰　榮函　榮誨　榮緘　榮示　榮問】

　　今則忽承榮翰，顯認知憐。（伯4092號《新集雜別紙》）
　　況蒙恩異，特任（柱）榮函。（同上）
　　相公俯垂榮誨，曲示恩光。（伯4093號《甘棠集·上畢相公狀》）
　　逾沙漠而專柱榮緘，隨貢奉而別頒厚禮。（伯3931號《靈武節度使表狀集》）
　　［專］使西迴，伏奉榮示。（伯2945號《權知歸義軍節度兵馬留後使曹元德狀稿》）
　　渴慕之中，忽蒙榮問，悚荷之至，無任下情。（斯5636號《新集書儀》）

按："榮"，光榮、華美。此用爲敬詞，置於表"書信"義的語素"翰""函""誨""緘""示""問"前，敬稱對方的來信。

【琅函　瓊章】

　　朒朓屢變，曠絕琅函。傾黷之私，造次於是。（伯4092號《新集雜別紙》）
　　音空一載，曠絕琅函，空多黯鬱之私，莫遂披承之便。（同上）
　　自離仁私，早經累朔，攀依之次，忽降瓊章。（伯3906號/4《書儀》）

按："琅""瓊"本皆指美玉；"函"本指裝書的匣子，後徑以指稱"書信"；"章"指"牋章"，此亦代指書信。"琅函""瓊章"皆爲敬詞，用以尊稱對方的來信，猶"華翰"。

【尊誨　台函】

　　伏蒙鈞慈，累降尊誨；兼曲頒於生料，實銘荷以惟深。（伯3449號《刺史書儀》）
　　每逢人便，皆捧台函，承鈞念以逾涯，沐褒揚之何稱。（伯3931號《靈武節度使表狀集》）

按："尊"者，敬也。"台"亦爲敬詞。清黃生《字詁》："今書啓中所用台字，如台候、台照、台禧之類，蓋相尊之稱。尊莫過於宰相，故取三台之義。"[329][頁67]例中"尊""台"與表教誨、信函的"誨""函"一起組合成詞，用以敬稱對方的來信。

第二節　書儀同義詞例釋　363

不難看出，敬稱類"書信"語詞中，其構成語素主要有三類：一是含有"上對下"意味的語素，如"告、誨、約、勑、問、示、及"等；二是含有美譽、恭敬意味的敬詞，如"寵、芳、榮、華、琅、瓊、尊、台"等；三是具有"書札、音信"意義的語素，如"書、札、翰、函、緘"，以及與之相關的語素，如"音、符、猷、章、旨"等。除此而外，便是以珍珠美玉等來敬稱對方來信，如"金玉、瓊華、瓊瑤"等，其實這也是一種隱喻。

（二）中性類"書信"語詞

中性類"書信"語詞共 20 個，其中單音節詞有"書""信""狀"等 3 個，如：

與姊書：執別已久，眷仰實深；使至辱書，善慰傾注。（伯 3442 號《書儀》）

與子侄孫書：不見汝多時，日增懸念，復無近信，憂憶更深。（斯 2200 號《新集吉凶書儀》）

今因信次，附狀代申卑懇，諸容續更有狀。（斯 76 號背/5《宗緒與從兄狀二通》）

例中"書""信""狀"皆指書信。除此而外的 17 個中性類"書信"語詞，皆爲雙音節詞，結構比較單純，大都由意義相同或相關的語素複合而成。其構成方式以並列式爲主，個別爲偏正式。

1. 並列式

並列式中性類"書信"語詞，除"書疏"外，都是用與"書信"相關的事物、行爲來指稱書信，屬轉喻構詞。如：

【刀翰　刀簡　刀札　翰墨　翰簡　牋封　牋管　牋函　牋翰　牋毫　牋簡　牋章　緘封　緘題　簡牘】

刀翰忽臨，慰沃何限！（斯 5613 號《書儀》）

應數刀簡，珍重珍重。（斯 1438 號背《吐蕃占領敦煌初期漢族書儀》）

傾年不枉刀札，是以不敢通書。（同上）

握手如昨，炎涼屢隔。忽枉翰墨，頓解離心。（同上）

某叨承仁獎，常切禱祈。棲託之心，翰簡寧盡。（伯 3723 號《記室備要·賀季秋》）

伏蒙恩惠，遠降牋封。（伯 3906 號/4《書儀》）

銘篆之至,牋管寧窮。(伯2539號背《後唐朔方節度使書啓底稿・西京太傅書》)

忝恩契於牋函,沐殊私於寵齎。(伯3931號《靈武節度使表狀集》)

某近曠音容,稍疏牋翰;瞻依嚴重,但積卑誠。(伯4092號《新集雜別紙》)

感荷所深,牋毫罔罄。(伯3591號背/1《韓屋等狀牒四件》)

曉夕攀依,難申牋簡。(斯78號背《縣令書儀・賀官》)

伏蒙鈞念,遠辱牋章;途路開通,盡因造化。(伯3151號《沙州書狀稿》)

因寓緘封,代申情志。(伯4092號《新集雜別紙》)

特遇專介,忽沐緘題,兼惠信儀,倍深感佩。(伯2968號《沙州歸義軍致甘州狀》)

介使西來,寂無簡牘;引領東望,空餘涕零。(斯1438號背《吐蕃占領敦煌初期漢族書儀》)

按:例中"刀翰、刀簡、刀札、翰墨、翰簡、牋封、牋管、牋函、牋翰、牋毫、牋簡、牋章、緘封、緘題、簡牘"等語詞,皆表"書信"義。就構詞語素看,主要有:刀、翰、簡、札、墨、牋、封、管、函、毫、章、緘、題、牘等。"刀"指書寫用的書刀"削",古時書於木牘或竹簡,有誤則以書刀削後重寫。"翰""毫""管"皆指筆。"翰"從羽,原指鳥羽,因筆毫以羽製成,故或以"翰"稱筆。"毫"從毛,筆毫以毛製成,故稱。"管"從竹,指筆管,人或稱之爲"筆"。"簡"指竹簡;"札",牒也,爲古代書寫的小木片,厚者爲"牘",薄者爲"牒"。"簡""札""牘"最初都指書寫用的竹、木片。"墨"指寫字用的黑色顏料。"牋",指用於書寫的精美紙張。"封""緘"都指密封、密閉,言信寫好後,將其密封起來。"函"指裝信的木匣子。"章"指詩文的篇章、段落,此用來指書信。"題"指簽署、題寫,信封好後,須在信封上題寫收信人、寄信人的地址、稱謂等。可見,上揭語素都是"寫信"過程中常常涉及的材料、用具及相關的動作行爲。故而敦煌書儀中,它們往往彼此構組成雙音複詞,代指"書信",此即所謂轉喻引申。

此外,還有"書疏",如伯3442號《書儀・與子侄□(孫)書》:"不見汝久,憶念纏懷。比絕書疏,增以懸念。"例中"書疏"同義連言。

2. 偏正式

【魚牋】

蓋阻雲[水]，煙波路遠，鱗羽少因，披誠難罄於魚牋，攀倚徒勞於蝶夢。（伯3931號《靈武節度使表狀集》）

按："魚牋"，指書信。典出《樂府詩集·飲馬長城窟行之一》："客從遠方來，遺我雙鯉魚。呼兒烹鯉魚，中有尺素書。"[301][頁224]後人因稱書信爲"魚牋"。伯3931號《靈武節度使表狀集·書本》："久向徽猷，未諧趨鬱。……積企徒多，魚牋罔敢。"斯1441號背《雲謠集雜曲子·破陣子》："欄徑萋萋芳草綠，紅臉可知珠淚頻，魚牋豈易呈。"亦其例。

從上面的論述不難看出，敦煌書儀中"書信"類語詞異常豐富，總數達65個，其中以雙音詞爲主，敬稱類占多半，這是由書儀本身的性質決定的。而且這些語詞多不見載於現行辭書，僅以"告誨、告約、告勒、誨示、示問、問及、示及"而論，其中"告誨、告約、告勒、問及"爲《詞典》失收，"誨示""示及"用例晚出，"示問"釋義有誤。

## 二 "禮物"類同義詞

如前所述，唐人喜在信中託人捎帶"禮物"給遠方的親友。作爲當時的信札，敦煌書儀真實地記錄并反映了這一風習。這樣，其中便匯集了一大批有關"禮物"類的語詞。據筆者考察，敦煌書儀中"禮物"類語詞主要有：信、信幣、禮幣、信儀、書信、信物、情儀、誠儀、遠信、土信、土儀、土宜、人信、國信、微信、單信、單禮、輕信、卑儀、芹儀、匪儀、薄禮、重信、厚禮、厚儀、財信、財禮、賀儀、賀禮、餞儀、奠儀、弔儀、具信、寄信、附信、獻信、獻芹等37個語詞。其中僅"信"爲單音詞，書儀中最爲習用。如：

今右（有）信白練壹匹，在長會、李押牙二人手上，到日收領。（斯4362號《肅州都頭宋富松家書》）

今於范法師手上紫草一斗，又細布一角，乾棗一袋子，充阿師子信，聊表卑儀，請莫怪也。（斯1284號《西州釋昌富上靈圖寺陳和尚狀》）

例中"信"爲禮品、禮物義。筆者曾對唐代文獻中"信"的詞義和用法作過考察，發現在初盛唐時期，"信"多表"使者""音信""誠信""確實"等義，偶爾有表"禮物"義者，如張鷟《遊仙窟》："下官辭謝訖，因遣左右取益州新樣錦一匹，直奉五嫂，因贈詩曰：'今留片子<u>信</u>，可以贈佳期。裁爲八幅被，時復一相思。'"[128][頁23]例中"信"指下官贈與五嫂的禮物"一匹新樣錦"。而到了中晚唐五代以後，"信"表"禮物"義却頗爲經見。如斯516號《歷代法寶記》："此有茶芽半斤，居士若去，將此茶芽爲<u>信</u>，奉上金和上。"歐陽修《答曾舍人》之一："常筆百枚表<u>信</u>，不罪不罪。"[170][頁1301]例中"信"皆指禮物。敦煌書儀中除"信"而外的36個"禮物"類語詞，皆爲雙音詞。茲據其結構方式分組闡釋如下：

1. 並列式

【信幣　禮幣　信儀　書信】

繼飛專介，疊示華緘，褒稱逾海岳之恩，<u>信幣</u>比瓊瑶之賜。（伯2539號背《後唐朔方節度使書啓底稿•沙州令公書》）

去光化年初，先帝遠頒册禮，及恩賜無限<u>信幣</u>。（伯3931號《靈武節度使表狀集》）

所謂前年中迴沐鈞恩，遠差人使，特持<u>禮幣</u>，迄届遐方。（伯3151號《沙州書狀稿》）

近者人來，切知家內大小病（並）總安樂，兼惠<u>信儀</u>。（伯2690號背/7《僧保福書狀》）

特遇專介，忽沐緘題，兼惠<u>信儀</u>，倍深感佩。（伯2968號《沙州歸義軍致甘州狀》）

上四相公書啓各一封，信二角。……鄭相公就宅送，受將訖。一廳闕，其<u>書信</u>元在陰信均處。（伯3547號《上都進奏院狀》）

按：上揭前三例中"信幣、禮幣、信儀"都爲同義複詞，表"禮物"義。"幣"早在上古時期就已有此義，如《戰國策•齊策四•齊人有馮諼者》："千金，重<u>幣</u>也；百乘，顯使也。"[314][頁399]"重幣"即貴重的禮物。"儀"亦有此義，如俄弗96號《雙恩記第七》："差羅異繡，盡雄藩朝貢之<u>儀</u>；瑞錦音（茵）綾，皆大郡謝恩之禮。"句中"儀""禮"對文同義。另下

第二節　書儀同義詞例釋　367

文將要論及的"餞儀""賀儀""奠儀""弔儀"之"儀"也皆其義。末例中"書信"不同於今日所謂"信件"，而是指前文所言"書啓各一封""信二角"中的"書啓"和"信"，即由表信件義的"書"和表禮物義的"信"並列而成，爲類義複詞。唐末宋初時，"書信"多表此義。如《宋元尺牘·徐鉉書尺牘》："今有信物并書都作一角封記，全託新都何舍人附去，轉拜託。吾兄即中候到，望差人於澧陵門裏面勾喚姓劉人當面問當，却令寄信與茶陵縣張八郎者，令到貴藩取領上件書信。"[215][頁1]句中"書信"謂上文所言"信物并書"。

2. 偏正式

敦煌書儀中偏正式"禮物"類語詞，較爲豐富。今據其語義類屬分析如下：

【信物】

今乳餅一胡（合），棗子一斗，蔥五束。已上信物且充遠心，乞賜容納。（伯2807號《法虛上僧録和尚狀》）

其於國朝信物，亦無遺失。（伯3016號《天興玖年西朝走馬使口富住狀》）

按：例中"信物"指禮品、禮物。"信物"此義乃唐五代時期的新生詞義，其用例不僅見於書儀，亦見於其他文獻。如斯8444號《唐爲甘州回鶻貢品回賜物品簿》："天睦可汗女付進皇后信物壹角：錦兩匹。"圓仁《入唐求法巡禮行記》卷四："八月九日，得張大使送路信物，數在別。"[191][頁202]連日本僧人圓仁的書中都有此用例，可想見其在當時運用的普遍性。

【情儀　誠儀】

冀因人使備情儀，但緣走馬徑行，不果分外馳禮，雖有微信，別狀披申。（伯2992號背/2《朔方軍節度使檢校太傅兼御史大夫張狀》）

右某叨除屬郡，獲拜台庭。合申芹韭之誠儀，不避潛（僭）逾之罪。（伯3449號《剌史書儀·到本道參謝後上馬狀》）

按：前例言本打算請託使者揹帶"情儀"，而因走馬使徑行，不能格外馳送"禮"物，故雖有"微信"，也只好在另一封信中申說了。例中前言

"情儀",中言送"禮",後言"微信",其義皆指"禮物"。後例中"誠儀"與"情儀"義同,"情"者,誠也,二者音近義通。如書儀中"下情"一詞,常用來謙稱自己的心意和想法,也可作"下誠"。如伯3691號《新集書儀·賞藝能·答書》:"足下不以靡薄,加以飾詞,言切衆人,愛念其醜。悚戢之至,難申下誠。"且在上古至近代漢語中,"情""誠"既可同義連言,亦可彼此通用①,則"情儀""誠儀"皆指表達誠意的禮物。

【遠信　土信　土儀　土宜　國信　人信】

寄信別紙:前件物聊充遠信,實愧單微,伏乞收留,恩甚。(伯3906號/4《書儀》)

今因履使,薄禮土信:西地瓢桃三課(顆),同一袋子,各取一課(顆)。(伯3672號背《都統大德致沙州宋僧政等書》)

邊城獻土物狀:右伏以臨垂(陲)小鎮,絶塞孤城,輒獻本鎮土儀。(斯8680號《新集書儀》)

送土宜物色本道官員:前件物雖非珍異,粗表土宜。(伯3449號《刺史書儀》)

和斷若定,此即差大宰□(相)、僧中大德、敦煌貴族耆壽,齎持國信、設盟文狀,便到甘州。(伯3633號《辛未年(911)七月沙州百姓等一萬人狀上回鶻大聖天可汗狀》)

紫綺椅背壹合。右件物,謹隨狀□□□,充人信。(俄敦4355號背《送物狀》)

按:上揭前例是封"寄信別紙",其中"信"指禮物,"別紙"是當時流行的一種書信②。"寄信別紙"就是寄送"禮物"的書信。書中所言"遠信",指邊遠之地寄送的禮物。"土信"指充作"禮物"用的土產,即信中所謂"薄禮":西地瓢桃;"土儀""土宜"亦指作爲"禮物"贈送的土產。"國信"指國朝信物,乃外國使臣朝拜時進貢的禮品。另如斯2583號背《文樣(某寺某大師賜沙門臣某言)》:"某伏自去載迴蒙宣旨,遠屆唐朝,捧聖書而西別龍都,資(齎)國信而更臨鳳闕。"是其例。末例中"人信"

---

① 郭在貽《敦煌變文詞語校釋》,《郭在貽文集》卷三,頁238。
② 陳静《"別紙"考釋》,《敦煌學輯刊》1999年第1期,頁105-114。

## 第二節 書儀同義詞例釋

指前文所言的"右件物"——紫綺椅背一合,則"人信"即今人所謂"人情",指人與人之間相互饋贈的"禮物"。然則無論"遠信""土信""土儀""土宜"還是"國信",皆屬"人信"也。

【微信 單信 單禮 輕信 卑儀 芹儀 匪儀 薄禮 重信 厚禮 厚儀】

冀因人使備情儀,但緣走馬徑行,不果分外馳禮,雖有<u>微信</u>,別狀披申。(伯2992號背/2《朔方軍節度使檢校太傅兼御史大夫張狀》)

前者[某]乙盤(般)次某手上寄某勿(物)小(少)多,寮(聊)充<u>單信</u>,不忘心。(斯4654號背《起居狀》)

前件物等,聊陳<u>單禮</u>,産自土宜,伏乞仁恩俯垂容納。(伯3906號/4《書儀》)

今遣内親從都頭買榮實等謝賀。<u>輕信</u>:上好燕脂表玉鏡一團,重捌斤;白綿綾伍匹,安西緤兩匹,立機細緤拾捌匹,官布陸拾匹。(伯2992號背/3《歸義軍節度使致甘州回鶻順化可汗狀》)

前件謹專送上,聊表<u>卑儀</u>,伏惟俯賜容納。(伯4092號《新集雜別紙•出孝(考)送物》)

謝本道節度使還答狀:右某昨者獲參台旆,合獻<u>芹儀</u>。(伯3449號《刺史書儀》)

而自幽州令公光膺異渥,未貢賀儀。……今則輒將<u>匪禮</u>,聊表猥衷。(伯2539號背《後唐朔方節度使書啓底稿•樞蜜(密)狀》)

右件物等,……單微雖愧於輕塵,報復粗申於<u>薄禮</u>。幸希仁念,希賜檢留。(伯3931號《靈武節度使表狀集•送謝物》)

今緣合有<u>重信</u>,伏且各自公務悤(牽)纏,不及排備。(伯3727號/2《内親從都頭知常樂縣令羅員定狀》)

猥蒙知眷,遠敘歡盟,逾沙漠而專枉榮緘,隨貢奉而別頒<u>厚禮</u>。(伯3931號《靈武節度使表狀集•謝馬書》)

近蒙華翰,兼惠<u>厚儀</u>。(伯3272號背《丁卯年正月廿四日甘州使頭閻物成去時書本》)

按:上揭例中"微信、單信、單禮、輕信、卑儀、芹儀、匪儀、薄禮"等都用來謙稱自己的禮物微薄,大都由表輕少、卑微、單薄義的語素(輕、微、卑、單、薄、匪、芹)加上表禮物義類的語素(信、儀、禮)構成。其中"輕信"與現代漢語中"輕信"乃貌合神離的兩個詞,切不可相混。"芹儀"表微薄的禮品①,類似的語詞敦煌書儀中還有"芹心""芹韭""野芹"等,此不贅舉。與之相反,"重信""厚禮""厚儀"則皆指貴重、豐厚的禮品,用於自己,表示本該贈送重禮而未果的惋惜;用於對方,則敬稱其所送禮物非常豐厚。義甚明了,不煩多言。

【財信 財禮 賀儀 賀禮 奠儀 弔儀 餞儀】

平懷相賀兒婚:伏承賢郎君與某氏親姻,已過<u>財信</u>,伏惟感慰。(伯 3691 號《新集書儀》)

謝迴財禮語:某乙□□幸因今期吉晨(辰)之日,已過<u>財禮</u>,特蒙親家翁許賜容納。(伯 2652 號背《諸雜謝賀》)

具馬。右謹送上,聊表<u>賀儀</u>,雖無逐日之蹤,願則朝天之騎。(伯 2539 號背《後唐朔方節度使書啓底稿·禮賓引進內省書》)

對今則合陳<u>賀禮</u>,緣緇類西行,一則恐落(洛)道疏危,二乃怕逢賊打劫。(斯 4274 號《管內兩廂馬步軍都校揀使陰某起居狀》)

今則賢兄不幸傾喪,……有少<u>奠儀</u>,具陳後幅。(伯 3864 號《刺史書儀》)

方積哀摧,迴垂慰問之緘封,特遺<u>弔儀</u>之厚禮。(斯 4571 號背/2《某年三月隨使宅案孔目官孫延滔謝僧弔儀狀》)

送路:右謹專送上,聊表<u>餞儀</u>。(伯 4092 號《新集雜別紙》)

按:例中"財信""財禮"指用以娶妻的聘禮;"賀儀""賀禮"指祝賀用的禮品;"奠儀""弔儀"皆指用於祭奠、弔唁的禮品;"餞儀"指餞行、送別所贈的禮物。敦煌文書中與"餞儀"相同的語詞還有"送路","送路"本指"餞行送別",後引申指送別時贈送的禮物②。伯 2040 號背《净土寺食物等品入破曆》:"麵壹斗五升,造小食送路候司空用。"例中"送路"亦指用作送別的禮物。另《詞典》"財禮"條釋爲"娶婦的聘金",引宋孫光憲《北夢瑣言》卷一"許嫁右驍雄軍健李玄度,未受財禮"[113][頁5954]爲證。此釋義不確,犯了以今例古的錯誤。古代娶婦的"財禮"並非像今天一樣折算成總的"金額",而是具體的"禮品"實物,這可從敦煌文獻的"財禮目"中窺見一斑。斯 4609 號《鄧家財禮目》:"鄧家<u>財禮</u>目:碧綾

---

① 參本書"野芹"條,頁 321。
② 董志翹《〈入唐求法巡禮行記〉詞彙研究》,頁 110。

第二節　書儀同義詞例釋　371

裙壹腰,紫綾襁襠壹領,黄畫被子壹條,三事共壹對;紅羅裙壹腰,貼金衫子壹領,貼金禮巾壹條,三事共壹對。"從這張"財禮單"可知:當時娶婦用的財禮主要是"衣裝被褥"等,而不是"金錢"。

3. 動賓式

【具信　寄信　附信　獻信　獻芹】

　　具信。右謹寄上,聊表下情。(伯 2539 號《後唐朔方節度使書啓底稿·三司院營田案院長書》)

　　今於蘇定子手内寄信小多,到日收取。(伯 3727 號/5《國清與男住奴書》)

　　人使若速,附信未由。(伯 3936 號《致女壻女兒書》)

　　知宰相好健,兼獻信來。(俄敦 1380 號《上大王書》)

　　進繡像等:右臣州居極邊,素無物產,雖心效藜藿,願欲獻芹。(斯 1438 號背《吐蕃占領敦煌初期漢族書儀》)

按:上揭例中"具信、寄信、附信、獻信、獻芹",分別由"具、寄、附、獻"等動詞性語素加上表"禮物"義的名詞性語素構成。"具信"指詳細説明所贈禮品的物色、質地、數量、形狀等,故下文言"右謹寄上,聊表下情"。實用的書信中,須將所送禮物的上述特點徑直寫出。如《大金弔伐録·宋主回書》"別幅"中即有"具信"的實例,兹引録如下:"信使王汭至,承惠及人參一十秤,至於多感。有少微物,回答下項:沈香山子五百兩,作一匣;花犀酒杯二十隻,作一合;玳瑁酒瓶二隻,托裏并蓋全,作一合;撥花犀注椀一副二件,托裏全,作一合。"[35][頁161]由此可知"具信"的實際内容。另"寄信"並非今日所謂"發送書信",而是"託人捎帶禮物",切不可相混;"附信"義同"寄信","寄"、"附"皆指"託人捎帶",二者可同義複用。如斯 5660 號背《朋友書儀》:"今因信往,寄附寸心。""獻信"、"獻芹"皆指進獻禮品,只是後者略帶謙遜的意味,如上文"芹儀"條所論,"芹"多用來謙稱自己的禮品微薄。

以上我們對敦煌書儀中"禮物"類語詞——信、信幣、禮幣、信儀、書信、信物、情儀、誠儀、遠信、土信、土儀、土宜、人信、國信、微信、單信、單禮、輕信、卑儀、芹儀、匪儀、薄禮、重信、厚禮、厚儀、財信、財禮、賀儀、賀禮、奠儀、弔儀、餞儀、具信、寄信、附信、獻信、獻芹——進行了分類輯釋，從中離析出表禮物義的中心語素，有"信""儀""禮""幣""芹"等5個，它們或爲襲古用法，或是新生詞義，或源出典以表謙遜，其來源及附加意義雖有不同，但皆含有"禮物"類的中心義素。這些語素中出現次數最多、使用頻率最高、構詞能力最強的莫過於"信"了，在37個語詞中，它竟然有18次參與了構詞，可想見其在唐末五代宋初時的習用程度和普及性。專科詞典《敦煌文獻語言詞典》和斷代詞典《唐五代語言詞典》已收載"信"的"禮物"義①，由此可見其身上附有顯明的時代信息。然而在目前最權威的大型語文辭書《詞典》中，"信"此義却未見收錄。此外，在上揭37個語詞中，《詞典》失收的語詞有："信幣、信儀、情儀、誠儀、遠信、土信、人信、微信、單信、卑儀、芹儀、匪儀、薄禮、重信、厚儀、財信、弔儀、具信、附信、獻信、獻芹"等21條；即使收載了的，其釋義也有不確，如上文所論"財禮"；其所表"禮物"之義項亦有失立者，如"輕信""寄信""書信"等，《詞典》皆失收其表"薄禮""託人帶禮""書信和禮物"的義項；其所引書證也有稍嫌滯後的，如"奠儀""弔儀"，《詞典》引例分別爲宋代、清代文句。同時，在敦煌文獻的校錄整理中，也每有因不解其義而導致疏誤者，如《敦煌社會經濟文獻真迹釋錄》第四輯所收伯2992號背/3《歸義軍節度使致甘州回鶻順化可汗狀》中，"今遣内親從都頭買榮實等謝賀輕信上好燕脂表玉鏡一團重捌斤"[47][頁396]一句，本當讀爲："今遣内親從都頭買榮實等謝賀，輕信：上好燕脂表玉鏡一團，重捌斤。"或因不解"輕信"爲"薄禮"義，而未將其讀斷，以致殊爲費解。此外，這些語詞中，有不少是與現代漢語形同而義別的，如"輕信、寄信、書信"等，故須辨其古今詞義差別、明其時代特徵，方不至於誤解其義。

---

① 參前書頁349，後書頁390。

## 第三節　書儀同義詞的"級差"

儘管填入固定格式中的詞語意思大體都一致,但書儀作爲古代禮經的通俗形式,針對不同的人,詞語的選用往往具有嚴格的區別,所以書儀中的同義詞都是有"級別"差異的。本節選取書儀中有代表性的幾組同義詞進行微觀研究,考察其內部形式,追尋其形成根源,辨析其使用過程中表現出來的級別差異。

書信多是用來寒暄問候的,而書儀的行文體例是"先標寒暑,次贊彼人,後自謙身"。問候對方和謙陳己況時,其選詞用語往往表現出鮮明的"級別"差異;此外,書札結尾套語,如不備、不宣、不具、不次等,今人看來無甚差別,都表示"不詳説"之義,其實唐宋時期人們運用時往往"字斟句酌"。鑒此,我們擬選取書儀中"問候用語""結尾套語"兩類書札用語進行具體微觀的研究。

### 一　問候用語

"問候語"指書信中結合時節景候彼此寒暄問候的話語,一方面問候(祝願)對方(及家人)的身體狀況,另一方面謙陳自己(或家人)的近況,相當於書札中"贊彼人、自謙身"的內容。書儀中"問候語"非常豐富,既有吉凶之異,又有尊卑之別,還有"彼人"與"自身"的不同。而且寒暄問候中,牽涉的不僅只是對方或自己,還有彼此的家人。如此,便使得其中"問候"語詞的選用異常紛繁複雜。下面我們選取兩組來考察:

#### (一)吉書儀中的"自敍語"

【常遣　常度　粗遣　恒遣　蒙恩　蒙免　免遣免　如常　推常　推度　推免　推遣】

①中伏毒熱,惟親家翁母動静兼勝。此某常遣。(斯 361 號《書儀鏡·與

親家翁母書》)

②[晚]伏鬱蒸,惟親家翁母動靜兼勝,某郎某娘男女等通善。此某<u>常度</u>。(同上《答書》)

③中(仲)秋已涼,惟動靜休適。某<u>粗遣</u>。(斯 1438 號背《吐蕃占領敦煌初期漢族書儀》)

④秋季[霜]冷,惟次姊姊夫動靜安祐,外甥等日惠。此某<u>恆遣</u>。(斯 361 號《書儀鏡‧與同門書》)

⑤孟春猶寒,伏惟翁婆耶娘尊體起居萬福,即日某<u>蒙恩</u>。(斯 2200 號《新集吉凶書儀‧上祖父母及父母狀》)

⑥秋泠,伏惟論兄動靜康愈,某<u>蒙免</u>。(斯 1438 號背《吐蕃占領敦煌初期漢族書儀》)

⑦微寒,惟所履清勝。僕<u>免</u>耳。(斯 329 號《書儀鏡》)

⑧春寒,願所履休勝。此某<u>遣免</u>。(伯 2646 號《新集吉凶書儀‧與姑舅兩姨弟妹書》)

⑨春寒,念汝佳吉。此吾<u>如常</u>。(斯 2200 號《新集吉凶書儀‧與子侄孫書》)

⑩朝夕微寒,惟所履珍適。僕<u>推免</u>,諸不改常耳。(斯 329 號《書儀鏡》)

按:上揭"常遣、常度、粗遣、恒遣、蒙恩、蒙免、免、遣免、如常、推常、推度、推免、推遣"都用於吉書儀中自謙身的場合,即用來向對方報告自己近來的起居狀況,猶言"一切還好"。其中"蒙恩""蒙免"的詞義來源,前文已做過詳細探討(參頁 54-59),茲就"推免、遣免、推常、推遣、推度、常度、常遣、恒遣"的詞義由來詳論如下:

⑪夏末毒熱,惟所履清勝。某乙幸<u>推免</u>。(斯 329 號《書儀鏡‧囑四海求事意書》)

⑫寒溫,惟次嫂勝常,男女等佳吉。即此兒侍奉外<u>推免</u>。(斯 5613 號《書儀‧與阿嫂書》)

⑬使至枉問,深慰馳情,惟動用兼勝。某<u>遣免</u>。(斯 5613 號《書儀》)

⑭春寒,願所履休勝。此某<u>遣免</u>。(斯 2200 號《新集吉凶書儀‧與姑舅兩姨弟妹書》)

例⑪-⑭中"推免""遣免",都用來向對方謙陳自己的身體起居情況,義爲還好、過得去。從字面看,其中都含有一個共有的語素"免"。"免"特指免於某種疾病、災難,即平安無事。那麼,"推""遣"又作何解呢?

考敦煌書儀中與"推""遣"類相關且又用於謙陳己況的語詞還有"推常""推遣""推度""常度""常遣""恒遣"等。如：

⑮闊展未久，係仰增深。孟春猶寒，惟勝豫，名推遣（原注：亦云推常、推度）。（伯3442號《書儀·□(與)稍尊書》）

⑯孟秋尚熱，伏惟公動止勝念，某乙幸推遣。（斯329號《書儀鏡·四海平蕃破國慶賀書》）

⑰孟春尚寒，伏惟[□]樂尊體動止萬福，寶勝粗蒙推度。（伯3307號背《殘狀》）

⑱[晚]伏鬱蒸，惟親家翁母動靜兼勝，某郎某娘男女等通善。此某常度。（斯361號《書儀鏡》）

⑲春寒，惟動息清宜。此某常遣。（同上）

⑳寒氣日甚，惟動靜兼祐。此某恒遣。（同上）

例⑮-⑳中"推常""推遣""推度""常度""常遣""恒遣"等詞，都用於謙陳己況，其構成語素有"推""遣""度""常""恒"。這些語素從意義上可以分爲兩類：一是"恒常"類，二是"推排度日"類。然而這兩類語素具體是怎樣構詞表義的呢？這或許可從一些實用書札中尋覓到答案。吐魯番出土的一封唐人書牘中殘存有"似常日推延，切要相見"的話語①，"似常日推延"與上揭書儀自敍用語非常相似，這不禁引發我們思考，此或"推常"一詞的由來："常"謂平常、往常，"推"指推移、排遣，"推常"謂像往常一樣推排度日。此外，唐人書帖中，"推常"又作"推前"，如《淳化閣帖·唐諫議大夫褚庭誨書》："初寒，惟動履休勝。庭誨推前耳。"[14][頁201]例中"推前"亦用於自敍，"前"謂以往，"推"即推移，言像以往一樣推排度日。更值得注意的是，在王羲之《雜帖》中，敍及其自身近況時，云："僕故是常耳，劣劣解日。"[178][頁223]"常"指往常，"解日"猶"度日"②。則"故是常耳，劣劣解日"意謂仍像往常一樣，身體不適，只是推排度日罷了。原來唐人書札中習用的自敍套語，早在晉人雜帖中

---

① 見《吐魯番出土文書(肆)》阿斯塔那五〇六號墓文書《唐某人書札殘稿》，頁591。
② 王雲路、方一新《中古漢語詞語例釋》，頁227。

就開始醞釀成型了。由"推常""推前"的構詞表義不難推知其他語詞的含義:"推遣""推度"爲同義連用,指排遣度日;"常度""常遣""恒遣"猶"推常",指像往常一樣推排度日。"推""遣"既然爲推度、排遣的意思,那麼"推免""遣免"即"(像往常一樣)排遣度日,免於(災難、病患等)",如此自然是"還好、過得去"了。也正因爲這樣,敦煌書儀多用"如常"來表示平安無恙之義,如斯2200號《新集吉凶書儀·與弟妹書》:"春寒,念汝佳健。此吾如常。"其中"如常"指像往常一樣(平安無恙)。

儘管這些語詞,今人看來非常陌生,但在當時却是如話家常。因爲從使用頻率而言,它們已習用如常,沿用成套,書儀中大量的用例便是明證。從橫向影響而言,在當時的日本僧人空海、圓仁的書札、著作中也時可見其蹤迹,如空海《風信帖》:"已冷,伏惟法體如何?空海推常。"①《入唐求法巡禮行記》卷三:"夏熱,夜來惟和尚道體萬福。即此圓仁蒙推免。"[191][頁151]例中"推常""推免"都用於自敍,猶言還好、過得去。從縱向延伸而言,在宋元尺牘中,也還可窺見其用例,如朱熹《與范直閣》:"即日初夏清和,伏惟班布多暇,台候起居萬福。熹奉親屏處,幸粗遣免。"[111][頁1607]康與之《致宮使尚書先生尺牘》:"庚伏炎酷,共(恭)惟燕居優遊,神物協相,台候動止萬福。與之遠賴輝庇,粗爾遣免。"[215][頁308-309]例中"遣免"亦爲書信中的自敍套語。

弄清了"常遣、常度、粗遣、恒遣、蒙恩、蒙免、免、遣免、如常、推常、推度、推免、推遣"的詞義來源,我們再來仔細斟酌上揭例①-⑩、⑮中作書人與收信人的尊卑長幼關係,不難發現這組詞在語用上有各自的施用對象:例①、②爲親家之間的往還書,彼此同輩,一用"常遣",一用"常度";例③雖看不出"書信"雙方的關係,但用語間已傳達出

---

① 此帖載《書法》1986年第1期,頁1-2。

其爲平輩,"凡言……惟、後空,謂平懷以下即可施之"①。例中言"惟",則對方當爲平輩或以下,由此可知"粗遣"施用於平輩及以下。例④爲寫給"同門"即連襟之書,則"恒遣"亦施於平輩;例⑤是寫給最尊者祖父母、父母的書狀,則"蒙恩"施於極尊者,猶言託對方的福,一切都好;例⑥稱"伏惟論兄……",稱對方爲兄,則爲長輩,故知"蒙免"施於"稍尊";例⑦稱"惟所履……","所履"專施於平輩,伯3849號《黄門侍郎盧藏用儀例》:"凡傾仰、枉問、白書、勤仰、諮敍、翹企、所履、清適、休宜、敬重、敬厚等語皆平懷。"是知"免"亦施於平輩。例⑧是給姑舅兩姨弟妹的書信,則"遣免"亦施於平輩稍幼。例⑨是給子侄孫的信,知"如常"乃尊施於卑;例⑩稱"惟所履……",是知"推免"亦施於平輩;例⑮是與稍尊書,則"推遣""推常""推度"皆施於稍尊,即同輩稍長。由以上分析可知:"蒙恩"乃專施於極尊者的自敍語;而"蒙免"則是施於稍尊者;"如常"則專施於卑幼;其餘"常遣、常度、粗遣、恒遣、免、遣免、推常、推度、推免、推遣"皆施於平輩。

(二) 凶書儀中的"祝願語"

【支福　支豫　支勝　支祐　支立　支致】

①妻亡弔丈人[丈]母書:凶故常(無)恒,次娘子疾疹,冀其痊復,何圖不祐,以某月日奄邁凶壘。……仲秋漸涼,伏惟丈人丈母尊體動止支福。(伯3637號《新定書儀鏡》)

②外生(甥)亡弔姊書:凶故無恒,某乙夭逝,聞問悲悼,不自勝任。……季冬極寒,伏惟動止支豫。未由拜洩,伏增悲戀。(同上)

③季秋霜冷,惟闍梨道體支勝。(斯1438號背《吐蕃占領敦煌初期漢族書儀》)

④禍出不圖,某盛年夭逝,悲慟奈何。季夏毒熱,惟嫂動静支祐,某諸疹弊。(同上)

⑤弔女壻遭父母喪書:凶壘無常,親家翁母傾逝,奄棄榮養,聞問驚惻。……初伏毒熱,想某郎所履支立,男女等支致。(伯3637號《新定書儀鏡》)

---

① 伯2646號《新集吉凶書儀》。

按：上揭"支福、支豫、支勝、支祐、支立、支致"皆爲凶書儀中"贊彼人"的用語，其中含有一個共同的語素"支"。"支"者，持、支撐之義。司馬光《書儀》卷九"喪儀五"《與居憂人啓狀》"孟春猶寒，起居支福"下注云："支者，言其毀瘠僅及支梧也。"[213][頁518]言居喪者寢苫枕塊，喝粥食蔬，成日追思感慕，不免毀瘠過度，故望其保重身體，支持度過。"將'支'字與福（福分）、豫（安樂）、勝（佳勝）、適（安適）、常（恒久）、祐（保祐）、度（度過、安度）、遣（排遣、度越）等相組，意思是慰問居憂者，希望其喪中能夠支撐，獲神靈福祐，平安度過災難。"①其實這組詞在運用中也表現出嚴格的差異：例①中"支福"用於慰問丈人、丈母，屬極尊者；例②中"支豫"用於弔問"姊"，屬平輩稍尊；例③中"支勝"用於弔問闍梨，亦屬稍尊；例④中"支祐"用於弔問"嫂"，屬平輩稍疏；例⑤中"支立""支致"用於弔問女婿及其兒女，屬於卑幼。敦煌書儀中關於這組詞的選用有明確的規定："凡前人有大功以上服通弔書，極尊云'支福'，次尊云'支豫'，稍尊云'支勝'，平云'支適''支常''支祐'，卑云'支度''支遣'。"②此外，"支"亦可與"常""和"等連言，用於敍述自己或家人的近況。如：

⑥不意凶衰，某乙夭逝，貫割痛楚，難以爲懷。念汝渭陽，悲悼何極！時寒，念佳吉，吾支常。……次姊告某。（伯3637號《新定書儀鏡·外生（甥）亡弔姊書·答書》）

⑦某伯叔年未居高，冀憑靈祐，何圖奄遘凶禍。追慕摧割，不自勝忍。……孟春猶寒，不審體履何如？即日娘支和，名寧侍省。（伯3442號《書儀·伯叔父母喪告答堂從兄姊及外兄姊書》）

例⑥中"姊"遭喪子之痛，"弟"來信弔問，然後姊給弟回信說"吾支常"，猶吉書儀中"吾如常"，用以敍述自己居喪中的生活起居情況；例⑦中"支和"用以向對方報告其母親的近況，猶言"康和"，因居喪中，故以"支"稱之。可見，"支"字之用，限於凶書儀。"支"組語詞亦見於唐宋時

---

① 吳麗娛《唐禮撫遺》，頁248。
② 斯361號《書儀鏡》。

期的傳世文獻,如:

奉承十四日遷厝,承問悲慕,不能自勝。……凝寒,惟動靜<u>支適</u>,兒子等保侍。(顏真卿《顏魯公文集》卷一一《與夫人帖》[295][頁2])

秋暑,伏承孝履<u>支福</u>。(歐陽修《與吳正肅公》[170][頁1242])

辱教,承孝履<u>支持</u>。……無緣詣別,惟節哀自重。(蘇軾《與郭廷評二首》之二[214][頁2495])

上揭三例中"支適""支福""支持"皆用於慰問居喪者,願其服喪期間保重身體,支持度過,以免毀瘠過度。

## 二　結尾套語

結尾套語,指書札結尾處習用成套的語詞。如:
【不備　不宜　不具　不悉　不多　不次】

①翁婆父母狀:時候,伏惟翁婆耶娘尊體萬福,兄姊康和,弟妹寧泰。即日某乙蒙恩。未由侍奉,戀結伏增。謹奉狀起居,<u>不備</u>。……答書:春寒,念汝及新婦佳吉,吾如常。無事早歸,莫遣吾憶。因還人,遣此<u>不多</u>。(伯3502號背/2《新集諸家九族尊卑書儀》)

②弟子與和尚尊師狀:孟春猶寒,伏惟和尚尊師尊體動止萬福,即日某蒙恩。未由頂伏,無任馳結。謹奉狀,<u>不備</u>。(斯2200號《新集吉凶書儀》)

③和尚尊師與弟子書:別汝已久,眷想每深。春寒,比如何?此吾如常。未即集見,懸念增積。立遣此,<u>不多</u>。(同上)

④與妻姨舅姑書:孟春尚寒,伏惟次姨動止康念,即此某及娘子男女等無恙。……謹因某使往奉狀,<u>不宜</u>。……答書:春寒,某郎清宜,但增歎滿。因人還此,<u>不多</u>。某氏次姨白。(斯361號《書儀鏡》)

⑤與妻父母書:孟春尚寒,伏惟丈人丈母尊體動止康豫,即此耶娘萬福,某及[次]娘子蒙恩,男女等通善。……謹因使往,謹奉狀,<u>不宜</u>。(斯361號《書儀鏡》)

⑥□(與)女壻□(書):猶寒,比復何如?……善將慎,遣書<u>不悉</u>。(伯3442號《書儀》)

⑦上阿家狀:孟春猶寒,伏惟大君大家尊體動止萬福。即此新婦蒙恩,次郎太守差使入京未還,某等並平安。……謹奉狀起居,<u>不宜</u>。(同上)

⑧與新婦書:時熱,新婦清宜,男女等日惠。……因使遣次(此),<u>不具</u>。

## 380　第六章　敦煌書儀同義詞研究

（同上）

⑨夫與妻書：景春暄和，惟第幾娘子動止康和，兒女等各得佳健。……今因某乙往附狀，不宣。……妻與夫書：時候，伏惟某郎動止萬福。……未由拜伏，但增馳結。謹奉狀，不宣。（斯2200號《新集吉凶書儀》）

⑩與弟妹書：別汝已久，憶念難言，久不得書，憂耿何極。春寒，念汝佳健，此吾如常。未期集見，眷想盈懷。立遣此，不具。兄某報弟某弟（弟）妹處。（同上）

⑪祖父母喪告答兄弟姊妹書：不圖凶禍，翁婆棄背，哀慕無及。……未由拜洩，但增哽咽。謹白疏，悲塞不備。（伯3442號《書儀》）

⑫父母喪告弟妹書：耶娘違和，冀漸瘳豫，何圖不蒙靈祐，以某月日奄遘凶疊。……春暄，念汝無恙。吾在荼毒，無復生賴。……遣書，荒塞不次。（伯3637號《新定書儀鏡》）

⑬弔姑亡書：凶故無常，尊姑年未居高，曾（冀）延眉壽。何圖忽嬰疾疹，遘此凶故。……中秋氣涼，惟動息支祐。……謹遣疏慰，慘愴不次。（斯361號《書儀鏡》）

按：例中"不備""不宣""不具""不悉""不多""不次"都用在書札末尾，表示不能詳說，表達一種"書不盡言，言不盡意"的感受。就詞義而言，其義大抵相同。"備"，完備、齊備也，《廣韻•至韻》："備，具也。"[285][頁351]《詩•小雅•楚茨》："禮儀既備，鐘鼓既戒。"[197][頁469下]由此引申又有"周遍、周至"義，《晏子春秋•內篇雜下六》："桓公義高諸侯，德備百姓。"[289][頁426]"宣"本指"大室"，《說文•宀部》："宣，天子宣室也。"段玉裁注："蓋謂大室。如璧大謂之'瑄'也。"[226][頁338]由"大室"引申，則有"寬大"之義，如《左傳•襄公二十九年》："用而不匱，廣而不宣。"[313][頁2007下]其中"宣"與"廣"義近。"寬廣"自然無所不包，故而"宣"又可引申指"周遍、普遍"之義。《爾雅•釋言》："宣、徇，遍也。"郭璞注："皆周遍也。"[65][頁91]《漢書•律曆志上》："廣延宣問，以考星度，未能雠也。"[102][頁975]"具"本指"準備、備辦"，《說文•廾部》："具，共置也。"[200][頁59]如《左傳•隱公元年》："繕甲兵，具卒乘，將襲鄭。"[313][頁1716中]例中"具"爲備辦義，由此引申爲"具備、完備"義，如《管子•明法》："百官雖具，非以任國也。"[83][頁9]萬事具備，自然"周遍、詳盡"，如《史記•高祖本紀》："呂后具言客有過，相我子母皆大貴。"[198][頁346]"悉"本來就爲"詳盡"義，《說文•

采部》:"悉,詳盡也。"[200][頁28]由此可見,儘管"備""宣""具""悉"本義各有不同,但在其詞義發展流程圖上都具有一個共同的義位:周遍、詳盡。正因爲如此,它們都能與"不"連言,用作書信結尾套語,表示"不能盡言"。"不多""不次"謂不能多言、不能依次一一詳説,意義與"不備、不宣、不具、不悉"等接近。

　　然而仔細琢磨上揭書儀用例,發現其運用的場合、施及的對象並不完全相同。例①與翁婆父母狀中,結尾用"不備",而答書却用"不多";同樣,在例②弟子與和尚尊師狀中,結尾用"不備",而在例③和尚尊師與弟子書中却用"不多"。在例④與妻姨舅姑書中,結尾用"不宣",答書用"不多";在例⑤與妻父母書中,結尾用"不宣",而在例⑥與女壻書中却用"不悉";在例⑦上阿家狀中用"不宣";而在例⑧與新婦書中却用"不具";在例⑨的夫妻相與書中,皆作"不宣";在例⑩的與弟妹書中却又用"不具";在例⑪的祖父母喪告答兄弟姊妹書中,結尾用"不備";而在例⑫父母喪告弟妹書和例⑬弔姑亡書中都用"不次"。不難看出,其運用表現出吉凶之別:"凡凶書弔答皆云不次,唯祖父母、外祖父母書云不備。"①此外,還表現出尊卑之異:"不備"用於極尊,"不宣"施於稍尊或平輩;"不具"施於稍卑;"不多""不悉"則施於卑幼,伯2616號《删定儀諸家略集并序例第一、通例第三》:"凡憶念、佳宜、<u>不多</u>、<u>不悉</u>皆施卑下。"兹將其差異列表如下:

| 用語<br>對象 | 吉書 | 凶書 |
| --- | --- | --- |
| 極尊 | 不備 | 不備(祖父母外祖父母) |
| 稍尊 | 不宣 | 不次 |
| 平輩 | 不宣 | 不次 |
| 稍卑 | 不具 | 不次 |
| 卑幼 | 不多、不悉 | 不次 |

---

① 伯3442號《書儀》。

這種分別在敦煌書儀中表現得尤爲嚴格,如伯 2646 號《新集吉凶書儀·弟子與和尚尊師狀》:"孟春猶寒,伏惟和尚尊師尊體動止萬福,即日某蒙恩。……謹奉狀,不宣備。"句中"宣",依稀可辨,殆爲"宣"字。因這首書狀前多爲"四海雜相迎書",即平輩間的往來書信,其結書尾語都用"不宣",書手出於"慣性",亦將此首書狀的結尾套語抄成了"不宣"。後來發現這是一封弟子寫給和尚尊師的書狀,屬於以卑至極尊,當用"不備",故而又用濃墨塗去錯字"宣",補抄上正字"備"。可見,在書手心目中,"宣"與"備"是決然不可相混的。那麼敦煌書儀中結尾套語的截然分别是何時成型的呢?這種區分在唐以前雖不甚分明,但已初露端倪。如:

①與姑書:便及唯夏,[伏]惟增懷。薄暑,不審姑尊體何如?……即日某粗可行。謹言疏,<u>不備</u>,某再拜。(《高昌書儀》)[255][頁 234]
②與兄弟子書:唯夏,感恩(思)深,得去汝言疏,慰懷。微熱,汝信(佳)不?吾諸惡勿勿。力及<u>不悉</u>。某氏姑告。(同上)[255][頁 235]
③劭白:明便夏節,哀慕崩摧,肝心抽絕,煩冤彌深,不自忍任。……得告爲慰,腫轉差,勞悴勿勿,力及<u>不次</u>。(晋王劭《書》)[178][頁 179]

例①中與姑書結尾用"不備",而例②中與兄弟子書却用"不悉"。例③中從"哀慕崩摧,肝心抽絕,煩冤彌深,不自忍任"看,王劭作該《書》時顯然正居喪中,故結尾用"不次"。喪中作書用"不次",殆因丁憂之中,精神恍惚,神志不清,言語間不免語無倫次,故以"不次"言之。可見,魏晋時人們已開始著意區分"不備""不悉""不次"的語用場合和施用對象。而這種區分的最終完成似當在中唐以後,因爲在斯 6537 號背/14《大唐新定吉凶書儀》中,鄭餘慶明確指出"姨舅云'不具再拜',今改云'不宣再拜'",説明在鄭氏書儀以前,與姨舅之書皆云"不具",而今改爲"不宣"。也就是説,以"不宣"施於稍尊,應在元和八年(813)以後①。

其實,"不備""不宣""不具""不悉"等詞義完全相同,只是時人著

---

① 據趙和平研究,鄭氏書儀約成於元和六年至七年(811-812)間,下限可能到元和八年(813)。參《敦煌寫本書儀研究》,頁 506-507。

## 第三節 書儀同義詞的"級差"

意區分使用而已,以至於司馬光明知此理,也只好從俗。他在《書儀》卷一私書《上尊官手啓》"奉啓不備"下注云:"備、具、宣、悉,據理亦同,但世俗有此分別,今須從衆。"[213][頁463]正因爲如此,敦煌書儀中結尾套語的區分,一直影響到宋人,宋魏泰《東軒筆録》卷一五:"近世書問,自尊與卑,即曰'不具';自卑上尊,即曰'不備';朋友交馳,即曰'不宣'。三字義皆同,而例無輕重之説,不知何人,世莫敢亂,亦可怪也。"[34][頁107]由此可想見"書儀"影響的深遠。

【拜慰　造慰　敍慰】

①耶娘去某月日,寢膳違和,冀漸平復。何圖以某月某[日]奄遘凶禍。……未由拜慰,伏增號殞。(伯2622號《吉凶書儀·父母亡告伯叔姑等》)

②凶故無常,賢夫人素無積疹,何期藥善(膳)不徵,奄至殞逝。……限以驅馳,不獲造慰,但多悲塞。(斯329號《書儀鏡·弔四海遭妻子喪書》)

③賢某郎等盛年,……何圖一朝忽奄斯禍。……未由敍慰,但增悲哽。(伯2622號《吉凶書儀·弔人女婿亡書》)

按:"拜慰""造慰""敍慰"皆爲凶書結尾套語,意義相同,指親往弔唁、慰問對方。而從上揭用例,不難發現其適用對象各有不同:"拜慰"的對象是"伯叔姑",亡者是對方的"兄或弟";"造慰"的對象是"四海",即同輩友人,亡者是其"妻子";"敍慰"的對象是一般"人",亡者爲其"女婿"。可見,在凶書弔慰語詞的選用上,往往須根據被弔者的身份及亡者與之關係的親疏而定。司馬光《書儀》卷九"喪儀五"《與居憂人啓狀》"未由拜慰"下注云:"稍尊云'造',平交云'奉'或云'展',降等云'敍'。"[213][頁518]這種語詞間的級別差異在司馬氏《書儀》中顯得更爲嚴整和規範:極尊云"拜慰",稍尊云"造慰",平交云"奉慰"或"展慰",更低則云"敍慰"。

以上我們對書儀中有代表性的幾組同義詞進行了探討,旨在説明書儀中一方面匯聚了大量的各種義類的同義詞;另一方面,其中每個語詞的選用都表現出嚴格的"級別"差異,這是由其作爲"禮經"的通俗簡化形式的根本屬性決定的。

# 第七章 敦煌書儀語彙的
## 形成與流變

語言的發展是一個新陳代謝的過程,它往往通過舊質要素的逐漸消退、新質要素的不斷興盛來實現。一般説來,"一個時代詞彙的存在和發展,離不開對前代詞彙的繼承和創新,同時又爲后世詞彙的形成及演變打下了基礎。要完整地揭示詞語的起源、演變和消亡,就必須從歷時的角度,認真考察它在不同時期的發展變化。"[①]敦煌書儀語彙乃歷史的積澱,是經人們長期使用、逐代積累而成的,僅就其用語作共時的靜態描寫,是難以窺其全貌的。因此,本章擬在前文共時描寫的基礎上,上探漢魏六朝,下溯宋元時期,從歷時的角度對書儀語彙形成的源流進行考辨,借此窺探敦煌書儀對魏晉書帖的繼承及其對宋元尺牘的影響。

## 第一節 敦煌書儀語彙的形成

每一種體裁的作品大都有自己特定的用語習慣,而這些用語習慣往往又是在吸收前代同類作品詞彙的基礎上逐漸形成和發展起來的。敦煌書儀語彙,作爲一種專門性的體裁用語,就是在承繼唐以前歷代書信(尤其是魏晉書帖)語彙的基礎上,結合唐五代社會的時代特徵及書儀的文體特色,逐漸加以改造而形成的。

---

① 方一新《東漢魏晉南北朝史書詞語箋釋・前言》,頁 21。

## 一　書儀語彙對魏晉書帖用語的繼承

書疏之興，其來自久，而書之體制格式及言語規範，則是在漢魏以後纔漸具規制的①。因而書儀語彙對前代文獻典籍中書信詞語的繼承，主要表現在對魏晉尤其是六朝以來歷代書帖用語的相沿承用上。這種沿用，有時會一直傳承到宋元時期。如：

【哀摧】

　　舅姨喪告答舅姨之子書：不圖凶禍，次第舅姑傾背；哀摧抽慟，不能自勝。（伯 3442 號《書儀》）

　　所修疏並須好紙楷書，言語哀摧，始末一種，不得廣求文義。（伯 2622 號《吉凶書儀》）

按："哀摧"謂哀傷、悲痛，常用於凶書弔答中。亦見於宋代文獻，如《寶真齋法書贊》卷二一《周美成友議帖》："罪逆不死，奄及祥除，……言念及此，益深哀摧。"[6][頁316]"哀摧"此義，殆承魏晉書帖而來。如晉王洽《書》："何圖慈兄，一旦背棄。悲號哀摧，肝心如抽。"[178][頁178]陸雲《弔伯華書》："自聞凶諱，痛心割裂，追惟哀摧，肝心破剝。"[178][頁1089]例中"哀摧"皆指悲痛傷心。

【崩潰】

　　頻經時序，攀慕無及，觸目崩潰，酷罰罪苦，永痛罪苦。（斯 1438 號背《吐蕃占領敦煌初期漢族書儀》）

　　兄弟姊妹喪告答侄及外甥書：某兄姊年未爲高，冀憑靈祐，何圖奄至凶禍。……念號慕殞絕，觸目崩潰。（伯 3442 號《書儀》）

按："崩潰"原指倒塌毀壞，此喻指五情碎裂，形容悲痛異常，既可表示喪親之悲，又可指亡國之痛，常用在凶書弔答中。如陳徐陵《徐孝穆文集》卷五《爲貞陽侯與太尉王僧辯書》："羌虜無厭，乘此多難，虔劉我南國，蕩覆我西京，奉聞驚號，肝膽崩潰。"[278][頁3]例中"崩潰"即用來形

---

① 具體闡述，詳本書第一章第一節之一。

容聽聞西京覆亡時的悲痛心情。書儀中"崩潰"的用法当由此承襲而來，并一直沿用到宋代文獻，如徐梦莘《三朝北盟會編》卷一七七："何蘇奉使回，得大金國右副元帥書，其報'太上皇帝久達和豫，厭世升遐；寧德皇后亦已上仙。禍變非常，五情崩潰'。"[217][頁559]是其例。

【不育】

弔人小孩子亡云：不意變故，孩子去離懷抱，深助悲念。答：薄福招殃，孩子不育，不勝悲念。（伯2622號《吉凶書儀》）

按："育"者，養也，"不育"即不能養育。此用作婉辭，指小孩夭亡。"不育"此義早在魏晉書帖中就已出現，如王羲之《雜帖》："從弟子夭沒，孫女不育，哀痛兼傷。"[178][頁217]又："茂善晚生兒，不育。痛之惻心，奈何奈何！"[178][頁218]其中"不育"皆指孩子夭亡。敦煌書儀中"不育"即承襲魏晉書帖而來，并一直沿用到宋代文獻。如《資治通鑑·晉太宗咸安二年》："海西公深慮橫禍，專飲酒，恣聲色，有子不育。"[321][頁693]例中"不育"亦謂夭亡，不能養育。

【扶力】

奄及祥制，攀慕無及，觸目號絕，不孝罪逆，永痛罪苦。春暄，惟動靜兼勝。……扶力遣書，荒繆（謬）不次。（伯3637號《新定書儀鏡·弔小祥大祥及除禫·答書》）

凡弔答父母云"孤子"，母云"哀子"，首尾並云"頓首"；結尾云"扶力白答，荒塞不次，名頓首頓首"。（斯361号《書儀鏡》）

按："扶力"謂勉力，常用在凶书弔答的結尾，指悲痛之餘，僅能"扶力"弔唁或還書。亦見於宋代書儀，如司馬光《書儀》卷九"喪儀"《居憂中與人疏狀》："孟春猶寒，伏惟某位尊體起居萬福。某酷罰罪苦，無復生理。……未由號訴，隕咽倍深。謹扶力奉疏。"[213][頁518]是其例。唐宋書儀中"扶力"的用法，其實也源於六朝書札。如《廣弘明集》卷二四梁劉之遴《弔震法師亡書》："尊師僧正捨壽閻浮，遷神妙樂。……哀疾待盡，不獲臨泄。……扶力修嗆，迷猥不次。"[90][頁13]《文苑英華》卷六八七陳徐陵《與王吳郡僧智書》："方事祈寒，願加珍納。謹扶力白書，迷乏不次。"[264][頁3538]例中"扶力"都用作凶書結尾套語,謂傷痛之餘,只能"勉力作書"。

【改年】

經正、冬相賀語:如彼此有二親,云經改年如冬云經長至,伏惟俯同歡慶亦云慶慰;如彼此無父母即云伏惟俯同,永感罔極。(斯2200號《新集吉凶書儀》)

賀年書:改年,永感惟同。寒溫,惟動用禎勝。(斯5613號《書儀》)

辱問,增慰下情。他鄉改年,不勝感思。(同上)

按:"改年"在古籍文獻中多指年號的更換,唐人書狀中常用它來表示年終"歲月的更改",特指新舊年的更換。上揭例中"改年"即今人所謂"過年",另如皎然《贈包中丞書》:"改年,伏惟永感罔極。"[318][頁10]"改年"又或稱"改元",如斯2200號《新集吉凶書儀》:"賀正獻物狀:敢申祝壽之儀,用賀改元之慶。"書狀題言"賀正","正"指元旦,則"改元"即"過年"。其實,"改年"這種用法也承魏晉書帖用語而來,如王羲之《雜帖》:"初月一日羲之白:忽然改年,新故之際,致歎至深,君亦同懷。"[178][頁225]又卷二四:"初月一日羲之報:忽然改年,感思兼傷。"[178][頁236]例中"改年"與"初月一日"相互照應,所指皆是正月一日——元旦,句中"改年"顯指年月的除舊布新。

【窮思】

父母喪告答妻書:耶娘違和,……以某月日奄及棄背。……名不能死亡,偷延朝夕,窮思所履,觸目崩絶,無復生賴。(伯3442號《書儀》)

父母喪告答同堂再從三從兄弟姊妹書:孟春猶寒,不審體履何如?名不自滅亡,偷延朝名(夕),窮思所履,觸目崩絶,無復生賴。(同上)

按:"窮思"为凶儀套語,指對父、母喪亡後的悲哀追思之情。伯3637號《新定書儀鏡》:"凡父亡稱'孤思',亦稱'窮思';母亡稱'哀思',父先亡母后亡亦稱'窮思''孤思'。"敦煌書儀中"窮思"的用法和意義,其實源於魏晉書帖。《淳化閣帖·晋侍中王廙書兩表》:"臣祥除以復五日,窮思永遠,肝心寸截。"[14][頁98]例謂儘管祥除已過五日,然對亡者的追思却絲毫未減,仍悲痛如昨,追思永遠。又如王羲之《雜帖》:"念足下窮思兼至,不可居處。"[178][頁214]又:"月半,念足下窮思深至,不可居忍。"[178][頁245]例中"窮思"皆指對親人亡後的悲哀追思之情。"窮思"怎會有此意呢?"窮",本指孤獨無親,《禮記•月令》:"天子布德行惠,命有司,發倉廩,賜貧窮,振乏絕。"孔穎達疏:"蔡氏曰:'無財曰貧,無親曰窮。'"[135][頁1363]親人喪亡後,自己固然是孤獨無親,因而魏晉六朝文獻中多以"窮"表示喪親的悲痛和哀愁①。《淳化閣帖》卷二《晉太傅陳郡謝安書》:"每念君一旦哀窮,煩冤號慕,觸事崩詠。"[14][頁110-111]王羲之《雜帖》:"念君哀窮,奄經新故,仰慕崩絕,豈可堪忍!"[178][頁236]其中"窮"與"哀"同義連言。王獻之《雜帖》:"夏節近,感思深,惟窮號崩絕,不可忍處。"[178][頁267]例中"窮號"指父母喪後的哀號追慕。又如《文苑英華》卷六八七徐陵《與王吳郡僧智書》:"窮誠已結,荒係逾深。方事祈寒,願加珍納。謹扶力白書,迷乏不次。"[264][頁3538]《廣弘明集》卷二四梁王曼穎《與皎法師書》:"不見旬日,窮情已勞。扶力此白,以代訴盡。"[90][頁12]例中"窮誠""窮情"皆用來表達對對方的思念之情,因處於喪中,故以"窮"稱之。可見,魏晉六朝書帖中"窮"多表父母喪亡後的悲痛愁苦心情。正因為如此,人們常以"窮思"來表達對父母亡後的悲痛追思,并一直沿用到敦煌書儀中。

【如宜】

□(與)稍卑□(書):使至枉問,用慰懷抱。猶寒,想清宜也(原注:□(亦)云:如宜,比何似也),仆粗推遣耳。(伯3442號《書儀》)

按:例中"如宜"義同"清宜",多用作書信問候語,義為"順適,安好",常用在尊者施於身份輕小者的場合。伯3849號《黃門侍郎盧藏用儀例》:"凡如宜、佳適、佳致、敍對等語皆小輕。""如宜"這種用法實源於六朝以來各家書簡,如《隋文紀》卷二煬帝《勞楊素手詔》:"稍冷,公如宜。軍旅務殷,殊當勞慮。"[207][頁243]《釋文紀》卷四三《煬帝敕答》:"皇帝敬問括州天台寺沙門智越法師等:餘寒,道體如宜也。"[222][頁639]例中

---

① 顧久師在《六朝法帖詞語小釋》中釋"窮"為"哀愁、悲痛"義,極是,惜未及其源。載《貴州師大學報》1988年第4期,頁64。

"如宜"或用於煬帝慰勞楊素的詔書中,或用在敕答僧人的回信中,其問候的對象顯然都屬於小輕者。書札用語這種森嚴的等級觀念,往往不容違反。史書中或有因書札用語的違越而遭致亡國之禍者。如《資治通鑑·陳長城公禎明元年》:"故太建之末,隋師入寇,會高宗殂,隋主即命班師,遣使赴弔,書稱'姓名頓首'。帝答之益驕,書末云:'想彼統內如宜,此宇宙清泰。'隋主不悦,以示朝臣,上柱國楊素以爲主辱臣死,再拜請罪。隋主問取陳之策於高熲。"[321][頁1169]例謂陳高宗宣帝崩,隋高祖遣使弔問,稱"姓名頓首",言辭謙恭;而陳後主叔寶回信却用"如宜"作答,以"小輕"視之,言語間流露出居高臨下的尊者口吻,致使隋主惱羞成怒,遂謀取陳之心,遭致亡國之禍。即使到了宋代,"如宜"的施用對象也仍屬於身份"小輕"的稍卑者。如司馬光《書儀》卷一《與稍卑時候啓狀》:"恭惟某位應時納祐,罄無弗宜。某即日幸如宜。"[213][頁463]受書者屬"稍卑",故書中以"如宜"來謙陳己况;而在此書之前的《上尊官時候啓狀》《上稍尊時候啓狀》中,却分别用"蒙恩""蒙免"來陳述自己的近况。也就是説,在書儀編者的眼中,"蒙恩"專施於尊者,"蒙免"施於稍尊,而"如宜"則施於身份小輕的"稍卑"。另如《寶真齋法書贊》卷一二《蘇文定至京帖》:"先蒙枉教,具審履況安適,令子以下如宜,至慰至慰。"[6][頁182]例中"如宜"即用來問候對方地位稍卑的"子女以下"。

【增懷】

如有親故賓客相慰,但俛首噸憾微泣,不用高聲。[弔]:承經遠齋,伏惟感慕增懷。答:經遠齋,不任永感罔極。(伯2622號《吉凶書儀》)

凡昆弟相與書得言"同懷",四海云"增懷"。(伯3849號《黄門侍郎盧藏用儀例》)

按:"增懷"就字面而言,乃"增加想法"①的意思。而在魏晉以迄唐宋時期的尺牘文獻中,"增懷"多用來表達隨時感傷的情懷,即時節景候的變化,常常引惹人們内心種種離情别緒,令人"憂心、傷懷"。如索靖

---

① "懷"有想法、考慮之義,參方一新《東漢魏晋南北朝史書詞語箋釋》"懷"(一),頁63。

《月儀帖》:"時變物移,感候增懷。"[178][頁890]唐釋道宣《廣弘明集》卷一八謝靈運《答王衛軍問(并書)》:"海嶠岨迥,披敍無期。臨白增懷,眷歎良深。"[90][頁6]《高昌書儀·與伯書》:"便及春中,伏惟增懷。"[255][頁233]例中"增懷"皆指因時節景候的變遷而引起的"傷懷"情緒,後則徑用來表"憂心""傷懷",如張九齡《唐丞相張曲江先生文集》卷八《敕新羅王金興光書》:"一昨金志廉等到,……忽嬰疹疾,遽令救療,而不幸殂逝。……想卿聞此,良以增懷。"[235][頁6]黃庭堅《答王觀復書》:"欽想好學之風,無階面會,臨書增懷,千萬強學自重。"[108][頁2005]是其例。可見,"增懷"一詞,早在魏晋書帖中便已出現,并一直沿用到敦煌書儀及宋人尺牘中。

此外,敦煌書儀中某些用語,其詞形、意義皆由魏晋書帖繼承得來,但在後來的運用中又有所變化,即其施用對象或場合呈現出專門化的趨勢。如:

【崩絶】

　　父母喪告兄姊書:耶娘違和,冀漸瘳豫,何圖不蒙靈祐,以某月日奄遘凶衰。日月流速,奄經某節,追慕永遠,觸目崩絶。(斯361號《書儀鏡》)

　　罪逆深重,不自死滅,攀慕無及,觸目崩絶。(伯3637號《新定書儀鏡·弔舅姑遭父母[喪]辞·答书》)

按:"崩絶"謂悲痛欲絶,形容悲傷之極,常用在凶書弔答中表達悲痛難言的情狀。"崩絶"這種用法其實源於魏晋書帖。王羲之《雜帖》:"念君哀窮,奄經新故,仰慕崩絶,豈可堪忍!"[178][頁236]又:"得長風書,靈柩幽隔卅年,心想平昔,痛慕崩絶,豈可居處!"[178][頁243]《廣弘明集》卷二八梁劉之遴《與印闍梨書》:"大喜精誠無感,奄丁禍罰。……慈母臨終,正念不亂,繫想諸佛及本師,至乎壽盡。……不圖此啓,臨紙崩絶。"[90][頁18]例中"崩絶"皆用來表達悲痛欲絶的心情。與此稍有不同的是,敦煌書儀中"崩絶"的用法呈現出專門化的特點,即專用於遭父母喪的場合,上揭書儀用例即其證。另在伯3442號《書儀》"凶儀纂要"中,纂輯了凶書往來中針對不同對象所須選用的語詞,如:"祖父母棄背、追慕無及、五情分裂、悲痛哀慕;父母攀號擗摽、糜潰、煩冤、荼毒、號天叩地、貫徹骨髓、無狀罪逆、不孝酷罰、偏罰、屠楚、禍酷、罪告(苦)、告(苦)毒、觸目崩絶、屠裂、痛貫□□(骨髓)、號絶、堪忍、假延祖(視)息、偷存、窮思、孤思、哀思、荒迷、纏綿、甴前、苦前、至孝、至哀、孤子、哀子。"其中"父母"下即列有"觸目崩絶"一語。可見,在敦煌書儀中,"崩絶"專施於遭父母喪的場合。

【服前】

　　春寒,不審氣力何似？某乙悲疊可量。……遺書,荒塞不次。孤子姓名頓首。月日。姓次郎服前。(伯 3637 號《新定書儀鏡・彼此重服相與書》)

　　春寒,惟動息支祐。某荒疊可量。……因人還,荒[塞]不次。孤子姓名頓首。月日。次郎服前。(同上《重服内尋常相與書》)

　　耶孃違和,冀漸瘳損,何圖不蒙靈祐,以某月日奄及棄背。……謹孤子名白書。封謹通内服前。(伯 3442 號《書儀・父母喪告答妻書》)

　　按:"服"指喪服。"服前"爲凶書封題用語,其作用相當於台座稱謂"座前"等,謂不敢徑稱對方,而只能以與之相關的處所來代稱。不同的是:"座前"用於吉書,而"服前"用於凶書。書儀中與之類似的還有"甴前""苦前"等,如伯 3637 號《新定書儀鏡》:"凡題弔書,父亡書題云'甴前',母亡云'苦前';凡周親稱'服前',婦人居喪亦稱'服前'。""服前"這種意義和用法其實源於魏晉書帖,王羲之《雜帖》:"君服前賢弟逝没,一旦奄至,痛當奈何！當復奈何！"[178][頁218]句中"服前"謂著喪服期間、守喪當中。該句意謂對方居喪期間,又遭逢兄弟之喪,其悲痛自不待言。魏晉書帖中"服前"較之敦煌書儀,意義更爲寬泛,而敦煌書儀中"服前"的施用場合則比較狹窄,僅限於書題用語的台座稱謂。

　　從上面的例子可知,敦煌書儀中不少語詞,實由魏晉以降歷代書帖用語沿襲而來,而且其中部分語詞的意義和用法一直傳承到宋代的尺牘文獻。

## 二　書儀語彙對魏晉書帖用語的革新

　　繼承與創新是詞彙發展的根本前提。一般説來,繼承是創新的基礎,創新只有在繼承的基礎上纔能進行。書儀語彙在吸收繼承魏晉書帖用語的同時,也適時地根據時代、語言以及文體本身的變化進行了某些革新。大致說來,這種革新主要表現在以下兩方面。

**(一)擴展**[①]

魏晉書帖中一些原本用單音節表達的語義,到了敦煌書儀中,則每每擴展成雙音節來表達。其擴展的主要方式是:以原有的語素爲基礎,再結合一個意義相同或相近的語素,共同組構成双音複詞。如:

【佳】—【佳吉】【佳健】【佳泰】【佳勝】【佳適】【佳致】

適太常、司州、領軍諸人廿五六書,皆佳。(王羲之《雜帖》[178][頁212])

想大小皆佳,丹陽頃極佳也。……想二奴母子佳,遲卿問也。(同上[178][頁214])

雨,汝佳不?得懸心。(同上[178][頁216])

春寒,念汝佳吉,此吾如常。(斯2200號《新集吉凶書儀·與子侄孫書》)

春寒,念汝佳健,此吾如常。(同上《與弟妹書》)

夏極(熱),得佳泰否?(伯4766號《使頭與官健往復書》)

時候,伏惟所履佳勝。(伯3502號背/2《新集諸家九族尊卑書儀·通婚書·答書》)

猶寒,伏願謂前人康和,弟佳適。(伯3442號《書儀·與表弟妹書》)

差涼,敬想清宜,次娘子佳致。(伯3637號《新定書儀鏡·與妻父母書·答書》)

按:魏晉書帖中,問候對方或敍述自己的身體狀況時,常用"佳"來表示。而在敦煌書儀中,則習用"佳吉""佳健""佳泰""佳勝""佳適""佳致"來問候或祝願對方及其親人。不難發現,這些雙音複詞都是由原來魏晉書帖中習用的單音節詞"佳",加上一個意義與之相近或相關的語素,如"吉(美善)""健(康健)""泰(安寧)""勝(美好)""適(順適)""致(有情趣)"等共同構組而成。

【告】—【告勒】【告約】【告誨】

奉覽來告,緬然慷慨。(晋司馬穎《復長沙王乂書》[178][頁155])

瞻近無緣,省告,但有悲歎,足下小大悉平安也。(王羲之《雜帖》[178][頁210])

---

① "擴展",有學者或稱爲"擴充",指原來由單音詞表達的某些義位,解析爲由複音詞來表達。參胡敕瑞《〈論衡〉與東漢佛典詞語比較研究》,頁123。

第一節　敦煌書儀語彙的形成　393

　　昨得二十七日告,知君故乏劣,腹痛,甚懸情。(同上 [178][頁238])
　　不奉告勒,無任焦灼。(斯2200號《新集吉凶書儀·上祖父母及父母狀》)
　　違侍已久,不奉告約,下情不勝惶戀。(伯3637號《新定書儀鏡·上阿家狀》)
　　姓位至,奉月日告誨,伏慰下情。(同上《與新婦書·答書》)

　　按:"告"本指告谕,魏晋書帖中常用以表"書信"義。而在敦煌書儀中,則每用"告勒""告約""告誨"來敬稱對方(尊者)的來信。不難看出,魏晋書帖中的單音節詞"告",到了敦煌書儀中,已降格成一個語素,分別與意義相近的"勒(約束)""約(吩咐)""誨(教誨)"一起組合成雙音複詞。

　　造成這種詞彙擴展的原因,或許有如下兩端:一是魏晋書帖尤其是二王雜帖,其中所寫大都是至親密友間的交談敍話,口語性較強,而人們日常所用的語詞大多以單音節詞爲主;相反,敦煌書儀中每每省略了描寫日常生活情節的話語,存留的只是一些位於固定位置上的格式套語,且多以四字格爲主。這樣,在詞彙形式上就呈現出前單後雙的詞彙擴展格局了。二是從魏晋六朝到唐五代這段歷史時期裏,漢語詞彙發展的整體趨勢正呈現出雙音化的特徵。在這兩層因素的綜合影響下,從魏晋書帖到敦煌書儀,其中用語在構詞形式上便表現出詞彙擴展的趨勢。

　　此外,又有個別原本用於短語中的單音詞,後來變成了雙音複詞中的一個語素。如:

【貫】—【貫割】【貫楚】

　　延期官奴小女,病疾不救,痛愍貫心。(王羲之《雜帖》[178][頁215])
　　兄靈柩垂至,永惟崩慕,痛貫心膂,痛當奈何!(伯3637號 [178][頁240])
　　念汝輩奉凶諱,號天叩地,貫割五情,何可堪居。(斯361號《書儀鏡·父母喪告弟妹[書]》)
　　凶疊無常,次姑傾逝,聞問悲痛,貫割難任。(伯3637號《新定書儀鏡·姑兄姊亡弔父母伯叔書》)
　　凶故常(無)恒,次娘子疾疹。……以某月日奄遷凶疊。悲慟貫楚,不自勝任。(同上《妻亡弔丈人[丈]母書》)
　　凶疊無常,某郎傾逝,荼毒貫楚,哀痛奈何!(伯3637號《婦人弔婦人夫亡書(辭)》)

按:"貫"謂穿透,凶書往來中常用以喻悲痛之深切,以至於貫穿心骨。王羲之《雜帖》中"痛愍貫心""痛貫心膂"即其例。敦煌書儀中或作"痛貫骨髓""痛貫手足"等,如伯 3442 號《書儀·弔人翁婆伯叔姑兄姊·答書》:"翁婆傾背,哀慕摧殞,五情分裂,痛貫骨髓,不自堪任。"又《弔人弟妹侄孫疏》:"某弟妹等素無疾疹,何圖忽奄斯禍?追念抽割,痛貫手足。"其中"貫"皆屬短語結構中一個獨立的詞。同時,敦煌書儀中"貫"又可與"割""楚"等表示切割、抽打的語素組構成雙音複詞,用以形容悲痛之深,有如切割、抽打一般,貫穿骨髓。"貫割"①"貫楚"應是"貫"在"痛貫骨髓"等短語結構中充當獨立詞的基礎上,降格爲語素後,纔與意義相近的語素"割""楚"結合成詞的。其作爲語素的功能,並不影響它繼續在短語結構中充當獨立詞,因而即使"貫割""貫楚"成詞後,"痛貫骨髓"等短語結構仍然存在。

【兼】—【兼勝】【兼祐】【兼念】

歲盡無復日,感思兼懷,不自勝。(王獻之《雜帖》[178][頁 267])

授衣,諸感悲情,伏惟哀慕兼慟,痛毒難居。(同上[178][頁 271])

忽然改年,感思兼傷,不能自勝,奈何奈何!(王羲之《雜帖》[178][頁 236])

春寒,惟動靜兼勝,某娘清吉,男女通善。(斯 361 號《書儀鏡·與姊夫書》)

雪中嚴寒,惟尊師動靜兼祐,某常遣。(同上《與道士書》)

晚伏毒熱,惟動靜兼念,某不足謂。(伯 2619 號背《新定書儀鏡·與未相識書》)

按:"兼",在魏晉書帖中常表"超過、超出"之义②。上揭例中"感思兼懷"指傷心超過胸懷應有的程度,"感思兼傷""傷慕兼慟"謂悲痛超過一般的傷心。其中"兼"是短語結構中一個獨立的單音節詞。而在

---

① "貫割"在唐以前文獻中出現過一次,即《宋書·廬陵孝獻王義真傳》"前廬陵王靈柩在遠,國封墮替,感惟摧慟,情若貫割"[212][頁 1638],《漢語大詞典》據此釋爲"身體被箭射中和被刀砍傷。比喻非常痛苦",近是而不確。顯然,《宋書》中"貫割"尚未成詞,還只是一種臨時的比擬運用。后來"貫割"在敦煌書儀中的頻繁運用,纔使它最終凝結成詞。可以説,"貫割"一詞直到唐代纔最后定型。

② 參吳金華《世説新語考釋》"兼"條,安徽教育出版社,1995,頁 38。

敦煌書儀中，"兼"似已降格爲語素，跟"勝""祐""念"等結合成了關係非常緊密的雙音複詞，用以表達一種超出平常的祝頌，即願對方不是一般的"美好""多福""安寧"。值得注意的是，魏晉書帖中"兼"多用在表達傷心悲痛的場合，敦煌書儀中則多用以表達美好的祝願，此或與它們各自的内容及用語相關。魏晉書帖内容多屬弔哀候疾者，因爲"唐貞觀中購求前世墨迹甚嚴，非弔喪問疾書迹，皆入内府，士大夫家所存，皆當日朝廷所不取者，所以流傳至今"①。這樣，魏晉書帖中"兼"，自然多用在表達悲痛傷心的短語結構中。而敦煌書儀的内容雖然"吉凶"兼備，但凶書儀中，表達祝頌時，使用的是另一套嚴整的格式套語，如"支福、支豫、支勝、支祐、支立、支致"等②，已不再運用"哀慕兼慟"等"兼"字式的短語結構。因而，"兼"這一語素就只遺留在敦煌書儀的吉書中用以表達超乎尋常的美好祝願了。

(二) 替换

同樣的語義，在不同時代的文獻中，可選用不同的語詞來表達。仔細分析其間語詞選用的差異，可從中窺見一些詞彙變化的印迹。從魏晉書帖到敦煌書儀，不少語義的表達換用了迥然不同的語詞。其間語詞的替换既表現出一定的差異性，又反映出某種内在的聯繫。

【奈何】—【罪苦】

　　期小女四歲，暴疾不救，哀愍痛心，奈何奈何！（王羲之《雜帖》[178][頁237]）
　　從弟子夭没，孫女不育，哀痛兼傷，不自勝，奈何奈何！（同上[178][頁217]）
　　賢弟逝没，甚痛奈何。（同上[178][頁256]）
　　庾新婦入門未幾，豈圖奄至此禍？……況汝豈可勝任？奈何奈何！（同上[178][頁218]）
　　秋節垂至，痛悼傷惻，兼情切割，奈何奈何！（同上[178][頁223]）
　　此春以過，時速與深，兼哀傷摧，切割心情，奈何奈何！（同上[178][頁231]）

---

① 沈括《夢溪筆談》卷一七"書畫"，頁110。
② 詳細探討參本書第六章第三節之一。

按:"奈何"即若何、如何、怎麽辦的意思。魏晉書帖中,"奈何"多用來表達一種傷痛和無奈,其中既有居喪者自身悲痛情緒的無奈和渲泄(上揭前二例),又有對亡者的沈痛悼惜及對存者過度悲痛的勸慰和寬解(上揭中二例),還有因時序變化引起的感傷(上揭後二例)。對於"奈何"的後一種用法,周一良以爲:"諸札爲歲首歲尾,或秋去冬來之際,皆感歎時光之流逝不再,與傷死者之去而不返有近似處,豈因情感相類而稱'奈何'耶?"① "奈何"的前二種用法在敦煌書儀的凶書弔答中仍有沿用。如:

> 凶釁無常,尊府君夫人崩背,奄棄榮養,聞問驚惻,不能已已。惟攀慕號擗,五内屠裂。哀苦奈何,哀痛奈何。(斯 361 號《書儀鏡・弔遭父母喪書》)
> 不圖凶禍,翁婆棄背,追慕無及,五情分割。伏惟攀號擗踊,荼毒難居。酷當奈何,痛當奈何!(伯 3442 號《書儀・祖父母喪告答父母伯叔姑書》)

前例爲"弔哀書",書中"奈何"既用來宣泄聽聞噩耗時的悲痛情緒,又用來勸慰經喪者,言亡者逝矣,悲傷又能"奈何"呢,這在人情是最恰當不過的。後例爲"告哀書",書中"奈何"似用來寬解對方,也用來勸慰自己,此於情理極不相合。因此,唐人杜友晉在伯 3637 號《新定書儀鏡・凡例》中對"奈何"的運用進行了改革,他説:"凡稱奈何者,相開解語,[舊]儀云:不孝奈何,酷罰奈何,斯乃自抑之詞,非爲孝子痛結之語,[只]可以弔孝者稱奈何,受弔者未宜自開解。今重喪告答並删改爲罪苦,餘凶書服輕德(得)依舊儀。"杜氏認爲孝子報喪只應表示悲痛,不能自己給自己排解以淡化作爲子孫的罪責,所以在告哀書中改爲"罪苦"②。因而在杜氏以後的重喪告答凶書中,原本用"奈何"的地方都改作了"罪苦"。如:

> 父母喪告妻書:無狀招禍,禍不滅身,上延耶娘。……念攀慕號擗,何可堪任。不孝罪苦,酷罰罪苦。(伯 3442 號《書儀》)
> 弔遭父母初喪辭:凶釁無恒,尊夫人崩背,惟攀慕號擗,荼毒難居。哀苦奈何![哀痛奈何]!答書:罪逆深重,不自死滅,上延亡考妣。攀慕無及,觸目崩絶。酷罰罪苦,酷罰罪苦!(伯 3637 號《新定書儀鏡》)

---

① 周一良《魏晉南北朝史論集》之《〈宋書・禮志〉劄記》,頁 457。
② 吳麗娛《唐禮摭遺》,頁 253。

父母亡告伯叔姑等：耶娘去某月日,寢膳違和,冀漸平復。何圖以某月某[日]奄遘凶禍,……伏惟哀慟摧裂,何可堪居? 不孝<u>罪苦</u>,酷罰<u>罪苦</u>。(伯2622號《吉凶書儀》)

在以上的父母喪告哀書中,皆用"罪苦"取代了"奈何",這可從上揭第二例"弔遭父母初喪辭"及"答書"中得到證明：弔辭用"哀苦奈何",答書用"酷罰罪苦"。這種語詞替換反映出時人對父母喪亡的認識,即父母喪亡乃子女不孝所遭致的罪責,因而在凶書告答中不應以"奈何"來自我開解,而當用"罪苦"來表示自己理應遭受責罰。

【眠食】—【寢膳】

寒切,不審尊體復何如?<u>眠食</u>轉進不?氣力漸復充耳。(王獻之《雜帖》[178][頁267])

想已轉佳,<u>眠食</u>極勝也,善將治之。(《淳化閣帖》卷三《宋太常卿孔琳書》[14][頁155])

節纏(躔)終伏,氣節新秋。伏惟<u>寢膳</u>以時,稍加彌衡。(伯3723號《記室備要‧賀季夏》)

拜別雅上,渴戀但深,緬唯哀苦,下<u>寢膳</u>如常。(伯3864號《刺史書儀》)

按："眠食"和"寢膳"詞義完全相同,皆指睡眠和飲食,亦泛指生活起居。在使用中表現出一定的時代差異：魏晉書帖中習用"眠食",而敦煌書儀中常用"寢膳"。據筆者調查,唐以前的文獻中"寢膳"一詞很少見,也就是說,"寢膳"可能是唐以後纔出現的語詞。但這並不意味著"眠食"就退出歷史舞臺了。語言的繼承性是很強的,魏晉以後文獻中"眠食"也仍見使用,如韓愈《與孟尚書書》："未審入秋來<u>眠食</u>何似?伏惟萬福！"[107][頁211]是其例。

【伺信更承動静】—【人李不絶音耗】

奉見未期,益增馳結。少適,伏願珍重。<u>伺信更承動静</u>。(《高昌書儀‧與伯書》[255][頁233])

別汝已奄(淹),每有憶遲。……汝自將慎。<u>信數消息</u>。(同上《姑與兄弟子書》[255][頁233])

未知何日復得奉見?何以喻此心?惟願盡珍重理。<u>遲此信反</u>(返),<u>復知動静</u>。(王獻之《雜帖》[178][頁267])

按：上揭例中"伺信更承動靜""信數消息""遲此信反（返），復知動靜"乃魏晉書帖中習用套語，意謂"有便信来時，望對方常（來信）通報消息"。因爲没有順路的使者，便失却了傳輸信息的媒介。如王羲之《雜帖》："自頃公私無信便，故不復承動靜。"[178][頁223]其中"信"指使者，"動靜"謂消息、情况等。而在敦煌書儀中，表達相同的語義時，常用"人信往還，無吝珠玉""人信之次，時希芳及""人信之間，知聞莫絶""人李，不絶音耗"等。如：

仆諸疾寡況，何（可）以意量。人信往還，無吝珠玉，幸也。（斯 329 號《書儀鏡》）

仆弊務迫屑，披集未期，不審何當一此會面？人信之次，時希芳及，幸也。（同上）

便此告辭，人信之間，知聞莫絶，是所望也。（伯 3502 號背/1《大中六年書狀》）

限以覊制，展會未期。引領東瞻，心骨如擣。人李，不絶音耗，幸甚。（斯 1438 號背《吐蕃占領敦煌初期漢族書儀》）

將魏晉書帖與敦煌書儀對比，不難發現在表達"有便信時，希望對方常（來信）通報消息"的語義時，二者在語詞的選用上呈現出一定的差異：

信──人信/人李　　動靜/消息──珠玉/芳及/知聞/音耗

即在表達"使者"這個義位時，魏晉書帖常用單音節詞"信"，反映了當時的時代特徵。明顧從義《法帖釋文考異》卷一"晉武帝書"下云："古者謂使爲信，……凡言信者皆謂使人也。……今之流俗遂以遣書饋物爲信，故謂之書信，而謂前人之語亦然，不復知魏晉以還所謂信者乃使之別名耳。"[80][頁359]敦煌書儀常用雙音複詞"人信、人李"①。而在表達"消息、音信"的義位時，魏晉書帖習用"動靜、消息"，這也是極富時代特徵的語詞；而敦煌書儀習用"珠玉、芳及、知聞、音耗"，這些語詞或承襲前代而來，或爲敬稱、比喻用法。從這些語詞的差異中，既可以瞭解書儀

---

① "人信"魏晉書帖中已有用例，但僅一見，即陸雲《與戴季甫書》之一："惟夏始暑，願府館萬福。疾病處遠，人信希少，情問闕替。"[178][頁1083]而到了敦煌書儀中，纔日漸普遍。另關於"人李"詞義的詳細考證，參本書頁 328。

類文體在不同時代的用詞特點,又可從中看出它們間的聯繫,如從"信"到"人信",其主要語義承擔者仍是一脈相承的①。

## 第二節　敦煌書儀語彙的流變

如上所述,敦煌書儀語彙中,不少語詞由魏晉書帖繼承而來,且其中一些還一直沿用到宋元時期的尺牘文獻。在繼承魏晉書帖用語的基礎上,敦煌書儀又結合唐五代時期社會、語言及文體的特點,進行了某些革新,形成了一些新興的特色語彙。這些語彙對後代書簡尤其是宋元尺牘的用語產生了極其深遠的影響。

### 一　書儀語彙對宋元尺牘用語的影響

敦煌書儀語彙對宋元尺牘用語的影響主要表現在:宋元尺牘中不少用語大多可在書儀語彙中追尋到它們的蹤跡和源頭。如:

【粗遣】

即日,不審履此夏暑動止何似?太夫人萬福,門中眷愛安勝,遼即此粗遣。(《寶真齋法書贊》卷一一宋《沈叡達書簡帖》)[6][頁162])

紹彭遠官,……奉親到此累月,諸幸粗遣。(同上,卷一三宋《薛道祖書簡帖》[6][頁163])

暑雨微涼,想安禪無惱。庠還山,日幸粗遣。(同上,卷二二宋《蘇養直書簡帖》[6][頁331])

按:"粗遣"乃書簡中習用的自敍性套語,常用來謙陳己況,猶言"還行,粗略地打發日子而已"。其中"粗"爲謙詞,表示略微、稍稍,"遣"指打發日子,排遣度日②。這可從下面的例子得到證明。黃庭堅《與石南

---

① 從"信"到"人信"的變化,也可看作是"擴展",這裏爲了與"人李""動靜"等詞一起討論,而將其置於"替換"類。

② 敦煌書儀中與"粗遣"相關的語詞甚夥,對其詞義的詳細探討,參本書頁373。

溪書》之二:"某寓舍無等,雖無登覽江山之勝,得一堂亦可粗遣朝夕。"[108][頁1884]句中"粗遣朝夕"便是"粗遣"一詞的最佳注脚。宋人尺牘中常見的"粗遣",其實早在敦煌書儀中就已習用成套了。如斯1438號背《吐蕃占領敦煌初期漢族書儀》:"中秋已涼,惟動靜休適,某粗遣。"又:"仲秋已涼,惟將軍動靜兼祐,某粗遣。"皆其例。

【寢味】

別後人還,兩辱書。暑中,喜承寢味多福。(歐陽修《書簡·與呂正獻公》[170][頁1232])

未緣趨侍,伏冀上爲廟朝,精調寢味。(蘇軾《與樞密一首》)[214][頁2501]

春暄,惟寢味調護,以慰瞻馳耳。(《寶真齋法書贊》卷九《蔡忠惠書簡帖》[6][頁138])

按:"寢味"義同"寢膳",本指睡覺和喫飯,後多用以泛指日常生活起居。"寢味"習用於宋人尺牘,其使用的源頭却可上溯至敦煌書儀。伯2996號《書儀》:"不審乍違獎仁(仁獎),保履何如?皇(望)善保尊崇,固安寢味。"伯3591號背/1《韓屋等狀牒四件》:"近間清風,更不具時景,未審近日寢味何如?"例中"寢味"皆泛指人們的日常生活。

【榮侍】

與女壻書:冬中甚寒,願某郎榮侍外情(清)泰,兒女佳健。(伯3502號背/2《新集諸家九族尊卑書儀》)

不審信後,榮侍外尊體何似?(斯76號背/4《某年十二月廿四日潘☐致秀才十三兄狀》)

按:前例"願某郎榮侍外情(清)泰"下,原卷以雙行小字注云:"如無父母,不要此語。"則"榮侍"謂父母俱存,得以侍奉。另如歐陽修《與杜大夫》:"久不聞問,經夏涉秋,榮侍外體履多福。"[170][頁1260]王禹偁《小畜集》卷九有《恭聞種山人表謝急徵不違榮侍因成拙句仰紀高風》的詩題[282][頁9],其中"榮侍"亦謂侍奉父母。舊時填寫履歷,父母俱存者,則書"具慶下"或"榮侍下"。宋樓鑰《攻媿集》卷七三《跋金花帖子綾本小録》:"祖、父俱存者,今曰'重慶',而第四人張景書'榮侍下'。"[93][頁985]俞樾

《茶香室叢鈔》卷五"榮侍下":"宋宋祁《景文集》有《送保定張員外》詩,自注云:'君榮侍二親而行。'意榮侍亦宋人常語,猶具慶也。"[22][頁 127]誠然,"榮侍"乃宋人習語,從書儀用例看,其源或出於唐代的書札問候語。

【所履】

冬寒,惟所履佳勝。(《寶真齋法書贊》卷二二宋《蔣宣卿書簡帖》[6][頁 334])

人至,忽得所示,大慰鄙懷,兼喜春寒所履無恙。(歐陽修《與滬池徐宰》[170][頁 1294])

便中承書,具審即日所履佳勝。(朱熹《與方伯謨》[111][頁 2021])

按:例中"所履"猶言"體履",用以指稱對方的身體起居狀況,習用於宋元尺牘。其實,"所履"此義在敦煌書儀中就已習見不鮮,如伯 3730 號背《書儀》:"執別漸久,仰念尤深,伏惟郎君所履珍勝。"斯 329 號《書儀鏡》:"朝夕微寒,惟所履珍適。"其中"所履"皆指稱對方的生活起居,亦見於唐五代時期傳世文獻。如《文苑英華》卷六七八李嶠《重與蕭十書》:"秋熱未解,所履如何?"[264][頁 3491]白居易《代王佖答吐蕃北道節度論贊勃藏書》:"初秋尚熱,惟所履珍和。"[2][頁 3235]是其例。

## 二 宋元尺牘用語對書儀語彙的改造

宋元尺牘用語對書儀語彙的改造,主要表現在"替換"上,而"擴展"則偶一見之。

(一)擴展

【貶】—【貶損】

使至,遠貶緘封,慰浣勤結,未審信後德用何似?(伯 3715 號《類書草稿》)

眷私過深,榮翰稠邌,兼貶示盛制,輒成吟諷。(斯 6234 號背《河西都防禦判官將仕郎何成狀二通》)

按:"貶"者,減損、降抑也。如《周禮·秋官·朝士》:"若邦凶荒、札喪、寇戎之故,則令邦國、都家、縣鄙慮刑貶。"鄭玄注:"貶,猶減也。"[310][頁 878 下]由此引申,"貶"可作敬詞,用以敬稱對方施及自己的行爲,義同"損"。上揭例中"貶"用來敬稱對方賜予自己書信或贈詩,意謂損及對方而煩勞惠贈。魏晉文獻中多用"損"敬稱別人的來信或饋物,如《世說新語·雅量》:"郗嘉賓欽崇釋道安德問,餉米千斛,修書累紙,意寄殷勤。道安答直云:'損米。'"[202][頁372]吳金華指出:句中"'損'是表敬之辭,跟古來常用的'辱賜''惠贈'語義相同。對方贈我某物,我則稱對方'損某物'……對方給我寄來書信、詩文之類,我則稱對方'損書''損來命''損詩'之類……本文的'損米'換成今語就是'承蒙您送米',其中'損'字是書信的套語。"① 在宋元尺牘中,又或見到"貶損"連用以敬稱對方賜予的用法。如:

午刻,伏審尊候萬福,鄙拙浼清覽。乃蒙貶損翰墨,過形寵諭。(《寶真齋法書贊》卷一三《薛道祖書簡帖》)[6][頁185])

今足下貶損手筆,告之所存,文辭博美,義又宏廓。(王安石《臨川先生文集》卷七七《答余京書》[149][頁11])

例中"貶損"當為敬詞的複合用法,即"貶損"應是在唐代書儀中"貶"表敬稱的新興用法的基礎上,加上一個以往習用的意義相近的敬詞"損"擴展而成。

### (二)替換

### 【慶侍】

奉此月十日書,方知有叔氏之戚,撫紙驚嘆,怛焉痛心,不能已已。……天命既如此,亦無可奈何!況在慶侍之側,只得寬釋以安庭闈之心,此即理也。(宋陸九淵《與趙詠道》之三[153][頁60])

別來新歲慶侍多暇,日集休福。(蘇軾《與范子豐二首》之二[214][頁2492])

比來慶侍下起居何如?偶洽光同官劉穆之行,奉書。(《寶真齋法書贊》卷一九《米元章書簡帖上》[6][頁270])

屬日庋於慶侍,阻前布於感悰。(宋韓維《南陽集》卷二一《謝兩府》[167][頁689])

按:上揭前例言聽聞對方兄弟逝去,悲痛不已,天命如此,又能奈何呢?況且對方還有雙親須要奉養,故須寬釋心懷,以免毀瘠過度。中二

---

① 參吳金華《世說新語考釋》"損"條,安徽教育出版社,1995,頁113。

例或祝頌對方侍親之暇一切安好，或問候對方在奉養雙親之餘，起居情況如何。後例謂因虔心於奉養雙親，而未能及時向對方表白自己的情悰。其中"慶侍"皆指侍奉雙親。"慶侍"此義亦見於尺牘以外文獻，如宋韋驤《錢塘集》卷四《和叔康侍親遊琅山》："晚揚紅斾出郊關，晝奉安輿上碧山。野色蒼茫雲色外，嵐光飛動水光間。……歸路邦人瞻慶侍，銀龜朱紱照酡顏。"[187][頁448]例中"詩題"謂"侍親"遊某地，詩中則以"慶侍"與之相應。顯然，"慶侍"即"侍親"。又如宋陳淳《北溪大全集》卷四三《上趙寺丞論淫祀》："入門則群慟，謂爲亡者祈哀，以爲陰府縲絏之脫。慶侍者亦預爲他日之祈，謂之朝生。"[5][頁853]例中"慶侍"者相對爲亡者追福的人而言，指那些父母健在的子女常到岳廟爲雙親預修亡後之福，佛家稱之爲"逆修"。其中"慶侍"亦顯指侍養雙親。

宋代文獻中如此習用的"慶侍"怎麼形成的呢？竊以爲它是在唐代書儀中"榮侍"（例見上文）一詞的影響下，通過置換其中意義相近的語素而得。榮者，慶也，在古人看來，能侍養雙親，使之安享晚年，是件非常慶幸而榮耀的事；相反，不能奉養雙親，父母早逝，則是兒女平日造孽所致。因此，"榮侍"即"慶侍"，而"慶侍"又是在"榮侍"的基礎上通過同義語素的替換而形成的。

【孝履】—【動履】【所履】

得元珍書，乃知憂禍。……冬序已晚，不審孝履何若？未由面慰，惟冀節哀以力大事，遠情所祝。（錢公輔《致公默秘校尺牘》）[215][頁99-101]）

梅天雨潤，伏惟堊室有相，孝履支福。（樓鑰《致叔清宣教尺牘》[215][頁417-419]）

即日凝凜，不審孝履何似？未由一造廬次，唯冀節抑哀苦。（吳說《書尺牘十三》[215][頁353-354]）

朝來，伏惟孝履支持。十一日解維已定否？十小笏聊表區區，少助僕馬之費，幸望笑留。（《寶真齋法書贊》卷二三《劉武忠書簡帖》[6][頁340]）

按：例中"孝履"用以指稱居喪期間的生活起居，習用於宋元尺牘，而不見於唐以前文獻。敦煌書儀凶書弔答中，論及居喪者的生活起居時，常用"動靜、動止、動息、動履、所履"等詞，與吉書儀無別。如：

季夏毒熱,惟嫂動靜支祐,某諸疹弊。(斯 1438 號背《吐蕃占領敦煌初期漢族書儀》)

外生(甥)亡弔姊書:凶故無恒,某乙夭逝。……季冬極寒,伏惟動止支豫。(伯 3637 號《新定書儀鏡》)

弔姑亡書:凶故無常,尊姑年未居高,冀延眉壽,何圖忽瘦疾疹,遘此凶故。……秋中氣涼,惟動息支祐。(同上)

罪逆[深]重,不自死滅。……春寒,惟動履支祐。(同上)

初伏毒熱,想某郎所履支立,男女等支致。(同上)

例中"動靜、動止、動息、動履、所履"等詞都用來指稱居喪者的生活起居,其用語和吉書儀相同,凶書的用語特徵由"支祐、支豫、支立"等語詞承擔了。將敦煌書儀中"動履""所履"與宋元尺牘中"孝履"相較,竊頗疑"孝履"是在"動履、所履"的基礎上,通過置換其中語素而形成的,即將"動、所"等未附著凶書"居喪"特徵的語素替換成帶有"居喪"特徵的"孝",這樣"孝履"便可名副其實地表示"居喪期間的生活起居"了。

【若時】—【順時】

歲晏,惟若時適變爲禱。(《寶真齋法書贊》卷一〇《杜正獻與歐公書簡帖》[6][頁 153])

先蒙枉教,具審履況安適,令子以下如宜,至慰至慰。……倍冀若時自重。(同上,卷一二《蘇文定至京湖帖》[6][頁 182])

會晤何日,萬冀若時珍嗇,以佇光亨。(同上,卷一三《薛道祖書簡帖》[6][頁 186])

按:"若"者,順也。《爾雅·釋言》:"若,順也。"[65][頁 94]《書·說命中》:"明王奉若天道,建邦設都。"[196][頁 175 上]《資治通鑑·唐睿宗景雲二年》:"天地垂祐,風雨時若。粟帛充溢,蠻夷率服。"胡三省注:"若,順也。"[321][頁 1420]故"若時"即"順時",而且敦煌書儀類似的語境(表達"祝願")中就常用"順時"。如:

不審今日尊體何似?伏惟順時順節精善加保重,下情所望。(斯 4920 號背《長興二年(931)與都頭書》)

不審何似?伏惟順時善加保重,遠誠所望。(伯 3288 號《書信》)

例中"順時"謂順應時節變化,希望對方"順時"保重身體,多用在書儀結尾

## 第二節　敦煌書儀語彙的流變

處的祝頌語中。將"順時"與"若時"相較,不難發現宋元尺牘中習用的"若時",其實是在唐代書儀中"順時"的基礎上,進行同義語素替換的結果。

【膺時納祐,與國同休】—【膺乾納祐,與天同休】

　　暑度推移,日南長至。伏惟某位膺時納祐,與國同休。某即日蒙恩,事役所縻,未獲趨拜門庭。(司馬光《書儀》卷一《上尊官時候啓狀》)[213][頁463]

　　其長吏有賀冬狀一幅云:⋯⋯伏以暑運推移,日南長至。恭惟發運學士膺時納祐,與國同休。(張世南《遊宦紀聞》)[299][頁8]

按:例中"膺時納祐,與國同休",乃宋代賀正、冬啓狀中習用的祝頌套語,意謂望對方"承順時運,迎納福祐,與國家同享美善"。宋吳曾認爲:"今世州郡,冬年二節通用賀狀,其兩句云'應時納祐(祐),與國同休',蓋本於晋何充《賀正表》,云'璿衡運周,元正肇祚,伏惟陛下應乾納祐(祐),與天同休。'"①吳氏以爲宋代賀冬年狀中所用祝頌詞,源於晋何充的《賀正表》,所言甚是。但其忽略了唐代這個中間環節,唐代呈與皇帝的賀正冬表狀中,皆習用這一祝頌套語。如斯6537號背/14《大唐新定吉凶書儀‧賀正表》:"元正啓祚,萬物惟新。伏惟皇帝陛下膺乾納祐,與天同休,馨無不宜。"又《賀冬表》:"暑運推移,日南長至。伏惟皇帝陛下膺乾納祐,與天同休,馨無不宜。"例中賀正冬表的祝頌語"應乾納祐,與天同休",與何充《賀正表》中用語完全相同,其承繼關係顯然。而與宋代賀冬年狀中用語有所不同,即:一爲表,呈與皇帝,表的用語爲"應乾納祐,與天同休";一爲狀,致與官長,狀的用語爲"膺時納祐,與國同休"。其用語的差別在於將"乾"換成了"時",將"天"換成了"國"。值得注意的是,敦煌書儀中致與官長的賀冬狀用語或作"順時納慶,與國同休"。如伯3691號《新集書儀‧冬至賀語》:"伏以玄律方中,節臨長至。伏惟某官順時納慶,與國同休云云。"這與宋代冬狀用語已十分接近。因此,竊以爲其間的關係應是:唐代賀正冬表用語承襲晋何充《賀

---

① 參宋吳曾《能改齋漫錄》卷二"事始"之"冬年賀狀"條,頁519。

正表》用語而來,而賀冬狀用語則對其稍加改造而成,宋代賀正冬狀的用語又是在綜合繼承唐代賀正冬表、狀用語的基礎上,進行語詞的替換而形成的。

以上我們簡要地論述了敦煌書儀語彙的形成和流變,從中不難看出:敦煌書儀在書札發展史上前承漢魏六朝,後啓宋元時期,其中語彙既承襲了魏晉書帖的遺風,又創立了宋元尺牘的新規,在書札用語的研究上具有非常寶貴的價值。

# 結　語

　　選擇敦煌書儀的語言進行研究，其實是一種機緣。筆者有幸參與導師主持的課題——《敦煌文獻語言詞典》的編寫，主要負責搜羅敦煌社會經濟文書方面的詞條。瀏覽敦煌文書的過程中，我發現書儀用語非常特殊：既有典雅正規的謙敬語，又夾雜有通俗淺顯的口語詞，還有字面普通而義別的套語。書儀語言的特殊性深深吸引着我，激勵我去搜索相關的研究成果。令人遺憾的是，研究書儀的學者，大多著眼於其歷史及禮俗文化的價值，很少涉及語言的探討。研究語言的學者，只是在考釋敦煌變文、曲子詞、王梵志詩的字義、詞義時，偶爾觸及書儀語詞，還未來得及對其用語進行系統全面的考察和研究。同時，筆者最初接觸敦煌書儀時，不太明白其中用語的含義及行文的規律，往往將前賢的整理本與敦煌寫卷進行對照閱讀。閱讀中，發現整理本與原卷之間在文字上存在着一定差異。這樣的差異積累多了，便時常縈繞心中，催我思考：孰是孰非？思考的結果，便形成了對書儀用語特色的一些認識。本書即是這種思考與認識的直接體現。

　　做任何研究都必須首先明確對象。本書概論部分針對人們對"書儀"內涵的不同理解，從性質、內容、形式諸方面對書儀作了一些探索。書儀是一種公私往來的應用文書，兼有書札範本和典禮儀注的內容，或爲書面形式，或爲口頭言語。敦煌書儀是上世紀初在敦煌石室發現的書儀類文獻，主要包括兩大類：兼有書札體式和典禮儀注的書儀；具體實用的一封封書狀。以此爲標準，從敦煌文獻中撿拾出54種137個書儀寫本及126件具體實用的書狀，作爲本書的語料來源。然後簡要介紹了學界對"書儀"的研究狀況，選取其中最薄弱的方面"語言"作爲研究的重點。結合敦煌書儀本身的特點，提出論題研究的幾種主要方法：審形辨音、同義類聚、語境還原、縱橫考探、背景考察。

做任何研究也都必須是有所"爲"的。"爲"有兩層含義，一是可行性，語料的研究價值；二是重要性，研究的實際意義。本書第二章從語料時代的可靠性、語料內容的真實性、書儀用語的特殊性、儀注說明的準確性等四方面論證了書儀作爲語料，具有同時代其他文獻不可比擬的研究價值。更爲重要的是，就敦煌書儀本身的校録而言，其中還或多或少地存在着一些疏誤，而這些疏誤又多是因不明書儀用語含義及行文格式所致。同時，欲借助大型辭書釋疑解惑，却發現"書儀"語詞及其含義，多不見載於現行辭書，偶有收載，其釋義也或有不確，其書證亦往往過於滯後。本書列舉大量實例說明：在當前與書儀相關的文獻整理和辭書編纂中還存在着很多不足。而要改變這種狀況，當務之急就是加強敦煌書儀語言的研究，因爲敦煌書儀在書札發展史上前承漢魏六朝，後啓宋元明清，其中語彙既承襲了魏晉書帖的遺風，又創立了宋元尺牘的新範，在書札用語的研究上具有非常寶貴的價值。

人們認識事物的路徑總是曲曲折折，由表及裏，由淺入深。我們對敦煌書儀語言的研究也是這樣的。敦煌書儀在表現形式上屬於一種寫本文獻，本書針對其"寫本"的外形，在第三章中從紛繁的俗寫訛字、特殊的抄寫符號、衆多的別本異文等方面闡述了其"文本"的特徵。同時，書儀又是一種公私往來的應用文書，針對其"書儀"的内質，在第四章中，我們從文體、用語、時代的角度論證了其內容特色。就語體風格而言，書儀屬於雅俗並重的"通"體文學樣式。就詞彙、語義的歷史演變而言，敦煌書儀在承襲原有詞彙、語義的同時，又產生了大量的新詞、新義。這些新生的詞、義是怎樣來的，其形成的途徑和衍生的機制是怎樣的？本書第五章中，便嘗試對這些問題給出答案。

書儀作爲"書"的儀體與規範，其行文格式千篇一律，相似的結構格式使其語彙構成表現出鮮明的"系統性"。衆多的書札範本好似一條條活的言語鏈,鏈中相似環節下使用的語詞意義大抵相同,易於形成各種各樣的同義詞系統。本書第六章從書儀的固定格式出發,選取了有代表性的幾組語詞進行微觀探討,我們發現:書儀中一方面匯聚了大量的各種義類的同義詞;另一方面,每個語詞的選用又都表現出嚴格的"級別"差異。這大概是由其作爲"禮經"的通俗簡化形式的根本屬性所決定的。

語言的發展是一個新陳代謝的過程,它總是通過舊質要素的逐漸消退和新質要素的不斷增加來實現的。敦煌書儀語彙猶如歷史的積澱,是經人們長期使用、逐代纍積而成的。故而僅對其用語作共時的靜態描寫,是難以窺其全貌的。因此,本書第七章在前文共時描寫的基礎上,上探漢魏六朝,下溯宋元時期,從歷時的角度對書儀語彙的形成與流變進行了考察,發現:敦煌書儀語彙在吸收繼承魏晉書帖用語的同時,又適時地根據時代、語言以及文體本身的變化進行了某些革新,這種革新主要表現在詞彙形式的擴展與替換上;這些革新後的語彙往往又對宋元時期的尺牘用語產生了深遠的影響。

行文中,筆者雖然想努力從"史"的角度展開書儀語言的整體研究,然而由於學識、時間的雙重限制,文中只側重了共時的靜態描寫,歷時的探源溯流仍有不足;對書儀中新生的詞、義,我們只介紹了其概貌,未對其中詞、義進行逐一的分析考釋;探求書儀中新詞新義的產生途徑和衍生機制時,雖也有自己的創新發明,但不少是沿用前人的研究模式來加以考察;在同義詞的探討中,筆者只是選擇了幾組有代表性的語詞進行觀察,未對其中各種義類的同義詞進行完全系統的研究。這種種的遺憾或不足,都有待未來的歲月去加以彌補和改善。

# 徵引文獻[①]

[1]《抱朴子外篇校箋》,晉·葛洪著,揚明照校箋,北京:中華書局1991年版
[2]《白居易集箋校》,唐·白居易著,朱金城箋校,上海:上海古籍出版社1988年版
[3]《北齊書》,唐·李百藥,北京:中華書局1972年版
[4]《北史》,唐·李延壽,北京:中華書局1974年版
[5]《北溪大全集》,宋·陳淳,臺北:商務印書館1986年版《景印文淵閣四庫全書》第1168冊
[6]《寶真齋法書贊》,宋·岳珂,北京:中華書局1985年版
[7]《本草綱目》,明·李時珍,北京:人民衛生出版社1982年版
[8]《碑別字新編》,秦公,北京:文物出版社1985年版
[9]《北京大學藏敦煌文獻》(全2冊),上海古籍出版社、北京大學圖書館編,上海:上海古籍出版社1995年版(增)
[10]《朝野僉載》,唐·張鷟,北京:中華書局1979年版
[11]《陳伯玉文集》,唐·陳子昂,上海:上海書店1989年版《四部叢刊初編》第103冊
[12]《陳書》,唐·姚思廉,北京:中華書局1972年版
[13]《初學記》,唐·徐堅,北京:中華書局1962年版
[14]《淳化閣帖》,天津:天津古籍出版社1996年版
[15]《冊府元龜》,宋·王欽若等編,北京:中華書局1960年版
[16]《朝野類要》,宋·趙昇,臺北:商務印書館1986年版《景印文淵閣四庫全書》第854冊
[17]《誠齋集》,宋·楊萬里,上海:上海書店1989年版《四部叢刊初編》第195-199冊
[18]《昌黎先生集考異》,宋·朱熹,上海:上海古籍出版社;合肥:安徽教育出版社2001年版
[19]《重修政和經史證類本草》,宋·唐慎微,上海:上海書店1989年版《四部叢刊

---

① 徵引文獻按音序排列。

初編》第66册
[20]《楚辭補注》,宋·洪興祖,北京:中華書局1983年版
[21]《池北偶談》,清·王士禛,北京:中華書局1982年版
[22]《茶香室叢鈔》,清·俞樾,北京:中華書局1995年版
[23]《春》,巴金,北京:人民文學出版社1962年版
[24]《詞彙學簡論》,張永言,武漢:華中工學院出版社1982年版
[25]《詞彙訓詁論稿》,王雲路,北京:北京語言文化大學出版社2002年版
[26]《詞義研究與辭書釋義》,蘇寶榮,北京:商務印書館2000年版
[27]《詞彙化:漢語雙音詞的衍生和發展》,董秀芳,成都:四川民族出版社2002年版
[28]《大戴禮記解詁》,清·王聘珍,北京:中華書局1989年版
[29]《大唐西域記校注》,唐·玄奘、辯機著,季羨林等校注,北京:中華書局1985年版
[30]《大唐新語》,唐·劉肅,北京:中華書局1984年版
[31]《杜家立成雜書要略注釈と研究》,[日]藏中進,東京:翰林書房1994年版
[32]《杜詩詳注》,唐·杜甫著,清·仇兆鰲注,北京:中華書局1979年版
[33]《大宋僧史略》,宋·釋贊寧,臺北:新文豐出版公司1983年版《大正新修大藏經》第54册
[34]《東軒筆錄》,宋·魏泰,北京:中華書局1985年版《叢書集成初編》本
[35]《大金弔伐錄》,金·佚名編,金少英校補,北京:中華書局2001年版
[36]《訂訛類編·續編》,清·杭世駿,北京:中華書局1997年版
[37]《敦煌寶藏》(1-140),黃永武主編,臺北:新文豐出版公司1981-1986年版
[38]《敦煌本〈甘棠集〉研究》,趙和平,臺北:新文豐出版公司2000年版
[39]《敦煌表狀箋啓書儀輯校》,趙和平,南京:江蘇古籍出版社1997年版
[40]《敦煌寫本書儀研究》,趙和平,臺北:新文豐出版公司1993年版
[41]《敦煌變文詞彙研究》,陳秀蘭,成都:四川民族出版社2002年版
[42]《敦煌變文校注》,黃徵、張涌泉,北京:中華書局1997年版
[43]《敦煌禪宗文獻研究》,蔣宗福,四川大學博士學位論文,2002年10月
[44]《敦煌漢簡》,甘肅省文物考古研究所,北京:中華書局1991年版
[45]《敦煌類書》,王三慶,高雄:麗文公司1993年版
[46]《敦煌曲初探》,任半塘,上海:上海文藝聯合出版社1954年版
[47]《敦煌社會經濟文獻真迹釋録》,唐耕耦、陸宏基編,共五輯:第一輯,北京:書目文獻出版社1986年版;第二至五輯,北京:國家圖書館文獻縮微複製中心1990年版

[48]《敦煌俗字研究》,張涌泉,上海:上海教育出版社1996年版
[49]《敦煌吐魯番文書中之量詞研究》,洪藝芳,臺北:文津出版社2001年版
[50]《敦煌吐魯番文獻研究論集》,北京大學中古史研究中心編,北京:中華書局1982年版
[51]《敦煌吐魯番學研究論集》,北京:書目文獻出版社1996年版
[52]《敦煌文書學》,林聰明,臺北:新文豐出版公司1991年版
[53]《敦煌文獻語言詞典》,蔣禮鴻主編,杭州:杭州大學出版社1994年版
[54]《敦煌文獻字義通釋》,曾良,廈門:廈門大學出版社2001年版
[55]《敦煌文學叢考》,項楚,上海:上海古籍出版社1991年版
[56]《敦煌文學源流》,張錫厚,北京:作家出版社2001年版
[57]《敦煌文學作品選》,周紹良,北京:中華書局1987年版
[58]《敦煌寫本張敖書儀研究》,黃亮文,國立成功大學碩士論文,1997年6月
[59]《敦煌學大辭典》,季羨林主編,上海:上海辭書出版社1998年版
[60]《敦煌學十八講》,榮新江,北京:北京大學出版社2001年版
[61]《敦煌學新論》,榮新江,蘭州:甘肅教育出版社2002年版
[62]《敦煌藝術宗教與禮樂文明》,姜伯勤,北京:中國社會科學出版社1996年版
[63]《敦煌語文叢説》,黃徵,臺北:新文豐出版公司1997年版
[64]《敦煌語言文字學研究》,黃徵,蘭州:甘肅教育出版社2002年版
[65]《爾雅義疏》,清·郝懿行,上海:上海古籍出版社1989年版,《〈爾雅〉〈廣雅〉〈方言〉〈釋名〉清疏四種合刊》本
[66]《兒女英雄傳》,清·文康,上海:上海書店1981年版
[67]《兒笘錄》,清·俞樾,《春在堂全書》第一樓叢書,清光緒九年刻本
[68]《二十年目睹之怪現狀》,清·吴趼人著,張友鶴校注,北京:人民文學出版社1996年版
[69]《俄藏敦煌文獻》(全17册),俄羅斯科學院東方研究所聖彼得堡分所、俄羅斯科學出版社東方文學部、上海古籍出版社,上海:上海古籍出版社1992-2001年版
[70]《二十世紀的近代漢語研究》,袁賓等編著,太原:書海出版社2001年版
[71]《法言》,漢·揚雄著,韓敬注,北京:中華書局1992年版
[72]《方言箋疏》,清·錢繹箋疏,上海:上海古籍出版社1989年版《〈爾雅〉〈廣雅〉〈方言〉〈釋名〉清疏四種合刊》本
[73]《佛説未曾有因緣經》,齊·曇景譯,臺北:新文豐出版公司1983年版《大正新修大藏經》第17册
[74]《法苑珠林》,唐·道世,上海:上海古籍出版社1995年版

[75]《樊川文集》,唐·杜牧,上海:上海古籍出版社1984年版
[76]《樊南文集》,唐·李商隱著,清·馮浩注,上海:上海古籍出版社1988年版
[77]《封氏聞見記》,唐·封演,北京:中華書局1985年版《叢書集成初編》本
[78]《范文正公文集》,宋·范仲淹,上海:上海書店1989年版《四部叢刊初編》第135-136冊
[79]《范石湖集》,宋·范成大,上海:上海古籍出版社1981年版
[80]《法帖釋文考異》,明·顧從義,臺北:商務印書館1986年版《景印文淵閣四庫全書》第683冊
[81]《佛教語言闡釋——中古佛經詞彙研究》,顏洽茂,杭州:杭州大學出版社1997年版
[82]《法藏敦煌西域文獻》(1-34冊),上海古籍出版社、法國國家圖書館編,上海:上海古籍出版社1995-2005年版
[83]《管子》,上海:上海書店1989年版《四部叢刊初編》第61冊
[84]《國語集解》,清·徐元誥集解,北京:中華書局2002年版
[85]《古今注》,晉·崔豹,北京:中華書局1985年版《叢書集成初編》本
[86]《廣雅疏證》,魏·張揖撰,清·王念孫疏證,南京:江蘇古籍出版社1984年版
[87]《〈觀世音應驗記三種〉譯注》,南朝宋·傅亮、張演、南朝齊·陸杲等著,董志翹譯注,南京:江蘇古籍出版社2002年版
[88]《干祿字書》,唐·顏元孫,北京:中華書局1985年版《叢書集成初編》本
[89]《干祿字書》,唐·顏元孫撰,施安昌編,北京:紫禁城出版社1990年版
[90]《廣弘明集》,唐·釋道宣,上海:上海書店1989年版《四部叢刊初編》第83冊
[91]《桂苑筆耕集》,唐·崔致遠,北京:中華書局1985年版《叢書集成初編》本
[92]《廣成集》,後蜀·杜光庭,上海:上海書店1989年版《四部叢刊初編》第131冊
[93]《攻媿集》,宋·樓鑰,北京:中華書局1985年版《叢書集成初編》本
[94]《國朝文類》,元·蘇天爵輯,上海:上海書店1989年版《四部叢刊初編》第330冊
[95]《管錐編》,錢鍾書,北京:中華書局1986年版
[96]《歸義軍史研究》,榮新江,上海:上海古籍出版社1996年版
[97]《古代漢語》,郭錫良編,北京:語文出版社1992年版
[98]《郭在貽文集》,郭在貽,北京:中華書局2002年版
[99]《韓非子集釋》,陳奇猷校注,上海:上海人民出版社1974年版
[100]《韓詩外傳箋疏》,屈守元箋疏,成都:巴蜀書社1996年版
[101]《淮南子集釋》,漢·劉安著,何寧集釋,北京:中華書局1998年版
[102]《漢書》,漢·班固撰,唐·顏師古注,北京:中華書局1962年版

[103]《後漢紀》,晋·袁宏撰,張烈點校,《兩漢紀》下册,北京:中華書局 2002 年版
[104]《後漢書》,宋·范曄撰,唐·李賢注,北京:中華書局 1965 年版
[105]《何遜集注》,梁·何遜著,劉暢注,天津:天津古籍出版社 1988 年版
[106]《韓昌黎詩繫年集釋》,唐·韓愈,上海:上海古籍出版社 1984 年版
[107]《韓昌黎文集校注》,唐·韓愈,馬其昶校注,馬茂元整理,上海:上海古籍出版社 1998 年版
[108]《黄庭堅全集》,宋·黄庭堅,成都:四川大學出版社 2001 年版
[109]《鶴林玉露》,宋·羅大經,北京:中華書局 1983 年版
[110]《後村先生大全集》,宋·劉克莊,上海:上海書店 1989 年版《四部叢刊初編》第 211-212 册
[111]《晦庵先生文集》,宋·朱熹,上海:上海古籍出版社;合肥:安徽教育出版社 2002 年版《朱子全書》第 20-25 册
[112]《皇明文衡》,明·程敏政編,上海:上海書店 1989 年版《四部叢刊初編》第 332 册
[113]《漢語大詞典》(縮印本),上海:漢語大詞典出版社 1997 年版
[114]《漢語大字典》,武漢:湖北辭書出版社;成都:四川辭書出版社 1989 年版
[115]《漢語史稿》,王力,北京:中華書局 1980 年版
[116]《漢語語音史》,王力,北京:中國社會科學出版社 1985 年版
[117]《荆楚歲時記校注》,南朝梁·宗懍著,王毓榮校注,臺北:文津出版社 1988 年版
[118]《晋書》,唐·房玄齡,北京:中華書局 1974 年版
[119]《舊唐書》,後晋·劉昫,北京:中華書局 1975 年版
[120]《舊五代史》,宋·薛居正,北京:中華書局 1975 年版
[121]《集韻》,宋·丁度等編,上海:上海古籍出版社 1985 年版
[122]《雞肋集》,宋·晁補之,上海:上海書店 1989 年版《四部叢刊初編》第 172 册
[123]《景德傳燈録》,京都:禪文化研究所 1990 年版
[124]《京本通俗小説》,南京:江蘇古籍出版社 1991 年版
[125]《荆川先生文集》,明·唐順之,上海:上海書店 1989 年版《四部叢刊初編》第 261 册
[126]《甲骨文字釋林》,于省吾,北京:中華書局 1979 年版
[127]《居延漢簡》,中國社會科學院考古研究所編,北京:中華書局 1980 年版
[128]《近代漢語語法資料彙編》(唐五代卷),劉堅、蔣紹愚主編,北京:商務印書館 1990 年版
[129]《近代漢語語法資料彙編》(宋代卷),劉堅、蔣紹愚主編,北京:商務印書館

1992年版
- [130]《近代漢語研究概況》,蔣紹愚,北京:北京大學出版社1994年版
- [131]《蔣禮鴻集》,蔣禮鴻,杭州:浙江教育出版社2001年版
- [132]《舊學新知》,張涌泉,杭州:浙江大學出版社1999年版
- [133]《孔子家語》,魏·王肅注,上海:上海書店1989年版《四部叢刊初編》第55冊
- [134]《刊誤》,唐·李涪,臺北:商務印書館1986年版《景印文淵閣四庫全書》第850冊
- [135]《禮記》,北京:中華書局1980年影印《十三經注疏》本
- [136]《老子校釋》,朱謙之校釋,北京:中華書局1984年版
- [137]《呂氏春秋校釋》,陳奇猷校釋,上海:學林出版社1995年版
- [138]《論語》,北京:中華書局1980年影印《十三經注疏》本
- [139]《論衡校釋》,漢·王充著,黃暉校釋,北京:中華書局1990年版
- [140]《樓蘭尼雅出土文書》,林梅村編,北京:文物出版社1985年版
- [141]《六臣注文選》,梁·蕭統編,唐·李善等注,北京:中華書局1987年版
- [142]《盧照鄰集》,唐·盧照鄰,北京:中華書局1980年版
- [143]《駱臨海集箋注》,唐·駱賓王著,清·陳熙晋箋注,香港:中華書局香港分局1972年版
- [144]《梁書》,唐·姚思廉,北京:中華書局1973年版
- [145]《李太白全集》,唐·李白著,清·王琦注,北京:中華書局1977年版
- [146]《李文饒文集》,唐·李德裕,上海:上海書店1989年版《四部叢刊初編》第121冊
- [147]《劉禹錫集》,唐·劉禹錫,北京:中華書局1990年版
- [148]《柳河東集》,唐·柳宗元,上海人民出版社1974年版
- [149]《臨川先生文集》,宋·王安石,上海:上海書店1989年版《四部叢刊初編》第153-155冊
- [150]《欒城集》,宋·蘇轍,上海:上海古籍出版社1987年版
- [151]《梁谿漫志》,宋·費衮,上海:上海古籍出版社1985年版
- [152]《老學庵筆記》,宋·陸游,北京:中華書局1997年版
- [153]《陸九淵集》,宋·陸九淵著,鍾哲點校,北京:中華書局1980年版
- [154]《龍龕手鏡》,遼·釋行均,北京:中華書局1985年版
- [155]《隸辨》,清·顧藹吉,北京:中華書局1986年版
- [156]《六朝詩歌語詞研究》,王雲路,哈爾濱:黑龍江教育出版社1999年版
- [157]《魯迅全集》,魯迅,北京:人民文學出版社1981年版
- [158]《孟子正義》,清·焦循,北京:中華書局1987年版

[159]《夢溪筆談》,宋·沈括,北京:中華書局1985年版《叢書集成初編》本
[160]《夢溪補筆談》,宋·沈括,北京:中華書局1985年版《叢書集成初編》本
[161]《夢梁錄》,宋·吳自牧,杭州:浙江人民出版社1984年版
[162]《梅溪先生文集》,宋·王十朋,上海:上海書店1989年版《四部叢刊初編》第184-185册
[163]《默堂先生文集》,宋·陳淵,上海:上海書店1986年版《四部叢刊三編》第66册
[164]《南齊書》,梁·蕭子顯,北京:中華書局1972年版
[165]《南史》,唐·李延壽,北京:中華書局1975年版
[166]《南部新書》,宋·錢易,北京:中華書局2002年版
[167]《南陽集》,宋·韓維,臺北:商務印書館1986年版《景印文淵閣四庫全書》第1101册
[168]《能改齋漫録》,宋·吳曾,臺北:商務印書館1986年版《景印文淵閣四庫全書》第850册
[169]《南村輟耕録》,元·陶宗儀,北京:中華書局1959年版
[170]《歐陽修全集》,宋·歐陽修,北京:中國書店1994年版
[171]《毘陵集》,唐·獨孤及,上海:上海書店1989年版《四部叢刊初編》第112册
[172]《莆陽黃御史集》,唐·黃滔,北京:中華書局1985年版《叢書集成初編》本
[173]《篇海類編》,明·宋濂編,上海:上海古籍出版社2003年版《續修四庫全書·經部》第229-230册
[174]《曝書亭集》,清·朱彝尊,上海:上海書店1989年版《四部叢刊初編》第278-290册
[175]《蒲松齡集》,清·蒲松齡,上海:上海古籍出版社1986年版
[176]《全漢賦》,費振剛、胡雙寶、宗明華輯校,北京:北京大學出版社1993年版
[177]《全上古三代秦漢三國六朝文》,清·嚴可均輯,北京:中華書局1958年版
[178]《全晉文》,清·嚴可均輯,北京:商務印書館1999年版
[179]《齊民要術校釋》,北魏·賈思勰著,繆啓愉校釋,北京:農業出版社1982年版
[180]《全唐詩》,上海:上海古籍出版社1986年版
[181]《權載之文集》,唐·權德輿,上海:上海書店1989年版《四部叢刊初編》第114-115册
[182]《全宋詩》册二,傅璇琮等編,北京:北京大學出版社1991年版
[183]《全宋詩》册七〇,傅璇琮等編,北京:北京大學出版社1998年版
[184]《秦觀集編年校注》,宋·秦觀,北京:人民文學出版社2001年版
[185]《清波雜志》,宋·周煇,北京:中華書局1997年版

[186]《曲洧舊聞》,宋·朱弁,北京:中華書局2002年版
[187]《錢塘集》,宋·韋驤,臺北:商務印書館1986年版《景印文淵閣四庫全書》第1097冊
[188]《臞軒集》,宋·王邁,臺北:商務印書館1986年版《景印文淵閣四庫全書》第1178冊
[189]《秋澗先生大全文集》,元·王惲,上海:上海書店1989年版《四部叢刊初編》第224-227冊
[190]《謙詞敬詞婉詞詞典》,洪成玉,北京:商務印書館2002年版
[191]《入唐求法巡禮行記》,[日]圓仁著,顧承甫、何泉達點校,上海:上海古籍出版社1986年版
[192]《容齋隨筆》,宋·洪邁,上海:上海古籍出版社1996年版
[193]《儒林外史》,清·吳敬梓,北京:人民文學出版社1981年版
[194]《日漢辭典》,陳濤主編,北京:商務印書館1979年版
[195]《〈入唐求法巡禮行記〉詞彙研究》,董志翹,北京:中國社會科學出版社2000年版
[196]《尚書》,北京:中華書局1980年影印《十三經注疏》本
[197]《詩經》,北京:中華書局1980年影印《十三經注疏》本
[198]《史記》,漢·司馬遷,北京:中華書局1959年版
[199]《釋名疏證補》,漢·劉熙著,清·王先謙,上海:上海古籍出版社1989年版《〈爾雅〉〈廣雅〉〈方言〉〈釋名〉清疏四種合刊》本
[200]《説文解字》,漢·許慎,北京:中華書局1963年版
[201]《三國志》,晉·陳壽撰,宋·裴松之注,北京:中華書局1982年版
[202]《世說新語箋疏》,南朝宋·劉義慶著,南朝梁·劉孝標注,余嘉錫箋疏,上海:上海古籍出版社1993年版
[203]《宋本玉篇》,梁·顧野王編,北京:中國書店1983年版
[204]《宋書》,梁·沈約,北京:中華書局1974年版
[205]《水經注校》,北魏·酈道元著,王國維校,上海:上海人民出版社1984年版
[206]《隋書》,唐·魏徵,北京:中華書局1973年版
[207]《隋文紀》,明·梅鼎祚編,臺北:商務印書館1986年版《景印文淵閣四庫全書》第1400冊
[208]《沈下賢文集》,唐·沈下賢,上海:上海書店1989年版《四部叢刊初編》第120冊
[209]《司空表聖文集》,唐·司空圖,上海:上海書店1989年版《四部叢刊初編》第129冊

[210]《説文解字繫傳》,南唐・徐鍇繫傳,北京:中華書局 1987 年版

[211]《蘇舜欽集》,宋・蘇舜欽,上海:上海古籍出版社 1981 年版

[212]《司馬光奏議》,宋・司馬光,太原:山西人民出版社 1986 年版

[213]《書儀》,宋・司馬光,臺北:商務印書館 1986 年版《景印文淵閣四庫全書》第 142 冊

[214]《蘇軾文集》,宋・蘇軾,北京:中華書局 1992 年版

[215]《宋元尺牘》,上海:上海書店 2000 年版

[216]《三朝名臣言行錄》,宋・朱熹,上海:上海書店 1989 年版《四部叢刊初編》第 49-50 冊

[217]《三朝北盟會編》,宋・徐夢莘,臺北:商務印書館 1986 年版《景印文淵閣四庫全書》第 351 冊

[218]《石林燕語》,宋・葉夢得,北京:中華書局 1997 年版

[219]《水心先生文集》,宋・葉適,上海:上海書店 1989 年版《四部叢刊初編》第 203 冊

[220]《事物紀原》,宋・高承,北京:中華書局 1984 年版

[221]《宋史》,元・脱脱,北京:中華書局 1977 年版

[222]《釋文紀》,明・梅鼎祚編,臺北:商務印書館 1986 年版《景印文淵閣四庫全書》第 1401 冊

[223]《水滸傳》,明・施耐庵、羅貫中,北京:人民文學出版社 1975 年版

[224]《隨園詩話》,清・袁枚,北京:人民文學出版社 1982 年版

[225]《十駕齋養新錄》,清・錢大昕,南京:江蘇古籍出版社 2000 年版

[226]《説文解字注》,清・段玉裁,上海:上海古籍出版社 1981 年版

[227]《説文解字注箋》,清・徐灝,合肥:安徽教育出版社 2002 年版《中華漢語工具書書庫》第 35-37 冊

[228]《説文通訓定聲》,清・朱駿聲,武漢:武漢市古籍書店影印 1983 年版

[229]《上海圖書館藏敦煌吐魯番文獻》(全 4 冊),上海古籍出版社、上海圖書館編,上海:上海古籍出版社 1999 年版

[230]《上海博物館藏敦煌吐魯番文獻》(全 2 冊),上海古籍出版社、上海博物館編,上海:上海古籍出版社 1993 年版

[231]《世説新語考釋》,吳金華,合肥:安徽教育出版社 1995 年版

[232]《宋代官制辭典》,龔延明編,北京:中華書局 1997 年版

[233]《書儀研究》,陳静,浙江大學碩士學位論文,1999 年 12 月

[234]《唐人月儀帖》,《書法》1985 年第 4 期

[235]《唐丞相曲江張先生文集》,唐・張九齡,上海:上海書店 1989 年版《四部叢刊

初編》第 105 册

[236]《唐李文公文集》,唐·李翱,上海:上海書店 1989 年版《四部叢刊初編》第 119 册

[237]《唐六典》,唐·李林甫編,北京:中華書局 1992 年版

[238]《唐陸宣公集》,唐·陸贄,上海:上海書店 1989 年版《四部叢刊初編》第 113 册

[239]《通典》,唐·杜佑編,北京:中華書局 1992 年版

[240]《唐代墓誌彙編續集》,周紹良編,上海:上海古籍出版社 2001 年版

[241]《唐五代筆記小説大觀》,上海:上海古籍出版社 2002 年版

[242]《唐語林校證》,宋·王讜撰,周勛初校證,北京:中華書局 1987 年版

[243]《唐宋傳奇集》,魯迅校録,北京:文學古籍刊行社 1956 年版

[244]《唐會要》,宋·王溥,北京:中華書局 1985 年版《叢書集成初編》本

[245]《太平廣記》,宋·李昉編,北京:中華書局 1961 年版

[246]《太平御覽》,宋·李昉編,北京:中華書局 1960 年版

[247]《唐文粹》,宋·姚鉉編,上海:上海書店 1989 年版《四部叢刊初編》第 317 册

[248]《鐔津文集》,宋·釋契嵩,上海:上海書店 1986 年版《四部叢刊三編》第 61 册

[249]《談徵》,清·西厓,上海:上海古籍出版社 1989 年版《明清俗語辭書集成》第 2 册

[250]《唐五代書儀研究》,周一良、趙和平,北京:中國社會科學出版社 1995 年版

[251]《唐五代語言詞典》,江藍生、曹廣順編,上海:上海教育出版社 1998 年版

[252]《唐宋筆記語詞彙釋》,王鍈,北京:中華書局 2001 年版

[253]《唐禮摭遺——中古書儀研究》,吳麗娛,北京:商務印書館 2002 年版

[254]《天津藝術博物館藏敦煌文獻》(全 6 册),上海古籍出版社、天津市藝術博物館編,上海:上海古籍出版社 1996-1997 年版

[255]《吐魯番出土文書》(壹),唐長孺主編,北京:文物出版社 1992 年版

[256]《吐魯番出土文書》(貳),唐長孺主編,北京:文物出版社 1994 年版

[257]《吐魯番出土文書》(叁),唐長孺主編,北京:文物出版社 1996 年版

[258]《吐魯番出土磚志集注》,侯燦、吳美琳,成都:巴蜀書社 2003 年版

[259]《吳越春秋》,漢·趙曄,南京:江蘇古籍出版社 1986 年版

[260]《文心雕龍注釋》,梁·劉勰著,周振甫注,北京:人民文學出版社 1983 年版

[261]《魏書》,北齊·魏收,北京:中華書局 1974 年版

[262]《王子安集注》,唐·王勃著,清·蔣清翊注,上海:上海古籍出版社 1995 年版

[263]《五經文字》,唐·張參,北京:中華書局 1985 年版《叢書集成初編》本

[264]《文苑英華》,宋·李昉編,北京:中華書局 1982 年版

[265]《宛陵先生集》,宋·梅堯臣,上海:上海書店1989年版《四部叢刊初編》第146冊
[266]《温國文正公文集》,宋·司馬光,上海:上海書店1989年版《四部叢刊初編》第138-139冊
[267]《五代會要》,宋·王溥,北京:中華書局1985年版《叢書集成初編》本
[268]《五燈會元》,宋·普濟著,蘇淵雷點校,北京:中華書局1984年版
[269]《渭南文集》,宋·陸游,上海:上海書店1989年版《四部叢刊初編》第200-201冊
[270]《文獻通考》,元·馬端臨編,北京:中華書局1986年版
[271]《魏晉南北朝史論集》,周一良,北京:北京大學出版社1997年版
[272]《魏晉南北朝史論集續編》,周一良,北京:北京大學出版社1991年版
[273]《文字學概要》,裘錫圭,北京:商務印書館1996年版
[274]《荀子集解》,清·王先謙集解,北京:中華書局1988年版
[275]《先秦漢魏晉南北朝詩》,逯欽立輯校,北京:中華書局1983年版
[276]《新書》,漢·賈誼著,閻振益、鍾夏校注,北京:中華書局2000年版
[277]《賢愚經》,北魏·慧覺等譯,臺北:新文豐出版公司1983年版《大正新修大藏經》第4冊
[278]《徐孝穆文集》,陳·徐陵,上海:上海書店1989年版《四部叢刊初編》第101冊
[279]《新加九經字樣》,唐·唐玄度,北京:中華書局1985年版《叢書集成初編》本
[280]《新集藏經音義隨函錄》,五代·可洪,北京:中華書局1993年版《中華大藏經》第59冊
[281]《徐公文集》,宋·徐鉉,上海:上海書店1989年版《四部叢刊初編》第132冊
[282]《小畜集》,宋·王禹偁,上海:上海書店1989年版《四部叢刊初編》第133冊
[283]《小畜外集》,宋·王禹偁,上海:上海書店1989年版《四部叢刊初編》第133冊
[284]《新唐書》,宋·歐陽修、宋祁撰,北京:中華書局1975年版
[285]《新校互注宋本廣韻》,宋·陳彭年等撰,余廼永校注,上海:上海辭書出版社2000年版
[286]《西山先生真文忠公文集》,宋·真德秀,上海:上海書店1989年版《四部叢刊初編》第208-209冊
[287]《香祖筆記》,清·王士禛,上海:上海古籍出版社1982年版
[288]《儀禮》,北京:中華書局1980年影印《十三經注疏》本
[289]《晏子春秋集釋》,吳則虞集釋,北京:中華書局1962年版

[290]《鹽鐵論校注》,漢·桓寬,王利器校注,北京:中華書局 1992 年版
[291]《原本〈玉篇〉殘卷》,梁·顧野王編,北京:中華書局 1985 年版
[292]《顏氏家訓集解》(增補本),北齊·顏之推撰,王利器集解,北京:中華書局 1993 年版
[293]《庾子山集》,北周·庾信著,清·倪璠注,許逸民校點,北京:中華書局 1980 年版
[294]《楊烱集》,唐·楊烱,北京:中華書局 1980 年版
[295]《顏魯公文集》,唐·顏真卿,上海:上海書店 1989 年版《四部叢刊初編》第 111 冊
[296]《元稹集》,唐·元稹,北京:中華書局 1982 年版
[297]《雲麓漫鈔》,宋·趙彥衛,北京:中華書局 1985 年版《叢書集成初編》本
[298]《猗覺寮雜記》,宋·朱翌,臺北:商務印書館 1986 年版《景印文淵閣四庫全書》第 850 冊
[299]《遊宦紀聞》,宋·張世南,北京:中華書局 1981 年版
[300]《于湖居士文集》,宋·張孝祥,上海:上海書店 1989 年版《四部叢刊初編》第 175 冊
[301]《樂府詩集導讀》,王運熙、王安國,成都:巴蜀書社 1999 年版
[302]《元曲選》,明·臧晉叔編,北京:中華書局 1989 年版
[303]《音學五書》,清·顧炎武,北京:中華書局 1982 年版
[304]《飲冰室合集》,梁啓超,北京:中華書局 1989 年版
[305]《楊朔文集》(上卷),楊朔,濟南:山東文藝出版社 1984 年版
[306]《英藏敦煌文獻》(漢文佛經以外部分)(全 14 冊),中國社會科學院歷史研究所、中國敦煌吐魯番學會敦煌古文獻編委會、英國國家圖書館、倫敦大學亞非學院合編,成都:四川人民出版社 1990-1995 年版
[307]《英藏敦煌社會歷史文獻釋錄》第一卷,郝春文編,北京:科學出版社 2001 年版
[308]《英藏敦煌社會歷史文獻釋錄》第二卷,郝春文編,北京:社會科學文獻出版社 2003 年版
[309]《英藏敦煌社會歷史文獻釋錄》第三卷,郝春文編,北京:社會科學文獻出版社 2003 年版
[310]《周禮》,北京:中華書局 1980 年影印《十三經注疏》本
[311]《周易》,北京:中華書局 1980 年影印《十三經注疏》本
[312]《莊子集解》,清·王先謙集解,北京:中華書局 1987 年版
[313]《左傳》,北京:中華書局 1980 年影印《十三經注疏》本
[314]《戰國策》,漢·劉向集錄,上海:上海古籍出版社 1985 年版

[315]《昭明太子集校注》,南朝梁·蕭統著,俞紹初校注,鄭州:中州古籍出版社 2001 年版
[316]《周氏冥通記》,南朝梁·陶弘景,載《道藏》册 5,北京、上海、天津:文物出版社、上海書店、天津古籍出版社 1988 年版
[317]《張説之文集》,唐·張説,上海:上海書店 1989 年版《四部叢刊初編》第 104 册
[318]《晝上人集》,唐·皎然,上海:上海書店 1989 年版《四部叢刊初編》第 111 册
[319]《資暇集》,唐·李匡乂,北京:中華書局 1985 年版《叢書集成初編》本
[320]《祖堂集》,南唐·釋静、釋筠編,吴福祥、顧之川點校,長沙:岳麓書社 1996 年版
[321]《資治通鑑》,宋·司馬光撰,元·胡三省注,上海:上海古籍出版社 1987 年版
[322]《忠愍公詩集》,宋·寇準,上海:上海書店 1986 年版《四部叢刊三編》第 60 册
[323]《張右史文集》,宋·張耒,上海:上海書店 1989 年版《四部叢刊初編》第 166-167 册
[324]《湛然居士文集》,元·耶律楚材,北京:中華書局 1986 年版
[325]《字鑒》,元·李文仲編,北京:中華書局 1985 年版《叢書集成初編》本
[326]《字彙》,明·梅膺祚編,上海:上海辭書出版社 1991 年版
[327]《正字通》,明·張自烈編,清·廖文英,北京:中國工人出版社 1996 年版
[328]《字彙補》,清·吴任臣編,上海:上海辭書出版社 1991 年版
[329]《字詁義府合按》,清·黄生著,黄承吉合按,北京:中華書局 1984 年版
[330]《中古漢語語詞例釋》,王雲路、方一新,長春:吉林教育出版社 1992 年版
[331]《中古墓誌詞語研究》,羅維明,廣州:暨南大學出版社 2003 年版
[332]《中古文獻語言論集》,董志翹,成都:巴蜀書社 2000 年版
[333]《中古及近代法制文書語言研究》,王啓濤,成都:巴蜀書社 2003 年版
[334]《中國文字學》,唐蘭,上海:上海古籍出版社 1979 年版
[335]《中國語歷史文法》,[日]太田辰夫著,蔣紹愚、徐昌華譯,北京:北京大學出版社 2003 年版
[336]《中華字海》,冷玉龍等,北京:中華書局、中國友誼出版公司 1994 年版

# 主要參攷文獻[①]

## (一)著作類

[1]《詞彙訓詁論稿》,王雲路,北京:北京語言文化大學出版社 2002 年版
[2]《東漢魏晋南北朝史書詞語箋釋》,方一新,合肥:黃山書社 1997 年版
[3]《杜家立成雜書要略注釈と研究》,[日]藏中進,東京:翰林書房 1994 年版
[4]《敦煌本〈甘棠集〉研究》,趙和平,臺北:新文豐出版公司 2000 年版
[5]《敦煌表狀箋啓書儀輯校》,趙和平,南京:江蘇古籍出版社 1997 年版
[6]《敦煌寫本書儀研究》,趙和平,臺北:新文豐出版公司 1993 年版
[7]《敦煌變文校注》,黃徵、張涌泉,北京:中華書局 1997 年版
[8]《敦煌變文詞彙研究》,陳秀蘭,成都:四川民族出版社 2002 年版
[9]《敦煌古籍敍錄》,王重民,北京:中華書局 1979 年版
[10]《敦煌劫餘錄》,陳垣,臺北:新文豐出版社 1985 年版《敦煌叢刊初集》第 3 册
[11]《敦煌俗字研究》,張涌泉,上海:上海教育出版社 1996 年版
[12]《敦煌文書學》,林聰明,臺北:新文豐出版公司 1991 年版
[14]《敦煌文獻語言詞典》,蔣禮鴻主編,杭州:杭州大學出版社 1994 年版
[15]《敦煌文獻字義通釋》,曾良,廈門:廈門大學出版社 2001 年版
[15]《敦煌文學叢考》,項楚,上海:上海古籍出版社 1991 年版
[16]《敦煌學大辭典》,季羨林主編,上海:上海辭書出版社 1998 年版
[17]《敦煌學概論》,姜亮夫,昆明:雲南人民出版社 1999 年版
[18]《敦煌學十八講》,榮新江,北京:北京大學出版社 2001 年版
[19]《敦煌學新論》,榮新江,蘭州:甘肅教育出版社 2002 年版
[20]《敦煌學研究論著目錄》(1908-1997),鄭阿財、朱鳳玉主編,臺北:臺北漢學研究中心 2000 年版

---

① 主要參攷文獻按音序排列。

[21]《敦煌遺書總目索引》,王重民、劉銘恕等編,北京:商務印書館1962年版
[22]《敦煌遺書總目索引新編》,敦煌研究院編,施萍婷主撰稿,邰惠莉助編,北京:中華書局2000年版
[23]《敦煌藝術宗教與禮樂文明》,姜伯勤,北京:中國社會科學出版社1996年版
[24]《敦煌語文叢説》,黄徵,臺北:新文豐出版公司1997年版
[25]《二十世紀的近代漢語研究》,袁賓等編著,太原:書海出版社2001年版
[26]《佛典與中古漢語詞彙研究》,朱慶之,臺北:文津出版社1992年版
[27]《管錐編》,錢鍾書,北京:中華書局1986年版
[28]《郭在貽文集》,郭在貽,北京:中華書局2002年版
[28]《漢語詞彙論稿》,韓陳其,南京:江蘇古籍出版社2002年版
[30]《漢語詞彙語法史論文集》,蔣紹愚,北京:商務印書館2000年版
[31]《漢語大詞典》(縮印本),上海:漢語大詞典出版社1997年版
[32]《漢語大字典》,武漢、成都:湖北、四川辭書出版社1986年版
[33]《漢語俗字叢考》,張涌泉,北京:中華書局2000年版
[34]《漢語俗字研究》,張涌泉,長沙:岳麓書社1995年版
[35]《漢字古音手册》,郭錫良,北京:北京大學出版社1986年版
[36]《慧琳〈一切經音義〉研究》,姚永銘,南京:江蘇古籍出版社2003年版
[37]《蔣禮鴻集》,蔣禮鴻,杭州:浙江教育出版社2001年版
[38]《近代漢語研究概況》,蔣紹愚,北京:北京大學出版社1994年版
[39]《舊學新知》,張涌泉,杭州:浙江大學出版社1999年版
[40]《〈論衡〉與東漢佛典詞語比較研究》,胡敕瑞,成都:巴蜀書社2002年版
[41]《〈入唐求法巡禮行記〉詞彙研究》,董志翹,北京:中國社會科學出版社2000年版
[42]《唐代公文書研究》,[日]中村裕一,東京:汲古書院1996年版
[43]《唐禮摭遺——中古書儀研究》,吴麗娱,北京:商務印書館2002年版
[44]《唐宋筆記語詞彙釋》,王鍈,北京:中華書局2001年版
[45]《唐五代書儀研究》,周一良、趙和平,北京:中國社會科學出版社1995年版
[46]《唐五代西北方音》,羅常培,北京:科學出版社1961年版
[47]《唐五代語言詞典》,江藍生、曹廣順,上海:上海教育出版社1997年版
[48]《魏晋南北朝史論集續編》,周一良,北京:北京大學出版社1991年版
[49]《魏晋南北朝史札記》,周一良,北京:中華書局1985年版
[50]《文字學概要》,裘錫圭,北京:商務印書館1996年版
[51]《魏晋南北朝史札記》,周一良,北京:中華書局1985年版
[52]《新世紀敦煌學論集》,項楚、鄭阿財,成都:巴蜀書社2003年版

[53]《中古漢語語詞例釋》,王雲路、方一新,長春:吉林教育出版社 1992 年版
[54]《中國敦煌學百年文庫·語言文字卷》,項楚、張涌泉主編,蘭州:甘肅文化出版社 1999 年版
[55]《中華字海》,冷玉龍等,北京:中華書局、中國友誼出版公司 1994 年版

## (二)學位論文類

[56]《初唐佛典詞彙研究》,王紹峰,浙江大學博士學位論文,2002 年 5 月
[57]《東漢佛經詞彙研究》,史光輝,浙江大學博士學位論文,2001 年 5 月
[58]《敦煌禪宗文獻研究》,蔣宗福,四川大學博士學位論文,2002 年 10 月
[59]《敦煌寫本張敖書儀研究》,黃亮文,國立成功大學碩士論文,1997 年 6 月
[60]《〈龍龕手鏡〉研究》,鄭賢章,湖南師範大學博士學位論文,2002 年 5 月
[61]《書儀研究》,陳靜,浙江大學碩士學位論文,1999 年 12 月
[62]《〈宋書〉詞語研究》,宋聞兵,浙江大學博士學位論文,2003 年 5 月
[63]《中古道書語言研究》,馮利華,浙江大學博士學位論文,2003 年 11 月

## (三)論文類

[64]《北京大學圖書館藏本〈諸文要集〉一卷研究》,王三慶,《慶祝吳其昱先生八秩華誕敦煌學特刊》,臺北:文津出版社 2001 年印行
[65]《變文假借字譜》,張金泉,《杭州大學學報》(哲社版)1984 年增刊,古籍研究所論文專輯
[65]《"別紙"考釋》,陳靜,《敦煌學輯刊》1999 年第 1 期
[67]《"承"有"聞"義補說》,汪維輝,《南京師範大學文學院學報》2003 年第 1 期
[67]《詞源札記》,汪維輝,《詞庫建設通訊》總第 19 期,1999 年 3 月
[69]《敦煌變文詞語瑣記》,江藍生,《語言研究》1985 年第 1 期
[70]《敦煌社會經濟文獻詞語略考》,董志翹,《語文研究》2002 年第 3 期
[71]《敦煌俗文學中的別字異文和唐五代西北方音》,邵榮芬,《中國語文》1963 年第 3 期
[72]《〈敦煌文獻字義通釋〉釋義商榷舉例》,葉貴良,《敦煌研究》2002 年第 3 期
[73]《敦煌西域出土回鶻文文獻所載 qunbu 與漢文文獻所見官布研究》,鄭炳林、楊富學,《敦煌學輯刊》1997 年第 2 期
[74]《〈敦煌寫本書儀研究〉訂補》,趙和平,《敦煌吐魯番研究》第三卷,北京大學出版社 1998 年版
[75]《敦煌遺書中的標點符號》,李正宇,《文史知識》1988 年第 8 期

［76］《六朝法帖詞語小釋》，顧久，《貴州師大學報》1988年第4期
［77］《論異文在訓詁中的作用》，邊星燦，《浙江大學學報》1998年第3期
［78］《試說"承"有"聞"義》，王鍈，《中國語文》2001年第1期
［79］《宋代汴洛語音考》，周祖謨，《輔仁學志》，1943年12月1、2合刊；《問學集》，北京：中華書局1966年版
［80］《書信的文化源起與歷史流變》，黃維華，《江海學刊》1996年第3期
［81］《書儀緣起蠡測及敦煌書儀概說》，杜琪，《社科縱橫》2002年第6期
［82］《張議潮出行圖研究（續）——論沙州歸義軍的長行官健制和蕃漢兵制》，暨遠志，《敦煌研究》1992年第4期
［83］《中古漢語詞義求證法論略》，方一新，《浙江大學學報》2002年第5期

# 語詞索引

本索引收錄書中訓釋的所有書儀類語詞；與俗寫、通假相關的語詞也酌情收入，并於其後以"( )"注明正字、本字。所收條目均按音序排列。

## A

阿嫂　167
阿師子　270
哀摧　385
哀塞　125
愛景　326
愛日　116
黯戀　306

## B

拔氣　126
拔俗　103
白記　141
拜覲　262
拜睹　262
拜慰　383
拜洩　265
拜展　262
般次　274
絆縈　52
牓子　90
保持　50
保調　50
保護　50
保履　102
保攝　50
保衛　50
保禦　50
保治　50
報賀　288
報知　167
報狀　90
卑抱　310
卑懷　310
卑懇　310
卑情　310
卑素　310
卑儀　369
卑志　310
卑衷　310
悲割　297
悲結　314
悲裂　297
悲念　126
悲塞　125
悲係　101 126
悲酆　127
悲懸　126
本典　142
本使　323
本鎮　128
崩背　158
崩絕　390
崩潰　385
比倫　252
鄙誠　310
鄙情　310
弊剌　312
弊藩　261
弊封　261
弊府　261
弊舍　261
庇庥　104
貶　　401
貶損　401
便人　63
便使　63
便信　63
便因　63 112
標表　302
俵錢　129
別幅　92
冰彩　312
冰慈　312
冰容　312
冰姿　312
薄禮　369
薄收　168
薄酌　168
不備　379
不次　379
不代　129
不多　379
不盡　177
不具　379
不審　350
不悉　379
不宣　379
不育　386

## C

財禮　370
財信　289 370
草菝子　68
茶藥　287
孱劣　305
孱屬(孺)　201
孱愚　95

| | | | |
|---|---|---|---|
| 長絲節 130 | 辭奉 130 | 當任 294 | 芳函 361 |
| 長行（chángxíng） | 辭退 169 | 當勝 294 | 芳翰 361 |
| 　　322 | 次 268 | 刀翰 363 | 芳誨 361 |
| 長至 342 | 次第 268 | 刀簡 363 | 芳及 361 |
| 常度 373 | 從表 270 | 刀札 363 | 芳緘 361 |
| 常例 335 | 粗遣 373 399 | 道體 161 219 | 芳示 361 |
| 常遣 373 | 麁体 286 | 得理（德履） 220 | 芳書 361 |
| 暢豁 168 | 麁要（惡） 45 | 德用 123 | 芳問 361 |
| 唱說 130 | 摧割 297 | 等倫 252 | 芳音 361 |
| 塵黷 216 | 摧絕 169 | 第幾 268 | 芳猷 361 |
| 塵末 333 | 摧切 297 | 第某 268 | 芳札 361 |
| 塵獻 291 | 摧咽 297 | 奠儀 370 | 匪儀 369 |
| 陳獻 303 | 摧嗟 297 | 弔儀 370 | 分割 170 |
| 沈檜 238 | 摧殞 297 | 頂奉 262 | 分惠 143 |
| 丞郎 324 | | 頂伏 262 | 封部 302 |
| 誠儀 367 | **D** | 頂荷 262 | 封納 79 |
| 馳渴 52 315 | 答賀 288 | 動靜 164 | 烽鋪 298 |
| 馳戀 52 | 打劫 169 | 動履 166 403 | 奉慰 155 |
| 馳慕 52 | 打臘（獵） 298 | 動息 164 | 奉洩 265 |
| 馳望 52 | 打戲 80 | 動用 164 | 扶力 386 |
| 馳係 52 | 打顓（顆） 67 | 動止 164 | 服前 391 |
| 馳想 52 | 大家 268 | 鬪合 304 | 撫洩 265 |
| 馳屑 274 | 大君 268 | 鬪亂 232 | 府君 121 144 |
| 馳仰 52 | 帶（戴）星 120 | 端公 269 | 訃告 170 |
| 遲景 327 | 丹微 288 | | 附信 371 |
| 持孝 299 | 丹信 288 | **F** | 附狀 149 |
| 寵翰 360 | 丹青 143 | 發赴 131 | 復禮 170 |
| 寵賚 159 | 單誠 150 | 發離 131 | |
| 寵示 360 | 單禮 261 369 | 發書 177 | **G** |
| 寵錫 159 | 單信 261 369 | 法德 110 | 改年 387 |
| 寵招 168 | 單行 157 | 反仄 220 | 改元 387 |
| 抽切 296 | 單筵 261 | 方類 252 | 干聒 171 |
| 出孝（考） 78 | 單酌 261 | 方喻 252 | 干浼 154 |
| 揣分 264 | 當克 294 | 芳符 361 | 甘新 307 |

| | | | |
|---|---|---|---|
| 感結 314 | 號殞 132 | 寄信 371 | 將養 51 |
| 感絶 131 | 賀寵若驚 288 | 加重 172 | 將治 51 |
| 感思 108 | 賀禮 370 | 佳吉 392 | 獎借 307 |
| 高弟/第 263 | 賀儀 370 | 佳健 392 | 降駕 160 |
| 高門 162 | 鶴望 101 | 佳泰 392 | 降歆 134 |
| 高援/媛 336 | 恒遣 373 | 佳勝 392 | 降重 172 |
| 告誨 358 392 | 鴻便 64 | 佳適 392 | 脚家 173 |
| 告勒 358 392 | 後幅 92 | 佳致 392 | 鉸剪 304 |
| 告謝 144 | 厚禮 369 | 假(解) 119 | 接括(話) 72 |
| 告約 358 392 | 厚顏 312 | 間代 172 | 接侍/奉 112 |
| 耿歎 132 245 | 厚儀 369 | 間違 304 | 節察 75 |
| 公參 78 | 笏記 133 | 牋封 363 | 節兒 67 |
| 公狀 84 | 華刺 312 | 牋管 363 | 節料 146 |
| 勾當 113 | 華翰 361 | 牋函 363 | 結戀 314 |
| 顧眷 314 | 華緘 361 | 牋翰 363 | 結親 82 |
| 顧憐 171 | 荒戀 133 | 牋毫 363 | 結思 314 |
| 怪訝 145 | 荒淺 294 | 牋簡 363 | 結姻 83 |
| 官布 145 | 荒塞 125 | 牋章 363 | 金玉 360 |
| 貫割 393 | 荒豐 127 | 緘封 363 | 矜假 339 |
| 貫楚 393 | 荒虛 294 | 緘題 363 | 矜容 173 |
| 貴道 295 | 荒拙 294 | 兼 394 | 經年 121 |
| 貴藩 295 | 迴靶 101 | 兼勝 394 | 經日 97 |
| 貴封 295 | 迴過(戈) 73 | 兼祐 394 | 驚側 307 |
| 貴境 295 | 迴納 79 | 兼念 394 | 敬空 256 |
| 貴邑 295 | 誨示 358 | 檢訪 134 | 具官 153 |
| 貴州 295 | 媯婚 79 | 檢到 49 | 具位 153 |
| 國信 368 | | 檢領 49 | 具信 371 |
| 過訪 171 | **J** | 檢留 49 | 鈞誨 134 |
| | 雞樹 254 | 檢納 49 | 鈞憐 135 |
| **H** | 疾弊 301 | 檢容 49 | 鈞念 135 |
| 翰誨 359 | 集洩 265 | 簡牘 363 | |
| 翰簡 363 | 給舍 324 | 餞儀 370 | **K** |
| 翰墨 363 | 記錄 333 | 將理 50 | 開解 83 |
| 號絶 132 | 記室 337 | 將攝 50 | 康念 94 |

| | | | | | | | |
|---|---|---|---|---|---|---|---|
| 渴仰 | 315 | 免 | 58 373 | 披慶 | 295 | 輕塵 | 338 |
| 空酒 | 135 | 冥婚 | 79 | 披説 | 295 | 輕觸 | 308 |
| 快志 | 146 | 末刺 | 312 | 披晤 | 295 | 輕懷 | 310 |
| 款晤 | 291 | 某 | 268 | 平懷 | 292 | 輕信 | 369 |
| | | 某乙 | 268 | 平闕 | 137 | 傾背 | 98 106 |
| **L** | | 沐問 | 118 | 迫屑 | 274 | 傾渴 | 315 |
| 琅函 | 362 | | | 剖陳 | 174 | 傾翹 | 314 |
| 勞(罕) | 46 | **N** | | | | 傾逝 | 98 |
| 勞企 | 316 | 奈何 | 395 | **Q** | | 清裁 | 147 |
| 勞望 | 316 | 念惜 | 291 | 啓沃 | 117 | 清和 | 340 |
| 禮幣 | 366 | 寧侍 | 308 | 起服 | 174 | 清銜 | 312 |
| 例物 | 173 | 暖房 | 156 | 起居 | 106 113 344 | 清姿 | 312 |
| 淩邁 | 112 | 暖子 | 136 | 棄背 | 98 | 情誠 | 301 |
| 領納 | 49 | | | 牽絆 | 52 | 情懇 | 301 |
| 戀結 | 314 | **P** | | 牽逼 | 237 | 情儀 | 367 |
| 流問 | 135 | 牌子 | 147 | 牽纏 | 52 | 情志 | 301 |
| 留犢 | 253 | 攀奉 | 151 | 牽迫 | 237 | 慶賚 | 317 |
| 留納 | 49 | 攀和 | 151 | 牽仍 | 52 | 慶侍 | 402 |
| 龍車 | 163 | 攀渴 | 315 | 牽縈 | 52 | 窮春 | 329 |
| 龍輀 | 162 | 攀戀 | 151 | 遣免 | 373 | 窮思 | 387 |
| 倫比 | 252 | 攀留 | 151 | 翹軫 | 138 | 瓊華 | 360 |
| 倫等 | 252 | 攀念 | 151 | 欽依 | 292 | 瓊瑤 | 360 |
| | | 攀思 | 151 | 芹儀 | 369 | 瓊章 | 362 |
| **M** | | 攀送 | 151 | 勤誠 | 315 | 驅馳 | 332 |
| 芒(忙)怕 | 106 | 攀望 | 151 | 勤結 | 315 | 驅磣 | 274 |
| 冒觸 | 237 | 攀違 | 151 | 勤渴 | 315 | 驅驅 | 274 |
| 冒黷 | 237 | 攀延 | 151 | 勤慕 | 315 | 驅屑 | 274 |
| 涴塵 | 303 | 攀迎 | 151 | 勤企 | 315 | 去離懷抱 | 98 |
| 門舘 | 338 | 披賀 | 295 | 勤情 | 315 | 群牧 | 138 |
| 門宇 | 338 | 披會 | 295 | 勤望 | 315 | | |
| 門狀 | 84 | 披集 | 295 | 勤係 | 315 | **R** | |
| 蒙恩 | 54 373 | 披冀 | 295 | 勤詠 | 315 | 人便 | 63 |
| 蒙免 | 56 373 | 披剖 | 295 | 寢膳 | 397 | 人次 | 274 |
| 眠食 | 397 | 披啓 | 295 | 寢味 | 100 400 | 人李 | 328 |

語詞索引　431

| | | | | | | | |
|---|---|---|---|---|---|---|---|
| 人使 | 328 | 示翰 | 359 | 推常 | 373 | 獻繢 | 217 |
| 人信 | 118 328 368 | 示及 | 358 | 推度 | 373 | 想渴 | 315 |
| 榮函 | 362 | 示問 | 153 358 | 推免 | 373 | 孝履 | 403 |
| 榮翰 | 362 | 收領 | 49 | 推遣 | 373 | 欣愜 | 293 |
| 榮誨 | 362 | 收留 | 49 | | | 信 | 365 |
| 榮緘 | 362 | 收納 | 49 | **W** | | 信幣 | 366 |
| 榮示 | 362 | 收受 | 49 | 萬福 | 346 | 信次 | 274 |
| 榮侍 | 400 | 收什 | 174 | 微誠 | 334 | 信物 | 367 |
| 榮問 | 362 | 手字 | 148 | 微懇 | 310 | 信儀 | 366 |
| 榮幸 | 352 | 書誨 | 359 | 微心 | 310 | 行李 | 221 |
| 容留 | 49 | 書示 | 359 | 微信 | 369 | 行里 | 221 |
| 容納 | 49 | 書疏 | 364 | 爲霖 | 319 | 行履 | 221 |
| 如常 | 373 | 書信 | 366 | 違裕 | 160 | 熊車 | 253 |
| 如宜 | 388 | 書雲 | 74 | 猥塞 | 139 | 休禎 | 157 |
| 阮路 | 321 | 順時 | 404 | 猥私 | 111 | 修承 | 140 |
| 若（弱） | 289 | 思渴 | 315 | 猥衷 | 310 | 修函 | 177 |
| 若干 | 268 | 損 | 105 | 未間 | 325 | 修狀 | 140 |
| 若時 | 404 | 隼載 | 253 | 未前 | 325 | 敍慰 | 383 |
| | | 所履 | 401 403 | 畏景 | 326 | 敍洩 | 265 |
| **S** | | | | 畏日 | 327 | 續壽 | 155 |
| 喪逝 | 98 | **T** | | 渭陽 | 320 | 煦嫗 | 117 |
| 色物 | 337 | 台函 | 362 | 慰浣 | 123 | 懸念 | 176 |
| 上官 | 115 | 歉滿 | 139 | 慰沃 | 104 | 循涯 | 264 |
| 少賴 | 61 | 陶鈞 | 232 | 問及 | 358 | | |
| 少理 | 60 | 體履 | 107 164 | | | **Y** | |
| 設筵 | 148 | 體用 | 166 | **X** | | 雅上 | 115 |
| 攝理 | 51 | 調護 | 51 | 洗軟 | 81 | 延結 | 314 |
| 勝常 | 348 | 調攝 | 51 | 下誠 | 310 | 延係 | 314 |
| 勝堪 | 294 | 通引 | 139 | 下擔 | 75 | 夭喪 | 98 |
| 勝念 | 94 | 統壓 | 305 | 下懇 | 310 | 夭逝 | 98 |
| 省分 | 264 | 頭匹 | 175 | 下流 | 330 | 野芹 | 320 |
| 盛剌 | 312 | 土信 | 368 | 獻芹 | 371 | 野味 | 84 |
| 盛銜 | 312 | 土儀 | 368 | 獻信 | 371 | 衣（以） | 121 |
| 使次 | 274 | 土宜 | 368 | | | | |

| | | | |
|---|---|---|---|
| 依從 176 | 殞逝 98 | 展款 296 | 祇待 309 |
| 音問 359 | 允留 49 | 展訴 296 | 祇對 309 |
| 迎日 272 | 允納 49 | 長行（zhǎngháng） | 祇荷 309 |
| 縈伴(絆) 52 | | 293 | 祇賀 309 |
| 縈計(繫) 52 | **Z** | 者 148 | 祇款 309 |
| 縈拘 52 | 雜端 269 | 珍割 141 | 祇領 309 |
| 縈仍 52 | 造慰 383 | 疹弊 301 | 祇留 310 |
| 膺乾納祐 405 | 增懷 389 | 徵迫 308 | 祇受 310 |
| 膺時納祐 405 | 札示 359 | 支常 378 | 祇歛 310 |
| 郵便 63 | 瞻翹 314 | 支分 111 | 祇迎 310 |
| 有限 115 | 瞻依 321 | 支福 377 | 旨教 359 |
| 魚牋 365 | 展對 296 | 支和 378 | 重信 369 |
| 餘(移)年 122 | 展覿 296 | 支借 176 | 祝望 123 |
| 愚誠 310 | 展賀 296 | 支立 377 | 狀報 90 |
| 愚懇 310 | 展話 296 | 支勝 377 | 拙室 176 |
| 愚衷 310 | 展會 296 | 支祐 377 | 諮承 140 |
| 與國同休 405 | 展豁 296 | 支豫 377 | 罪苦 395 |
| 與天同休 405 | 展集 296 | 支致 377 | 尊誨 362 |
| 浴蘭令節 329 | 展接 296 | | |
| 遠信 368 | | | |

# 後　　記

　　這是我的第一部著作，她是在我的博士論文《敦煌書儀語言研究》的基礎上修改而成的。當她即將出版的時候，涌動在我心中的是期待，是忐忑，更是感激！

　　吾生也不敏，而此身也何幸！我並不是一個天資聰慧、意志堅強的人，然而我却是那麼幸運，在我求學的道路上碰到許許多多的好老師、好朋友。

　　1996年秋季，我從貴州師範大學畢業後，考入貴州大學，師從王鍈先生學習近代漢語。在王先生的教導下，我對近代漢語產生了濃鬱的興趣，這爲我後來的繼續學習打下了良好的基礎。王先生曾告誡我，"板凳甘坐十年冷，文章不著一字空"。我把它理解爲無論是爲人還是爲學，都要有一顆平淡而執著的心。正是王先生的引領，我算是跨入了近代漢語研究的門檻。

　　1999年夏天，因爲仰慕江南深厚的文化底蘊，碩士研究生畢業後，我選擇了到湖州師範學院任教。但繼續求學的念頭仍不斷在我的心中縈繞，於是2001年秋天，我又考入浙江大學古籍研究所，師從張涌泉老師研習敦煌學。此前，我從未接觸過敦煌文獻，面對千年前的敦煌寫卷，心中充滿了崇敬和向往。然而翻開寫卷，其中文字大多似曾相識，仔細辨認，却不知其爲何字。學習之初，常常會爲認"字"而苦惱。老師針對我的實際情況，一方面讓我廣泛地瀏覽寫卷，從感性上熟悉它；另一方面，又指導我閱讀相關的研究論著，了解當前的學術動態。在老師的耐心教導下，我慢慢地悟出了一些"道道"。閱讀敦煌寫卷的過程中，我發現書儀的語言比較特別，便打算把"敦煌書儀語言研究"作爲學位論文來做。老師首肯後，我便把主要精力放在語料的搜集整理上。搜集語料時，心中時常泛起各種想法。將這些想法整理成文後，老師總是細心地批改，大到基本觀點的偏差，小至標點符號的錯誤，都被一一指出。慚愧之餘，心中滿是感激。

本書的撰寫，也是在張老師的悉心指導下完成的，凝聚着先生的心血。想當初，都已是 2004 年 3 月份了，其他同學都已定稿了，我還沈浸在寫作中，"每有會意，便欣然忘食"，經常寫得滿臉通紅，心跳加快，時時興奮不已。直到月底我纔慢條斯理地將初稿交給老師審閱。說實話，那根本談不上初稿，連毛坯都算不上，因爲其中既沒"頭"（緒論）也沒"尾"（結論），只有"骨架"和"軀體"，而且"軀體"都還不完整，引文也沒核對，可謂"滿目瘡痍"。更何況，我交給老師的還是電子稿。我很難想象老師當時是怎樣看完那只有我自己纔看得懂的論文的。出乎意料的是，老師很快就看完了論文。對我不成熟的文稿，老師顯示出了最大的寬容和百倍的耐心，從文章語句的表達到每章標題的擬定，以及框架、結構的安排（比如每章前加一段簡明扼要的話語總括全章內容，并在全文前面附一個凡例，還有全文最後附一語詞索引）等等，事無巨細，都提出了詳盡的修改意見。而且，文中的某些觀點、話語都直接源於老師的思想和筆端。在電腦旁，老師與我一起修改論文，語重心長地告訴我哪一句話應當怎麼表達纔比較穩妥，哪部分放在哪里纔最合適。後來，老師又一再審讀了我的修改稿，凡有待進一步斟酌的地方，老師都將其抹成了紅色，丹筆粲然的電子稿中，浸透了老師的汗水和心血。然而資質愚鈍的我每每不能領會老師的指導意見，雖經數次修改，仍不能盡如人意，實在有負先生的期望。先生不僅是一位嚴師，更似一位慈父，對學生關心愛護，無微不至。先生爲學與爲人的精神和品格，是我一輩子學習的榜樣。

就這樣，在張老師的指導下三易其稿，論文總算大緻寫定了。但老師還是不放心，又叮囑我把文稿寄請王鍈先生和我碩士期間的另一業師袁本良先生審定。學生不敏，自己的功課，還要麻煩兩位已經（或即將）退休的老師來修改，説來真是慚愧不已。尤其是王先生，由於視力不太好，審讀拙稿花了他十幾天的時間，論文的天頭地脚都寫滿了批語，個別詞條的釋義還提供了例證。先生們的恩情，學生此生此世都報答不盡。

論文定稿後，由所裏寄請項楚、蔣紹愚、曹廣順、蔣冀騁等先生匿名評審，他們都提出了寶貴的修改建議。論文答辯時，又得到祝鴻熹、蔣紹愚、汪維輝、王雲路諸位先生的教正。尤其是蔣紹愚先生，當年他曾千里迢迢到貴州主持我的碩士論文答辯，這次又承蒙他來主持我的博士論文答辯，吾何其幸歟！蔣先生謬稱拙文"是一篇有功力，有深度，有創新的優秀論文"；他還把文中有待進一步斟酌的地方一一打印出來，以供我修改時參考。前輩學者對後學的鼓勵和提攜，令人感動不已。

此外，我的師兄史光輝博士也通讀了全文，提出了不少修改意見。文中引用的日文材料，皆蒙日本學者荒見泰史博士一一審正。論文寫作過程中，資料室的秦佳慧老師爲我提供了許多方便。論文修改的最後關頭，爲核對原文，秦老師常常犧牲她寶貴的休息時間，專程從家裏趕來爲我開放資料室。另外，北京理工大學的趙和平教授一直關注着論文的寫作，曾多次提供書儀研究的資料。謹此一併表示我誠摯的謝意。

承蒙王鍈師和汪維輝教授的推薦，拙稿有幸入圍商務印書館語言學出版基金資助項目。根據商務印書館約請的匿名評審專家項楚先生、吳福祥先生以及該館語言學出版基金各位評議委員的意見，我又對書稿做了進一步的修改。這次修改主要在兩個方面：一是形式上從原來的簡體字排版改成了繁體字排版，其中許多字句又重新核對了原文；二是内容上作了一些增删和補充，删去了一些與"敦煌書儀"無關的文獻材料，在第二章第二節"書儀語言研究與書儀整理"中，剪除了"其他書儀的校理"這部分内容。爲加强詞義歷時演變的研究，書中又新增第七章來討論"敦煌書儀語彙的形成與流變"，借此窺探敦煌書儀對魏晋書帖的繼承以及它對宋元尺牘的影響。此外，對一些詞目的釋義及原文表達有欠穩妥的地方也作了修訂。

# 後　記

感謝商務印書館的周洪波、謝仁友以及本書的責任編輯宿娟三位先生爲本書的出版付出的辛勞，他們的鼓勵也是我敢於斗膽申報該館語言學出版基金的重要推力。

讀博期間，我有幸聆聽了王雲路、束景南、崔富章、龔延明、方建新、許建平等多位先生的教誨，在此謹向他們表達我衷心的感謝。

湖州師範學院的領導對我的學業也很關心，尤其是人文學院的領導和同仁，一直以來，爲我的學業和進修提供各種各樣的便利。對此，我是非常感激的！

在生活和學習上，史光輝、李鍾美、景盛軒、吳波、高列過、葉貴良、朱大星、杜朝暉、韓小荊、竇懷永、李玲玲、黄海等都曾給我許多支持和幫助，在此深表謝意。

從博士論文的撰寫到此書的最後定稿，我得到了許多師長和友人的幫助和支持。這裏只能挂一漏萬地深表謝意。

最後，我要感謝我的家人，正是他們的支持和鼓勵，纔使我能堅持下來完成學業。尤其是我的孩子，爲了我的學業，爲了這篇論文，我欠他很多很多！

今年是我的而立之年，我願意把本書作爲獻給三十年來爲我的成長付出了心血的師長、朋友及親人的一份薄禮，儘管她是那樣地稚嫩和微不足道！但她是我前進道路上的一個印記，我將以此爲起點，繼續努力，不斷前進！

張　小　豔

2005年6月于浙江大學古籍研究所敦煌學研究室

# 專家評審意見

項　楚

《敦煌書儀語言研究》是一部具有高度學術價值的著作，我以爲它具有以下優點：

一、研究的對象敦煌書儀以寫本的形式保存，由此帶來了它與其他存世文獻的區別和特殊的解讀困難之處。本書不但特別討論了敦煌書儀的文本特徵，并且隨時掃除原本的各種訛誤，使全部研究建立在準確可靠的資料基礎之上。

二、敦煌書儀語言研究屬於文體語言研究，具有特殊的文化意蘊。本書很好地將語言研究與文化研究結合在一起，使語言研究、特別是辭彙研究顯得更深入、更厚重、更有縱深感。這對於類似的語言研究課題也有借鑒價值。

三、本書的最成功之處仍然在於語言研究本身。作者使用了縱橫考探、同義類聚等等多種科學有效的方法，資料豐富，發掘深邃，學風嚴謹，考證精詳，精義迭出，解決了一批書儀語言研究中的疑點難點，總結了書儀新詞新義形成的規律，同時糾正了許多流行的錯誤，是一部學術含金量很高的著作。

四、本書的研究成果對大型詞書的編纂和古籍校理也有參考價值。

鑒於本書的內容性質和讀者對象，我以爲採用繁體字排印效果會更好一些。

本書的內容也存在個別可商之處。書儀的性質和實際使用的書信有別，本書偶爾將某些書信當作書儀的語料使用。原稿 47 頁引文"勤格（渴）之誠"，原文"格"字或是"恪"字之誤。原稿84頁引文"不並（並不）尋常"，"不並"以不改爲宜，"不並尋常"就是不同尋常、非比往日。原稿94頁引《續玄怪錄》"本典決于下"，應據《太平廣記》卷三八〇《張質》條作"本典決十下"，文字的不同影響了對"本典"理解，我以爲"本典"仍解釋作"審理本案的官吏"較好。

　　原稿洋洋40餘萬字，字無虛發，超過預計的出版字數頗多，若要壓縮，實感無從下手。必不得已，可將部分稍屬外圍的內容（如《其他書儀校理》等）另外成文或成書。但我仍希望保留本書的全部實質性內容，不作傷筋動骨的砍削爲好。

評審人：項楚

2004年11月17日

# 專家評審意見

吳福祥

　　敦煌書儀是敦煌文獻中比較特殊的部分,是古人關於典禮儀注和書札體式的範本。這種文體口語程度較高,語言頗具特色,具有很高的文獻價值和語言研究價值,是漢語史研究的寶貴資料。以往對敦煌書儀的研究主要關注書儀文本的整理和書儀的歷史文化內涵的詮析,從語言學角度對敦煌書儀進行研究的成果尚屬罕見。迄今為止,這部分珍貴資料尚未引起漢語史學界特別是近代漢語研究者的足夠重視。本書稿以現存一百餘件敦煌書儀寫本為基本材料,首次從語言學的角度對這部分珍貴文獻進行了系統、深入的研究,選題具有填補空白的學術意義。

　　書稿詳細論述了敦煌書儀的語言研究價值、文本特徵、內容特色,著重探討了其中的新詞新義以及某些頗具特色的同義聚合,對敦煌書儀進行了全方位、多角度的研究,構建了一個比較科學的研究框架,為敦煌文書的文獻學研究和語言學研究提供了一個可資借鑒的重要參照。

　　書稿對敦煌書儀中俗字的辨認和詞語的訓釋,勝義紛綸,極見功力。很多以前被誤認的俗字和被誤釋的詞語經作者的考辯而得到正確的解讀,不僅匡正了語文辭書和古籍整理著作中的很多未確之處,而且為漢語辭彙史特別是近代漢語辭彙史的研究提供了重要的參考。

　　本書稿在研究方法上頗多創新。書稿作者將自己研究敦煌書儀所採用的方法歸納為"審形辨音""同義類聚""語境還原""縱橫考探""背景考察",其中後四種方法是作者首次提出的,很顯然,這些研究方法不僅適用于敦煌書儀語言的研究,對於其他歷史文獻的字詞考釋也是很有價值的。

　　書稿對書儀新詞的産生途徑和書儀新義的衍生機制作了富有新意的探討,其理論深度是同類著作所不及的。

　　本書稿既然題爲《敦煌書儀語言研究》,那麼建議作者儘量壓縮跟語言研究關係不大的内容,增加語言研究的比重;若有可能,可考慮增加"敦煌書儀虛詞研究"一章。此外,本書稿在詞義歷時演變及其機制和動因的研究等方面還有待於進一步深入和加強。

　　總的説來,這是一部非常優秀的書稿,具有很高的學術水平。本書稿的公開出版,不僅對古籍整理和辭書修訂具有較大的參考價值,而且對俗字研究和漢語辭彙史研究也很有借鑒意義。

評審人：吳福祥

2004 年 11 月 20 日